Inhalt

Reihe
Motorik

Reinhard Keller
Annemarie Fritz

Band **15**

Auf leisen Sohlen durch den Unterricht

Ein Arbeitsbuch zum spiel-
und handlungsorientierten Unterricht
im 1. und 2. Grundschuljahr

Verlag
Karl Hofmann
Schorndorf

Die Deutsche Bibliothek – CIP-Einheitsaufnahme

Keller, Reinhard Keller:
Auf leisen Sohlen durch den Unterricht : ein Arbeitsbuch zum
spiel- und handlungsorientierten Unterricht im 1. und 2. Grundschuljahr /
Reinhard Keller ; Annemarie Fritz – 2., unveränd. Aufl. –
Schorndorf : Hofmann, 1998
   (Reihe Motorik ; Bd. 15)
    ISBN 3-7780-7851-8
NE: Fritz, Annemarie:; GT

Bestellnummer 7852

© 1995 by Verlag Karl Hofmann, Schorndorf

2., unveränderte Auflage 1998

Foto und Zeichnungen: Reinhard Keller

Erschienen als Band 15 der „Reihe Motorik"

Gesamtherstellung in der Hausdruckerei des Verlags
Printed in Germany · ISBN 3-7780-7851-8

„*Komm und spiel mit mir*", *schlug ihm der kleine Prinz vor.* ...
„*Ich kann nicht mit dir spielen*", *sagte der Fuchs.*
„*Ich bin noch nicht gezähmt!*" ...
„*Was bedeutet das: ,zähmen'?*" ...
„*Das ist eine in Vergessenheit geratene Sache*", *sagte der Fuchs.*
„*Es bedeutet: sich ,vertraut machen'*".

ANTOINE DE SAINT-EXUPÉRY 1946

Vorwort

24 Squaws und Indianer schleichen in der Turnhalle auf leisen Sohlen über steile Wege, hangeln sich über gefährliche Abgründe, ertasten geheimnisvolle Untergründe und gelangen zum „Sprechenden See". Dort angeln sie eine im See verborgene Botschaft und halten Rat.

Wie soll die Geschichte weitergehen? Die Kletterlandschaft war von der Lehrerin aufgebaut und der erste Teil der Geschichte erzählt worden. Nun müssen die Kinder selbst planen, wie es weitergehen soll. Sie beschließen, neue Jagdgründe zu suchen und dort ein Indianerdorf aufzubauen, so daß jede Familie ein eigenes Zelt rund um einen Gemeinschaftsplatz mit Lagerfeuer hat.

Nach gemeinsamer Absprache des weiteren Spielverlaufs bilden sich Kleingruppen, die einzelne Aufgaben übernehmen. Das Thema Indianer ist nicht nach einer Doppelstunde abgeschlossen, sondern wird in der Halle in den nächsten 3–4 Wochen mit erweiterten Spielinhalten und -aufbauten fortgesetzt. Das Spielthema wird zugleich auch Unterrichtsthema: Im Sachkundeunterricht werden Fragen zum Alltagsleben und zu den Lebensgewohnheiten der Indianer besprochen, im Deutschunterricht wird eine Zeichen-Sprache entwickelt und im Kunstunterricht werden Federschmuck, Friedenspfeifen, ein Marterpfahl etc. erarbeitet.

So wird in diesem Thema – wie in allen anderen Themen auch – die Verknüpfung der praktischen Erfahrung im Spiel mit weitergehenden und vertiefenden Lernerfahrungen im Unterricht gesucht.

Dem spiel- und handlungsorientierten Unterricht liegt ein 3phasiger Aufbau zugrunde.

In der I. Phase lernen die Kinder eine Fülle unterschiedlicher, aus Turngeräten zusammengestellter Aufbauten kennen, lernen diese selbst ab- und teilweise aufzubauen und erwerben eine Vielfalt von Bewegungs- und Sinneserfahrungen.

In der II. Phase werden bestimmte Themen gespielt, die nicht nur auf das Spiel in der Halle beschränkt sein sollen, sondern als handelnder Unterricht zu verstehen sind, dessen Inhalte in andere Unterrichtsfächer Eingang finden können.

In der III. Phase verschiebt sich der Handlungsschwerpunkt vom vorgegebenen strukturierten Spiel hin zur eigenständigen Planung. Die Kinder sprechen Spielthemen untereinander ab und beschaffen sich in den Unterrichtsfächern Informationen zum Inhalt des Themas. Danach werden Spielaufbau und Spielverlauf geplant und in Handlung umgesetzt.

Der so konzipierte spiel- und handlungsorientierte Unterricht wird inzwischen seit 7 Jahren an mehreren Kölner Grundschulen durchgeführt. Entwickelt wurde das Konzept im Rahmen eines Projekts der Forschungsgemeinschaft „Das körperbehinderte Kind". Inzwischen hat die Stadt Köln dieses Projekt übernommen und in den Aufgabenbereich des Schulpsychologischen Dienstes gestellt, der interessierten Schulen praktische Hilfen beim Aufbau dieses Unterrichts gibt.

In dem Buch „Schule zum Anfassen" wurde das Konzept, das sich als ein ergänzendes, auf Spiel und Bewegung basierendes Unterrichtskonzept für das 1. und 2. Grundschuljahr versteht, bereits ausführlich vorgestellt. Das vorliegende Buch wurde als „Praxismappe" geplant, in der die im Verlauf der inzwischen 7jährigen Praxis gewonnenen Erfahrungen mit Bewegungsaufbauten, Spielthemen und deren Erweiterung und Vertiefung gesammelt wurden. Bei der 2jährigen Beglei-

tung des Unterrichts in den Schulen, bei einer Vielzahl von Lehrerfortbildungen, pädagogischen Konferenzen, Kongressen und Tagungen wurde immer wieder der Wunsch geäußert, über die in dem Buch „Schule zum Anfassen" beschriebenen Themen hinaus Arbeitsmaterialien in die Hand zu bekommen, die interessierte Lehrerinnen und Lehrer in die Lage versetzt, einen solchen Unterricht durchzuführen. Mit dem vorliegenden Buch soll diesem Wunsch entsprochen werden.

Es enthält im ersten Teil eine sehr ausführliche Beschreibung einer Vielzahl möglicher Bewegungsaufbauten, mit denen Erfahrungen gesammelt wurden und die als Angebot vorgestellt werden, aus denen Lehrerinnen und Lehrer nach dem Interesse der Kinder und entsprechend der Ausstattung der Turnhalle auswählen können. Die Aufbauten sind so beschrieben, häufig auch mit Fotos dokumentiert, daß sie leicht nachgebaut werden können. Im zweiten Teil des Buches werden die Spielthemen beschrieben, die im Verlauf unserer Unterrichtszeit bereits mehrfach in den Klassen gespielt wurden. Zu jedem Spielthema werden Aufbauten vorgeschlagen und beschrieben, sowie eine Geschichte erzählt, die zu dem Spiel hinführen kann. Mehrere, in unterschiedlichen Klassen vorgenommene Erweiterungen sind ebenso aufgenommen wie Vorschläge dazu, wie die im Spielthema behandelten Inhalte in den anderen Unterrichtsbereichen weiterbearbeitet werden können. Ein „Handapparat" mit je spezifischen Literaturangaben beschließt jedes Thema. Im dritten Teil sind Erfahrungsberichte über den Umgang einiger Klassen mit selbstgewählten und eigenständig geplanten Themen dokumentiert.

Dafür, daß es möglich war, diese Unterrichtserfahrungen in der Arbeit mit inzwischen 20 Klassen zu gewinnen, möchten wir allen beteiligten Kindern unseren Dank aussprechen. Die Freude und den Spaß an diesem Unterricht, ebenso wie ihre Zuneigung zu uns, haben die Kinder in vielen Briefen, selbstgemalten Bildern und gebastelten Geschenken zum Ausdruck gebracht. Danken möchten wir auch allen beteiligten Lehrerinnen und Lehrern für die positive und – wie wir hoffen – gegenseitig anregende Zusammenarbeit.

Köln, im Dezember 1994

REINHARD KELLER,
ANNEMARIE FRITZ

Teil I
Theoretische Einführung

1. Entwicklungsbedingungen und Schulwirklichkeit heute

Der Beginn der Schulzeit ist für alle Kinder ein überragendes Lebensereignis, das eine Fülle von Veränderungen für die kindliche Lebenswelt mit sich bringt. Mit der Einschulung wird eine Zäsur gesetzt zwischen der bisherigen Form, Umwelt zu erleben und zu erfahren und auf dieser Grundlage ein Bild von der Lebenswirklichkeit zu gewinnen, und einer durch Schule bedingten abstrakten Welt, in der von der konkreten Wirklichkeit abstrahierte Lerninhalte vermittelt werden.

Die durch Schule bedingten Veränderungen in der kindlichen Lebenswelt beziehen sich nicht nur auf die neue kognitive Wirklichkeit. Auch die soziale Wirklichkeit der Schule ist anders als alles bis dahin Gekannte: Person und Rolle des Lehrers müssen erfahren, eine Vielzahl neuer Klassenkameraden kennengelernt, ein Klassenverband gebildet und eine eigene Rolle in diesem Verband gefunden werden. In einem Beziehungsgefüge von so hoher Komplexität entsteht auch eine emotionale Wirklichkeit, die sehr verschieden sein kann von der emotionalen Wirklichkeit der Familie oder der nachmittäglichen Spielgruppe. Schule und Alltag bilden somit unterschiedliche Wirklichkeiten, die jeweils von den Kindern erfahren und zu einem Lebens- und Handlungszusammenhang integriert werden müssen.

Auf diese „neuen Wirklichkeiten" der Schule sind nicht alle Kinder vorbereitet: Nicht alle haben in der „Vorschulzeit" in ausreichendem Maße konkrete Handlungserfahrungen gemacht, die sie auf das Verständnis abstrakter Lerninhalte vorbereitet haben. Vielen mangelt es an konkreten sozialen Erfahrungen, um in einem Klassenverband sozial kompetent handeln zu können. Anderen fehlt die Kenntnis eigener Emotionalität und die Fähigkeit, diese angemessen zu äußern und zu kontrollieren.

Nach einer Studie des Regierungspräsidenten Köln (1990) waren in diesem Regierungsbezirk 15 % aller 1988 eingeschulten Kinder nicht schulfähig, d. h. sie verfügten nicht über die Reifevoraussetzungen zum Besuch der Grundschule, die eine „Schule für alle" sein soll. Über diese 15 % nicht schulreifer Kinder hinaus hatte jedoch eine weit größere Anzahl Kinder Schwierigkeiten, sich „problemlos" an die neuen Wirklichkeiten der Schule anzupassen.

Wie konnte diese tiefe Diskrepanz zwischen kindlichen Entwicklungsvoraussetzungen und schulischer Wirklichkeit entstehen? Verantwortlich gemacht werden zwei Sachverhalte:

1. Die Entwicklungsbedingungen, unter denen Kinder heute aufwachsen, sind so verändert (v. Hentig 1984; Rolff & Zimmermann 1985; Gudjons 1989; Herz 1990), daß viele Kinder vor der Schulzeit keine hinreichenden Entwicklungsvoraussetzungen für das Bestehen von Schule erwerben.

2. Die Schulwirklichkeit ist z. T. so lebensfern (Gudjons 1989; Herz 1990), daß Kinder nur schwer eine Brücke zwischen beiden Wirklichkeiten schlagen können.

Als Gründe dafür, daß sich die Entwicklungsbedingungen von Kindern geändert haben, werden folgende gesellschaftliche Bedingungen verantwortlich gemacht:

Verlust an unmittelbarer Erfahrung im Umgang mit Menschen und Dingen

Der Stand der Technologie und die Angebote durch die Medien tragen zunehmend dazu bei, Menschen unabhängig von ihren Mitmenschen zu machen. Wissen und Fertigkeiten können erworben werden, ohne konkrete Erfahrungen machen zu müssen.

Bei einem hohen Medienkonsum steigt die Vielfalt der Eindrücke und Informationen und der Anteil direkten unvermittelten Erlebens verringert sich. Dies kann zu einer Kluft zwischen Erkenntnis und Erfahrung (Herz 1990) führen, die Kinder nicht überbrücken können, da ihnen die grundlegenden Wissensvoraussetzungen fehlen, denen sie die neuen Erkenntnisse zuordnen können. Der Erwerb von Erfahrungen und Wissen als Grundlage für den Aufbau höherer Denkprozesse geschieht auf diese Weise nur unvollständig und lückenhaft.

Das Erfahrungsdefizit muß sich aber nicht nur auf die kognitive Erfahrungsbildung beschränken, es kann auch im Bereich des sozialen Lernens entstehen, wenn die Kinder nicht ausreichend Gelegenheit hatten, soziale Kompetenzen in der handelnden Auseinandersetzung mit anderen zu erwerben.

Ebenso verhält es sich mit der emotionalen Erfahrungsbildung. Um emotional stabiles Verhalten zu erwerben, müssen Erfahrungen mit der eigenen Emotionalität gemacht, Möglichkeiten, diese angemessen auszudrücken, und Fähigkeiten, diese ggf. zu kontrollieren, erworben werden.

Technologien und Medien vermitteln Wirklichkeiten aus 2. Hand und berauben Kinder, wenn sie in hohem Ausmaß den kindlichen Alltag bestimmen, der Möglichkeit, eigene Erfahrungen zu machen.

Konsumverhalten

Nicht nur Medien und Technologien bieten „vorfabrizierte Wirklichkeiten", die konsumiert und nicht selbst erfahren werden. Auch das Angebot an materiellen Dingen wie Spielzeugen (Lenzen 1978), die für Kinder hergestellt werden, ist überwiegend darauf abgestimmt, Kinder zu Konsumenten und Nachahmern zu machen, weniger darauf, ihre eigene Produktivität und Kreativität zu fördern (Bärsch 1990). Für Produktivität und Kreativität bleiben auch immer weniger Raum in einer Zeit, die sich darum bemüht, das bereits vorhandene Überangebot an Informationen noch weiter zu steigern.

Veränderte Rahmenbedingungen

Anlaß für Entwicklungsstörungen und Verzögerungen können auch die Familienbeziehungen und -strukturen sein. In vielen Familien bestehen keine allgemein gültigen Normen und Werte mehr (Bärsch 1990), an denen das Kind klar lernt, sich zu orientieren. Werte und Normen sind selbst für Eltern fraglich und unverbindlich, werden verändert oder nicht berücksichtigt, so daß Kinder in dieser Unverbindlichkeit aufwachsen.

Hohe Scheidungsraten sind lediglich eine statistische Größe für dahinterstehende emotionale Konflikte, Verlustängste etc. Neben Trennungen und Scheidungen beeinträchtigen auch gesellschaftlich bedingte Probleme wie Arbeitslosigkeit, finanzielle Probleme etc. das Familienklima und können emotionale Unsicherheiten auslösen.

Zu den veränderten Rahmenbedingungen sind auch Wohnraum- und Lebensbedingungen zu zählen, die Kindern keinen selbstverständlichen Zugang mehr zur Natur und zur Erforschung ihrer unmittelbaren Umgebung ermöglichen (Bahrdt 1974; Lehmann 1991). Dies hinterläßt einerseits Erfahrungsdefizite für das Wissen um die Umwelt, und die hohe Anzahl von Kindern mit Störungen der Körperkoordination, des Körperschemas, der räumlichen Wahrnehmung etc. belegen eindrucksvoll, daß auch im Bereich eigener motorischer Erfahrungen grundlegende Defizite entstehen.

Gesellschaft im sozialen Umbruch

Hohe Anforderungen an die Fähigkeit zur Integration unterschiedlicher Wirklichkeiten wird an die Kinder auch durch die Vielzahl multikultureller Gemeinschaften gestellt, in denen Kinder heute aufwachsen und die zu einem Klassenverband verschmelzen sollen.

Die Beispiele dafür, daß die Umwelt informationshaltiger und zugleich abstrakter geworden ist, ließen sich noch weiter fortführen. Fraglich ist, ob sich die Veränderungen unbedingt nachteilig für alle Kinder auswirken. Dies trifft selbstverständlich nicht zu. Viele Kinder sind in der Lage, die höheren Informationsangebote zu nutzen und sich mehr Wissen anzueignen. Auch hat sich nicht für alle Kinder die Lebenswirklichkeit auf eine verkürzte, symbolische und medialisierte Umwelt hin reduziert. Viele Eltern bemühen sich bewußt darum, ihre Kinder intensiv den natürlichen Lebens- und Handlungszusammenhang erleben zu lassen.

Aber für eine große Anzahl von Kindern ist es schwieriger geworden, praktische Erfahrungen mit der Umwelt zu erwerben. Bei diesen Kindern klafft eine Lücke zwischen Erfahrung und Erkenntnis (Herz 1990), die ihnen den Eintritt in die Schule erschwert. Die Folgen der veränderten Lebenswirklichkeit können sich zu Beginn der Schulzeit in unterschiedlichen Problemen äußern.

> Kinder haben z. B. nicht gelernt:
> - *sich emotional sicher zu fühlen,*
> - *ihr Verhalten situationsangemessen zu steuern,*
> - *zu Gleichaltrigen und Erwachsenen unkompliziert Kontakt aufzunehmen,*
> - *in sprachlichen Äußerungen selbstverständlich auf andere zuzugehen,*
> - *mit anderen gemeinsame Tätigkeiten zu verabreden,*
> - *andere Meinungen auszuhalten oder zu diskutieren,*
> - *über einen längeren Zeitraum bei einer Sache zu bleiben,*
> - *entstehende Konflikte zu lösen,*
> - *Dinge und Menschen ihrer Umwelt zu beobachten, richtig einzuschätzen und auf sie einzugehen"*
>
> (Landesinstitut für Schule und Weiterbildung 1992).

Kindern mit derartigen Entwicklungsproblemen fehlt eine Vielzahl von Voraussetzungen, die ihre Lernfähigkeit mindern, eine Integration in den Klassenverband erschweren, den Aufbau von Freundschaften verhindern etc. Die fehlenden Entwicklungsvoraussetzungen werden jedoch nicht „nebenher" erworben oder sind plötzlich verfügbar, sie müssen, um ein erfolgreiches Bestehen der Schule zu garantieren, in allen Bereichen vermittelt und eingeübt werden.

Daß auf dem Hintergrund dieser Überlegungen die Funktion von Schule und ihr Bildungsauftrag neu überdacht werden müssen, liegt auf der Hand. Die Anforderungen, die an die Schule gestellt werden, und die Bedürfnisse, mit denen Kinder in die Schule kommen, können nicht mehr von einer Schule befriedigt werden, die lebensfern auf die Vermittlung von Fertigkeiten ausgerichtet ist. Hier verstärkt Schule die bestehenden Entwicklungsverzögerungen von Kindern, wenn sie diese mit der neuen abstrakten Wirklichkeit der Fertigkeitsvermittlung konfrontiert, ohne eine Brücke zwischen der bisherigen Lebenswirklichkeit der Kinder und der neuen Lebenswirklichkeit der Kinder zu schlagen.

Von den Bildungsbeauftragten wird auch die Notwendigkeit gesehen, eine schulpädagogische Antwort zu finden auf die gravierenden Veränderungen in der Aneignung von Kultur, in der die Erfahrungen aus zweiter Hand die aus erster Hand zu überlagern beginnen (Becker 1986). Um diese Kluft durch die Schule nicht weiter zu vergrößern, müssen neue pädagogische Leitlinien gefunden werden, die die von der Lebenswirklichkeit entfremdete Schule wieder an diese heranführen.

Die Überlegungen haben bereits einen Niederschlag in den neuen Richtlinien und in Überarbeitungen der Curricula gefunden: „Kinder erschließen sich ihre Wirklichkeit heute weniger als früher durch Eigentätigkeit und den zwischenmenschlichen Umgang. Ein großer Teil der Wirklichkeit wird ihnen durch Medien vermittelt, besonders durch das Fernsehen... Die Veränderung bedeutet für die Kinder aber oft auch, daß sie weniger unmittelbare Erfahrungen machen. Die Grundschule stellt sich die Aufgabe, dieser Entwicklung Rechnung zu tragen. Sie muß sich verstärkt darum bemühen, vielfältige Möglichkeiten zur Eigentätigkeit und zum zwischenmenschlichen Umgang zu schaffen" (Richtlinien für die Grundschule 1985, S. 9).

Die Grundschule bemüht sich seither um ein erweitertes Schulverständnis und ist auf der Suche nach neuen Konzepten, durch die Lebens- und Schulwirklichkeit einander mehr angenähert werden können. Solange diese Annäherung noch nicht vollzogen ist, sind nicht nur die Kinder unreif für die Schule, sondern ist auch die Schule unreif für die Kinder (RP Köln, 1989).

2. Zum Konzept des spiel- und handlungsorientierten Unterrichts

2.1 Förderkonzept und Unterrichtsmethode

Der spiel- und handlungsorientierte Unterricht (Fritz u. a. 1989; Fritz & Keller 1993) wurde mit dem Ziel entwickelt, innerhalb der Schule einen „Unterricht für alle" anzubieten, in dem Kinder praktisch handelnd Erfahrungen mit der Umwelt erwerben können. Durch den Unterricht sollen diejenigen Kinder einen Ausgleich erfahren, die in der Vorschulzeit nicht genügend eigene praktische Erfahrungen mit der Umwelt sammeln konnten. In diesem Sinne ist der Unterricht als Förder-Unterricht zu verstehen, der dazu beitragen soll, Entwicklungsverzögerungen als Folge fehlender Erfahrungsbildung zu beheben bzw. dem Auftreten von Entwicklungsverzögerungen vorzubeugen. Zum anderen soll dieser Unterricht eine Brücke schlagen zwischen der Lebenswirklichkeit der Kinder, den Themen und Fragen, die sie aktuell interessieren, und der neuen Schulwirklichkeit.

Um diese Brücke tragfähig zu machen, darf der spiel- und handlungsorientierte Unterricht allerdings nicht isoliert als etwas Eigenes, Besonderes oder Ungewöhnliches im Gesamtkonzept des Unterrichts erscheinen und damit eine weitere Wirklichkeit zwischen Alltag und Schule konstituieren, sondern er muß eingebunden sein in den allgemeinen Unterricht. Da spiel- und handlungsorientierter Unterricht praktisch handelnder Unterricht ist, kann dieser Unterricht als Grundlage für viele vom konkreten Handeln abgelöste Themen angesehen werden. Die im praktischen Handeln erworbenen Erfahrungen können dann auf andere Erkenntnisebenen übertragen werden, so daß in der Kenntnisvermittlung ein allmählicher Aufbau von der konkreten praktischen Handlung bis hin zur abstrakten Denkhandlung erfolgt. Auf diese Weise wird der spiel- und handlungsorientierte Unterricht zur Methode, die in anderen Unterrichtsfächern aufgegriffen und dort fortgeführt werden kann.

Neben der allgemeinen Methode, praktisches Handeln bis zur Denkhandlung aufzubauen, werden in diesem Unterricht eine Vielzahl spezifischer Methoden zur Motivationssteigerung, Handlungsregulation, Handlungsanleitung, Entspannung, Selbstverstärkung, Selbstkontrolle etc. eingeführt. Diese spezifischen Methoden, die Lernprozesse einleiten und unterstützen, können in Spielhandlungen sinnvoll eingeführt werden, so daß sie von Kindern verstanden und angenommen werden. Vom spiel- und handlungsorientierten Unterricht können die dann bekannten Methoden auf den allgemeinen Unterricht übertragen bzw. mit den Themen fortgeführt werden, wo hingegen die Einführung derartiger Methoden in den Klassenunterricht häufig künstlich wirkt und von den Kindern nicht akzeptiert wird.

Der spiel- und handlungsorientierte Unterricht ist nicht als spezifische Therapie für Kinder mit einzelnen umschriebenen Entwicklungsstörungen zu verstehen. Das Ziel besteht auch nicht darin, bestimmte neuropsychologische Funktionen zu fördern. Im Gegenteil, fallen Kinder mit schweren Entwicklungsstörungen auf, sind diese besonderen Fördermaßnahmen zuzuführen.

Der Unterricht ist ein Ansatz zur allgemeinen Entwicklungsförderung, der gleichermaßen allen Kindern einer Klasse die Möglichkeit geben soll, grundlegende Erfahrungen in sinnvollen Handlungsvollzügen zu erwerben bzw. zu vertiefen. Im Verlauf des Förderunterrichts werden im Rahmen von Spielhandlungen selbstverständlich auch neuropsychologische Funktionen gefördert, den Kindern werden Strategien vermittelt, die weiter ausdifferenziert werden, und sie erlernen eine Fülle neuer Fertigkeiten. Diese Förderung und Kenntnisvermittlung findet jedoch eingebettet in sinnvolle Spielhandlungen statt und wird nicht gesondert anhand spezifischer Aufgaben trainiert.

2.2 Theoretische Grundlagen

Was bedeutet spielorientierter Unterricht?

Zum Nachvollzug fehlender Entwicklungserfahrungen eignen sich Spielhandlungen, da das Spiel die kindgemäße Form zur Aneignung von Wirklichkeit ist. Spielhandlungen schlagen eine Brücke zwischen der Lebenswirklichkeit der Kinder und der Schulwirklichkeit.

Wenn als Hauptursache für die Häufung von Entwicklungsverzögerungen und -störungen bei Kindern zum Einschulungsalter die Kluft zwischen Erkenntnis und Erfahrung (Herz 1990) verantwortlich gemacht wird, müssen Kinder zum Nachvollzug der fehlenden Entwicklungserfahrungen konkrete Erfahrungen in der Auseinandersetzung mit der Umwelt machen, d. h. Wirklichkeit aus erster Hand erleben. Da das Defizit vieler Kinder darauf beruht, daß sie nicht gelernt haben, sich praktisch handelnd mit der Umwelt auseinanderzusetzen und auf diese Weise Erfahrungen zu sammeln, müssen sie zur Exploration, Neugier und zum konkreten Handeln angeleitet werden. Passives, konsumierendes, bewegungsarmes Verhalten muß aufgebrochen und zugunsten eines aktiven erforschenden, bewegungsorientierten Verhaltens verändert werden.

Um Aktivität anzuregen und Neugier zu wecken, eignen sich Spielhandlungen, in denen zwar nicht Umwelt aus erster Hand erfahren wird, aber Themen nachgespielt werden können, die für Kinder von Interesse sind, ihre Gedankenwelt beschäftigen und damit an der Lebenswirklichkeit der Kinder anknüpfen (Quasi-Realität, Scheuerl 1975). Insofern können auch Spielhandlungen zur Wirklichkeit aus erster Hand werden, als sie es Kindern ermöglichen, im handelnden Umgang mit anderen konkrete Erfahrungen mit sozialer und emotionaler Wirklichkeit zu sammeln. In diesem Sinne ist Spiel Realität/Wirklichkeit, und alles, was im Spiel geschieht, ist für die Kinder – zumindest zum Zeitpunkt des Spiels – real. Im Spiel agieren die Kinder zwar auf der Ebene der Scheinwirklichkeit, das gemeinsame Handeln miteinander ist jedoch ein real stattfindender Prozeß.

In diesem Prozeß probieren die Kinder Wirklichkeit angstfrei aus, sie testen eigene Handlungsweisen, geben ihren Gefühlen Ausdruck und erfahren die Reaktionen anderer auf sich.

Spielen mit kindgemäßen Themen knüpft nicht nur an der Lebenswirklichkeit der Kinder an, sondern stellt auch die kindgemäße Form der handelnden Auseinandersetzung mit der Umwelt dar (Hetzer 1969, 1990). Nach Bühler (1967) erleben Kinder zum Einschulungsalter den Höhepunkt ihrer „Spielzeit". Spiel als Medium aufzugreifen, ist daher naheliegend, will man eine Brücke zwischen der Lebenswirklichkeit der Kinder und der Schulwirklichkeit schlagen.

Spielen ist sinnvoll

Spielen ist in vielerlei Hinsicht sinnvolles Handeln für Kinder: Spielen bedeutet Handeln mit allen Sinnen und vermittelt daher sinnliche Erfahrungen. Im Spiel wird aber auch das, was Kindern wichtig ist, Sinn und Bedeutung für sie hat, in Handlung umgesetzt. Zwischen Wirklichkeit und Vorstellung werden auf diese Weise sinnstiftende Beziehungen hergestellt, so daß Wirklichkeit und Vorstellung in der Dimension des Spiels neu „erfahrbar" werden.

Spielen macht Spaß

An freien explorierenden Spielen und Rollenspielen können alle Kinder teilnehmen; alle Kinder werden als Spielpartner akzeptiert und in ihrer Art, das Spiel auszuführen, nicht beschränkt. Es findet keine Leistungsbewertung statt, und für die Teilnahme am Spiel sind keine spezifischen Entwicklungsvoraussetzungen oder Fertigkeiten erforderlich. Jede(r) kann sich so einbringen, wie es den eigenen Bedürfnissen entspricht.

Maßgabe zur Orientierung ist das Interesse der Kinder am Spiel, die Faszination an Material und Thema, die Ausdauer, mit der sie beim Spiel bleiben und so das Spiel durch eigene Vorschläge und Ideen bereichern und weiterführen.

Spielen fördert Selbstverwirklichung

Im Spiel finden Kinder die Möglichkeit, sich mit Themen, die sie beschäftigen, handelnd auseinanderzusetzen. „Im Spiel können die Kinder ihre Bedürfnisse und Interessen in Abstimmung mit den Mitspielern in Handlung umsetzen und die Konsequenzen ihres Tuns erleben ..., so erlebt man sich als Initiator der Handlung und als verantwortlich für die entstehenden Wirkungen" (Callies 1975, 231).

Weiter können sie die Gefühle, die sie mit dem Thema verbinden oder die in der Interaktion auftreten, darstellend zum Ausdruck bringen. Durch Rollenübernahme können auch Gefühle und Stimmungen, die im Alltag nicht zugelassen sind oder dort noch nicht erfahren wurden, erlebt und ausgedrückt werden. Rollenübernahme und Rollentausch sensibilisieren nicht nur für andere Gefühlswelten, sondern sie ermöglichen es den Kindern auch, sich in andere hineinzuversetzen, die eigene Rolle aufzugeben und die Rolle eines anderen zu erfahren.

Spielen übt Kommunikation

Das Gelingen gemeinsamer Spiele hängt wesentlich davon ab, daß verbal oder nonverbal Absprachen miteinander getroffen werden, die für die Mitspieler verbindlich sind. Der Erfolg des Spiels und die Zufriedenheit der Kinder im Spiel hängen weiter davon ab, daß neue Spielvorschläge diskutiert und eigene Ideen eingebracht werden. In diesen für das Spiel notwendigen und selbstverständlichen Prozessen wird Kommunikation geübt: Die Kinder lernen, verbal Wünsche und Ideen zu äußern, die Vorschläge anderer zu hören und auf deren Äußerungen verbal zu reagieren. Dialogfähigkeit wird in noch spezifischerer Weise eingeübt, wenn Kinder im Spiel zu Rollenspielen finden und diese miteinander ausführen.

Spielen fördert soziales Verhalten

Großmotorisches Spiel setzt nicht nur verbales, sondern auch körperliches Miteinander-Umgehen-Können voraus. Das Agieren mit allen Sinnen und die wechselnde Kontaktaufnahme aller Kinder innerhalb der Spielhandlungen erzeugen eine Nähe und ein Miteinander in der Klasse, wie es im Klassenunterricht nur langsam entstehen kann.

Neben der Förderung der Klasse zum Klassenverband lassen Spielhandlungen aber auch unangemessenes Sozialverhalten besonders deutlich werden. Die leistungsfreie Situation des Spiels bietet ebenfalls Möglichkeiten, dem Kind Problemlösungen aufzuzeigen (Verbalisieren von Konflikten, Rückmeldungen durch die Klasse etc.), sich anders, sozial kompetenter zu verhalten.

Spielen erfordert Regeln

Die Verbindlichkeit von Regeln und Absprachen in Spielhandlungen ist unmittelbar einsichtig. Ideen und Vorschläge können nur umgesetzt werden, wenn alle Kinder die vorher besprochenen Regeln einhalten. Innerhalb von Spielhandlungen kann jedes Kind Regeln einbringen, die für alle anderen Verbindlichkeit erhalten. Auf diese Weise bietet das Spiel eine gute Möglichkeit, bei den Kindern ein Verständnis für die Bedeutung und Verbindlichkeit von Normen und Regeln aufzubauen.

Spielen fördert Phantasie und das Ausleben von Gefühlen

Spielen ist nie rezeptiv und konsumativ, sondern immer aktiv und produktiv. Kinder erfahren die materielle Spielwelt, das Miteinander aller Kinder und das Spielthema aktiv. Spielthemen können sie selbst vorschlagen oder weiter „spinnen". Das Material und die Spielangebote sind nicht „fertig", sondern Anregungen, um „weiterzuspielen", um Ideenwelt und äußere Welt zu vermischen.

Äußerer Rahmen und Spielthemen lassen angenehme oder unangenehme Gefühle aufkommen und setzen Emotionen bei den Kindern frei. Das Handlungsfeld „Spiel" bietet gute Möglichkeiten für den/die Lehrer/in, Entstehung und Verlauf von Emotionen zu beobachten und im Rahmen von Spielhandlungen zu beeinflussen.

Spielen vermittelt Fertigkeiten

Großmotorische Spielhandlungen setzen aktives körperliches Handeln voraus. Ohne in spezifischer Weise bestimmte Fertigkeiten einzuüben, findet – eingebettet in Spielhandlungen, die den Kindern einen sinnvollen Handlungsrahmen geben und in deren Mittelpunkt als Ziel das Spiel steht – in vielfältiger Weise ein Einüben unterschiedlicher Fertigkeiten und Funktionen statt. Die Kinder trainieren im bewegungsorientierten Handeln ihre Körperkoordination, sie verbessern ihr Körperschema, üben die räumliche Wahrnehmung, schulen Tast- und Geruchssinn etc. In einem sinnvollen, allgemein akzeptierten Handlungsrahmen findet motiviertes Lernen statt, dessen Inhalte z. T. durch Vorgaben gesteuert, z. T. durch die Bedürfnisse und Wünsche der Kinder bestimmt werden.

Spielen imitiert Alltagswirklichkeit

Auch das Spielen in der Schule verschafft den Kindern keine unmittelbaren Erfahrungen mit der Umwelt, wenn sie nicht Wirklichkeit aus erster Hand erleben. Im Spiel findet jedoch eine Nachahmung der Welt (Quasi-Realität, Scheuerl 1981) statt: Erlebnisse von Kindern werden nachgestaltet und reproduziert; Ideen und Vorstellungen – möglicherweise von Welten, die sie nicht selbst, sondern über Medien kennengelernt haben (z. B. Lebenswelt der Indianer) – können ebenfalls gestaltet und nachvollzogen werden. Außerdem können nahe und vertraute Umwelten (z. B. Straßen, Geschäfte, eine Kleinstadt) aufgebaut und darin kann gespielt werden. Gegenstände, die in diesen Umwelten von Bedeutung sind, können tatsächlich oder als „Nachbau" ins Spiel gebracht eingebracht (Autos, Verkehrsschilder, Briefkasten, Postkarte etc.) und in ihrer Funktionalität erprobt und erfahren werden. Auf diese Weise entsteht keine neue erste Wirklichkeit, aber innerhalb der konkret vorhandenen abstrahierten Wirklichkeit können praktisch handelnd Erfahrungen erworben werden.

Wegen der Bedeutung des Spiels für die kindliche Entwicklung und der vielfältigen im Spiel enthaltenen Möglichkeiten, einen bestimmten Erfahrungserwerb zu unterstützen, stellen Spielhandlungen den zentralen Inhalt des spiel- und handlungsorientierten Unterrichts dar. Im Spiel sollen in der Schule Erfahrungs- und Handlungsspielräume geschaffen werden, die es ermöglichen, die strikte Trennung von Schule und Leben aufzuheben.

Ohne Anspruch auf Vollständigkeit sind in der nachfolgenden Abbildung die Bereiche aufgelistet, in denen durch den spielorientierten Unterricht Erfahrungen/Kenntnisse vermittelt werden und in denen die Kinder Förderung erfahren. Die Abbildung ist nicht als Modell einer zugrundeliegenden Theorie zu verstehen, weswegen auf alle Annahmen über mögliche Wechselwirkungen und Wirkzusammenhänge verzichtet wurde.

Was bedeutet handlungsorientierter Unterricht?

Da abstraktes Denken aus dem praktischen Handeln hervorgeht, sollte der Aufbau allgemeiner, „geordneter" Denkprozesse bei Kindern mit der Vermittlung praktisch handelnder Erfahrungen beginnen. Diese führen zu nachhaltigen Lernerfahrungen, wenn sie bewußt, zielgerichtet und geplant ausgeführt wurden.

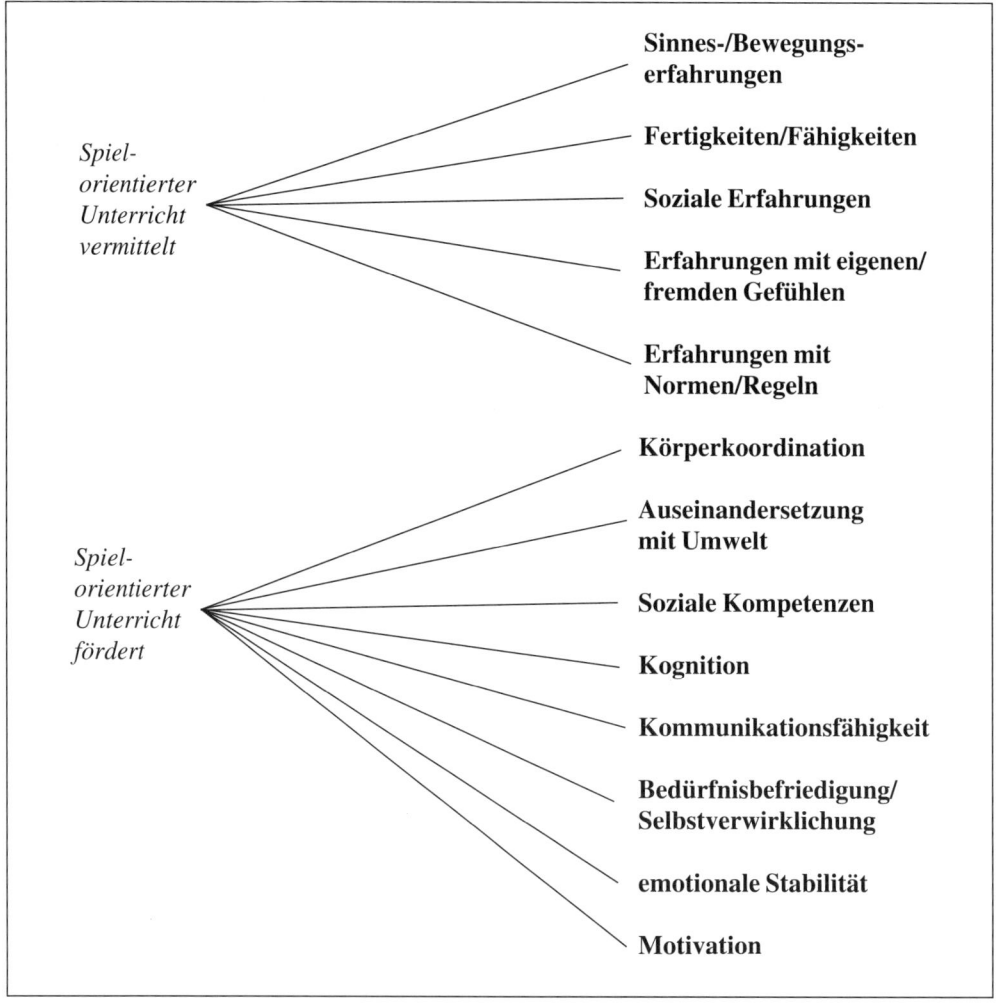

Abb. 1: Mögliche Auswirkungen eines spielorientierten Unterrichts

Mit einem spielorientierten Unterricht allein, so wie er bisher beschrieben wurde, kann noch keine Brücke zwischen der Lebenswirklichkeit der Kinder und der neuen Schulwirklichkeit geschlagen werden. Spielen in der Schule kann einen Beitrag zum Nachvollzug der kindlichen Entwicklung leisten und Kinder in ihrer Persönlichkeit stärken. Dies sind wichtige Voraussetzungen für schulisches Lernen und Teil des Bildungsauftrags. Spielen schafft aber per se noch keinen Übergang zum schulischen Lernen. Dieser kann dann bereitet werden, wenn kindliches Spiel nicht als zweckfreies Tun (Hetzer 1969) verstanden wird, sondern als Grundform der kindlichen Auseinandersetzung mit der Welt, d. h. als handelndes Tun, durch das Erkenntnisse erworben werden und auf dem höhere kognitive Prozesse aufbauen.

In diesem Sinne kann das Spiel als kindgemäßes Medium betrachtet werden, durch das gezielt praktisch handelnd erworbene Erkenntnisse vermittelt werden können. Entwicklungspsychologie und Didaktik belegen einhellig die Notwendigkeit, Kenntnisvermittlung bei Kindern auf der Basis konkreter, praktischer Handlungen aufzubauen und von dort ausgehend auf höhere Ebenen der Erkenntnistätigkeit zu übertragen.

Die Ausführung praktischer Handlungen allein genügt jedoch nicht, um Fertigkeiten und Wissen zu erwerben. Lernen kommt erst dann zustande, wenn Handlungen bewußt, zielgerichtet und geplant ausgeführt werden, d. h. einem bestimmten „geordneten" Handlungsablauf folgen. Diese Fertigkeit, Handlungen bewußt und geplant auszuführen (Handlungsfähigkeit), sollen die Kinder im spiel- und handlungsorientierten Unterricht als Methode lernen und diese Methode soll in anderen Unterrichtsfächern aufgegriffen und auf abstraktere Stufen der Erkenntnistätigkeit übertragen werden.

Spielen stellt damit die äußere Form dar, in der bis dahin zweckfreies und unbeabsichtigtes Tun in Richtung auf ein gezieltes und geplantes Handeln hin verändert wird. Die allmähliche Veränderung von der explorierenden, zweckfreien Spielhandlung hin zur komplexen, zielgerichteten und geplanten Spielhandlung erfolgt in drei Phasen, die sukzessiv aufeinander aufbauen. Welche Spielthemen dabei im Vordergrund stehen und die Inhalte der Wissensvermittlung bestimmen, hängt von den aktuellen Fragen und Interessen der Kinder ab, wird aus der Lebenswirklichkeit, den aktuellen Umwelt- und Lebensbedingungen der Kinder ausgewählt oder von aktuellen Unterrichtsthemen abgeleitet.

Ausschlaggebend für den spiel- und handlungsorientierten Unterricht ist die Vermittlung der Methode: der Erwerb der Fähigkeit, im praktischen Handeln die eigenen Handlungen an einem Ziel orientiert zu planen und gemäß dem Handlungsplan auch auszuführen.

Das Planen von Handlungen ist dabei ein hochkomplexer Prozeß, der im spiel- und handlungsorientierten Unterricht systematisch eingeübt wird. Zur umfassenden Planung einer Handlung (Galperin 1967) gehört die Analyse:

– *des Handlungsziels,*
– *der aktuellen Ausgangsbedingungen sowie*
– *der Ausführungsbedingungen.*

An einem Beispiel soll dieser Prozeß verdeutlicht werden: Die Kinder einer Klasse setzen sich als Ziel, „Indianer" zu spielen. Dieses „gemeinsame" Ziel ist, wird es nur in dieser Allgemeinheit geäußert, sehr unspezifisch, und wahrscheinlich sind die Vorstellungen der Kinder darüber, was sie unter einem Indianerspiel verstehen, sehr unterschiedlich. Es gilt daher, das Ziel so weit zu präzisieren, daß Klarheit – und bei einem Gruppenspiel auch Einigkeit – über das Ziel der Spielhandlung besteht. Lautet dieses Ziel z. B., ein Indianerdorf zu bauen, von dort aus auf Büffeljagd zu gehen und abends im Indianerdorf am Feuer zu sitzen, so sind die Vorstellungen der Kinder bereits wesentlich genauer und einheitlicher.

Die Analyse des Handlungsziels ist allerdings noch weiter fortzuführen: wenn ein Indianerdorf gebaut werden soll, wie sehen Indianerhütten aus? Wie kleiden sich Indianer, wie gehen sie auf die Jagd, wie sind die Jagdbedingungen?

Soll eine so komplexe Spielhandlung wie ein Indianerspiel in Gang kommen, so ist vorab eine Fülle von Fragen zu klären, für die eigenes Vorwissen erforderlich ist.

Sind die Bedingungen für das Ziel der Handlung geklärt, geht es an die Planung, wie das Ziel erreicht werden kann: Wie können Indianerhütten gebaut werden, welche Materialien werden dazu benötigt, wie kann die Konstruktion bewerkstelligt werden?

Die Vorstellung, wie etwas aussehen kann, muß mit den Gegebenheiten (Ausgangsbedingungen): welche Materialien sind vorhanden (materielle Ausgangsbedingungen) und den eigenen Voraussetzungen: was können wir bauen, wozu sind wir in der Lage (personelle Ausgangsbedingungen) in Beziehung gesetzt werden.

Ist klar, was zu tun ist, kann die Ausführung des Spiels geplant werden. Wer besorgt Material, wer hilft beim Aufbau der Hütten, wer gestaltet den Schleichpfad zur Büffelherde? Schritt um Schritt muß bekannt sein, was zu tun ist und in wessen Verantwortung die Realisierung jedes einzelnen Handlungsschrittes liegt.

Nach dem Aufbau des Indianerdorfes und des Jagdgebiets ist die Ausführung in gleicher Weise Schritt um Schritt zu planen.

Der Prozeß der Handlungsplanung ist in nachfolgender Abbildung (2) skizziert:

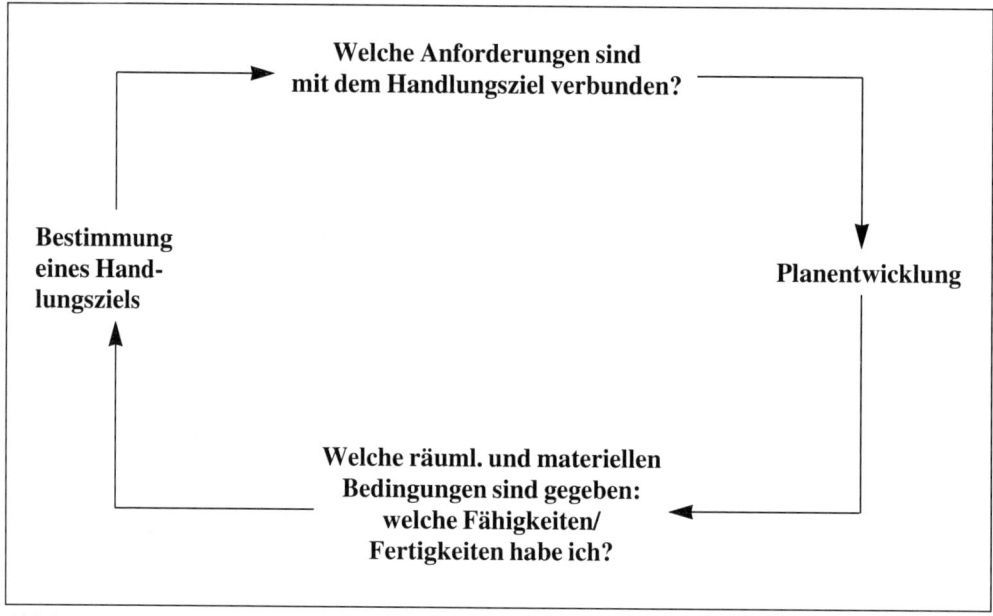

Abb.2: Komponenten im Prozeß der Handlungsplanung

Der dargestellte Prozeß der Handlungsplanung verschafft den Kindern eine Orientierungsgrundlage, auf die gestützt sie die Spielhandlung bewußt und zielgerichtet vollziehen können. Das bedeutet, mit der Orientierungsgrundlage werden die Voraussetzungen für einen planvollen, strategiebestimmten Handlungsvollzug geschaffen.

Handeln findet natürlich nicht immer nach einer so „ausführlichen" Analyse und Planung statt. Bei bekannten oder zumindest teilweise bekannten Anforderungen ist nicht immer wieder eine vollständig neue Analyse der Handlungsbedingungen und eine neue Planung zu erarbeiten. In der Regel kann im Umgang mit solchen Anforderungen auf bewährte, im Gedächtnis gespeicherte Handlungspläne zurückgegriffen werden.

An dieser Stelle sollte jedoch die Komplexität von Planungsprozessen dargestellt werden. Im spiel- und handlungsorientierten Unterricht wird die Fähigkeit, in dieser ausführlichen Form zu planen, sukzessiv in 3 Phasen eingeübt, um die Kinder auf dem Weg zur selbständigen Handlungsfähigkeit zu unterstützen und ihnen das Prinzip geordneten Handelns zu vermitteln. Die Erfahrungen aus dem „geordneten" Handeln werden als bewährte Handlungspläne im Gedächtnis gespeichert, auf die sie bei neuen Anforderungen zurückgreifen können. Das Prinzip der Handlungsfähigkeit – in diesem Sinne definiert als Fähigkeit, ein Ziel zu formulieren und die Realisierung des Ziels unter Beachtung der inneren (eigene Fähigkeiten/Fertigkeiten) und äußeren Bedingungen zu planen – soll natürlich nicht nur auf eine praktische Handlungsfähigkeit beschränkt bleiben, sondern auch auf andere Erkenntnisebenen, bis hin zur abstrakten Denkfähigkeit, übertragen werden.

2.3 Ziele des spiel- und handlungsorientierten Unterrichts

Mit dem spiel- und handlungsorientierten Unterricht werden im wesentlichen drei Ziele angestrebt:

- *Aufbau von Handlungsfähigkeit,*
- *Integration zum Klassenverband und Förderung sozialer Kompetenz,*
- *Aufbau einer positiven, erfolgszuversichtlichen Leistungsmotivation.*

Neben diesen individuellen personbezogenen Zielen wird außerdem ein viertes Ziel angestrebt,

- *die Fortführung und Übertragung der Methode in den allgemeinen Unterricht,*

so daß ein stufenweiser Aufbau der Handlungsfähigkeit von der praktischen Handlung bis zur Denkhandlung gewährleistet wird.

Die Vermittlung der oben definierten Handlungsfähigkeit geschieht in einem systematischen Aufbau, der den Ablauf der Förderung in drei klar unterscheidbare Phasen aufteilt. Diese drei Phasen werden unter Punkt 4 ausführlich beschrieben. Auch die Darstellung des „Praxisteils" ist an den Phasen orientiert aufgegliedert.

Zur Realisierung der beiden anderen Förderziele:

- *Integration zum Klassenverband und Förderung sozialer Kompetenzen und*
- *Aufbau einer positiven, erfolgszuversichtlichen Leistungsmotivation*

werden keine spezifischen Vorschläge gemacht. Der Rahmen der Spielhandlungen bietet dem/der Lehrer/in zusätzlich zum Klassenunterricht ein anderes, möglicherweise erweitertes Beobachtungsfeld, in dem er/sie Schüler/innen in ganz unterschiedlichen Situationen, Rollen und in einem anderen sozialen Austausch wahrnehmen kann. Die dabei gemachten Beobachtungen und die so erworbenen Erfahrungen können Ausgangspunkt sein für die Planung gezielter individueller Hilfen und Interventionen. Ob diese im Klassenunterricht oder im Verlauf des spiel- und handlungsorientierten Unterrichts stattfinden, muß den Überlegungen des Lehrers überlassen bleiben.

Auf jeden Fall bieten sich im Verlauf der Spielhandlungen vielfältige Möglichkeiten, soziale Kompetenzen bei den Kindern aufzubauen: In Rollenspielen können z. B. soziale Unsicherheiten überwunden, Konflikte ausgetragen und Strategien zur Konfliktbewältigung erworben werden. Aggressive Reaktionstendenzen werden in Spielhandlungen schnell sichtbar und können in diesen thematisiert und verändert werden. Je nachdem, welche Probleme sich im Klassenverband oder in einer Gruppe von Kindern ergeben, wird auf diese mit individuellen, situationsangemessenen Interventionen reagiert, die sich nicht zu einzelnen Prinzipien zusammenfassen lassen. Die Bandbreite der Möglichkeiten ist in offenen Spielsituationen nahezu unbegrenzt.

Die Förderung einer positiven, erfolgszuversichtlichen Leistungsmotivation wird deswegen als drittes Unterrichtsziel hervorgehoben, weil die Vermittlung der Fähigkeit, ein Handlungsziel zu definieren, die Zielerreichung zu planen und am Plan orientiert auszuführen, nicht ausreicht, sich erfolgreich mit Anforderungen auseinanderzusetzen. Zur kognitiven Fähigkeit gehört auf motivationaler Ebene das Vertrauen in die eigenen Fähigkeiten (personale Ausgangsbedingungen), so daß sich Kinder überhaupt mit den Anforderungen auseinandersetzen und sich deren Bewältigung zutrauen. Nach der Durchführung der Aufgabe soll die erfolgreiche Bewältigung den eigenen Fähigkeiten zugeschrieben werden.

Im spiel- und handlungsorientierten Unterricht geschieht die Förderung der Leistungsmotivation in einem ersten Schritt über die Anregung von Interesse bei den Kindern und über die Vorgabe von Anforderungen, die für die Kinder angemessen sind. Interesse und Faszination entstehen und wecken Bereitschaft, sich Anforderungen zuzuwenden, wenn die Neugierde der Kinder erregt wird und die Aufgaben/Anforderungen die Fähigkeiten der Kinder nicht übersteigen. Wichtig ist es, die Unterrichtsangebote auf die Entwicklungsvoraussetzungen der Kinder abzustimmen.

Über- und Unterforderung verstärken Tendenzen der Mißerfolgsängstlichkeit. Erfolg oder Mißerfolg können leicht mit den unangemessenen Anforderungen in Beziehung gebracht werden („Das war zu leicht/zu schwer"). Bei individuell angemessenen Anforderungen können die Kinder darin bestärkt werden, daß sie doch „das Zeug dazu haben", dazu fähig sind, die Aufgaben zu bewältigen. Entsprechend können sie nach der erfolgreichen Erledigung darin bekräftigt werden, die Aufgabe gut gekonnt zu haben.

Ist das Niveau, auf dem sich alle Kinder wohl fühlen und über Handlungskompetenzen im Umgang mit den Anforderungen verfügen, gefunden, kann der weitere Unterricht sukzessiv darauf aufbauen. Im Verlauf des Unterrichts geben die Kinder selber durch ihre Spielvorschläge und in ihren Rollenspielen Hinweise darauf, in welcher Form sie den Handlungsrahmen erweitern und in welchem Tempo sie Veränderungen herbeiführen möchten. Diese Hinweise müssen für die Fortführung der Spielhandlung aufgegriffen und in sinnvolle Spielbezüge eingebettet werden, um die Motivation der Kinder aufrechtzuerhalten.

Für die gesamte Klasse ist die Aufrechterhaltung der positiven Motivation und der Anstrengungsbereitschaft durch eine differenzierte Anpassung der Anforderungen an die individuellen Leistungsmöglichkeiten aller Kinder (Prinzip der inneren Differenzierung) zu gewährleisten. Spielthemen sind daher stets so anzulegen, daß jedes Kind mit seinen individuellen Fähigkeiten – aber alle gemeinsam auf ein Ziel hin orientiert – an deren Ausgestaltung mitwirken kann.

Wie die Realisierung des vierten Ziels, die Übertragung des handlungstheoretischen Prinzips auf den allgemeinen Unterricht erfolgen kann, wird unter Punkt 4.2 „Übertragung der Methode auf den allgemeinen Unterricht" veranschaulicht.

3. Darstellung des spiel- und handlungsorientierten Unterrichts

3.1 Die drei Phasen des spiel- und handlungsorientierten Unterrichts

Die Konzeption des spiel- und handlungsorientierten Unterrichts ist auf die Klassen 1 und 2 (bzw. Schulkindergarten und Klasse 1, 2) ausgerichtet. Ab dem 3. Schuljahr erscheint diese Form des Unterrichts nicht mehr sinnvoll und sollte durch Schwerpunktthemen, die in der Klasse nach den Prinzipien des handlungsorientierten Unterrichts durchgeführt werden können, abgelöst werden.

Der Unterricht ist in drei Phasen unterteilt, in denen allmählich selbständige Handlungsfähigkeit bei den Kindern aufgebaut wird. In allen drei Phasen determinieren großmotorische Spielhandlungen den Inhalt des Unterrichts.

I.   In der ersten Phase geht es um die Förderung von Neugierde und Explorationsfreude. Die Kinder sollen hier ein breites Spektrum von Geräten, Aufbauten und Materialien kennenlernen, diese auf viele unterschiedliche Funktionen hin untersuchen, erproben und selbst vertraut werden im Umgang mit den vorgegebenen Aufbauten.

II. In der zweiten Phase wird ein Spielthema mit Ziel und Handlungsablauf des Spiels vorgegeben. Die Kinder sollen lediglich im vorstrukturierten Rahmen die Handlungsschritte nachvollziehen und den Nachvollzug miteinander absprechen. Im Anschluß daran kann der vorgegebene Handlungsrahmen durch Vorschläge der Kinder erweitert werden. D. h. die Kinder formulieren selbständig – thematisch zur Spielhandlung gehörende – Ziele und planen die Realisierung der Teilziele selbst.

III. Erst in der dritten Phase, wenn die Kinder hinlänglich gelernt haben, Ziele miteinander abzusprechen, Analysen von Handlungszielen vorzunehmen, einen Handlungsplan zu entwickeln und diesen auszuführen, üben die Kinder, komplexe Spielhandlungen selbständig durchzuführen.

Im Verlauf des spiel- und handlungsorientierten Unterrichts werden Motivation und Sozialfähigkeit beständig unterstützt. Schematisch läßt sich der Förderunterricht folgendermaßen darstellen:

Abb.3: Überblick über den Verlauf des spiel- und handlungsorientierten Unterrichts

PHASE I:
Erfahren der Handlungsbedingungen und Erwerb von Handlungsfertigkeiten

In der ersten Phase des spiel- und handlungsorientierten Förderunterrichts sollen die Kinder lediglich das Umfeld kennenlernen, in dem der Unterricht stattfindet (Raum, Material), im Umgang damit Erfahrungen sammeln und eigene Handlungsfertigkeiten erwerben.

Der Handlungsraum ist die Turnhalle, die sich am besten für die Ausführung großmotorischer Spielhandlungen eignet. Das „Spiel"-material sind die Geräte in der Turnhalle, psychomotorische Übungsmaterialien (Rollbrett, Schwungtuch), eine Kleiderkiste, Schminke und viele Alltagsmaterialien. Präsentiert werden den Kindern die Geräte und Materialien in der Turnhalle nicht als Turngeräte, sondern verschiedene Materialien/Geräte werden zu Aufbauten (z. B. Sprossenwand und Weichbodenmatte als „Kletterberg"; Kasten und Weichbodenmatte als „Wellenbad"), sog. „Veränderlichen Spielräumen" kombiniert, auf die die Kinder klettern, springen, von denen sie herunterrutschen können etc.

Um die Erfahrungsbildung der Kinder zu unterstützen, werden die Materialien und Aufbauten sukzessive eingeführt, und es wird darauf geachtet, daß alle Kinder möglichst viele Handlungsmöglichkeiten, die Material und Aufbauten bieten, in Erfahrung bringen und vielfach den Umgang damit erproben. Außerdem wird die Erfahrungsbildung der Kinder von den Unterrichtsleitern sprachlich unterstützt und durch kleine Spiele kontrolliert. Z. B. wurde zur Vertiefung der Erfahrung mit dem Rollbrett ein Würfel gebastelt, der auf jeder Seite ein Bild mit einer „Rollbrettposition" enthielt. Jedes Kind durfte einmal würfeln und dann mußten alle Kinder mit dem Rollbrett so fahren, wie es das gewürfelte Bild anzeigte. Zur Vertiefung der Erfahrungen in dem „Veränderlichen Spielraum" „Wellenbad" wurden kleine Spiele mit unterschiedlichen Inhalten (Kunstspringer, Rettungstaucher, Flucht vor dem Hai etc.) gespielt.

Der Umgang mit den Dingen vollzieht sich in dieser Phase noch nicht zielgerichtet; die Kinder sollen lediglich erproben, was man mit den Dingen alles tun kann. Erste zielgerichtete Handlungen entstehen durch Wiederholung oder bewußt herbeigeführte und geplante Variationen. Das selbständige Erproben gibt den Kindern das Gefühl, das Handlungsfeld zu kennen, d. h. diese Objekte „unter Kontrolle" zu haben.

Die Erfahrungsbildung erstreckt sich auf alle Sinne: Materialien, die den Tast- und Geruchsinn der Kinder ansprechen (z. B. Fühldecke, Riechecke) sind ebenso Teil der Unterrichtsangebote wie Spiele zum Hören und Sehen und Materialien zu groß- und feinmotorischen Spielhandlungen.

Die soziale Erfahrungsbildung wird in dieser Phase durch gezielte partnerschaftliche oder in Kleingruppen auszuführenden Spielhandlungen gefördert.

Bei der Exploration des Umfeldes werden außerdem neben den aktiven Spielaktionen auch Ruhephasen und „Ruhefelder" eingeführt. Bestimmte Aufbauten (z. B. Schaukeln) fördern Ruhe und Entspannung, die durch Musik weiter intensiviert wird.

PHASE II:
Erprobung und Entwicklung von Handlungsplänen

Nach der explorativen Phase beginnt der eigentliche themenzentrierte Unterricht. Zu diesem Zweck wird den Kindern ein spezieller Aufbau, z. B. ein großes Zelt und ein ausgedehnter Kletterpfad vorgegeben, der in ein Spielthema einbezogen ist. Die Kinder haben wieder die Möglichkeit, den Aufbau mit seinen Funktionen zu erforschen und lernen – in diesem Fall – das Spielthema „Indianer" kennen.

Die Indianer sind in großer Not. Ihre Vorräte sind aufgebraucht und der Winter steht vor der Tür. Der Stamm der „Leisen Sohlen" sitzt am Lagerfeuer und überlegt, was zu tun ist. Da erinnert sich der alte Medizinmann, daß sich die Indianer schon häufig Rat am „Sprechenden See" geholt haben. Der „Sprechende See" ist weit entfernt und nur schwer zu erreichen; doch der alte Medizinmann erinnert sich an den Weg und will die Indianer führen.

Das Ziel der Handlung besteht nun darin, die Geschichte nachzuspielen, d. h. den Handlungsweg (Abfolge der Handlung, Rollenverteilung, Beschaffung von ausschmückenden Details, wie z. B. Friedenspfeife und Indianerschmuck) für den Nachvollzug der Geschichte zu planen. Der Spielaufbau und die Spielhandlung sollen möglichst klar strukturiert sein und nur wenige Elemente beinhalten, damit sie für alle Kinder überschaubar sind.

Eine eigenständige Planung findet zu diesem Zeitpunkt noch nicht statt. Die Kinder übernehmen das vorgestellte Handlungsziel sowie die vorgegebene Realisierung des Ziels (Nachspielen der Geschichte). Im Rahmen dieser klar überschaubaren Handlungsstruktur und -abfolge können sie eigenständige Aufbauten, die die Spielhandlung weiter ausgestalten (z. B. Bau eines Festzelts, in dem nach erfolgreicher Vorratsbeschaffung ein Fest gefeiert wird) unter der Koordination und Supervision des Lehrers/der Lehrerin erstellen.

Haben die Kinder den Aufbau kennengelernt, die Geschichte gehört, über sie gesprochen und diese nachgespielt, können Aufbau und Spielhandlung allmählich durch Ideen und Spielvorschläge der Kinder erweitert werden: Medizinmann/frau, Pferdehaltung, See mit Angelplatz o. ä.

An dieser Stelle beginnt die eigenständige Planung der Kinder. Untergeordnet unter das gemeinsame Handlungsziel (= Spielthema) werden die vorhandenen bekannten und erprobten Handlungspläne erweitert. Der Handlungsrahmen bleibt dabei im wesentlichen bestehen und wird lediglich um einzelne Handlungsschritte ergänzt, so daß die Kinder jederzeit den Gesamthandlungsplan überschauen können.

Im weiteren Verlauf des Unterrichts wird auch die Vorgabe eines Spielthemas in Form einer Geschichte, die einen nachzuspielenden Handlungsablauf enthält, zurückgenommen. Der Einstieg in ein neues Handlungsfeld geschieht zwar durch die Vorgabe eines Aufbaus, dazu werden den Kindern aber nur noch verschiedene Spielanweisungen gegeben. Besteht z. B. der Aufbau aus einem Tunnel, können die Spielanweisungen lauten: „Fahre durch den Tunnel und mache fürchterliche Geräusche" oder „Verkleide dich als Geist und fahre durch den Tunnel". Inspiriert durch den Aufbau und die „Aufträge" sollen die Kinder selbst ein Ziel formulieren (z. B. Geisterbahnspielen) und die Elemente des Aufbaus, die durch die Anweisungen vorgegeben werden, erweitern.

Aus der Vorgabe einer Straße mit Zebrastreifen entwickelte eine Klasse allmählich eine Kleinstadt mit vielen Straßen und Geschäften, Krankenhaus, Fahrschule, in der Führerscheinprüfungen abgehalten wurden, eine Post und einen Auftragsdienst mit Transportfirma.

Der Anteil der eigenständigen Planung ist bei der Vorgabe von Spielhandlungen durch bloße Aufbauten und Aufträge deutlich größer. Den Kindern werden lediglich Handlungspläne vorgegeben, für die sie ein gemeinsames Ziel formulieren müssen, das von allen verbindlich aufgenommen wird. Um ihr Ziel auszugestalten, genügen die vorgegebenen kleinen Handlungspläne nicht mehr, die Kinder sind aufgerufen, diese Handlungspläne durch eigene Ideen zu erweitern und selbständig zu planen, wie sie ihre Ideen in Spielhandlungen umsetzen können. Hierbei helfen ihnen ganz wesentlich die Erfahrungen aus der Phase I, bei der sie eine Fülle von Aufbauten kennengelernt haben, die sie jetzt, leicht verändert, ins Spiel einbeziehen können. Der/die Lehrer/in achtet darauf, daß die eigenständige Planung der Kinder stets in kleinen Schritten und für alle überschaubar erfolgt, und gibt bei Fragen der Realisierung Hinweise auf die bekannten Aufbauten aus den „Veränderlichen Spielräumen".

In dieser Phase bleiben die Handlungen der Kinder nicht auf das praktische Handeln beschränkt: Die erworbenen Erfahrungen werden in Bildern dargestellt oder in Briefen innerhalb der Spielhandlung formuliert. Zur Erweiterung der Spielhandlungen gehört auch, daß diese durch Gemaltes und Gebasteltes der Kinder bereichert werden. Auf diese Weise werden die Erfahrungen der Kinder auch auf andere Erkenntnisebenen übertragen, die im Klassenunterricht wieder sinnvoll genutzt werden können.

PHASE III:
Entwicklung zum selbständigen Handeln

Die letzte Stufe des spiel- und handlungsorientierten Unterrichts zielt darauf ab, die Kinder zur selbständigen Zielformulierung, Planung und Durchführung von Handlungen anzuleiten. Zu diesem Zweck wird mit den Kindern ausführlich ein Thema besprochen (z. B. Thema Eskimos). Anlaß für die Besprechung können Ideen der Kinder aus dem Verlauf des spiel- und handlungsorientierten Unterrichts, aktuelle Themen oder Unterrichtsthemen sein. Zeigen alle Kinder Interesse dafür, sich mit dem Thema auseinanderzusetzen, können die Informationen zu diesem Thema vertieft werden. Dies kann sowohl im spiel- und handlungsorientierten Unterricht geschehen als auch im Klassenunterricht. Die Kinder können auch aufgefordert werden, selbständig Informationen zu diesem Thema zu besorgen. Sind Informationen gesammelt und ausgetauscht, so daß alle Kinder über einen gewissen Erkenntnisstand zu dem interessierenden Thema verfügen, kann ein konkretes Handlungsziel für den spiel- und handlungsorientierten Unterricht geplant werden (z. B. Bau eines Eskimodorfes).

Nun gilt es zu planen, wie das gesteckte Handlungsziel realisiert werden kann. Auch hier sollte das Handlungsziel nicht zu umfangreich geplant werden, sondern die Realisierung für alle Kinder überschaubar und durchführbar sein. Im Anschluß daran kann – wie in der vorangegangenen Phase – das Handlungsfeld allmählich durch neue Teilziele, z. B. Schlittenfahrt; Herstellung von Skiern, Fischfang etc., die in der Vorbereitungsphase bereits besprochen wurden, erweitert werden.

Um den Kindern den Übergang zum selbständigen Planen und Handeln zu erleichtern, kann zunächst auf bekannte Spielelemente und -strukturen aus den Phasen I und II zurückgegriffen werden. Das Vorgehen in der Phase III folgt allerdings – im Vergleich zu den früheren Phasen – einem umgekehrten Weg. Dort mußten die vorgegebenen Bedingungen erforscht – hier müssen sie erschaffen werden. Die Klassenlehrer geben das Spiel nicht mehr vor, sondern begleiten es nur noch. Sie steuern das Spiel der Kinder aber insoweit, daß diese ein realisierbares Teilziel nach dem nächsten planen und so die Spielhandlung für alle überschaubar bleibt.

3.2 Übertragung der Methode auf den allgemeinen Unterricht

Als viertes Ziel des spiel- und handlungsorientierten Unterrichts war die Fortführung der Methode in den allgemeinen Unterricht genannt worden, um damit den stufenweisen Aufbau von Handlungsfähigkeit bei den Kindern von der praktisch handelnden Erfahrung bis zur Denkhandlung zu unterstützen.

Mit diesem Ziel wird zum einen eine Intensivierung der Erfahrungen, die im spiel- und handlungsorientierten Unterricht erworben werden, angestrebt. In vielfacher Weise können die im spiel- und handlungsorientierten Unterricht gewonnenen Erfahrungen im allgemeinen Unterricht vertieft und auf andere Erkenntnisebenen übertragen werden. So kann z. B. zum Thema Indianer im Kunstunterricht mit den Kindern Indianerschmuck gebastelt werden, im Sachkundeunterricht kann die Geschichte der Indianer, ihre Lebensweise und Kultur besprochen werden, und im Deutschunterricht können Indianergeschichten gelesen oder eine Indianer-Zeichensprache erfunden werden.

28

Besteht Konsens darüber, den spiel- und handlungsorientierten Unterricht als Abbildung der Lebenswirklichkeit der Kinder zu betrachten, da in diesem Unterricht Themen aus der Lebenswelt der Kinder, die ihren Interessen und Vorlieben entsprechen, behandelt werden, so kann mit der Übertragung der Themen aus dem spiel- und handlungsorientierten Unterricht in den Klassenunterricht ein Übergang von der Lebenswirklichkeit in die Schulwirklichkeit geschaffen werden.

Das im allgemeinen Unterricht erarbeitete Wissen und die hergestellten Objekte fließen umgekehrt wieder in den spiel- und handlungsorientierten Unterricht ein und befähigen die Kinder, ihre Spielthemen wesentlich differenzierter auszugestalten. Lernen auf der Handlungsebene wird damit durch ein Lernen auf der kognitiven Ebene ergänzt, wobei beide Ebenen sich in beständigem Austausch befinden. Die Erfahrungen aus dem spiel- und handlungsorientierten Unterricht bleiben damit für die Kinder nicht als isolierte Erfahrungen aus dem geschützten „Turnhallen"- Unterricht bestehen, sondern werden zu verallgemeinerbaren Erfahrungen und allgemeinen Handlungsstrukturen. Das Problem vieler Fördermaßnahmen, daß kein Transfer aus den Erfahrungen der Förderstunden auf die Schul- und Alltagssituation der Kinder geschieht, trifft für einen so angelegten Unterricht nicht zu.

Zum anderen wird mit der Fortführung von Erfahrungen aus dem spiel- und handlungsorientierten Unterricht in den Klassenunterricht umgekehrt auch der Transfer vom schulischen Lernen auf das Alltagshandeln der Kinder garantiert. Da im Erleben der Kinder häufig große Anteile des Schulunterrichts und des schulischen Lernens nur wenig mit dem zu tun haben, was Kinder interessiert und was sie in der „außerschulischen Zeit" beschäftigt (Garlichs & Groddeck 1978), wird umgekehrt durch die wechselseitige Beeinflussung von spiel- und handlungsorientiertem Unterricht einerseits und Klassenunterricht andererseits den Kindern auch die Nähe und Relevanz schulischen Lernens zum Alltagshandeln bewußt. Auf diese Weise entsteht eine weitere Brücke von der Schulwirklichkeit zurück zur Lebenswirklichkeit.

Lernen, das auf praktisch handelnder Aneignung basiert, ist zudem ein Lernen, das dem natürlichen Erkenntniserwerb der Kinder entspricht und das daher ohnedies eine Methode der Erkenntnisvermittlung sein sollte. Der Vorteil der praktisch handelnden Aneignung und Übertragung in andere Unterrichtsfächer besteht außerdem darin, daß der Lerngegenstand (= Thema) in seiner Komplexität bestehen bleibt und nicht – unter unterschiedlichen Aspekten – auf einzelne Fachdisziplinen aufgeteilt wird. Durch die Fortführung von Spielthemen in unterschiedlichen Fächern des allgemeinen Unterrichts wird ein fächerübergreifendes handelndes Lernen möglich.

Die Beeinflussungsrichtung muß dabei nicht immer so einseitig sein, daß zuerst im spiel- und handlungsorientierten Unterricht praktische Erfahrungen erworben werden, die danach in anderen Unterrichtsfächern aufgegriffen werden. Mit dem Erreichen der Phase III, bei der ein Thema zuerst gefunden und die Umsetzung vorab kognitiv geplant werden muß, kann die Vorbereitung des Themas vollständig als Unterrichtseinheit aufbereitet werden. Zum Thema „Eskimo" kann eine Unterrichtseinheit z. B. lauten: geographische Bedingungen des Lebens der Eskimos. Da die Kinder dieses Thema selbst gewünscht haben und auf dessen Umsetzung im Spiel drängen, ist ihr Interesse daran gewiß sehr hoch und der/die Klassenlehrer/in kann eine hohe Motivation und Aufmerksamkeit für den Unterricht erwarten.

Die Fortführung von Themen aus dem spiel- und handlungsorientierten Unterricht in den Klassenunterricht gewährleistet allerdings nicht nur eine Kontinuität in bezug auf die Inhalte, sondern auch in bezug auf die im spiel- und handlungsorientierten Unterricht eingesetzten didaktischen Prinzipien und Methoden. Hier kommen eine Reihe von Prinzipien zum Einsatz (Verträge abschließen, Auftragskarten erfüllen, Pässe erwerben), die im Rahmen der Spielhandlungen von den Kindern als sinnvolle Prinzipien akzeptiert werden. Derartige Prinzipien könnten im Klassenunterricht wahrscheinlich nur künstlich eingeführt werden und würden dort vermutlich keine hohe Akzeptanz erzielen. Nachdem die Kinder die Prinzipien aber kennengelernt haben, wird auch ihre

Fortführung als sinnvoll erlebt. Gleiches trifft für bestimmte Verfahren (z. B. Entspannungsübungen) zu, deren Anwendung nach dem Kennenlernen in einem sinnvollen Kontext im Klassenunterricht fortgesetzt werden kann.

Es ist aber nicht nur möglich und sinnvoll, Methoden und Prinzipien aus dem spiel- und handlungsorientierten Unterricht in den Klassenunterricht zu übertragen, es ist zudem notwendig, Strategien und Fertigkeiten, die im spiel- und handlungsorientierten Unterricht unter „handelnden Bedingungen" erworben wurden, im Klassenunterricht anzuwenden und dort zu differenzieren, damit Handlungsfähigkeit für die Ausführung praktischer Handlungen ebenso entsteht wie für die Ausführung abstrakter Denkhandlungen. Erst die Erkenntnis, über Handlungsfähigkeit im spiel- und handlungsorientierten Unterricht sowie im Klassenunterricht zu verfügen, trägt zum Gefühl der Handlungskompetenz bei den Kindern bei.

4. Hinweise zur Durchführung des spiel- und handlungsorientierten Unterrichts

4.1 Organisation des spiel- und handlungsorientierten Unterrichts

* Die Gruppe

Am spiel- und handlungsorientierten Unterricht nimmt die ganze Klasse teil. Es hat sich gezeigt, daß im spiel- und handlungsorientierten Unterricht Lernerfahrungen für schwache ebenso wie für starke Kinder enthalten sind. Sei es, daß Kinder grundlegende Entwicklungserfahrungen nachvollziehen, im geplanten Spiel soziale Erfahrungen machen, die zu Konfliktfähigkeit, emotionaler Stabilität oder einer höheren Frustrationstoleranz führen, oder daß sie Strategien, Fertigkeiten oder Methoden erlernen, die sie im schulischen – oder Alltagslernen anwenden können. Der spiel- und handlungsorientierte Unterricht macht – in der Regel – allen Kindern so viel Spaß, daß auch starke Schüler ohne Entwicklungsschwächen dort nicht unterfordert sind und ihm einen besonderen Stellenwert im „Unterrichtsalltag" einräumen.

Das umgekehrte Argument, einige Kinder verfügten nicht über die z. B. motorischen Voraussetzungen, am spiel- und handlungsorientierten Unterricht teilzunehmen, läßt sich ebenfalls entkräften. Nach unseren Erfahrungen ist die Attraktivität durch die Spielangebote und -aufbauten so groß, daß sich alle Kinder – ausnahmslos – praktisch handelnd, natürlich immer unter Berücksichtigung der eigenen Leistungsvoraussetzungen und -möglichkeiten, mit den Geräten und Aufbauten auseinandersetzen und in diesen spielen.

Zudem ist der spiel- und handlungsorientierte Unterricht als Grundlage für einen auf dem praktischen Handeln aufbauenden Unterricht zu verstehen, der vom Unterricht in der Turnhalle in den Unterricht im Klassenraum fortgeführt wird. Spiel- und handlungsorientierter Unterricht und Unterricht im Klassenzimmer lassen sich – wird das Prinzip, die Erfahrungen aus dem praktischen Handeln in den Unterricht zu übertragen, übernommen – nicht mehr voneinander trennen.

* Lehrerbedarf

Die offene Form des spiel- und handlungsorientierten Unterrichts und der zeitliche Aufwand für die Erstellung der Spielaufbauten erfordern einen Zwei-Personen-Unterricht. Diese Forderung stellt für die Schule in der Regel das größte organisatorische Problem dar, ist aber für den Erfolg des spiel- und handlungsorientierten Unterrichts Voraussetzung. Ein Zwei-Personen-Unterricht kann z. B. dadurch gewährleistet werden, daß zwei Lehrer/innen paralleler Klassen den Unterricht in zwei aufeinanderfolgenden Doppelstunden jeweils gemeinsam durchführen. Ein solches „Kooperationsmodell" hat den Vorteil, daß beide Lehrer/innen gemeinsam vor den Stunden einen Aufbau erstellen, der nacheinander von zwei Klassen genutzt werden kann.

Andere Kooperationsmodelle von Klassenlehrer/in und Sportlehrer/in/Referendar/in/Sozialpädagog/in/Schulassistent/in etc. sind ebenso denkbar. Gute Erfahrungen haben wir auch mit der Assistententätigkeit von Eltern gemacht. Die Eltern können sich sehr gut auf Form und Inhalt des

Unterrichts einlassen und sammeln dabei, wie sie uns bestätigt haben, viele Erfahrungen im Umgang und Spiel mit den Kindern.

Möglichkeiten, eine Zwei-Personen-Betreuung zu organisieren, gibt es viele. Unabdingbare Voraussetzung dabei ist allerdings, daß der/die Klassenlehrer/in eine dieser Personen ist und ihm/ihr offensichtlich die Leitung der Stunden obliegt.

* Der Unterrichtsraum

Der bewegungsorientierte Charakter des Unterrichts stellt zumindest eine besondere Anforderung an den Unterrichtsraum. Die Kinder brauchen Platz, um ihrem Bewegungsdrang freien Lauf lassen zu können und großräumig angelegte Spielhandlungen durchzuführen. Außerdem müssen sie auch einmal die Möglichkeit haben, eine Ecke zu finden, in der sie allein oder in einer kleinen Gruppe ihre Spielideen verwirklichen können. Als Unterrichtsraum sollte daher – zumindest in der ersten Phase – eine Turnhalle normaler Größe und mit normaler Ausstattung zur Verfügung stehen. Die Turnhalle ist nicht nur wegen ihrer Größe erforderlich, sondern beinhaltet auch das Material, die Turngeräte, mit denen die meisten Aufbauten erstellt werden.

Einige Spiele aus der Phase I (s. Schwungtuchspiele) sind bei gutem Wetter auch im Freien ausführbar. In Phase II und III, wenn die Spielhandlungen komplexer geworden sind und Themen zunehmend von den Kindern „ausgestaltet" werden, können Förderstunden auch in Werkräume verlegt werden.

* Die Unterrichtsmaterialien

Grundsätzlich werden alle Materialien benutzt, die den Kindern bei der Ausgestaltung ihrer Spielideen helfen. Dies reicht von den Sportgeräten in der Turnhalle über psychomotorische Übungsgeräte, mitgebrachtes Alltagsmaterial, Malstifte und Bastelmaterial bis hin zu Kleiderkoffer und Schminke. Das bei allen Spielen und Aufbauten am meisten genutzte Gerät ist das aus der psychomotorischen Übungsbehandlung stammende Rollbrett. Dieses Gerät übt auf alle Kinder eine große Faszination aus. Es gibt reichlich Gelegenheit zu wichtigen Bewegungserfahrungen. Es läßt sich zudem für Spiele vielfältig verwandeln (z. B. als Auto, Karussell, Eisenbahn etc.). Im Unterricht sollte jedem Kind ein solches Rollbrett zur Verfügung stehen.

Auch das Schwungtuch stammt aus der psychomotorischen Übungsbehandlung. Es eignet sich sowohl zur gemeinsamen Bewegungserfahrung als auch als Konstruktionsmaterial für viele Spielaufbauten (Tunnel, Höhle, Wellenbad etc.), die später noch beschrieben werden. Weiteres Konstruktionsmaterial sind Gymnastikstäbe mit Stabhaltern und Verbindungsklammern, die sehr vielfältig für Aufbauten und als Spielgerät genutzt werden können. Diese Materialien wurden von den Schulen für den spiel- und handlungsorientierten Unterricht angeschafft, konnten aber von allen anderen Klassen mitgenutzt werden.

Außer diesen psychomotorischen Geräten werden alle Sportgeräte der Turnhalle in das Spiel der Kinder einbezogen. Sie dienen dabei der Herstellung von „Veränderlichen Spielräumen" und Spielaufbauten. Losgelöst von den fordernden, traditionellen Übungs- und Bewegungsmustern im herkömmlichen Sportunterricht, entwickeln die Kinder an den für sie oft bedrohlichen Sportgeräten eigene Bewegungs- und Handlungsideen (Gessmann 1984).

Des weiteren gibt es Mal- und Bastelmaterial. Die Kinder malen damit Bilder über ihre Spielerlebnisse oder richten die Aufbauten im Sinne der jeweiligen Spielideen her (Schilder, Autokennzeichen, Briefkasten, Geschäftsfassade etc.). „Bastelmaterial" ist daher nicht im engeren Sinne als gekauftes, zweckgebundenes Material zu verstehen. Hier findet kleines und großes Alltagsmaterial Verwendung, mit dem man neue Erfahrungen machen kann und das man in ungewöhnlicher Weise zur Ausgestaltung der Spielideen verwenden kann.

Zur Ausgestaltung von Spielideen gehört auch die persönliche Ausstattung, die Annahme einer Rolle. Zu diesem Zweck stehen den Kindern stets ein Kleiderkoffer mit gesammelten „Altkleidern" und Schminke zur Verfügung.

* Einordnung in den Stundenplan

Der spiel- und handlungsorientierte Unterricht ist eine eigenständige Unterrichtsform. Er soll nicht Teile des Unterrichtsangebotes ersetzen, sondern ergänzen. Deshalb ist eine Doppelstunde spiel- und handlungsorientierter Unterricht in der Woche durchaus ausreichend. Die Einordnung des Unterrichts in den Stundenplan ist häufig schwierig, da der benötigte Raum, z. B. die Turnhalle, schon ständig belegt ist.

Ein völliger Ersatz des Sportunterrichts durch den spiel- und handlungsorientierten Unterricht darf trotzdem nicht erfolgen. Wenn nicht anders möglich, sollte nur eine Stunde des Sportunterrichts in Verbindung mit einer Stunde eines anderen Faches für den spiel- und handlungsorientierten Unterricht verwendet werden. In bezug auf den Sportunterricht läßt sich dies wegen der vielfältigen Bewegungserfahrungen, die die Kinder im spiel- und handlungsorientierten Unterricht machen, und die sich in der Phase I in weiten Teilen mit neueren Konzepten der Sportpädagogik decken (vgl. KM & AOK des Landes NRW 1988), leicht rechtfertigen.

Literatur

Bahrdt, H. P. (1974): Sozialisation und gebaute Umwelt. Neue Sammlung 4, 211 ff.

Bärsch, W. (1990): Wir suchen noch immer die richtige Schule. In: Deutscher Kinderschutzbund (Hg.), Schule und Elternhaus. Hannover: Eigenverlag.

Becker, G. U. (1986): Erfahrungen aus erster Hand – Erfahrungen aus zweiter Hand. WPB H. 2, 40-46.

Bühler, Ch. (1967): Kindheit und Jugend. Göttingen: Hogrefe.

Callies, E. (1975): In: Daublesky, B., Spielen in der Schule. Vorschläge und Begründungen für ein Spielcurriculum. Stuttgart.

Fritz, A., Frobese, R., Esser, O., Keller, R. & Spengler, U. (1989): Schule zum Anfassen. Ein Förderkonzept. Heidelberg: Edition Schindele.

Fritz, A. & Keller, R. (1993): Entwicklungsförderung in einem spiel- und handlungsorientierten Unterricht. Heilpädagogische Forschung 19, 33-41.

Galperin, P. J. (1967): Die geistige Handlung als Grundlage für die Bildung von Gedanken und Vorstellungen. In: Galperin, P. J. & Leontjew, A. N. (Hg.), Probleme der Lerntheorie. Berlin: VEB, 33-49.

Garlichs, A. & Groddeck, N. (1978): Plädoyer für ein erfahrungsoffenes Lernen in der Schule. In: Garlichs, A. & Groddeck, N. (Hg.), Erfahrungsoffener Unterricht. Freiburg: Herder, 10-21.

Gudjons, H. (1989): Handlungsorientiert lehren und lernen: Projektunterricht und Schüleraktivität. Heilbrunn: Klinkhardt. 2. Aufl.

Hentig, H. (1984): Das allmähliche Verschwinden der Wirklichkeit. München: Urban & Schwarzenberg.

Herz, O. (1990): Veränderung der Lebensbedingungen – Veränderung der Lernbedingungen. Zehn Zuspitzungen und zwei Folgerungen. In: Landesinstitut für Schule und Weiterbildung (Hg.), Gestaltung des Schullebens und Öffnung von Schule. Soest: Soester Verlagskontor. 4. Aufl.

Hetzer, H. (1969): Stichwort: Spiel, Psychologie des Spiels. In: Heese, G. & Wegener, H. (Hg.), Enzyklopädisches Handbuch der Sonderpädagogik. Berlin: Marhold. 3. Aufl.

Hetzer, H. (1990): Entwicklung des Spielens. In: Hetzer, H.; Todt, E.; Seiffge-Krenke, I. & Arbinger, R. (Hg.), Angewandte Entwicklungspsychologie des Kindes- und Jugendalters. Heidelberg: Quelle & Meyer, 77-103. 2. Aufl.

Kultusminister des Landes NRW (Hg.) (1985): Richtlinien und Lehrpläne für die Grundschule in Nordrhein-Westfalen. Frechen: Verlagsgesellschaft Ritterbach.

KM & AOK des Landes NRW (1988): Gesundheitserziehung in der Schule durch Sport. Bonn: AOK.

Landesinstitut f. Schule und Weiterbildung (Hg.) (1992): Schulanfang – Ganzheitliche Förderung im Anfangsunterricht und im Schulkindergarten. Soest: Soester Verlagskontor.

Lehmann, B. (1991): Schule und Alltag – Wo lernen Kinder was? Beiträge zur Lehrerfortbildung 3, 57-60.

Lenzen, D. (1978): Kinderkultur – die sanfte Anpassung. Frankfurt/M.

Regierungspräsident Köln (1990): Bericht über die Situation der Einschulung 1989/90 im Regierungsbezirk Köln. Brief an den Kultusminister des Landes NRW.

Rolff, H. G. & Zimmermann, P. (1985): Kindheit im Wandel. Weinheim: Beltz.

Scheuerl, H. (1975): Zur Begriffsbestimmung von „Spiel" und „Spielen". Zeitschrift für Pädagogik 21, 341-349.

Teil II
Praxisteil

Nachfolgend werden die drei Phasen des Förderunterrichts umfassend dargestellt. Ziel der Darstellung ist es, den/die Lehrer/in in die Lage zu versetzen, mit Hilfe des Praxisteils den Förderunterricht selbst durchzuführen. Dem Praxisteil liegt ein Aufbau zugrunde, der sich nach eigenen Erfahrungen gut bewährt hat. Dieser Aufbau ist jedoch ausschließlich als inhaltlicher Vorschlag für die Ausgestaltung und Abfolge von Spielthemen zu verstehen. Ein zeitliches Raster, wie lange jeweils ein Aufbau von den Kindern erfahren und „bespielt" werden soll, wird nicht vorgegeben, ebensowenig wie genaue Stundenverlaufsplanungen, da sich dies nach den jeweiligen Bedürfnissen der Kinder und ihrem Entwicklungsstand richtet.

Vorgegeben werden lediglich Vorschläge und Anregungen für Aufbauten, wie sie im Unterricht eingesetzt werden können. Für jeden neuen Aufbau werden genaue Konstruktionsangaben gemacht. Im Anschluß daran folgen die Spielvorschläge, mit denen wir das Spiel in den Aufbauten initiiert haben, bzw. die Geschichte, die Ausgangspunkt des Spielthemas war. Danach werden die Ausbauten und die erweiterten Spielideen der Kinder beschrieben, die sich während unserer Begleitung im Unterricht ergeben haben. In anderen Klassen können sich natürlich ganz andere Ideen ergeben, so daß ein Spielthema einen völlig anderen Verlauf nimmt.

Nach jedem Spielthema und in der Phase I nach Abschluß jedes Kapitels werden einige Vorschläge für die Übertragung und Fortführung des Unterrichts in der Halle in den Klassenunterricht gegeben. Um den Gedanken des fächerübergreifenden Lernens fortzuführen, werden Themen, die für die Kinder im Unterricht in der Halle von Bedeutung waren und deren Behandlung sie als sinnvoll erlebt haben, unter verschiedenen Gesichtspunkten für andere Unterrichtsfächer aufbereitet (gekennzeichnet durch nebenstehendes Signum). So werden die grundlegenden praktischen Erfahrungen aus dem Unterricht in der Halle genutzt, um Erkenntnisse auf anderen Ebenen herbeizuführen. Bei diesem Vorgehen bleiben Themen und Gegenstände in ihrer Komplexität bestehen und die Kinder werden darin bestärkt, Themen und Gegenstände ganzheitlich zu betrachten und nach unterschiedlichen Aspekten zu beleuchten.

Die vorgegebenen Unterrichtsvorschläge sind in keiner Weise vollständig, sondern lediglich als Anregungen zu verstehen, in welcher Weise Inhalte des Förderunterrichts in den allgemeinen Unterricht eingebracht werden können. Die aufgelisteten Unterrichtsvorschläge sind stichwortartig aufgelistete Ideen, die von den am Projekt beteiligten Lehrern/innen erprobt und durchgeführt worden sind.

Jedes Thema schließt mit einem „Handapparat" ab, d. h. mit Literaturverweisen zu einschlägigen Büchern und Artikeln. Diese können zusammengetragen und den Kindern in der Leseecke der Klasse zur Verfügung gestellt werden. Erstlesebücher sind – soweit bekannt – mit „(EL)" gekennzeichnet. Eine andere Möglichkeit ist es, in Absprache mit den Bibliothekar/innen den Kindern eine erweiterte Sammlung in einem Regal in der öffentlichen Bücherei zugänglich zu machen.

5. Kennenlernen von Raum, Material und Personen: Erwerb von Fertigkeiten im Umgang mit Raum, Material und Personen (Phase I)

Die Phase I des spiel- und handlungsorientierten Unterrichts dient ausschließlich der Erkundung und Erprobung im großmotorischen und feinmotorischen Spiel. Angeregt wird das Spiel durch unterschiedliche Aufbauten und Materialien in „Veränderlichen Spielräumen". Diese können den Kindern in beliebiger Reihenfolge vorgegeben werden. In der Beschreibung der Phase I haben wir eine Abfolge gewählt, die sich in mehrjähriger Erfahrung mit verschiedenen Schulklassen bewährt hat.

Als Einstieg in die Phase I werden den Kindern von uns Aufbauten aus unterschiedlichen Sportgeräten und Sportmaterialien in „Veränderlichen Spielräumen" vorgegeben. Nach dem Kennenlernen einer Anzahl von „Veränderlichen Spielräumen" kann das Schwungtuch als Spielmittel eingeführt werden. Im Anschluß daran wird das Rollbrett als Fahrzeug für die Kinder vorgestellt. Da dieses Gerät eine hohe Faszination auf die Kinder ausübt und gleichermaßen als Einzel-Fahrzeug wie als Transportmittel und Konstruktionsmaterial eingesetzt werden kann, nimmt die Erprobung dieses Gerätes einen großen Zeitraum innerhalb der Phase I in Anspruch.

Neben den Angeboten zu groß- und feinmotorischen Bewegungserfahrungen wird in der I. Phase durch viele unterschiedliche Angebote der Erwerb von Sinneserfahrungen (vestibulär, kinästhetisch, taktil, auditiv, visuell) gezielt unterstützt. Die Förderung sozialer Erfahrungen und die Ausbildung sozialer Kompetenzen geschieht durch Spielanregungen, die eigenständige Absprachen und ein Miteinander erforderlich machen.

Zum Abschluß der Darstellung von Phase I werden die Materialien vorgestellt, die im Verlauf des Unterrichts benutzt worden sind. Es handelt sich dabei um Alltags- und anderes Material, das den Kindern – je nach Bedarf – für Mal- und Bastelarbeiten zur Ausgestaltung der Spielthemen angeboten worden ist.

Nach der Darstellung verschiedener „Veränderlicher Spielräume", dem Rollbrett und Schwungtuch, werden jeweils Themenvorschläge für die Übertragung von Spielthemen in den Klassenunterricht gegeben.

5.1 Veränderliche Spielräume

Auf die Einschränkung architektonisch sowie städtebaulich und auch pädagogisch definierter Lebens- und Bewegungsräume hat die Sportdidaktik (Frankfurter Arbeitsgruppe 1982; Miedzinski 1983; Ehni u. a. 1985; Nickel 1990) mit einer veränderten Nutzung von Turn- und Sportgeräten und durch die Hinzunahme von neuen Materialien zu einem vielfältigen Bewegungsangebot reagiert und die Ausrichtung des Kindersports an den neuen Bedürfnissen der Kinder orientiert. Die nachfolgend als *„Veränderliche Spielräume"* bezeichneten Geräteaufbauten der ersten Phase definieren neben der Spielecke in der Klasse oder dem Pausenhof o. ä. einen neuen Spielraum in der Schule: Dieser ist nicht zweckorientiert beispielsweise ausschließlich auf Bewegungsschulung bezogen, sondern in sich dynamisch, d. h. die Aufbauten können im Gegensatz zu statischen Spielaufbauten, wie sie auf Spielplätzen oder Pausenhöfen zu finden sind – je nach dem Wunsch und den Bedürfnissen der Kinder – umgestellt, verkleinert, vergrößert oder ausgestaltet werden. Wenn auch die einzelnen Geräte in der Regel nur wenig veränderbar sind, so ergibt sich aus der nicht zweckbestimmten Nutzung ein breiter Gestaltungsspielraum. Unter Hinzunahme von Alltagsmaterialien rücken „Veränderliche Spielräume" in die Nähe von Bauspiel- oder Abenteuerspielplätzen, wo die Kinder mit den Materialien kreativ spielen und in ihnen kleine Abenteuer erleben und spielen können. Der Unterricht in der Halle beginnt damit, daß die Kinder nacheinander unterschiedliche „Veränderliche Spielräume" kennenlernen. In den „Veränderlichen Spielräumen" machen die Kinder viele unterschiedliche Bewegungserfahrungen. Sie können das vielfältige Angebot, zu klettern, springen, rutschen, balancieren oder einfach zu toben, aktiv nutzen oder sie können Bewegung durch Schaukeln, Wippen, Karussell fahren passiv erleben.

Nacheinander werden Vorschläge für „Veränderliche Spielräume" vorgestellt: Wellenbad, Schaukeln, Kletterberge, Kletterwege etc. Diese Vorschläge müssen nicht alle aufgegriffen oder in dieser Reihenfolge dargeboten werden. Mit der Vielfalt der Vorschläge sollte dem/der Lehrer/in eine Auswahl angeboten werden, aus der er/sie eine Anzahl von „Veränderlichen Spielräumen" auswählen kann, je nach den Möglichkeiten, die die Ausstattung der Turnhalle bietet und nach den Bedürfnissen und Wünschen der Kinder.

Eine Unterrichtsstunde beginnt damit, daß in der Turnhalle ein für alle Kinder überschaubarer Aufbau zum freien Spiel angeboten wird. Die Entscheidung, wie viele „Stationen" die „Veränderlichen Spielräume" haben, d. h. aus wie vielen Einzelaufbauten sie bestehen, hängt von der Gruppengröße, den Bedürfnissen und den Vorerfahrungen der Kinder ab. Kennen die Kinder z. B. zwei Aufbauten gut, so kann u. U. ein dritter hinzugenommen werden, wenn einige Kinder neue Erfahrungen suchen, andere jedoch noch bei bekannten Dingen verweilen möchten.

Die Reihenfolge, in der die einzelnen Aufbauten angeboten werden, ist nicht wie ein fortlaufendes Programm angelegt oder durch eine Geschichte vorstrukturiert. Es bauen auch nicht einzelne Elemente in der Art aufeinander auf, daß erst meßbare Ergebnisse in einem Spiel- und Bewegungsarrangement erreicht sein müssen, bevor ein neues angeboten wird. Die Verweildauer der Kinder an einem Element des Aufbaus bestimmen die Kinder selbst: Solange sie noch von einem Aufbau fasziniert sind und Spielmöglichkeiten finden, verbleibt er im Angebot.

So kann beispielsweise in einer Klasse die Situation eintreten, daß die Kinder aus einem reinen Bewegungsbedürfnis heraus lange am „Kletterberg" oder am „Wellenbad" festhalten, weil es in ihrem häuslichen Umfeld an Spiel- und Bewegungsmöglichkeiten fehlt. Hier sollte der/die Lehrer/in überlegen, wie er/sie diesem Bedürfnis bei weiteren Angeboten Rechnung tragen kann.

Wenn aber das Handeln der Kinder in ungerichtetes Toben und/oder Aggressionen und Zerstörung abgleitet, sollten von dem/der Lehrer/in Spielanreize in Form einer kleinen Geschichte oder Auftragskärtchen gegeben werden, die einerseits dem Bewegungsbedürfnis der Kinder entgegenkommen, andererseits aber wieder zu einem gemeinsamen Handeln innerhalb des Aufbaus führen.

Differenzierungen innerhalb eines Aufbaus können aus unterschiedlichen Gründen indiziert sein:

- Eine kleine Gruppe von Kindern benötigt noch weiterhin ein Angebot zu großräumigen Bewegungen, während der überwiegende Teil der Klasse dieses Angebot, z. B. das „Wellenbad", erschöpfend ausprobiert hat. Hier kann der/die Lehrer/in ein verkleinertes Wellenbad oder einen kleinen Kletterberg im Angebot beibehalten, während sich die anderen Kinder schon mit einem anderen Aufbau auseinandersetzen können.

- Ein längeres Verweilen einer kleineren Gruppe an einem Aufbau kann aber auch darin seinen Grund haben, daß diese Kinder erst viel später in das ausprobierende Spiel hineingefunden haben und nun diese Erfahrungen nachholen wollen.

– Aus anderen Gründen kann sich die Situation ergeben, daß der überwiegende Teil der Klasse das „Schwimmbad" mit seinen vielfältigen Spielmöglichkeiten mit Begeisterung nutzt, aber ein anderer Teil der Klasse es vorzieht, sich etwas Ruhigeres, wie z. B. die Schaukel, zu suchen. Ein nicht so bewegungsorientiertes, zum Laufen und Springen aufforderndes Element kann auch für Phasen innerhalb einer Unterrichtseinheit als Verschnauf- und Entspannungspause dienen und eingesetzt werden.

Ein Wechsel im Aufbau – Weglassen oder Hinzufügen von Elementen oder Tätigkeiten innerhalb eines „Veränderlichen Spielraumes" – sollte also in der Regel erst dann erfolgen, wenn sich zeigt, daß die Kinder einen bestimmten Teil des Aufbaus genügend erprobt, für sich verfügbar gemacht haben und keine neuen Spielideen oder -erweiterungen dazu finden.

Im folgenden werden nun einzelne Aufbauten der „Veränderlichen Spielräume" vorgestellt.

Spielraum 1: Das Wellenbad

Bei der Erprobung der „Veränderlichen Spielräume" hat sich in zahlreichen Grundschulklassen gezeigt, daß es sinnvoll ist, die „Veränderlichen Spielräume" mit dem Angebot des Wellenbades einzuführen.

Das Wellenbad übt ein beträchtliches Maß an Faszination auf die Kinder aus und hilft ihnen über diesen Weg, sich in der neuen Umgebung, der Großstruktur der Turnhalle, zurechtzufinden und sich auf ein Angebot zu konzentrieren. Außerdem sind die Spielmöglichkeiten im „Wellenbad" so vielfältig und ohne hohe Anforderungen, daß jedes Kind ein für sich angemessenes Betätigungsfeld finden und die dort vorzufindenden Anforderungen bewältigen kann.

Die Wogen schlagen hoch

Wasserbecken
Über zwei nebeneinandergelegte Weichbodenmatten wird das große Schwungtuch gelegt; die Ränder werden zusätzlich mit den dünneren Bodenturnmatten rundherum abgesichert und dabei das Schwungtuch so festgeklemmt, daß es locker auf den Weich-

bodenmatten liegt und es sich später durch Wellenbewegungen an einer Ecke des Tuches aufblähen kann.

Sprungturm
Als Sprungturm dienen zwei Sprungkästen.

Erste Spiele im Wellenbad:

Mit dem Schwungtuch lassen sich Wellen erzeugen, in die die Kinder vom „Sprungturm" hineinspringen und durch die sie „hindurchschwimmen". Anschließend „tauchen sie an Land zurück".

Den Kindern bereitet das Springen in die Wellen sehr großen Spaß, da der Boden unter den Wellen nicht sichtbar ist und mit jedem Sprung ein klein wenig Unsicherheit oder die Vorstellung von Abenteuer verbunden ist, je nachdem, wie hoch „die Wellen schlagen".

Eine Verletzungsgefahr besteht nicht, dennoch kostet der Sprung ins „Ungewisse" jedesmal ein Stück Überwindung, die für manche Kinder auch Erfolg und Steigerung des Selbstwertgefühls bedeutet.

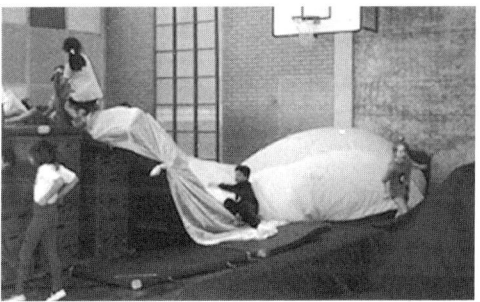

Eine kleine Höhle und ein „Bach" zum Zurücktauchen

Spielraum 2:
Veränderung des Wellenbades

Kleiner Berg

Über zwei nicht weit auseinanderstehende Kästen wird eine Weichbodenmatte gelegt. Von diesem bergähnlichen Gebilde rutschen und springen die Kinder in die Wellen, tauchen wieder auf und klettern auf den Berg zurück.

Der Berg wird zur Wasserrutsche

Wege

Wege aus kleinen Kästen, Langbänken, Schaumstoffteilen oder Autoreifen können als „Stege" zum „Sprungturm" hinführen.

Höhle

Den zwischen den Kästen und der darüberliegenden Weichbodenmatte entstandenen Raum können die Kinder mit Tüchern und Decken aus der Kleiderkiste als Höhle gestalten, in die sie sich zurückziehen oder in der sie Verstecken spielen können.

Kleine Rutsche

Zwei Langbänke werden in die Sprossenwand gehängt und mit Matten bedeckt, sodann die Matten untereinander und mit Seilchen an der Sprossenwand befestigt. Vor diesem „Rutschberg" wird das Schwimmbad mit dem Schwungtuch aufgebaut: Die Kinder rutschen, rollen, purzeln in die Wellen (siehe auch „Schiefe Ebene" S. 46/47).

Spielideen der Kinder:

1. Zum Wellenbad entwickelten die Kinder verschiedene Spielideen: Sie waren Kunstspringer, retteten sich gegenseitig vor dem Ertrinken aus den Fluten, ließen sich nach „Unterkühlung" warmmassieren. Taucher tummelten sich unter den Wellen, versuchten, sich gegenseitig die „Beute" abzujagen (Fangen).

2. Andere Kinder wiederum verwandelten sich in Fische und tauchten unter das Tuch. Spannender wurde es, als ein Hai auftauchte und versuchte, die Kinder zu fangen und an Land zu schleppen.

3. Spielideen können auch dadurch angeregt werden, daß den Kindern Materialien wie Schaumstoffbälle, Luftballons oder Autoschläuche mit ins Schwimmbad gegeben werden. Aus dem Autoschlauch wird dann schnell ein Rettungsring, aus dem Luftballon ein fliegender Fisch.

4. Die Kinder spielten „Flipper" und versuchten, im Sprung vom Kasten Autoreifen oder Schaumstoffbälle zu fangen.

5. Später verwandelte sich die ursprüngliche Spielidee „Wellen/Wasser" in ein Bergsteigerspiel. Insbesondere dann ist diese Variante zu erwarten, wenn eine Weichbodenmatte über die Kästen gelegt oder das Schwimmbad mit der schiefen Ebene kombiniert wird.

6. Die Kinder versuchten von der Matte aus, den Berg aus Kästen, Weichbodenmatte und Sprungkästen zu erklimmen. Sie halfen sich dabei gegenseitig und waren sehr erfinderisch im Einsatz von Hilfsmitteln, indem sie sich Springseilchen oder aus der Kleiderkiste Gürtel und große Tücher besorgten und auf diese Weise kleine „Seilschaften" gründeten.

7. In einer Klasse wurden Seile zur Sprossenwand gespannt, an denen sich die Kinder entlanghangeln konnten, um eine Schlucht oder Untiefe zu überwinden.

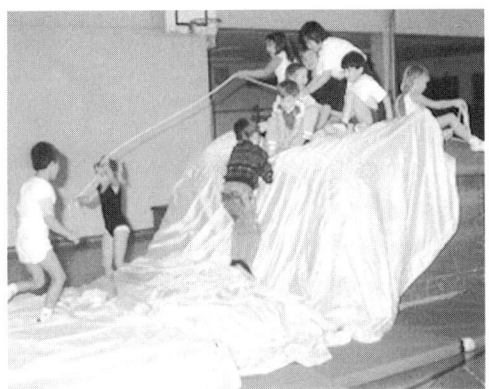

Anseilen am Gletscherberg

8. Aus der schrägen Ebene entstand auch eine Rutsch- oder Schlittenbahn, auf der die Kinder mit Plastiktüten oder Pappe, die sie in der Förderkiste gefunden hatten, herunterrutschten. Am „Lift" (Kletterwand) bestiegen sie wieder den Berg.

Spielraum 3: Mit Schaukeln

Die Geräte und Materialien, die in einer normal ausgestatteten Turnhalle vorhanden sind, bieten eine Vielzahl von Möglichkeiten, Schaukeln zu bauen. Die Schaukel besitzt sicherlich gegenüber anderen Aufbauten eingeschränkte Spielmöglichkeiten, übt aber dennoch einen sehr hohen Grad an Faszination auf die Kinder aus. Es bietet sich daher an, den Kindern die Schaukel in der Turnhalle neben anderen Aufbauten zum Spiel zur Verfügung zu stellen. Auf der Schaukel können die Kinder Bewegung passiv erfahren und dabei die Stärke der Schaukelbewegung selbst bestimmen. Auf der Schaukel können sich die Kinder vom anstrengenden Spiel, beispielsweise im „Wellenbad", erholen, sie können verschnaufen, die gleichmäßige Schaukelbewegung auf sich wirken lassen und dadurch entspannen.

Auf der Schaukel haben sie die Möglichkeit, das Spiel der anderen Kinder aus erhöhter Position zu beobachten und neue Spielanregungen zu suchen, ohne sich aus dem Spiel herausnehmen zu müssen, indem sie sich an den Rand der Turnhalle auf eine Bank setzen.

Schaukel für 1–2 Kinder

Einfache Schaukel

Eine normale Schaukel kann in der Turnhalle nachgebaut werden, indem man zwischen die Ständer des Recks ein dickes Seil, eine Hängematte, eine feste Plane mit Ösen, auch ein Schwungtuch aus festerem Material spannt und darunter Bodenturnmatten legt.

Tarzanschaukel

Die Klettertaue werden herausgezogen und Bodenturnmatten daruntergelegt. Zur Sicherheit kann jeweils das zweite Seil der Kletteranlage weggebunden werden.

Durch die Luft fliegen wie...

Die Kinder können nun auf dem Knoten schaukeln, entweder vom Boden aus oder man stellt ihnen zwei große Sprungkästen hinter die Seile. Der Abstand muß so groß sein, daß die Knoten über die Kästen hinwegschaukeln können. Im Schwungbereich der Seile werden die Kästen mit Bodenturnmatten abgepolstert. Bei dieser Konstruktion ist es günstiger, wenn man Weichbodenmatten unter die Seile legt. Beim Aufsteigen sind kleine Kästen hilfreich, die neben die großen Kästen gestellt werden. Hier an der Seite warten auch die Kinder, bis sie an der Reihe sind (nicht auf den Kästen!).

Seilschaukel

Die Taue werden herausgezogen und jeweils zwei nebeneinanderliegende Taue zusammengebunden oder miteinander verknotet. Je nachdem, wie hoch die Taue über dem Boden hängen, werden kleine Kästen davor zum Heraufklettern hingestellt. Es werden wiederum Bodenturnmatten daruntergelegt.

Hier wurde zusätzlich ein Kastendeckel eingebunden

Ringschaukel

Die Ringe werden auf Erreichbarkeit der Kinder herabgelassen: Die Kinder können hängend oder sitzend schaukeln, indem sie die Beine durch die Ringe stecken, vom Boden oder von einem kleinen Kasten aus schaukeln. Bodenturnmatten werden wieder aus Sicherheitsgründen untergelegt.

Mit Hilfe der Ringe können sie auch einen „Abgrund" überwinden, der aus niedrigen Sprungkästen – ausgepolstert mit Bodenturnmatten – gebaut wird (siehe auch Tarzanschaukel S. 41).

Kleines U-Boot

In einen großen Barren wird eine Bodenturnmatte mit Schlaufen eingehängt: Ein dickeres Seil wird durch die – hoffentlich vorhandenen – Schlaufen unter der Matte hergeführt und an den Holmen befestigt, die beiden Trageseile werden unter der Matte durch 2–3 Querverbindungen aus Springseilchen miteinander verbunden, damit sich das Gewicht besser verteilt und die Schlaufen entlastet werden. Den Barrenfuß mit Bodenturnmatten auslegen.

Fertig zum „Abtauchen": In den Ringen macht es mehr Spaß

Reifenschaukel

Die Ringe werden heruntergelassen und die Holzringe aus den Lederschlaufen herausgenommen. Statt dessen werden aufgepumpte Autoschläuche in die Riemen – mit dem Ventil nach oben – geschnallt. Das Ventil mit Stoff oder Klebeband umwickeln. Diese „Schaukel" läßt sowohl Schaukel- als auch Hüpfbewegungen zu.

Mit den Reifen schweben

Reckschaukel 1: Die Schaukeltonne

Die gleiche Konstruktion läßt sich auch mit einem kleinen Kasten bewerkstelligen. Richtig interessant wird es aber erst, wenn eine stabile Kunststofftonne zur Verfügung steht: Der Deckel wird abgenommen, der Boden herausgeschnitten und die scharfen Kanten werden geglättet: Zwei Taue werden durch das Faß durchgezogen und wie bei der Tarzanschaukel am Hochreck befestigt und schon ist eine kleine „Rakete" oder ein „Unterseeboot" fertig.

Die großen Schlaufen der Taue können aber auch mit Seilen oder zwei längeren Lederriemen an der Tonne befestigt werden.

Reckschaukel 2: Schiffschaukel

Ein umgedrehter Kastendeckel wird mit zwei dicken Tauen in das Hochreck eingebunden: zwei bis drei Kinder haben darin Platz (Laging 1985, 26).

Reckschaukel 3

Eine Schaukel ergibt aber auch die in die Ringe eingeschnallte Reckstange, wobei die Enden mit Tüchern oder Schaumstoff wegen der Stoßgefahr abgepolstert werden. Bei dieser Konstruktion können dann auch mal zwei Kinder zusammen schaukeln.

Die schnell gebaute „Schaukelreckstange", diesmal mit Balken

Der Hallenboden wird ebenfalls mit Bodenturnmatten ausgelegt. Je nach Gesamtaufbau sollten Laufzonen mit Langbänken eingerichtet werden, damit die Kinder nicht in die Reckschaukel hineinlaufen.

Reckschaukel 4

In das normal aufgebaute Hochreck werden ein oder mehrere Autoschläuche gebunden: Ein Kind schaukelt allein mit einem oder auch zwei Reifen im Grätschsitz oder auch im Stehen, oder zwei Kinder schaukeln nebeneinander …

Hier die Balance zu halten, ist nicht so einfach

Reckschaukel 5: Superschiffschaukel

Schaukeln wie auf dem Rummelplatz

Ebenso wie beim Sprungkastendeckel wird eine Langbank in das Hochreck mit dicken Seilen gebunden, so daß man eine regelrechte „Schiffschaukel" erhält: Der „Renner" für das Spielthema „Kirmes" ist sicher.

Alle an Bord! Es kann losgehen…

Variationsmöglichkeiten aus diesen Vorschlägen gibt es viele. Unter den unterschiedlichsten Bezeichnungen tauchen diese Einzelaufbauten dann später wieder in den Spielthemen auf als Flugzeug, Rakete oder Unterseeboot…

Schaukeln für viele Kinder

Flugzeug

Aus zwei Ringpaaren – die mittleren in der Turnhalle – und einer in jeder Halle vorhandenen Leiter wird folgendermaßen eine Schaukel gebaut: Die Holzringe werden entfernt und in die Lederlaschen werden die Holme der Leiter möglichst fest eingeschnallt.

Um zu verhindern, daß die Leiter verrutscht und dann kippt, müssen die Lederlaschen zusätzlich mit Springseilchen gesichert werden. Darauf achten, daß die Lederlaschen nicht durchgescheuert oder brüchig sind!

Die Höhe der Schaukel sollte sich an der Größe der Kinder orientieren, damit sie bequem auf die Leiter steigen können.

5–6 Kinder können die Schaukel gleichzeitig benutzen.

Die Ideenverknüpfung zum Segelflieger oder auch Piratenschiff wird nicht lange auf sich warten lassen.

„Leiterschaukel": Flugzeug, Schiff...

Tolle Effekte ergeben sich, wenn man in Manns-/Frauhöhe ein Schwungtuch zwischen die Seile quer über die Schaukel bindet: Durch die Schaukelbewegung wird es wie ein Segel aufgebläht.

Schaukelbank

Aus Kletterseilen und einer Langbank läßt sich ebenfalls eine Schaukel konstruieren, vorausgesetzt, der seitliche Abstand zur Hallenwand ist groß genug. Die Kletterseile werden durch eine Langbank hindurchgeführt, verknotet oder zusammengebunden und mit Springseilchen jeweils am Ende der Bank festgebunden, so daß die Langbank nicht verrutschen kann. Eine andere Möglichkeit ist, die Bank in die Ringe einzubinden.

Hier läßt sich ruhiger schaukeln

Dschunke / U-Boot

Für 4–5 Kinder kann auch eine große Weichbodenmatte in die verknoteten Kletterseile eingehängt werden: Die Kletterseile werden durch die Schlaufen der Matte geführt und unter der Matte verknotet. Die so gebildeten Schlaufen aus Kletterseilen werden zum Auffangen des Gewichtes und zur Stabilisierung der Matte untereinander noch mit Springseilchen verbunden.

Es entsteht so ein „abgegrenzter Schaukelraum", der zusätzlich noch mit einem Schwungtuch oder mehreren Bettlaken abgedeckt werden kann. Diese relativ behäbig schwingende Schaukel wird dann in der Ideenwelt der Kinder sehr schnell zum Schiff oder zum U-Boot, das sich seinen Weg langsam durch die Meere bahnt.

Entspannend schaukeln, abgeschirmt vom Trubel

Superschaukel

Wenn in einer Turnhalle 6 Kletterseile vorhanden sind, läßt sich folgende Konstruktion realisieren: Die beiden äußeren Seilpaare werden mittels Doppelknoten mit einer Reckstange verbunden und mit Springseilchen abgesichert. Dann werden drei Langbänke eingehängt und durch diese in der Mitte eine dritte Reckstange geschoben und mit dem mittleren Tauepaar verbunden. Gegen Verrutschen werden die Bänke nochmals mit Springseilchen angebunden.

Ruhig schaukeln oder auch mal die Balance halten

Auf die Bänke legt man Bodenturnmatten und sichert hervorstehende Ecken und Kanten mit Schaumstoff oder dicken Tüchern (Zimmer 1989).

Bis zu 5 Kinder haben hier eine Schaukelmöglichkeit (je nach Konstruktion der Deckenaufhängung Kletterseile). Die langsamen, trägen Schaukelbewegungen bieten Gelegenheit zu Ruhe und Entspannung …

Um ein Hineinlaufen oder -fahren in den Schaukelraum zu verhindern, sollte dieser wenigstens seitlich durch Langbänke abgesichert werden. Der/die Lehrer/in sollte die Kinder auf die Gefahr im Schaukelraum hinweisen.

Indes kann dieser relativ abgeschirmte Raum auch dazu genutzt werden, den Kindern eine kleine Geschichte zu erzählen oder einfach entspannungsfördernde Musik vorzuspielen. Hier bieten sich beispielsweise Stücke von Kitaro an, die zum Teil mit Meeresrauschen beginnen und enden.

Aus Sicherheitsgründen sollte an diesen großen Schaukeln ein Erwachsener das Spiel der Kinder beaufsichtigen.

Entspannend schaukeln …, phantasieren…

Besitzt das Schaukeln allein schon ein hohes Maß an Attraktivität für die Kinder, bietet das Schaukeln mit mehreren Kindern – neben einer vestibulären Stimulation – eine Möglichkeit, Ruhe und Entspannung zu unterstützen. Man kann den Kindern – wie schon kurz erwähnt – während des Schaukelns eine kleine Geschichte erzählen… oder läßt dies die Kinder selbst tun. Dann wird die Schaukel schnell zum Flugzeug, das in ferne Lande fliegt, zum Luxusdampfer, der in die Südsee reist, zum U-Boot, das in geheimer Mission unterwegs ist. Die kindliche Phantasie wird angeregt, sich mit der Geschichte auseinanderzusetzen, es entstehen neue Ideen und Anregungen zu weiterem Spiel.

Um Ruhe und Entspannung weiter zu steigern, kann entspannungsfördernde Musik eingesetzt werden: Kitaro, Vollenweider, Deuter o. ä.

Spielraum 4: Mit „Schiefen Ebenen"

Beim Aufbau des Wellenbades wurde schon kurz die „Schiefe Ebene" angesprochen. Auch hier bieten sich verschiedene Möglichkeiten an, den Kindern ein Spielgerät zum Rutschen, Klettern, Rollen, Purzelbaumschlagen, Springen usf. zu bauen:

Kletterberg

Zwei bis drei Langbänke werden in die herausgezogene Sprossenwand oder in das große Klettergerüst eingehängt. Darüber legt man zwei große Weichbodenmatten und vertaut diese seitlich, um ein Abrutschen der Matten zu verhindern. Rund um den Aufbau werden Bodenturnmatten gelegt.

Hui, saust das hinunter…

Doppelrutsche

Kann man es wagen…?

Ein Reck wird aufgebaut und die Reckstange in etwa 1,80 m Höhe arretiert. An die Stange werden von beiden Seiten zwei Langbänke eingehängt und diese mit verfügbaren Weichbodenmatten, Bodenturn- oder Judomatten belegt und gegen Abrutschen mit Springseilchen gesichert.

Bodenturnmatten um den Aufbau herum verhindern Verletzungen, wenn ein Kind mal seitlich abgleitet. Wenn in der Turnhalle nicht genügend Matten vorhanden sind, kann man auch auf die andere Seite die Leiter von den Lüneburger Stegeln einhängen und mit Springseilchen gegen Verrutschen sichern; darunter wiederum Bodenturnmatten legen.

Leicht schief…, doch schön…

Eine einfache schiefe Ebene läßt sich auch sehr schnell mit dem Einhängebrett der Lüneburger Stegel bauen, das in die Sprossenwand eingehängt oder auf einen erniedrigten Sprungkasten gelegt wird

Seitlich wird dieser Aufbau mit Bodenturnmatten abgesichert! Zum Hochlaufen und Herunterrollen werden auf das Brett Bodenturnmatten gelegt. Später, beim Spiel mit dem Rollbrett, erfährt diese einfache schiefe Ebene ein Revival.

47

Spiele an „Schiefen Ebenen"

Wenn die Kinder zum ersten Mal mit einem solchen Aufbau konfrontiert werden, beobachtet der/die Lehrer/in erst einmal, wie die Kinder den Aufbau annehmen, wie sie mit Einzelementen umgehen, welche Spielideen, vielleicht auch Gestaltungsmöglichkeiten, sie dazu entwickeln.

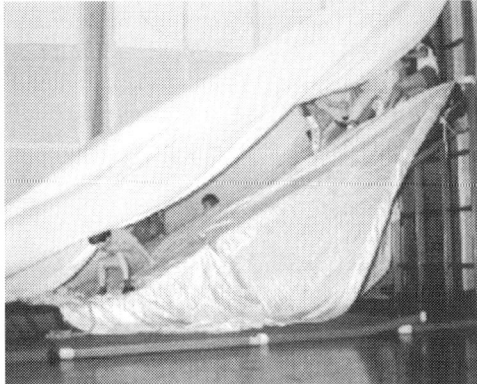

Eine Rutschhöhle

Ganz automatisch werden Ideen wie Rutschbahn, Schlittenfahren usw. auftauchen; wenn nicht, kann der/die Lehrer/in mit kleinen Hinweisen weiterhelfen oder es mit eigenem Spiel vormachen. Wenn es an der praktischen Umsetzungsfähigkeit von Ideen fehlt, kann der/die Lehrer/in sukzessive Gestaltungsmöglichkeiten anbieten, immer behutsam darauf bedacht, Ideen von den Kindern nicht zu überhören oder zu übersehen.

Gestaltung von Rutschen

Um „Rutschebenen" zu gestalten, wird das Schwungtuch oder eine festere Plastikplane über die Matten gelegt. Vom Wellenbad her kennen die Kinder die Wellenbewegungen mit dem Schwungtuch, die hier auch einmal einen Schneesturm symbolisieren können.

Auch kennt ein Teil der Kinder Hilfsmittel, die man einsetzen kann, wenn bei Schneefall der Schlitten fehlt: Sie reißen Plastiktüten auf, setzen sich darauf und hui … geht es den Berg hinunter. Ebenso geht es mit aufgerissenen Pappkartons, einem kleinen Schwungtuch oder einem größeren Stück glatten Stoffs.

Ein weiterer Spielanreiz kann ein dickes Tau zum Tauziehen sein, das in die Sprossenwand eingebunden wird und den Kindern für Bergsteigerspiele dienen kann.

Ein großes weißes Schwungtuch, ca. 1,5 m über den eingehängten Langbänken in die Sprossenwand geknotet, erhöht die Attraktivität des Rutschberges um ein Vielfaches: Mit lautem Gejohle rutschen die Kinder durch den Schneesturm, einzeln oder in „Viererbobs".

Bärenhöhle… Bergwerk …

Unter der schiefen Ebene entsteht eine große Höhle, die die Kinder mit Tüchern aus der Kleiderkiste verhängen können. Schnell wird sie zur „Bärenhöhle", zum „Bergsteigerbiwak" oder zum „einfachen Wohnhaus in den Bergen", wo eine Großfamilie wohnt und sich nach den „anstrengenden" Wanderungen trifft und ausruht…, oder die Kinder bringen andere Gruppenspielideen mit, die sie in die vorgegebene Spielstruktur einpassen.

Spielraum 5: Die Rollbrettrutsche

Ideen der Kinder sind immer wieder eine Bereicherung für den Unterricht, selbst wenn es zunächst an den Möglichkeiten der konkreten Realisierung fehlen sollte. Wichtig ist, daß die Vorschläge der Kinder ernst genommen und ihnen eine Chance zur Realisierung eingeräumt wird.

So ist die Rollbrettrutsche die Erfindung eines Kindes, und man muß sagen, sie ist ein „Renner"...

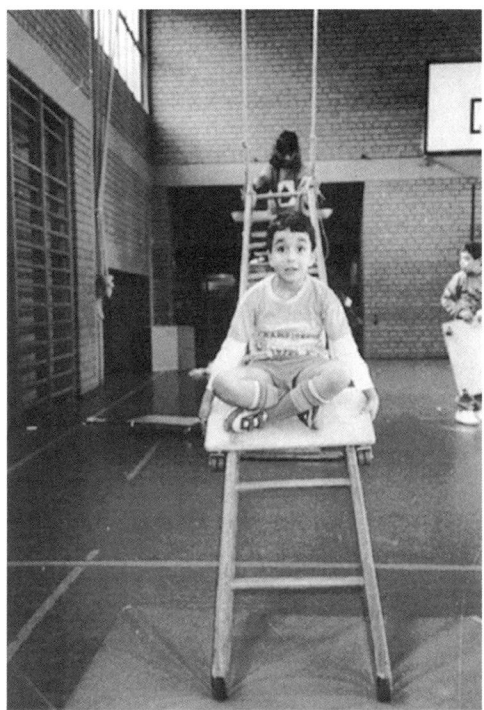

Abfahrt! Ein bißchen Mut gehört schon dazu...

Aufbau

Der Aufbau dieser Spielmöglichkeit ist schnell bewerkstelligt: Die Ringe werden heruntergelassen, die Leiter der Lüneburger Stegel wird am Ende mit den Haken in die Lederlaschen geschnallt und mit Springseilchen gesichert. Ein Sprungkasten normaler Höhe wird hinter diese Konstruktion gestellt, die Leiter auf entsprechendes Niveau angehoben und gesichert. Damit der Hallenboden nicht durch das aufliegende Ende der Leiter beschädigt und der „Po" bei der Landung nicht allzu sehr strapaziert wird, legt man eine Bodenturn- oder Judomatte darunter.

Mit Hilfe eines Erwachsenen kann das Kind nun vom Kasten aus ein Rollbrett quer auf die Leiter legen. Das Kind setzt sich auf das Rollbrett (Füße hoch!), und ... ab geht die Post!

Damit es so richtig saust, aber auch das Material geschont wird, reibt man die Holme der Leiter und den beanspruchten Teil der Unterseite des Rollbrettes (neben den Rollen) mit Skiwachs (kein Klister, versteht sich...) oder einem anderen Gleitwachs ein. Dieses sollte mehrmals wiederholt werden.

Es dauert nicht lange, dann reicht die Einzelfahrt nicht mehr aus, dann werden Tandems gebildet und die Kinder werden mutiger: Vorwärts herunterrutschen hat nicht mehr den Reiz, rückwärts muß es sein!

Der Spaß findet kaum ein Ende. Selbst später beim Thema „Kirmes" taucht die Rutsche wieder als „Achterbahn" auf. Auch beim Spielthe-

ma „Zwerge" nutzten die Kinder die Rollbrettrutsche als Lore für ihr Bergwerk.

Wie auch bei der „beweglichen Matte" sei hier noch kurz darauf hingewiesen, daß bei der Rollbrettrutsche – sofern sie vor Einführung des Rollbrettes eingesetzt wird – im Höchstfall nur vier Rollbretter zweckbestimmt verwendet werden und daß das Rollbrett als Fortbewegungs- und Spielgerät gesondert vorgestellt und ins Spiel eingebracht wird.

Spielraum 6: Die „Bewegliche Matte"

Bau der „Beweglichen Matte"

Die „Bewegliche Matte" besteht aus einer großen Weichbodenmatte oder auch Bodenturnmatte, unter die mehrere Rollbretter gelegt werden.

Zur Absicherung sollten die Rollbretter mit braunem Paketband miteinander verbunden werden, damit sie beim Fahren nicht durch die Halle sausen und dabei unter Umständen jemanden verletzen. Außerdem schleift dann die Matte auf dem Hallenboden, was natürlich die Fahrt und damit auch den Reiz dieses Spielgerätes erheblich mindert.

Ein weiterer Grund für das Verkleben der Rollbretter besteht darin, daß das Rollbrett in einer eigens dafür vorgesehenen Unterrichtseinheit vorgestellt wird und die Kinder mit dem Gebrauch dieses Spielgerätes besonders vertraut gemacht werden sollen. Herumstehende oder herausfliegende Rollbretter sollen darum zu diesem Zeitpunkt keinen Anreiz zum Spiel außerhalb des vorgegebenen Spielthemas geben.

Sich durcheinanderwirbeln lassen

Spiele mit der Beweglichen Matte

Matte auf Probe

Die Kinder können die Matte auf verschiedene Art und Weise ausprobieren: Sie drehen, schieben, ziehen sie durch die Halle. Ein Teil von ihnen kann sich darauf legen, setzen, stellen oder versuchen, auf- und abzuspringen.

Sie können die Fahrt einfach genießen oder die eigene Geschicklichkeit im Ausbalancieren der Fahrzeugbewegung austesten oder „schulen".

Blinde Kuh auf Weichbodenmatte

Viel Spaß bereitet den Kindern das Fahren mit geschlossenen oder verbundenen Augen.

Beispielsweise können einem Kind die Augen verbunden werden, es wird ein Stück gefahren, dann soll das Kind auf einen vorher vereinbarten Gegenstand, z. B. Tor, Mattenwagen etc. zeigen. Die Spannung ist immer groß, ob auch die richtige Richtung angezeigt wird.

Bleib auf der Matte

Eine Gruppe von Kindern steht auf der Matte. Es werden Schlangenlinien gefahren oder die Matte wird im Kreis gedreht: Wer kann am längsten stehenbleiben?

Einbein, Zweibein, zwei Einbein

Gern machen die Kinder auch Partnerschaftsspiele. Einem Kind sind die Augen verbunden, ein anderes hilft ihm, auf der fahrenden Matte die Balance zu halten.

Zwei Kinder stehen auf der Matte, beide auf einem Bein, und sie helfen sich gegenseitig, „Haltung" zu bewahren.

Karambolage

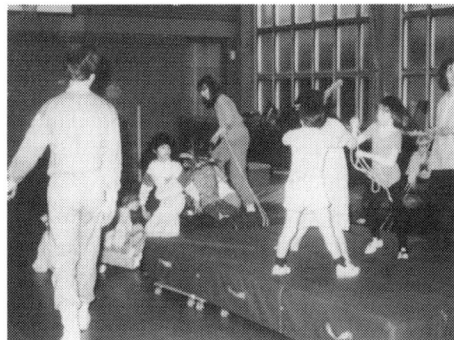

Vorsichtig aufeinander zufahren und auf der Matte stehenbleiben!

Zum Abschluß einer Unterrichtsstunde können die Kinder „Karambolagefahrten" machen, die ungefährlich sind, aber sehr großen Spaß bereiten. Die Kinder sitzen, stehen oder knien auf den Matten, die aufeinanderzufahren und zusammenstoßen. Wie sich aus solchen Einzelspielen größere

Spielideen entwickeln können, zeigte sich sehr schön am Beispiel der Karambolagefahrten, aus denen sich „Kampfmatten" mit Banden oder Stämmen entwickelten, die dann zum Indianerspiel wurden (siehe Phase II, S. 125).

Schlappe Matte

Eine andere Variante der „beweglichen Matte" ist eine Konstruktion, die etwas mehr Bewegungserfahrung oder auch motorische Geschicklichkeit beinhaltet:

Unter eine umgedrehte Langbank werden fünf Rollbretter gebunden und eine Weichbodenmatte darübergelegt. Es entstehen zwei geneigte, etwas glatte Ebenen, auf denen das Fahren noch interessanter wird.

Galeere Romana „Fährmann, wo bist du?"

Eine andere Idee findet ihren Ursprung in frühgeschichtlichen Zeiten: So wie früher schwerste Lasten auf Rollen transportiert wurden, kann man in der Halle eine ähnliche Konstruktion schaffen. Papprollen aus dem Teppichhandel oder aus Zeitungsdruckereien werden hintereinander auf den Boden und darüber eine Weichbodenmatte gelegt. Die Kinder können so durch die Halle rollen, können daraufspringen und sich fahren lassen.

Diese Rollenkonstruktion kann auch in ein Spiel eingebunden werden: Sie wird zur Fähre, indem an die Matte Seile gebunden werden. So können die Kinder beispielsweise innerhalb eines Schleichweges oder beim Thema „Verreisen" einen reißenden Fluß oder einen tiefen Sumpf überwinden, wenn sie die Matte von einem zum anderen Ufer hin- und herziehen.

Das gleiche kann man natürlich auch mit der beweglichen Matte auf Rollbrettern erreichen.

Der Aufbau kann auch so gestaltet werden, daß der „reißende Fluß" zwischen zwei Reckpfählen hindurchrauscht, zwischen die ein dickes Seil zum Entlanghangeln auf der Matte gespannt wird.

Karussell

Während ein Karussell aus der großen Weichbodenmatte noch recht behäbig seine Runden dreht, können sich die Kinder ein richtiges kleines Karussell bauen, das sich später auch gut auf der „Kirmes" einsetzen läßt.

Sie nehmen ein umgedrehtes Trampolin, legen es auf sechs Rollbretter und befestigen diese mit braunem Klebeband. In die entstehende Mulde zwischen den Füßen des Trampolins legen sie eine Bodenturnmatte. An einer Ecke wird eine Seilschlaufe aus Hanf durchgezogen, um einen Reckständer gelegt und verknotet. Der Drehkreis wird mit Langbänken gegen Hineinlaufen/-fahren abgesichert.

Der/die Lehrer/in sollte unbedingt darauf achten, daß die Fußbügel des Trampolins gut verschraubt sind. Am höheren Fußbügel schieben zwei Kinder, ähnlich wie früher das Pferde-/Ponykarussell auf dem Jahrmarkt angetrieben wurde. Drei bis vier Kinder können die „Rundreise" genießen.

Haben die Kinder die Spielmöglichkeiten mit der „beweglichen Matte" ausprobiert und sie „beherrschen" gelernt, wird im weiteren Spiel schnell aus diesem Gerät ein Lastwagen, Feuerwehrauto, Großtransporter, Karussell oder Schiff, das mit anderen Materialien kombiniert und ausgestaltet werden kann.

Hier zeigt sich im besonderen, wie wichtig es ist, auf gute Rollenqualität (Doppelkugellager von Rhombus!) zu achten: Nur bei gutlaufenden Rollen sind Kinder in der Lage, so große Fahrzeuge eigenständig fortbewegen zu können. Auf Selbständigkeit wird in diesem Unterricht besonderer Wert gelegt, d. h. die Kinder sollen lernen, ohne Hilfe mit einem Spielgerät umgehen zu können. Das bedeutet, es muß von ihnen kräftemäßig bewältigt werden können. Außerdem: Ist das Fahrzeug nur unter großen Mühen zu schieben, ist der Reiz, damit zu spielen, verloren.

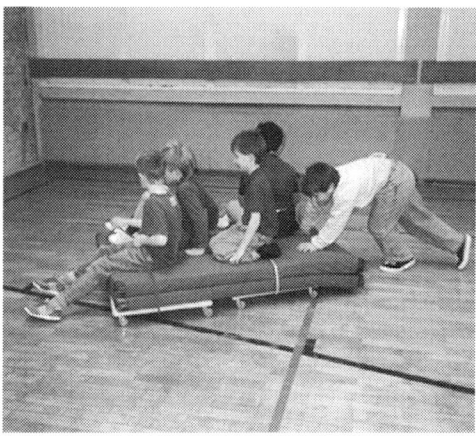

Es saust wie auf der Kirmes

Spielraum 7: Klettergelegenheiten

Warum wird in den „Veränderlichen Spielräumen" ein Kletterparcour aufgebaut? In jeder Turnhalle befindet sich eine Fülle von Einzelgeräten, die im Sportunterricht lediglich für bestimmte Übungen hervorgeholt werden und ansonsten tabuisiert sind. In einen Kletterparcour können jedoch alle möglichen Geräte eingebaut werden. Der/die Lehrer/in stellt den Kindern die neben den Großgeräten in einer Halle vorhandenen Materialien vor und zeigt ihnen Baumöglichkeiten auf. Auf diese Weise lernen die Kinder im spielerischen Umgang

und über Ausprobieren und Experimentieren den freien Umgang mit den Einzelgeräten kennen. Neben den vielfältigen Bewegungsmöglichkeiten erleben die Kinder einen Aufbau, der viele Anreize bietet, Spiele zu entwickeln, zu verändern und weiterzuführen, eigene kleine Vorhaben zu integrieren und auf diese Weise zu einfachen Spielhandlungen zu gelangen.

Mit den in einer Turnhalle vorhandenen Materialien wie Lüneburger Stegel, Sprungkästen, kleinen Kästen, Leitern, Einhängebrettern, Langbänken, in Ringe gehängten Leitern, verschieden dicken Matten, Autoschläuchen, unter Matten oder das Schwungtuch gelegten Bällen, Seilen, Reck und Barren usw. lassen sich wunderbare Kletterpfade gestalten, die zu anderen Aufbauten hinführen oder als eigenständiges Element im Spiel dienen können. Der Phantasie und dem Experimentieren sind hier insoweit Grenzen gesetzt, daß der/die Lehrer/in jedem Fall aber darauf achten sollte, daß mögliche Gefahrenpunkte entsprechend abgesichert werden und daß die Geräte in ordnungsgemäßem Zustand sind.

Entree 1

Als schöner Einstieg in einen Kletterparcour hat sich der „schwebende Kastendeckel" erwiesen. Auf drei oder vier mittlere Medizinbälle legen die Kinder einen Kastendeckel.

Es wackelt ganz schön, ist aber trotzdem gut zu bewältigen und stellt einen interessanten Aufstieg auf einen Sprungkasten dar.

Entree 2

Drei kleine Kästen sind hintereinander so aufgestellt, daß je eine Bodenturnmatte über einen Kasten gelegt wird und diese miteinander verkeilt werden können.

Es entsteht eine kleine „Dünenlandschaft", die geradezu herausfordert, darüber zu laufen, zu springen, Purzelbaum zu schlagen oder seitwärts zu rollen. Diese „Dünen" bilden das Ufer zur „Meeresbucht", über die der Lüneburger Stegel mit Schwungbrett führt.

Eine kleine Dünenlandschaft

Tunnel 1

Sind in der Turnhalle Autoschläuche vorhanden, werden acht oder zehn von diesen zusammengebunden (mit Springseilchen oder Bindfaden).

Wie ein Maulwurf nach oben

Zuvor sollten die Ventile mit Textilklebeband abgebunden sein. Auf den Boden gelegt, ergibt dieser Rumpf eines Michelin-Männchens einen schönen Krabbeltunnel, der auch noch beim Durchkriechen Geräusche von sich gibt und sich auch als Rolle hervorragend eignet.

Tunnel 2

Es wird immer ganz spannend, wenn ein Kletterweg mit einem Tunnel beginnt oder von einem Tunnel unterbrochen wird:

„Schlucht der wilden Tiere", „Abstieg in die Unterwelt"... Durch Trommeln, Stampfen oder Kreischen läßt sich dann schnell die passende Geräuschkulisse produzieren. Die nicht benötigten Kastensegmente werden zusammengesteckt, flach auf den Hallenboden gelegt und als Stoßsicherung eine Bodenturnmatte darübergelegt.

Die Bärenschlucht auf dem Schulhof

Tunnel 3

Zwei Bodenturnmatten werden zu einem langen „U" gebogen und in Gymnastikreifen gezwängt: Es entsteht eine Röhre, mit der die Kinder auch rollen können.

Die Rolle kann auch auf Rollbrettern gefahren werden

Großer Tunnel

Ein Schwungtuch über den Barren, die Lüneburger Stegel, zwei oder mehr Sprungkästen ergeben großräumigere Tunnel, die allerdings dann nicht mehr betreten werden dürfen.

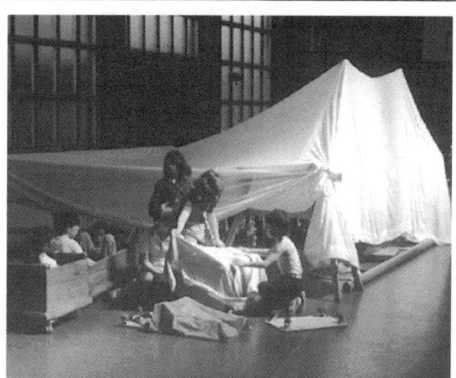

*Als Geisterbahn, Eisenbahntunnel, Bären-
höhle bestens geeignet*

Ich kann auch von der Seite herüberklettern

Tunnel 4

Mehrere Bettlaken werden als Schlauch zusammengenäht. Die Eingänge bilden Gymnastikreifen, die auch je nach Länge des Schlau-
ches in ihn eingenäht werden. Ein Umwickeln
mit Stoffresten läßt Druckstellen und blaue
Flecken vermeiden. Mit geringerem Durchmesser gibt es diesen „Kriechtunnel" auch im
Kindergartenbedarfshandel zu kaufen.

Spielraum 8: Mit Lüneburger Stegel:

Wenn dieses schon etwas betagtere Turngerät
überhaupt noch in einer Turnhalle zu finden
ist, liegen seine Einzelteile in einer normalen
Grundschulturnhalle meist unter einer dicken
Staubschicht hinter anderen Geräten verstaut.

Die vielfältigen Bewegungsmöglichkeiten,
die dieses Gerätearrangement in sich birgt,
werden leider viel zu wenig genutzt:

Balancieren, im Grätschsitz auf zwei Balken rutschen, hangeln, auf allen vieren dar-
überkriechen, auf dem Brett herunterrutschen, auf eine Matte springen, mit einer
Leiter hochklettern…

Nicht zuletzt lassen sich zusammen mit dem
Schwungtuch hervorragende Tunnels, eine
große Brücke zum Durchfahren aus diesem
Gerät bauen. Es ist auch wichtiger Bestandteil der Kletterwege oder auch des „Schleich-
pfades" im Spielthema „Indianer".

Spielraum 9: Mit Sprungkästen:

Große Brücke

Zwei große Sprungkästen werden parallel zueinander oder hintereinander im Abstand von 4
m aufgestellt und eine umgedrehte Langbank
darübergelegt. Die Kinder können auf der
Rückseite der Sitzfläche breitbeinig ent-
langlaufen, sich evtl. am Fußbalken festhalten,
mit Unterstützung auf dem Fußbalken entlang-
balancieren: Je nach Spiel überqueren sie einen
reißenden Fluß oder einen tiefen Abgrund.

Die Zuführung auf den Kästen kann ein kleiner
Kasten, eine Leiter – entweder am Kasten befestigt oder in den Ringen aufgehängt – oder auch
eine schräggestellte Langbank sein.

Der Abgrund wird entweder mit einer Weichbodenmatte oder Bodenturnmatte ausgelegt.
Etwas schwieriger ist es für die Kinder mit einem Schwebebalken auf den Kästen.

Brücke am Kwai

Die Kästen werden dieses Mal nur so weit aus-
einandergestellt, daß auf sie als „Brückenrest"
zwei Reckstangen im Abstand von ca. 40 cm
gelegt werden können. Die Kinder kriechen auf
allen vieren über den „Gebirgsbach". Wenn die
Kästen nicht so hoch sind und Hilfestellung gegeben wird, können sie auch ihren Mut und ihre
Geschicklichkeit beweisen, aufrechtstehend
über die Stangen zu balancieren.

Reißender Abgrund...

Der „Abgrund" wird in jedem Fall wieder mit Bodenturnmatten gesichert.

Werden die beiden Kästen zwischen zwei ausklappbare Kletterwände plaziert, läßt sich links und rechts in Brusthöhe der Kinder ein Seil als Geländer spannen. Die Seilchen sind in jedem Fall für ängstliche und vorsichtige Kinder eine gute Hilfe.

Spielraum 10: An der Kletterwand

Besteigung des Piz Palü

Eine Kletterwand wird ausgeklappt, von jeder Seite in den Durchstieg eine Langbank eingehängt und Bodenturnmatten daruntergelegt (Genügend Freiraum vor den Bänken lassen!). Die Kinder klettern auf der einen Seite auf allen vieren, Mutige sogar im Stehen hoch, zwängen sich durch den Durchstieg, die Mutigen klettern über das Gerüst. Auf der anderen Seite geht es dann in einer Rutschpartie, gehend oder laufend, wieder hinunter. Als Hilfe oder auch als zünftige Requisite wird ein Ziehtau so an die oberste Sprosse geknotet, daß die Kinder sich daran wieder hochziehen können.

Dschungelbrücke

Zwei Ziehtaue werden so zwischen zwei ausklappbare Kletterwände gebunden, daß sich Kinder auf dem unteren Ziehtau stehend und am oberen festhaltend vorsichtig über einen gefährlichen Sumpf „hinwegarbeiten" können.

Einige Kinder schieben noch langsam den ersten Fuß vor und ziehen den anderen nach, aber bald gewinnen auch sie mehr Sicherheit und überwinden das Hindernis im Kreuzschritt.

Als Befestigungsmöglichkeiten für die Seile bieten sich auch die festmontierte Sprossenwand und ein Reckpfosten an. Wenn die zu bewältigende Strecke etwas länger ist, neigen Ziehtaue dazu, je nach Material, etwas durchzuhängen. Mehr Stabilität geben Springseilchen, die – zwischen beide Seile im Abstand von 1,50 m gebunden – die Last auf beide Taue verlagern. Als Sicherung kommen natürlich wieder Bodenturnmatten unter diese Klettermöglichkeit.

Die Brücke trägt...

Damit die Konstruktion nicht allzusehr belastet ist und die Kinder sich durch Hin- und Herschwanken nicht gegenseitig behindern, sollten höchstens zwei Kinder auf einmal über die Dschungelbrücke klettern, wie man ja auch in der Realität aus Sicherheitsgründen solche Brücken nur sehr vorsichtig in Gebrauch nimmt.

Spielraum 11: Mit den Ringen

Schwebende Brücke

Eine Langbank oder die Leiter der Lüneburger Stegel wird in die Ringe gebunden und auf etwa 1,50 m hochgezogen und gesichert. Das auf dem Boden aufliegende Ende der Leiter wird mit einer Bodenturnmatte unterlegt; an das andere Ende kommt eine Weichbodenmatte. Die Kinder können nun nacheinander hochklettern und in den Mattenfluß springen. Diese Brücke kann auch als Aufgang auf den Kasten oder das Sprungpferd genommen werden.

Variation zur schwebenden Brücke

In die Ringe wird zunächst ein Autoreifen und in diesen dann eine Langbank gebunden: Die Bank kann nicht nur zur Seite schweben, sondern auch nach unten ausfedern. Für die Kinder ist diese Brücke noch interessanter… Schaffe ich es, aufrecht diese Brücke hochzugehen oder brauche ich für den Anfang doch noch Hilfe? Ähnliches erreicht man auch, wenn die Bank auf einen kleinen Kasten aufgelegt und das andere Ende auf einem Autoreifen (Lkw) positioniert wird.

Auf allen viere … später mutig im aufrechten Gang…

Spielraum 12: Kletterweg I

Tarzans Flucht zu J…

Wenn der/die Lehrer/in die schwebende Brücke nur leicht verändert, entsteht ein sehr schöner Kletterweg, der von den Kindern mit Begeisterung aufgenommen wird: Die Leiter oder Langbank ist wieder auf den Sprungkasten schräg aufgelegt.

Der Aufbau steht neben den ausgezogenen Ringen, die kurz über dem Niveau des Kastens hängen. Die einzelnen Ringe werden nun mit je zwei Springseilchen verbunden, so daß ein lichter Abstand von etwa 60–80 cm entsteht.

Am anderen Ende klettern die Kinder auf den Schwebebalken oder einen Sprungkasten, an dem diese Konstruktion locker angebunden ist, damit sie nicht zu stark auspendelt. Unter den Ringen liegt eine Weichbodenmatte, so daß, wer will oder wen es gerade übermannt/fraut, einen Absprung in die Tiefe wagen kann.

Auf gleiche Weise lassen sich übrigens auch die Klettertaue zu einem Kletterweg miteinander verbinden.

Spielraum 13: Mit Barren

Der Barren ist in seiner Zweckbestimmung ein nicht sehr beliebtes Gerät. Ist er nicht nur schwer und unhandlich, so verbinden viele auch mit dem Barren unangenehme Erinnerungen an die eigene Schulzeit, wenn der Mut zur Rolle fehlte oder auch mal blaue Flecken als Erinnerung an die harten Holme zurückblieben. Überläßt man es den Kindern aber, dieses Gerät auszuprobieren, ihre Geschicklichkeit und ihre Kraft zu testen, finden sie bald eigene Zweckbestimmungen für dieses Gerät.

Innerhalb der „Veränderlichen Spielräume" und den nachfolgenden Spielen kamen eine Fülle von Ideen zum Umgang mit dem Barren, der mit ein bißchen Unterstützung durch die Erwachsenen zum „Allround-Gerät" wurde. Das, was die Kinder sonst unter dem Reiz des „Verbotenen" heimlich im Geräteraum ausprobieren, durfte hier ganz offiziell durchgeführt werden.

Seilbrücke

Ein einfaches Springseilchen, locker zwischen die Holme gebunden, ergibt schon eine kleine Schaukel. Reiht der/die Lehrer/in aber gleich mehrere Springseilchen im Abstand von 40–50 cm hintereinander, so entsteht ein Wackelsteg, den die Kinder überwinden, indem sie sich an den Holmen abstützen und von Seilchen zu Seilchen schreiten.

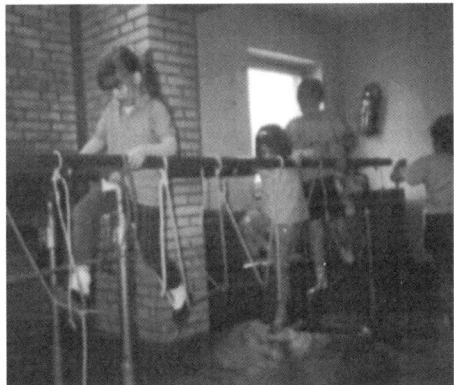

Ein Wackelsteg wie auf dem Schulhof

Hangeln und Schaukeln

Die Barrenholme sind ganz hochgestellt und arretiert, zum Schutz beim Herunterplumpsen liegen Bodenturnmatten auf dem Barrenfuß.

Die Kinder hängen sich mit den Händen an die Holme – entweder nur an einen oder auch an beide – und schaukeln …

Bald kommen sie darauf, daß sie sich auch fortbewegen können, wenn sie zum anderen Holm übergreifen oder wenn sie langsam alternierend mit den Händen nach vorne greifen und sich durch den Barren hangeln.

Schwingende Brücke 1

Eine Variante der Seilbrücke ist schnell gebaut; auf die Schlaufen der Springseilchen legt man eine Bodenturnmatte, nur jeweils das letzte Seilchen wird durch die Lederschlaufen der Bodenmatte gezogen und an den Holmen befestigt (s. a. Kleines U-Boot S. 42).

Schwingende Brücke 2

Wenn die schwingende Brücke in einem Spiel benötigt wird, wie z. B. beim Indianerschleichweg, bietet es sich an, diese Brücke etwas stabiler und leichter bewältigbar aufzubauen.

Die Seilchen werden durch eine Langbank – entweder Sitzfläche oder Fußbalken nach oben – gezogen und an beiden Holmen befestigt.

Es kann aber auch einfach der Schwebebalken auf die eingebundenen Seilchen gelegt werden. Die Kinder haben so eine nach vorn und zur Seite schwingende Brücke.

Benutzt eine größere Gruppe die „Luftkissenbrücke", muß der/die Lehrer/in darauf achten, daß wegen der hohen Gewichtsbelastung ausreichend Springseilchen eingebunden sind.

Spielraum 14: Mit der Langbank

Schaukelwippe 1

Wenn nicht zufällig auf einem gestalteten Schulhof eine Wippe aufgebaut ist, gibt es an den meisten Schulen keine Möglichkeit für die Kinder zu wippen. Mit nur geringem Aufwand bauen sich die Kinder selber eine Wippe – die Erwachsenen helfen natürlich –. Eine umgedrehte Langbank legen sie auf einen kleinen Kasten und unter die Enden der Langbank je eine dicke Weichbodenmatte.

Ohne Gefahr balancieren die Kinder über diese Wippe: Erst leicht bergauf, haben sie den kleinen Kasten überschritten, gibt die Wippe nach und es geht sanft weiter bergab.

Die „Waage" halten

Schaukelwippe 2

Ist in der Turnhalle eine Balancierrolle vorhanden, so kann diese auch als Auflage benutzt werden: Unter die Enden der Bänke werden Bodenmatten gelegt.

Wieviel Kinder wiegen die Lehrer/in auf?

Je nach Größe der Kinder nimmt der/die Lehrer/in einen Sprungkastenfuß und Kastendeckel, evtl. sogar noch ein Segment dazwischen, und legt wiederum eine umgedrehte Langbank darüber. Zum Abfangen des Stoßes an den Enden dieser Wippe kommen entweder wieder Bodenturnmatten oder auch Lkw-Schläuche zur Anwendung. Die höhere Auflage in der Mitte erlaubt ein besseres Wippen (Beckmann 1989).

Spielraum 15: Mit dem Hochreck

Kleine Kletterwand

Das Hochreck erhält eine neue Funktion: In etwa 50 cm Höhe wird die erste Reckstange, die zweite in der Mitte und die dritte an höchster Stelle eingehängt.

Die drei Stangen verbindet der/die Lehrer/in mit Seilen und erhält so eine Kletterwand, die den Kindern eine vielseitigere Verwendungsmöglichkeit bietet als z. B. die fest an der Hallenwand montierte Sprossenwand.

Zwischen das Reck legt er/sie eine Weichbodenmatte.

Gratwanderung mit dem Barren

Sind die Recks seitlich in der Turnhalle angeordnet, lassen sich zwei Barren im Anschluß an das Klettergerüst aufbauen. Die Holme werden – so wie auf dem Bild zu sehen – eingerichtet.

Haben die Kinder die Kletterwand überwunden, steigen sie auf gleichem Niveau auf den Barren um und überwinden so z. B. einen „Felsen" im „Zwergengebirge".

Übersteigen auf festeren Untergrund

Nach dieser umfangreichen Beschreibung von Einzelgeräten und Gerätearrangements wird nachfolgend an zwei Beispielen vorgestellt, wie in der Turnhalle Aufbauten erstellt werden können, so daß für Kinder interessante Bewegungs- und Experimentiermöglichkeiten entstehen. Die Beschreibung der Einzelaufbauten wurde sehr ausführlich vorgenommen, da die Turnhallen unterschiedlich ausgestattet sind. Es erschien darum notwendig, eine Vielzahl von Bewegungsarrangements vorzustellen, damit der/die Lehrer/in aus dem breiten Angebot eine Auswahl treffen kann, die mit den Geräten/Materialien der eigenen Turnhalle herzustellen ist.

Die ausführliche Darstellung von Aufbauten sollte außerdem den Nicht-Sportlehrer in die Lage versetzen, den „Bauwünschen" der Kinder entsprechen und Hilfen geben zu können. Die Kinder aus dem ersten oder zweiten Schuljahr können zwar Vorstellungen entwickeln, wie ihre Spielmöglichkeit aussehen soll, in der technischen Umsetzung sind aber dann doch oft die Erwachsenen gefragt.

Schließlich sollen die Aufbauten auch so gestaltet sein, daß Gefährdungen oder gar Unfälle vermieden werden.

Aus diesem Grunde ist es günstig, wenn Lehrer/innen selber die Aufbauten ausprobieren und Bewegungs- und Spielmöglichkeiten erproben. Sicherlich entsteht hierbei noch die eine oder andere Idee, wie ein Aufbau noch interessanter gestaltet, wie er in ein Spielthema eingebunden werden kann. Zusätzlich kann der/die Lehrer/in in Erfahrung bringen, wo bei einem Aufbau Sicherungsmaßnahmen oder Hilfestellungen notwendig sind.

Spielraum 16:
Kletterweg II (Wasserland und Moor)

Die ganze Turnhalle oder eine abgeteilte Hälfte ist eine riesige Seenlandschaft mit Sümpfen. Ins Wasser zu treten ist nicht ratsam, da sofort ausgehungerte Piranhas zubeißen.

Der einzige sichere Ort, wo man baden, tauchen oder schwimmen kann, ist das Wellenbad. Dorthin können die gefährlichen Fische nicht gelangen. Aber wie erreichen die Kinder das Wellenbad?

Ein beschwerlicher Weg liegt vor uns…

Vor dem Eingang der Halle stehen Lüneburger Stegel, auf denen sie auf zwei Balken entlangrutschen können. Von dort gelangen sie, über vier kleine Kästen hüpfend, zum Reck: Glücklicherweise ist die Reckstange so tief, daß die

Kinder es schaffen, sich an ihr entlangzuhangeln, und – von Autoreifen zu Autoreifen springend – die Fähre erreichen. Auf der „Beweglichen Matte oder der Rollenmatte" werden die Kinder zur Weggabelung geschleust, doch leider ist der Motor der Fähre ausgefallen, sie müssen die Fähre an einem Seil entlangziehen.

Ein tiefer Abgrund muß überwunden werden

Auf der rechten Seite der Weggabelung hat jemand einen Damm zu bauen begonnen. Er ist noch nicht ganz fertig, der Weg ist noch ganz holprig. Zwischen zwei Langbänken liegen viele Bälle unterschiedlicher Größe und Autoreifen, die mit dem Schwungtuch oder mit dünnen Matten bedeckt sind. Durch aufgestellte Gymnastikreifen und Tore unterschiedlicher Höhe aus Gymnastikstäben hindurch geht der Weg weiter zum Wellenbad.

Der linke Weg ist etwas schwieriger: Eine chinesische Urwaldbrücke ist zusammengebrochen, es ist nur noch ein Seil zwischen Reckständer und Sprossenwand hängengeblieben, an dem sich die Kinder von Kasten zu Kasten über den Abgrund hangeln können.

Der Badesee ist bald erreicht

Sie balancieren dann über umgedrehte Langbänke zum Leiterweg (in Ringe gehängte Leiter) auf einen Sprungturm (Sprungkasten) des Wellenbades.

Die Wege können auch durch eine oder mehrere „Verschnaufecken" (Bodenturnmatten) unterbrochen werden, wo die Kinder an der Fühldecke etwas ertasten, eine Riech-/ Schmeckecke besuchen, sich am Kleiderstand verkleiden oder schminken können.

Hangeln, klettern, kriechen, fahren, balancieren...

Spielraum 17: Kletterweg III (Dschungelerlebnis)

Die Kinder fliegen mit dem Flugzeug (Mattenwagen) in die Ferien. Plötzlich geht ein Ruckeln durch die Maschine und… Schwanken… Poltern, der Pilot hat das Flugzeug noch gerade abfangen und zur Landung bringen können. Und wo? Im tiefen Dschungel sind sie gelandet!

Die Kinder klettern auf einen hohen Berg (großer Rutschberg), um Ausschau zu halten, wo sie gelandet sind. In der Ferne leuchtet, blau funkelnd, ein See, dorthin wollen sie sich durchschlagen. Über eine lange Liane (Seilbahn) gelangen sie zu einem großen Baum (Reckstange). Ein Teil der Kinder sucht sich einen Weg über die „schwebende Brücke". Der Rest der Gruppe steigt durch eine Steilwand (kleine Kletterwand).

Die erste Gruppe gelangt an einen tiefgründigen Morast (Barren hochgestellt – oder Seilbrücke), die zweite vertraut sich vorsichtig einer Dschungelbrücke an.

Die Pflanzen und Bäume werden immer dichter und dichter: bald können die Kinder nur noch kriechend vorankommen (Tunnel 1 und 2).

Welch ein Glück: Als der Dschungel lichter wird, treffen beide Gruppen wieder zueinander.

Über die Kwai-Brücke gelangen sie zum blauen See (Weichbodenmatte mit Schwungtuch), wo sie baden und angeln können.

Zusätzliche Materialien

Kleiderkoffer und Schminke

Kleiderkoffer und Schminke stehen den Kindern in allen Phasen des spiel- und handlungsorientierten Unterrichts zur Verfügung. Mit Hilfe der Verkleidung und der Schminke gestalten die Kinder ihre im Spiel eingenommenen Rollen aus, machen sie ihren Mitspielern deutlich. Es zeigte sich immer wieder im Verlauf des Unterrichts, daß es einigen Kindern leichter fiel, geschminkt und verkleidet ins Spiel zu finden, als den Schritt ins Spiel ohne Hilfe der „Maske" zu vollziehen.

Gymnastikstäbe mit Füßen

In einer fortgeschrittenen Phase der Raum- und Materialerfahrung werden Gymnastikstäbe, Standfüße und Verbindungsklammern als Konstruktionsmaterial zum Experimentieren bereitgestellt. Mit diesen Teilen lassen sich nicht nur Wege, Durchgänge oder Labyrinthe bauen, in Verbindung mit Schlaufentüchern oder Bettüchern können die Kinder auch kleine Pavillons, Häuser oder Hütten errichten.

Aus Wollresten, Luftballons, Seiden- und Kreppapier kann aus diesem zunächst nüchternen Material ein interessanter Irrgarten in der Turnhalle erwachsen, der in der themenzentrierten Phase beispielsweise in die Geisterbahn oder in den Märchenwald integriert werden kann.

Nach Einführung des Rollbrettes entstehen aus den Stäben kleine Garagen, Straßenbegrenzungen, Schranken usf.

Für ein Raumfahrt-Spiel oder ähnliches läßt sich auch sehr schnell aus Gymnastikstäben und Springseilchen eine Strickleiter zusammenknoten. Allerdings ist dies eine Aufgabe für Erwachsene.

Eigene Herstellung von Spielgeräten

Die normale Ausstattung einer Turnhalle wird von den Materialien und Geräten her den Anforderungen des spiel- und handlungsorientierten Unterrichts in aller Regel nicht gerecht. Selbst für den „normalen" Sportunterricht, der auf das Kind und seine Bedürfnisse ausgerichtet ist, genügt die Hallenausstattung häufig nicht. Nachfolgend werden darum einige Anregungen für Bauanleitungen gegeben, mit denen zusätzliche Materialien gebaut werden können.

Kriechtunnel

Zwei Bettlaken – oder andere feste Stoffe – werden an beiden Längsseiten zusammengenäht. Die Enden werden um einen Gymnastik- oder Hula-Hupp-Reifen gelegt und entweder mit Druckknöpfen oder durch eine einfache Naht befestigt. Dabei muß der Stoff etwas gerafft werden.

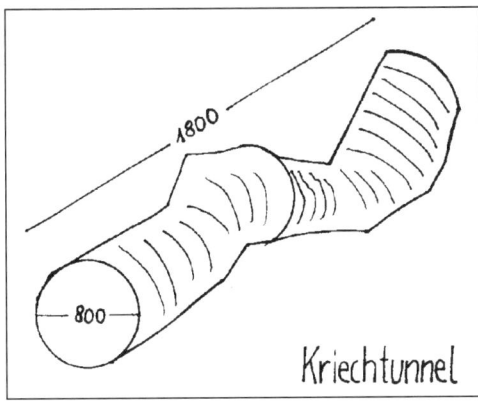

Kriechtunnel

Die Bettlaken können vorher gefärbt oder von den Kindern mit Stoffarben bemalt werden – Fixieren nicht vergessen! –. Für bestimmte Spiele, wie z. B. Indianer, bietet es sich an, Tierspuren und Äste mit Blättern aufzumalen oder aufzukleben: Die Indianer kriechen durch die Schlucht der wilden Tiere.

Wollen die Kinder in einem Spiel eine längere Kriechstrecke einrichten, empfiehlt es sich, zwei von diesen Kriechtunneln aneinanderzureihen.

Allesfresser

Als beliebtes Wurfspielgerät hat sich immer wieder der „Wurfindianer" erwiesen, in dessen offenen Mund die Kinder Schaumstoff- oder Indiaca-Bälle werfen.

Auf Preßspanplatte 1,5 x 0,8 m werden die Umrisse eines Indianers aufgezeichnet. Der Kopf wird etwas breiter proportioniert, damit in den offenen Mund später ein Loch von ca. 20 cm Durchmesser geschnitten werden kann. Silhouette und Loch werden dann ausgeschnitten.

Zur vielseitigen Nutzung kann auf die Rückseite eine andere Figur gemalt werden. Ein „Feuerschlucker" für die „Kirmes" oder ein gefräßiger Eisbär, der von den Eskimos dressiert und mit „Fischen gefüttert" wird.

Das Ausmalen der Figur besorgen dann die Kinder und der/die Lehrer/in macht einen konservierenden Lackanstrich.

Die Wurffigur kann auch in der Länge halbiert werden; die Kanten werden mit einer gehobelten Leiste und Klavierband versehen. So läßt sie sich zusammenklappen und besser transportieren.

Dazu können noch schnell drei Indiaca-Bälle gebastelt werden: Ein kleiner Gummiball wird auf ein rundes Stückchen Leder gelegt. An den Ecken wird das Leder hochgezogen, fest um den Ball gelegt und mit festem Band zugebunden. Zum Schluß steckt man noch ein paar größere Federn hinein. Das Spiel kann losgehen.

Abfahrtsrampe für Rollbretter

Aus 19 mm beschichteter Spanplatte – noch besser, aber teurer ist mehrfach verleimtes Schichtholz – und gehobelten Dachlatten läßt sich sehr schnell und preiswert eine attraktive Abfahrt für Rollbretter konstruieren, die zudem noch sicherer ist als die mit dem Sprungbrett der Lüneburger Stegel behelfsmäßig hergestellte Abfahrt. Die Circa-Maße entnehmen Sie bitte der nachstehenden Zeichnung.

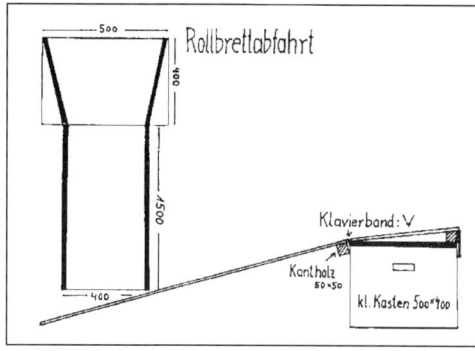

Rollbrettabfahrt

Seilbahn

Auf einigen besser ausgerüsteten Spielplätzen gibt es sogenannte „Seilbahnen", an denen die Kinder hängend einen Abgrund überwinden. Diese Seilbahn läßt sich mit einfachen Mitteln auch für Spiele in der Turnhalle nachbauen: In Seilereien besorgt man sich ca. 25 m Polypropylenseil (Sportline, geflochten) mit 10–12 mm Durchmesser (pro Meter ca. 2.50 DM). Dazu kauft man in einem Geschäft für Schiffs- und Segelbedarf eine kugelgelagerte Bockrolle (ca. 50 DM); Seildurchmesser und Laufrolle müssen aufeinander abgestimmt sein. Ein Karabiner, in den man sich am besten dort auch gleich eine Seilschlaufe einspleißen läßt (zum Festhalten für die Kinder), wird dann in die Bockrolle eingehängt. Das Seil wird zwischen Klettergerüst und Reckpfosten o. ä. gespannt. Die Stärke des Gefälles sollte man so wählen, daß die Bahn nicht zu schnell saust, aber auch nicht langweilig heruntertuckert. Der Auslauf wird mit Bodenturnmatten gesichert.

Wenn es der Etat der Schule oder des Fördervereins zuläßt, kann man sich auch eine Konstruktion aus Stahlseil erstellen – der Hausmeister hilft sicherlich –. Eine Stahlöse wird neben dem Klettergerüst in die Wand eingelassen, in die das Stahlseil mit Karabiner eingehängt und zu einem Reckpfosten geführt wird. Diese Konstruktion kann aber nur immer wieder an derselben Stelle angebracht werden, da das Stahlseil mit seinen festen Schlaufen nicht wie ein anderes Seil gebunden werden kann.

Hängematte

Eine einfache, aber strapazierfähige Hängematte entsteht sehr schnell aus festem Zeltstoff. Die Befestigungsseile (10–12 mm Durchmesser) von 2,50–3 m Länge werden an den Langseiten der Bahn – verschiebbar – eingenäht. Vorher werden die Kurzseiten umgenäht und mit 5 großen Ösen versehen. Ein Kantholz aus Hartholz (30 x 30 mm oder 40 x 40 mm, die Kanten abgerundet) wird mit 10,5-Bohrer durchbohrt:

An den beiden seitlichen Löchern werden die langen Seile durchgeführt, eventuell verknotet. Durch die drei mittleren Bohrungen werden Schlaufen geführt und die Stoffbahn mit so großem Spielraum befestigt, daß bei Belastung der Hängematte das Tuch in einem leichten Bogen durchhängt. Die langen Seile können dann an den Reckpfosten festgebunden werden. Gegen das Abrutschen nimmt man vorhandene Haltebolzen oder die eingebaute Reckstange zu Hilfe (genügender Abstand!).

Alltagswelt – Alltagsmaterial – andere Materialien

Bisher standen Aufbauten und Spielmöglichkeiten im Vordergrund, die sich überwiegend auf Materialien und Geräte stützten, die in einer normal ausgestatteten Grundschulturnhalle zu finden sind. Die Ausrüstung einer Turnhalle mag zunächst als „Grundstock" angesehen werden, zu dem allerdings andere Materialien hinzukommen können:
– um einen Aufbau weiter auszugestalten, wie z. B. den großen Kletterberg mit dem Schwungtuch,
– Rollenspiele zu unterstützen, auszumalen,
– eigenständige Aufbauten und Spielmöglichkeiten zu entwickeln,
– den Lern- und Spielort „Turnhalle" zu verlassen und in einen anderen Raum (Keller, Dachboden, „draußen") überzuwechseln, wo die angebotenen Spielthemen in abgeänderter Form organisiert und gespielt werden können.

Im kleineren Rahmen ist es wohl jedem Lehrer möglich, Alltagsmaterialien für das Spiel zu besorgen, z. B. wenn aus Abfallmaterialien Musikinstrumente gebaut werden sollen. Weitere Materialien können über die Eltern besorgt werden oder es ist der Schuletat in Anspruch zu nehmen. Solche Materialien können Autoschläuche, großräumige Kartons, Decken etc. sein.

Diese Materialien eröffnen den Kindern oft völlig unerwartete Spiel- und Handlungsmöglichkeiten: In einer Turnhalle fanden sich reichlich Autoreifen, die die Kinder von sich aus mit ins Spiel brachten: als Bausteine, Spielgerät zum Rollen, Fahrzeuge/Schlitten, Lkw-Aufbau in Verbindung mit dem Rollbrett, Hindernisse für einen Hüpfparcour etc. Große Kartons aus Industriebeständen dienten zunächst im Förderunterricht als Häuser, Höhlen, Verkaufsstände, Verstecke. In einer Klasse erwuchs aus dem Spiel mit den Kartons eine Idee für eine Projektwoche, in der Ritterburgen gebaut und ein Burgfest veranstaltet wurde. Eine andere Klasse „wanderte" in den leerstehenden Keller aus, um dort aus den Kartons mit Quast/Pinsel, Farbe, Kleister und Tapeten Häuser für ein Dorf oder eine Kleinstadt zu fabrizieren. Selbst Lehrer/innen stiegen in den „Blaumann" und machten im „Werkeln" neue Erfahrungen durch den Einsatz von Material und im praktisch handelnden Umgang mit den Kindern.

Alltagsmaterialien in den Unterricht einzubeziehen, bedeutet das wohl, einen Versuch zu unternehmen, den Kindern eine Auseinandersetzung mit ungewöhnlichem Material im Spiel zu ermöglichen, ihnen eine Erfahrungswelt anzubieten, die sie draußen nicht mehr vorfinden oder wegen anderer Spiel- und Freizeitangebote nicht mehr nutzen?

Dies kann nur ein Teilaspekt sein: Das Anbieten von einfachen Materialien, mit denen die Kinder Handlungsmöglichkeiten ausprobieren und Spielmöglichkeiten erproben, verschafft ihnen Kenntnisse und Fertigkeiten, die sie in die Lage versetzen, den Gegenständen eine neue Zweckbestimmung zu geben. Die Waschmitteltrommel, sonst allenfalls als Eimer oder Papierkorb benutzt, wird zusammengesetzt zum Leuchtturm, zur Höhle, Transportrutsche, Sprachrohr, Trommel, Aufbau für einen Tankwagen, zum Verkleidungsmittel für den Raumfahrer.

Ein Verhältnis – auch Eigentumsverhältnis – zu einem Material, zu einem daraus erfundenen und hergestellten Gegenstand zu entwickeln, bleibt nicht allein Gegenstand und Ziel des Turnhallen-Unterrichtes, sondern kann auch im Klassenunterricht in der Sachkunde als Thema: „Umgang mit Abfall" fortgeführt werden.

Material… Verwendung… Bezugsquelle

Pappkartons jegl. Größe/Graupappe

Von der Klorolle über die Waschmitteltrommel bis zu manns/frauhohen Kartons, Graupappen lassen sich verwenden für:

Hütten, Häuser, Aufbau für Fahrzeuge aus Rollbrettern, Körperverkleidung, Abdeckung für Tunnel, Pappe als Schlitten, Bastelmaterial, für Verkehrsschilder, Werkzeug für Zwerge, Körperumrisse, Transportmittel.

Man bekommt sie im Haushalt, Möbelläden, Elektro-Läden, Gewerbebetrieben.

Pappröhren

Große stabile Röhren aus dem Teppichhandel nutzen die Kinder als Unterlage unter Matten zum Fahren/Rollen oder als Balancierrollen oder bemalt auch als Marterpfahl.

Kartenrollen

Diese werden zusammengebunden als Laufsteg oder Hängebrücke; auf Gymnastikstäbe gesteckt, stellen sie einen Schiffsmast dar; kleine Röhren benutzen die Kinder als Fernrohre und auch als Sprechrohre.

Autoschläuche

Autoschläuche von Pkw, Lkw oder Traktor gebrauchen die Kinder als Baumaterial oder Gestaltungsmittel, zum Hüpfen, Schaukeln, Ziehen oder Gezogenwerden, zum Zuwerfen, für Hüpfparcours, Kriechtunnel, Brunnen, Lkw-Aufbau. Diese bekommt man in Kfz-Betrieben, Institutionen und Firmen mit Fahrzeugpark.

Decken/Bettücher

Bauen, Umhänge anfertigen, kleine Schwungtuchspiele, sich gegenseitig ziehen, Verband im Krankenhaus, Flaggen, Erstellen eines Kriechtunnels, dies alles kann man mit Decken oder aus Bettüchern realisieren.

Konservendosen

In Konservenfabriken bekommt man leere, verschlossene Dosen fürs „Dosenwerfen", für den Verkaufsladen, den Transport auf Rollbrettern oder mit Steinchen darin als Rasseln.

Bierfäßchen von der letzten Lehrerfete lassen sich schnell zu Stelzen umbauen (Filz unterkleben).

Plastikflaschen

Wenn man sie nicht vermeiden kann, kann man sie noch einer sinnvollen Nutzung zuführen: Als Verkaufs- und Transportmittel, als Bastelmaterial für Musikinstrumente oder kleine Figuren erfüllen sie gute Dienste.

Kleinmaterial

Knöpfe, Muscheln, Korken, Flaschenverschlüsse oder ähnliches findet Verwendung als Spiel- und Bastelmaterial oder auch als Zahlungsmittel.

Seilreste

In Seilereien erhält man oft Seilreste, die sich sehr gut als Bastelmaterial und Gestaltungsmittel eignen.

Rollen von Tapeten/Zeitungspapier

Es läßt sich sehr gut darauf malen. Aufbauten können damit ausgestaltet werden. „Quellen" sind Haushalt und Zeitungsdruckereien.

Kissen

Kissen eignen sich sehr gut für die Ausgestaltung von Höhlen, für eine Kissenschlacht (auf festes Inlett achten; s. Breucker-Rubin 1993).

Teppichbodenfliesen

Für einen Laufparcour, die Ausgestaltung von Höhlen/Häusern, umgedreht zum Rutschen auf dem Hallenboden oder Brettern findet der Interessierte Teppichbodenfliesen im Haushalt oder als Reste im Teppichbodenhandel.

Diese Aufstellung läßt sich sicherlich noch um zahlreiche andere Materialien erweitern. Einschlägige Artikel und Bücher aus dem Ökotopia-Verlag in Münster geben beispielsweise weitere Vorschläge, wie Alltagsmaterialien im Unterricht verwendet werden können.

Zur Ausgestaltung von Spielthemen mag die Aufzählung der Materialien genügen. Weicht der/die Lehrer/in auf einen anderen Raum als die Turnhalle aus, sind sicherlich noch andere Materialien zur Erstellung von Spielmöglichkeiten erforderlich (Miedzinski 1982).

Malphase

Um den Kindern das Spiel mit bestimmten Geräten bewußter zu machen und die vorgefundenen Strukturen und das darin entstandene

Spiel auf kognitiver Ebene verarbeiten zu lassen, kann begleitend zum Spiel die Spielhandlung durch Gemaltes/Gebasteltes ausgestaltet werden.

Z. B. können für das Spiel im „Wellenbad" oder auf der „Riesenrutsche" Eintrittskarten hergestellt werden. Auf die Eintrittskarten werden Bilder gemalt, die die Kinder und ihre Freunde beim Spiel oder beim Mutsprung in die Wellen zeigen. Diese Eintrittskarten berechtigen natürlich zum mehrmaligen Eintritt, und nach dem Abbau des Wellenbades finden sie einen Platz im Klassenraum, wo die Kinder ihr Spiel – auch das der folgenden Spielthemen – dokumentieren.

Spiele im Wellenbad im Bild festgehalten

Themenvorschläge für einen fächerübergreifenden Unterricht

In der ersten Phase liegt das Hauptaugenmerk auf der Beobachtung der Kinder, ihrem Spiel und ihrem Umgang miteinander. Die Verbindung von Turnhallen-Unterricht zum Klassenunterricht wird hier zunächst seinen Schwerpunkt darin haben, den Kindern den Einstieg in diese neue Form des Unterrichts und die ungewohnte Umgebung zu erleichtern. Das heißt unter anderem auch, sollte es sich herausstellen, daß einzelne Elemente aus den „Veränderlichen Spielräumen" wie z. B. „Sumpf- oder Moorlandschaft" den Kindern unbekannt sind, so kann der/die Lehrer/in solche Begrifflichkeiten im Klassenunterricht aufgreifen und mit anderen Materialien veranschaulichen.

Im spiel- und handlungsorientierten Unterricht treten Schwierigkeiten der Kinder und Konflikte unter ihnen viel schneller zutage, als es im konventionellen Unterricht der Fall ist. Auftretende Konflikte sollen die Kinder allein lösen lernen, wenn nötig, mit Unterstützung des/der Lehrer/in. Trotzdem kann es sich als notwendig erweisen, Auseinandersetzungen auch im Klassenunterricht mit den Kindern zu besprechen, weil im Moment der Auseinandersetzung in der Turnhalle zu viel Unruhe herrscht und die Situation zu emotionsgeladen ist, als daß eine zufriedenstellende, spannungsaufhebende Lösung gefunden werden kann. Es ist natürlich auch angebracht, wenn die Probleme größere Gruppen betreffen, die ruhigere Situation im Klassenunterricht für die Besprechung zu nutzen.

Ziel ist es, den Kindern Hilfen zu geben, wie sie Probleme eigenständig lösen können. Dies ist sicherlich ein längerer Prozeß, zu dem der Grundstein aber recht früh gelegt werden sollte.

Zur Lösung von Konflikten haben sich Geschichten als besonders geeignet erwiesen, die einen ähnlichen Konflikt beinhalten. Durch die Distanz zum Inhalt der Geschichte wird es für die Kinder einfacher, einen Zugang zu dem Problem und eine adäquate Lösung zu finden, die dann auf die eigene Konfliktsituation übertragen werden und zu einer zufriedenstellenden Auflösung der Auseinandersetzung führen kann.

Schwimmbad im Unterricht
Baden: Spaß und Körperpflege

Unterrichtsinhalt	Tätigkeiten der Kinder	Didakt./meth. Hinweise
Lesen und besprechen einer Geschichte über ein „unfreiwilliges" Badeerlebnis.	– Die Kinder lesen die Geschichte. – Sie klären unbekannte Begriffe. – Sie überlegen, was noch in der Geschichte hätte vorkommen können, was sich beispielsweise in einem Schwimmbad zutragen könnte. – Sie berichten von eigenen Erlebnissen, Erfahrungen im Schwimmbad. – Die Kinder malen ein Bild von der Geschichte oder von einem in der Klasse erzählten Erlebnis.	– Filzstift/Buntstift, Wachsmalkreiden/Wasserfarben zum Malen. – Grafische Technik: Malblatt mit zwei oder mehreren Farbschichten aus Wachsmalkreide bedecken und dann Figuren, Konturen und Flächen mit Schaber freikratzen.

Unterrichtsinhalt	Tätigkeiten der Kinder	Didakt./meth. Hinweise
Wo können (dürfen) Kinder überall baden, wo nicht? (*Schwimmbad, Nichtschwimmer-, Planschbecken, Hallenbad, Wellenbad, Abenteuerbad, Hausschwimmbad, Swimmingpool, Badewanne, Planschbrunnen auf dem Spielplatz, Strandbad am Meer, Fluß, See, Baggersee, Teich*)	– Kinder sammeln Begriffe/Bilder über Badesituationen. – Sie ordnen die „Badegelegenheiten" nach „natürlichen/künstlichen", nach „Nichtschwimmer/Schwimmer" oder anderen Kategorien.	Die Kinder sollten Ordnungsprinzipien selber erarbeiten.
Warum geht man schwimmen oder baden? (*Körperpflege, Sonnenbaden (!?), Erholung, Sport, Training*)	Die Kinder tragen Gründe zusammen und sammeln/malen dazu passende Bilder.	
Die Klasse macht einen Ausflug ins Schwimmbad, geht baden.	Busfahrkarte kaufen / mit dem Bus fahren / Fahrschein entwerten / Schwimmkarte kaufen / Umziehen / Kleider abgeben / sich duschen / waschen / evtl. sich abkühlen / Wasserspiel im Planschbecken oder flachen Teil des Nichtschwimmers / sich abtrocknen.	Erforderliche Tätigkeiten spielen die Kinder in kleinen Rollenspielen in der Klasse und schaffen sich dazu die erforderlichen Utensilien.
Was müssen die Kinder im Schwimmbad alles beachten? (*Erlaubte/verbotene Bereiche, Hygiene/ Sauberkeit, Baderegeln, Ordnung*).	– Kinder und Lehrer/in untersuchen gefährliche Situationen: z. B. als Nicht-Schwimmer im tiefen Wasser, Rutschgefahren. – Kinder entwickeln und sammeln Regeln: Dokumentation mit Bildern, gemalten Schildern und Schrift.	– Arbeitsblatt für Hygiene/ Sauberkeit. – Mit den Kindern werden Symbole bildlicher Art für Baderegeln entwickelt und in eine große Tabelle oder Zeichnung übertragen.
Besuch beim Bademeister und seiner Crew.	– Die Kinder beobachten ihre Tätigkeiten (*Aufsicht, Reinigung, Desinfektion, Kartenverkauf, Schwimmunterricht, Erste Hilfe, Lebensrettung, Cafeteria, Kiosk*), ihre Berufskleidung und Arbeitsorte. – Sie befragen das Personal.	Der Bademeister sollte schon während der Badezeit der Kinder zur Klasse kommen: Unter Beteiligung der Kinder sollte er Teilbereiche seiner Arbeit, z. B. den Schwimmunterricht oder das Retten praktisch vorführen und den Kindern erläutern.

Unterrichtsinhalt	Tätigkeiten der Kinder	Didakt./meth. Hinweise
Auswertung des Schwimmbadbesuches in der Klasse.	Die Kinder berichten von ihren Beobachtungen. Sie dokumentieren diese durch gesammelte/gemalte Bilder und durch Schrift.	Die Erfahrungen und Beobachtungen werden gesammelt, ergänzt. Die Einzelaspekte der Arbeit eines Bademeisters können ihrer Bedeutung nach gewichtet werden.
Vergleich des Schwimmbadbesuches mit anderen Badeerfahrungen.	Was haben die Kinder an anderen Badeorten erlebt, wo gibt es Wellen oder heißes Wasser? Wo kann man ein Bötchen, Bälle oder Spielzeug mit ins Wasser nehmen? Wo kann man angeln, mit einem Boot fahren oder tauchen? Die Kinder ergänzen mit kleinen Bildern ihre Liste der Bademöglichkeiten (s. o.).	Arbeitsblatt von Bademöglichkeiten in Form einer einfachen thematischen Karte.
Mein Traumbad	Die Kinder stellen ihre Wünsche zusammen, wie nach ihrer Vorstellung ein Schwimmbad ausgestattet sein könnte. Kleingruppen stellen eine Collage aus gemalten Teilbildern / Illustriertenphotos zusammen. Sie basteln ein Einfachmodell vom Schwimmbad aus einem Schuhkarton.	Umsetzen der Wünsche in Bild/Karte oder auch mehrdimensionale Darstellung. Der Schuhkarton wird mit farbigem Papier ausgekleidet. Fische, Personen, großformatiges Spielzeug werden gemalt, ausgeschnitten und in das Bad geklebt. **Wellenbad:** In den Schuhkarton werden vier bunt bemalte Blätter, in deren obere Längsseite vorher Wellen geschnitten wurden, so in den Karton geklebt, daß es aussieht wie eine kräftige Dünung. Es können auch Urlaubsmitbringsel (Muscheln etc.) eingefügt werden.

Handapparat zum Schwimmbad

Beringer, S. (1992): Wasser-Werkstatt. Forschen – Entdecken – Lernen. Gümlingen: Zytglogge.

Kneip, W. & Stascheit, W. (1990): Wasser erleben und erfahren. Das Element Wasser in der Grundschule. Münster: Ökotopia.

Schneider, S., Kneip, W. & Stascheit W. (1990): Wasser spielend erfahren. Münster: Ökotopia.

Wiebel, K.H. (1992): Natur Be-Greifen. Experimentierkartei. 01. Wasser. Lichtenau: Freiarbeit-Verlag. (2. Aufl.)

Literatur zu „veränderlichen Spielräumen"

Beckmann, K. (1989): Ideenmarkt: Balancieren an selbstgebauten Wippen. Sportpädagogik 13(2), 15.

Brinckmann, A. & Treeß, U. (1985): Bewegungsspiele. Sozialarbeit – Freizeitgestaltung – Sportunterricht. Reinbek: RoRoRo-TB.

Ehni, H., Kretschmer, J. & Scherler, K. (1985): Spiel und Sport mit Kindern. Reinbek: RoRoRo-TB.

Heinemann, S. (1989): Alternative Spiel- und Sportfeste. Lichtenau: AOL-Verlag.

Kultusminister NW & AOK NW. (1988): Gesundheitserziehung in der Schule durch Sport. Bonn: AOK-Verlag.

Laging, R. (1985): Turngelegenheiten. Sportpädagogik 9(5), 20–27.

Maraun, K.H., Paschel, B. & Scheel, D. (1982): Der Kampf gegen die Schwere. Sportpädagogik 6(3), 35–47.

Miedzinski, K. (1983): Die Bewegungsbaustelle. Kinder bauen ihre Bewegungsanlässe selbst. Dortmund: Modernes Lernen.

Zimmer, R. (1989): Das Spielfest 2. Praxis Grundschule 1, 21–22.

Sicherheitserziehung

Während im Unterricht in der Turnhalle „Veränderliche Spielräume" erprobt und erfahren werden, liegt der Schwerpunkt im Klassenunterricht in der Aufarbeitung von Sicherheitsproblemen. Parallel zu den einzelnen Aufbauten werden mit den Kindern Gefahrenquellen besprochen und Regeln für den Umgang mit den Geräten erarbeitet. Dies beinhaltet auch den „Transport" der Geräte und deren Abstellen im Geräteraum. Die Sicherheitserziehung sollte auf den Ablauf des Spiels in der Halle abgestimmt sein und bei Einführung neuer Aufbauten immer wieder aufgegriffen werden.

Bei einzelnen Aufbauten, wie z. B. dem „Wellenbad" oder dem „Kletterberg", bietet es sich ebenfalls an, die Themen Schwimmbad/Berge im Unterricht aufzugreifen und zu vertiefen. Die Kinder können dabei ihre Erfahrungen und Erlebnisse in den Unterricht einbringen, auswerten und mit der Spielsituation in der Halle vergleichen.

Die Sicherheitserziehung zieht sich auch wie ein rotes Band durch den Unterricht in der Turnhalle. Die Kinder lernen Aufbauten kennen, sie erleben ihre eigenen Fähigkeiten und Grenzen in Bezug auf ein Gerät oder Gerätearrangement. Sie lernen, sich in einem Gerätearrangement zusammen mit anderen zu bewegen und zu spielen, ihre Bewegungen und Spiele auf Gerät und Situation anzupassen. Das Kennenlernen, Erfahren und Erfinden von Funktionen/Spielmöglichkeiten mit Geräten beinhaltet eine intensive Auseinandersetzung mit den Geräten, die die Kinder zunehmend sicherer macht in der Einschätzung des Geräts/Aufbaus und der eigenen Fähigkeiten im Umgang damit. Dies beinhaltet natürlich auch, die Mitschüler wahrzunehmen, sich auf die Handlungen der anderen einzustellen oder mit ihnen gemeinsam etwas zu tun, sich in Gefahrensituationen adäquat zu verhalten.

Ist auf der einen Seite der Umgang mit solchen Bewegungssituationen notwendige Kompensation der sonst so bewegungs- und erfahrungsarm gewordenen Erlebniswelt der Kinder, so ist es auf der anderen Seite gerade auch aus der Sicht der Sicherheitserziehung eine grundlegende Vorbereitung auf das Spiel in Phase II und III, wo die Kinder, auf die Erfahrungen aus den „Veränderlichen Spielräumen" aufbauend, mit den Geräten Handlungen erlernen und später planen und durchführen.

Umgang mit Geräten beim Aufräumen

Große Weichbodenmatten

8–10 Kinder tragen eine Weichbodenmatte, die senkrecht an der Wand aufgestellt und mit einem Gurt oder einer Kette gegen Umfallen gesichert wird. Den Kindern macht es großen Spaß – wenn schon alle anderen Gerätschaften aufgeräumt sind und keiner mehr gefährdet werden kann –, die Matte aufzurichten und während des Umfallens auf sie drauf zu springen.

Turnmatten

2–3 Kinder halten den Mattenwagen. 4 Kinder tragen eine Matte an den Schlaufen oder Ecken und legen sie auf den Mattenwagen. 6 Kinder schieben den Mattenwagen auf seinen Platz.

Kleine Kästen

Die kleinen Kästen können 2–4 Kinder tragen oder auf ein Rollbrett heben und in den Geräteraum fahren.

Großer Sprungkasten

Bei der moderneren Ausführung stellt ein Erwachsener die Laufrollen hoch, dann fahren 4 Kinder den Kasten an seinen Abstellplatz. Die ältere Bauart, bei der der Kasten zum Fahren angekippt und während der ganzen Zeit gehalten werden muß, sollte unbedingt von den Erwachsenen in den Geräteraum transportiert werden. Ist der Kasten zerlegt, tragen 2 Kinder ein Zwischenteil, den schweren Kastendeckel bewältigen 4 Kinder oder sie fahren ihn auf zwei Rollbrettern. Beim Aufbau können die Kinder die Zwischenteile aufsetzen. Der Kastendeckel bleibt den Erwachsenen vorbehalten, da er schwer ist und relativ hoch gehoben werden muß. Später können 6 Kinder das Oberteil auf den Kasten auflegen

Turnbank

Die große Turnbank können 4 Kinder tragen. Da die Bänke sehr schwer sind, ist es günstiger, die Bank auf 2 Rollbretter zu stellen, zu ihrem Standplatz zu fahren und dort wieder herunter zu nehmen.

Lüneburger Stegel

2 Kinder tragen einen Balken, 4 Kinder die Leiter und 4 Kinder die Böcke. Beim Abheben der Balken sollte in der ersten Zeit ein Erwachsener helfen. Die Befestigungszapfen werden nach Entfernen der Balken in die Böcke gesteckt. Das Sprungbrett der Lüneburger Stegel tragen ebenfalls 4 Kinder.

Trampolin

Das kleine Trampolin können 4–6 Kinder wieder in den Geräteraum zurückbringen, wobei sie es erst auf den Kopf stellen und dann wegtragen. Es wird im Geräteraum aufrecht gegen die Wand gestellt.

Ringe

Mit Unterstützung eines Erwachsenen binden die Kinder die Leiter los, schnallen die Ringe wieder ein und zum Schluß kann ein Kind sie hochziehen. Der Erwachsene versichert sich noch einmal, daß alles ordnungsgemäß wieder rückgeführt ist.

Hochsprungständer

Die Hochsprungständer tragen 3 Kinder: Eines faßt oben und zwei fassen am Fußgestell an. Die Spielfeldbegrenzungsfähnchen schaffen zwei Kinder.

Barren

Die Erwachsenen heben den Barren an. Je 3 Kinder auf jeder Seite schieben den Barren vorsichtig in den Geräteraum. Dort befestigen die Erwachsenen den Barren wieder.

Reck

Auf- und Abbau sollten die Erwachsenen vornehmen. Die Kinder können die Reckstange und den Reckpfosten (aus Leichtmetall) zu viert vor den Geräteraum bringen. Da die Ablage für diese Geräte in der Regel recht unzugänglich oder zu hoch ist, sollten die Erwachsenen die Reckteile verstauen.

Sprungbrett

Kinder tragen das Sprungbrett auf seinen angestammten Platz. Im Kreis probieren die Kinder den Umgang mit den Geräten aus. Wichtig ist, daß die Kinder nicht gleich mit einem Großgerät, z. B. Balken, losstürmen: Erst schauen, dann gehen!

Während des Unterrichts in der Turnhalle ergibt sich bei größeren Aufbauten, wie z. B. dem „Wellenbad", die Notwendigkeit, zur Vermeidung von Unfällen Regeln zu vereinbaren. Diese können sich die Kinder selber erarbeiten. In gut abgesicherten Situationen können mögliche Gefahren anschaulich dargestellt werden.

Als Beispiel sei hier das Verhalten im „Wellenbad" genannt: 2 Kinder stehen hintereinander auf dem Kasten. Das erste Kind ist zögerlich, traut sich vielleicht noch nicht loszuspringen. Das zweite Kind ist ein „Drängler"; es tut so, als würde es das erste ins „Wellenbad" schubsen. Es springt los. Unter dem Schwungtuch liegen Luftballons. Ein Luftballon zerplatzt! Die Kinder beschreiben das Geschehen, das sie vielleicht auch in kleinen Bildern festhalten. Sie überlegen, was hätte passieren können, wenn der Luftballon ein Kind gewesen wäre. Sie entwickeln daraus Regeln, wie sich solche gefährlichen Situationen vermeiden lassen:

1. Vor dem Springen schauen, ob die Sprungfläche frei ist.
2. Jeder wartet ab, bis der Vorhergehende gesprungen und „weggeschwommen" ist.
3. Während andere Kinder springen, kann man nicht unter das Tuch kriechen.

5.2 Schwungtuch

Das Schwungtuch ist ein besonders beliebtes und faszinierendes Material, das gerne als Medium eingesetzt wird, um die Integration der Kinder in den Klassenverband zu fördern. Konkurrenz, Leistungsdruck, Disziplinierung sind Prozesse, die in anderen Unterrichtsformen sehr schnell steuernden Charakter im Zusammenleben der Klasse annehmen können, treten hier aber völlig in den Hintergrund. Durch Faszination, Freude und Begeisterung für das Schwungtuch und durch die Konzentration aller Kinder auf das gemeinsame Tun sollen sie zum konkurrenzlosen, aufeinander abgestimmten Handeln und Erleben im Spiel geführt werden.

Schlittenfahren

Bevor das Schwungtuch eingesetzt wird, ist eine genaue Analyse der Gruppensituation in der Klasse notwendig, damit solche Spiele ausgewählt werden, die der Klassensituation angemessen sind und mit deren Hilfe störende Prozesse (z. B. Disziplinierung) vermieden bzw. gesteuert werden können.

Das Schwungtuch kann in vielfältiger Weise eingesetzt werden; je nach dem Stand der Gruppenbildung sind unterschiedliche Spiele/Einsatzmöglichkeiten zu unterschiedlichen Zeitpunkten im Verlauf der ersten Phase angezeigt.

In den Wellen wiegen

Einsatz des Schwungtuches:

– Konstruktionsmaterial in den „Veränderlichen Spielräumen",

– zentrales Spielmaterial für die ganze Stunde; kann zur Beobachtung eingesetzt werden, wie sich die Kinder in veränderter Umgebung, unter anderen Anforderungen verhalten und miteinander umgehen,

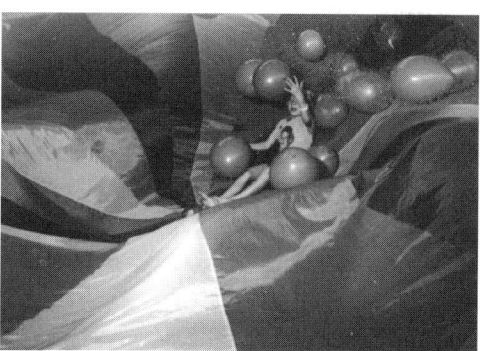

Spiele am und mit dem Schwungtuch

– zusätzliches Spielmaterial zum Abschluß einer Förderstunde, z. B. für eine Schlittenfahrt,

– Spielmaterial zur Einleitung sozialer Prozesse, z. B. Spiele zum Kennenlernen,

– Spielmaterial als Übergang von der I. in die II. Phase, z. B. durch das Nachspielen und Ausgestalten von „Geschichten am Schwungtuch".

Wenn Spiele am Schwungtuch gegen Ende der ersten Phase zur Anwendung kommen, haben die Kinder das Schwungtuch schon als Konstruktionsmaterial kennengelernt, haben z. T. selber beim Wellenerzeugen mitgeholfen, kleine Spiele mitgemacht oder von sich aus kleinere Spielideen mit Rollen wie „Hai" oder „Fische" ins Spiel eingebracht.

72

Ist den Kindern das Schwungtuch noch fremd, sollte zunächst mit Schwungübungen, Wellenbewegungen und -wandern begonnen werden. Die Anforderungen können dann stufenweise gesteigert werden, bis hin zur kleinen Spielhandlung aus der „Geschichte des kleinen Zauberers".

Spiele am Schwungtuch

Wettermaschine 1

Zu Beginn der Stunde liegt das Schwungtuch ausgebreitet auf dem Hallenboden. Es übt einen hohen Anreiz auf die Kinder aus, so daß sich alle am Schwungtuch treffen. Nach kurzer Zeit des Kennenlernens und des Ausprobierens fassen alle Kinder am Rand des Schwungtuches an und erzeugen kleine Wellen. Dazu können die Erwachsenen eine kleine Geschichte erzählen: Die Kinder sitzen an einem kleinen See. Die Wasseroberfläche ist leicht gekräuselt von einem Hauch Wind. Da, in der Ferne tauchen kleine dunkle Wolken auf: Der Wind wird etwas stärker und damit auch die Wellen. Die heranziehenden Wolken werden dunkler und dunkler, Wind und Wellen immer stärker und heftiger. Ein fürchterlicher Sturm kommt auf und peitscht die Wellen hoch bis weit über die Köpfe der Kinder hinweg. Aber die schwarzen Wolken ziehen weiter, der Wind läßt langsam wieder nach, bis der See wieder eine spiegelglatte Oberfläche hat.

Wettermaschine 2

Sehr großen Spaß macht es den Kindern, über kleinere und größere Wellen zu wandern. Es erfordert schon ein bißchen Mut und Vertrauen, über eine Fläche zu gehen, deren Ausdehnung und Tiefe nicht mehr zu erkennen sind. Alle Kinder bleiben am Rand des Schwungtuches und erzeugen kleine Wellen. Zwei Kinder steigen während einer Flaute auf die Wasseroberfläche und laufen bis zur nächsten Flaute vorsichtig über die Wellen. Die Kinder legen sich auch einmal in die Wellen und lassen sich von diesen umspülen. Dann suchen sie die nächsten beiden Kinder für die „gewagte Wanderung" aus.

Wettermaschine 3

Das Wellenwandern gewinnt an Reiz, wenn man den Kindern kleine Styroporbälle oder Luftballons auf das Schwungtuch gibt, die sie dann fangen und einsammeln. Zum Abschluß einer Stunde kann man ausnahmsweise auch einmal Bonbons oder verpackte Süßigkeiten zum Fangen in die Wellen geben. Dieses Spiel erfordert schon ein beträchtliches Maß an Koordination, Konzentration und Ausdauer.

Wettermaschine 4: Wellentauchen I

Die Kinder bewegen das Schwungtuch und auf Zuruf tauchen zwei Kinder unter den Wellen her an das andere Ufer. Wenn eine Flaute eintritt und sich die Wellen auf die Kinder herabsenken, legen sie sich flach auf den Boden. Zwei andere Kinder steigen mit verbundenen Augen vorsichtig auf das Schwungtuch und suchen die „Schiffbrüchigen". Wenn sie sie gefunden haben, können sie die Lage der Schiffbrüchigen ertasten und dann versuchen, deren Körperhaltung auf dem Schwungtuch nachzustellen.

Wettermaschine 5: Wellentauchen II

Eine Gruppe Kinder macht große Wellen, indem sie das Tuch aus der Hüfte heraus mit Bewegung des ganzen Oberkörpers schwingt. Wenn eine Seite das Tuch hebt, senkt es die andere. Die „tauchenden" Kinder müssen sich beim Tauchen der Wellenhöhe anpassen: Wenn das Tuch weit unten ist, müssen sie sich so weit wie möglich zusammenkauern und können erst weitertauchen, wenn die Welle wieder größer wird. Schwillt die Welle mächtig an, laufen die Kinder, rudernd wie Schaufelräder, unter dem Tuch her.

Wettermaschine 6: Regenerator

Das Schwungtuch wird von einigen Kindern relativ glatt in Hüfthöhe gespannt und durch leichte Wellenbewegungen auf und ab bewegt, so daß unter dem Tuch ein Luftzug entsteht. Die übrigen Kinder liegen auf dem Rücken unter dem Schwungtuch und lassen sich von dem Luftzug erfrischen. Nach einiger Zeit wechseln sich die Kinder ab. Dieses Spiel kann sowohl als Spielpause zur Regeneration als auch zum Abschluß einer Spielrunde eingesetzt werden.

Relaxball

Um nach aufregendem, hektischem Spiel wieder etwas Ruhe in die Klasse zu bekommen, kann der/die Lehrer/in ein oder zwei „Zeitlupenbälle" auf das Schwungtuch geben. Mit entsprechenden Wellenbewegungen lassen die Kinder die Zeitlupenbälle wandern. Da diese sich aber nur sehr behäbig fortbewegen und deshalb zum Schweben nur wenige Bewegungen mit dem Schwungtuch notwendig sind, kehrt automatisch wieder Ruhe ein, die Kinder konzentrieren sich auf die Bälle.

Monsterblase 1: Platztausch auf Zuruf I

Die Kinder schwingen das Tuch hoch über dem Kopf: Jeweils 2 Kinder müssen ihren Platz tauschen, ehe sich das Tuch wieder herabsenkt. Haben sie ihre neuen Plätze eingenommen, können sie die nächsten beiden Kinder bestimmen. Lustiger wird es, wenn man vorher eine bestimmte Gangart festlegt: Hüpfen, Krabbeln, Krebsgang, auf einem Bein hüpfen, Rückwärtslaufen …

Monsterblase 2: Platztausch auf Zuruf II

Um den Kindern ein Gefühl zu geben, wie lange das Schwungtuch von der Luft getragen wird, kann man die „Monsterblase" bilden: Alle Kinder bewegen den Rand des Schwungtuches hoch über den Kopf, bis die Arme gestreckt sind. Dann gehen alle zwei Schritte vor. Es wird sich eine riesige Blase bilden. Bevor diese zusammenfällt, gehen die Kinder in die Ausgangsposition zurück und eine neue Monsterblase kann entstehen oder andere Spiele können sich anschließen.

Monsterblase 3: Platztausch auf Zuruf III

Die Kinder schwingen wieder das Tuch hoch über den Kopf. Auf ein verabredetes Zeichen wechseln die beiden gegenüberliegenden Seiten ihre Plätze. In der Mitte des Tuches bilden sie einen Kreis, tanzen Ringelreihen, laufen entgegengesetzt eine Runde … und eilen zum Tuchrand zurück, ehe sich das Tuch auf sie herabsenkt. Zur Auswahl einer bestimmten Gruppe von Kindern können auch Signalworte benutzt werden: Alle mit blauen Augen, ohne Turnschuhe, mit roter Hose, blonden Haaren…

Monsterblase 4: Eisberg

Die Kinder machen mit dem Schwungtuch eine Monsterblase, ziehen das Tuch vor sich auf den Boden und knien sich auf den Rand. Es entsteht ein riesiger Berg aus Stoff, wie ein Eisberg. Nun können zwei bis drei Kinder versuchen, den Eisberg zu erklimmen. Je weiter sie auf den „Berg" klettern, desto mehr Luft entweicht dem Schwungtuch, der Eisberg schmilzt … Wenn nur noch kleine Eisschollen übriggeblieben sind, kehren die Kinder an den Rand zurück, und das Spiel kann von vorne beginnen. Bei windigem Wetter auch draußen schön!

Monsterblase 5: Eishöhle

Wie bei den vorherigen Spielen wird wieder eine riesige Monsterblase gebildet: Die Kinder ziehen dann das Tuch hinter ihrem Körper auf den Boden und setzen sich auf den Rand. Eine riesige Eishöhle ist entstanden. Die Kinder können sich nun auf den Rücken legen und abwarten, wie sich das Tuch langsam auf sie herabsenkt, sich entspannen. Man kann aber auch eine kleine Geschichte erzählen … oder aber die Phase der Ruhe und Entspannung nutzen und das nächste Spiel besprechen. Durch Trampeln mit den Beinen kann die Höhle erbeben.

Monsterblase 6: All you need is love

Die Kinder bilden wieder ein Zelt aus dem Schwungtuch und wie beim Platzwechsel strömt eine Gruppe auf Zuruf in die Mitte unter das Tuch. Haben sich alle in der Mitte getroffen, umarmen sie sich und kehren auf ihren Platz zurück. Es kann ein Kind umarmt werden, mehrere oder alle Kinder in der Gruppe können sich gegenseitig umarmen.

Monsterblase 7: Und der Haifisch, der hat Zähne!

Die Kinder halten das Schwungtuch wieder in etwa Hüfthöhe und machen kleine und große Wellen. Eine Gruppe Kinder taucht in die Wellen ab und schwimmt als Fisch umher. Da tauchen plötzlich zwei gefährliche Haie auf. Sie haben einen fürchterlichen Hunger. Sie versuchen, die Fische zu fangen. Wer vom Hai erwischt wurde, geht mit an den Rand des Schwungtuches und macht Wellen, um den Haien das Fangen zu erschweren. Wechsel der Gruppen nach angemessener Zeit.

Monsterblase 8: Heißluftballon

Die Monsterblase kann auch zum Heißluftballon werden, der – getragen von der erwärmten Luft – hinwegschwebt: Die Kinder schwingen das Tuch hoch über den Kopf und auf ein verabredetes Zeichen hin lassen alle das Tuch los. Der Ballon entschwebt. Noch mehr Spannung kommt ins Spiel, wenn man vorher die Frage aufwirft, wohin der Ballon fliegt. Er driftet nämlich zu der Seite, die am spätesten das Schwungtuch losläßt! Als Abschlußspiel gut geeignet.

Schwache Blase:

Zum Abschluß einer Stunde oder Spielserie bereitet die Schlittenfahrt den Kindern großen Spaß: Das Schwungtuch liegt auf dem Hallenboden, eine Gruppe setzt sich darauf, möglichst an ein Ende, eine andere Gruppe zieht das Schwungtuch durch die Halle: Jungs ziehen Mädchen, Mädchen die Jungs, die Kinder die Erwachsenen, Erwachsene die Kinder ... Gut Rutsch!

Der kleine Zauberer: eine Geschichte am Schwungtuch

„Es war einmal ein kleiner Zauberer, der alles zaubern konnte, was er sich wünschte. Er zauberte Sachen herbei und wieder weg, verzauberte andere Menschen und manchmal auch sich selbst. Außerdem vermochte er sich an jeden Ort zu zaubern. Eines Tages hatte er große Lust, in der Sonne zu baden und zu faulenzen. Deshalb zauberte er sich auf eine kleine Insel im Meer. Er fühlte sich dort sehr wohl und konnte sich keinen schöneren Platz auf der Welt vorstellen. Doch plötzlich tauchte eine große, dunkle Wolke auf und verdeckte die Sonne. Auch wenn er sonst alles konnte, gegen das Wetter kannte der kleine Zauberer keinen Zauberspruch. Der Wind wurde stärker, die schwarze Wolke stand genau über ihm.

Dem kleinen Zauberer wurde es kalt und auch ein wenig unheimlich. Er hoffte, daß die Sonne bald wiederkäme, doch jetzt fing es auch noch an zu regnen. Der Regen wurde immer stärker, der Wind wurde zu einem richtigen Sturm. Aber es kam noch schlimmer. Plötzlich fing es auch noch an zu donnern und zu blitzen. Da hatte der kleine Zauberer eine Idee: Er zauberte sich ein Zelt. Für einen kurzen Moment fühlte der Zauberer sich sicher. Aber der Wind zerrte an dem Zelt, und plötzlich flog es im hohen Bogen davon. Jetzt wurde es dem kleinen Zauberer wirklich zu ungemütlich, und er zauberte sich nach Hause in seinen Zauberwald. "

Tuchelei 1: Tropfen auf heißem Stein

Jedes Kind wird schon beobachtet haben, wenn ein Wassertropfen auf einen heißen Stein oder eine heiße Herdplatte fällt, daß dieser wieder zurückspritzt. In diesem Falle ist der heiße Stein das Schwungtuch: Die Kinder halten das Tuch wieder in Hüfthöhe und machen kleine Wellenbewegungen. Wenn ein kleiner Ball auf das Tuch gegeben wird, spannen die Kinder das Tuch und lassen so den Ball vom Tuch abspringen, wie den auf die heiße Herdplatte fallenden Wassertropfen.

Tuchelei 2: Popcornmaschine

Wer schon einmal zu Hause auf dem Herd in einer heißen Pfanne versucht hat, Popcorn zu fabrizieren, kennt wahrscheinlich die Bescherung der in alle Küchenwinkel wegspratzenden Maiskörner.

Wie im vorherigen Spiel läßt sich dieses Phänomen zum großen Spaß der Kinder am Schwungtuch nachstellen: Man gibt viele gelbe Schaumstoffbällchen auf das wellenbewegte Tuch und nun können die Kinder nach Herzenslust die Körner tanzen lassen. Empfehlenswert ist, eine kleine Gruppe Kinder die aus dem Tuch herausspringenden Bälle wieder einsammeln zu lassen.

Tuchelei 3: Münchhausenkugel

Bekanntlich ließ sich Baron von Münchhausen auf einer Kanonenkugel auf die Reise schießen. Die Kurzfassung von dieser Geschichte kann den Kindern schnell in der „Eishöhle" erzählt werden. Für ihr Spiel am Schwungtuch ist die Kanonenkugel ein größerer Schaumstoffball. Dieser wird auf das gespannte Tuch gegeben und die Kinder versuchen nun ihren (gedachten) Münchhausen auf die Reise zu schicken. Wenn der Ball (Zeitlupenball) nicht zu schwer ist, schaffen es die Kinder vielleicht, ihn bis unter die Hallendecke hochzuschnellen.

Tuchelei 4: Flaschenpost

Die Kinder halten wieder das Schwungtuch gespannt in Hüfthöhe. An einer Ecke wird ein Gymnastikball auf das Schwungtuch gelegt. Durch entsprechendes Heben/Senken des Tuches können die Kinder den Ball rund um das Tuch oder diagonal von einer Ecke zur anderen wandern lassen. Nach einer kurzen Erprobung beginnt ein Kind mit dem Spiel: „Ich schicke meine Flaschenpost oder meinen Brief zu …" und es benennt ein Kind als Adressaten für seine Post (Ball).

Tuchelei 5: Ballonia I

Das Schwungtuch wird in Kopfhöhe gehalten und einige Luftballons daraufgegeben: Eine kleine Gruppe Kinder geht nun unter das Tuch und versucht die Luftballons aus dem Schwungtuch herauszustoßen.

Die restlichen Kinder am Schwungtuchrand versuchen, durch kleine Bewegungen die Luftballons im Tuch zu behalten und das Herausstoßen zu erschweren. Sind alle Luftballons aus dem Schwungtuch herausgeflogen, sind die nächsten Kinder dran.

Tuchelei 6: Heißer Berliner

Wie zuvor ist das Schwungtuch in Hüfthöhe gespannt, jedoch halten es die Kinder bei diesem Spiel nur mit einer Hand fest: An jeder Seite des Schwungtuches hat ein Kind einen „Heißen Berliner" (Schaumstoffbällchen, ausgestopfte Socke) in der Hand und gibt ihn so schnell wie möglich in die freie Hand seines/seiner Nachbar/in: Um sich nicht zu verbrennen, muß dieses in Windeseile geschehen. Auf das Signal „Vorsicht heißer Berliner" heben die Kinder das Tuch über den Kopf und die Kinder mit dem „Heißen Berliner" in der Hand wechseln ihre Plätze auf die gegenüberliegende Seite … usf. …

Tuchelei 7: Wasserschlange

Zum Abschluß dieser Spielrunde setzen sich die Kinder auf den Hallenboden, strecken ihre Beine unter das Tuch und machen kleine Wellen: Ein Kind krabbelt unter das Tuch und spielt die „hungrige Wasserschlange", die sich ihre Opfer vom Rande des Sees holt. Jedesmal, wenn sie ein Kind in das Bein „gebissen" hat, rutscht dieses unter lautem Aufschrei mit unter das Tuch und wird selber zur hungrigen Wasserschlange und sucht sich auch seine Opfer am Rande des Sees …, bis es nur noch Wasserschlangen gibt.

Material

Schwungtuch

Für das Spiel mit ganzen Klassen bietet sich das im Handel vertriebene Riesenschwungtuch 6 x 6 m oder 7 x 7 m aus reißfestem PA-Gewebe an. Es wird auch in kleineren Größen zum Gebrauch in kleinen Gruppen hergestellt.

Fallschirme

Durchmesser ca. 9 m, können für die meisten Spiele auch benutzt werden, bieten zudem noch die Möglichkeit zu Ballspielen wie „Ballschlucker", da Fallschirme in der Mitte eine Luftabzugsöffnung besitzen. Der Nachteil bei Fallschirmen ist, daß sie nicht so reißfest sind.

Entweder besorgt man sich gebrauchte Fallschirme an Flugplätzen oder bei

VEBEG GmbH, Günderode-Str. 21, 6000 Frankfurt/M. 1, ca. DM 200.

Kleinmaterial:

– kleine Bälle, Schaumstoffbälle, Luftballons, Tücher zum Augenverbinden, verpackte Süßigkeiten

Für die Geschichte:

Aus Karton gebastelte Sonne, Wolken mit Regen, Mond, Sterne, Gymnastikstäbe mit Halter, Kleiderkoffer; Geräuschedosen und Musikinstrumente unterstützen die Darstellung der Geschichte

Medien

– Entspannungsmusik, z. B. von Kitaro, Vollenweider, Tangerine Dream, Deuter

– Geschichte am Schwungtuch „Vom kleinen Zauberer"

Kinderzeichnung vom „Kleinen Zauberer"

„Fallschirm" im Unterricht

Vieles wird von Luft getragen

Unterrichtsinhalt	Tätigkeiten der Kinder	Didakt./meth. Hinweise
Die Geschichte vom kleinen Zauberer … … weitergesponnen zur Episode „Der kleine Zauberer landet in einem Heißluftballon auf einem Zeltplatz … auf unserem Schulhof".	Die Kinder hören sich die Geschichte an. Sie klären zusammen mit dem/der Lehrer/in unbekannte Begriffe. Sie spielen die Geschichte. Sie spinnen die Geschichte weiter: „Der kleine Zauberer im Heißluftballon landet auf unserem Schulhof". Sie spielen Teilhandlungen. Die Kinder malen Bilder zur Illustration.	Die Bilder können auch auf Overheadfolie gemalt und anschließend an die Wand projiziert und die Geschichte dazu erzählt werden.

Unterrichtsinhalt	Tätigkeiten der Kinder	Didakt./meth. Hinweise
Was sind Zelte? (*Ein großes Tuch mit Boden und Stangen: Es schützt vor Wind und Wetter.*)	Die Kinder bauen ein mitgebrachtes Zelt auf. Sie berichten von eigenen Erlebnissen beim Zelten im Garten oder in den Ferien. Sie sammeln Bilder von Zelten (Kataloge / Illustrierte / eigene Photos).	Aus Papier, Pappe oder Stoffresten und Schaschlikstäben (als Standfuß wird Knete genommen) können Zeltmodelle gefertigt und zu einem kleinen Zeltdorf zusammengestellt werden.
Kann man in einem Iglu wohnen?	Die Kinder probieren verschiedene Stoffe aus: – Kann man durchpusten? – Hält der Stoff Wasser ab? – Ist der Stoff reißfest?	Stoffqualitäten (Folie, Strickware, Webware etc.) werden den Kindern zur Verfügung gestellt und untersucht – auf deutliche Qualitätsunterschiede sollte geachtet werden.
Unser Zelt wird von Luft getragen. Was passiert, wenn wir keine Luft mehr ins Tuch schlagen oder mit den Füßen gegen das Tuch trampeln?	Die Kinder beschreiben und malen den großen Iglu aus der Turnhalle. Sie probieren noch einmal den Iglu in der Turnhalle aus: – Wird es warm darunter oder bleibt die Temperatur gleich? – Sie legen sich flach auf den Rand des Schwungtuches und beobachten (*Das Tuch senkt sich bis auf die Nasenspitzen; durch Pusten können sie verhindern, daß es an der Nase kitzelt.*).	Die Kinder werden angeregt, die unterschiedlichen Zustände mehrmals auszuprobieren und zu beschreiben. Das Schwungtuch kann an einer Stelle auch einmal angehoben werden, während die Kinder ruhig im Iglu auf dem Tuchrand liegen bleiben.
Was wird von Luft getragen? (*Fallschirm, Heißluftballon, Drachen, Watteflocke, Staubfluse, Feder, Luftballon, Papierflieger, Segelflieger, Flugsamen z. B. vom Löwenzahn oder Ahorn*)	Die Kinder sammeln Material, Bilder oder auch Spielzeugmodelle. Sie stellen Tischmappen zusammen, in die sie die Materialien, Bilder einkleben und Notizen dazu machen.	Es sollten nur „Flugobjekte" ohne eigenen Antrieb untersucht werden (s. Thema „Flugzeuge"). Je nach Jahreszeit bietet es sich an, Blüten- bzw. Flugsamen zu sammeln.

Unterrichtsinhalt	Tätigkeiten der Kinder	Didakt./meth. Hinweise
Warum fliegen diese Gegenstände?	Die Kinder probieren unterschiedliche Materialien aus, vergleichen sie und machen mit dem/der Lehrer/in einen kleinen Versuch:	Hier genügt erst einmal die Tatsachenfeststellung: „fliegt".
(Vom Wind/Aufwind getragen: Fallschirm, Watte ...)	– Auf dem Schulhof: In genügendem Sicherheitsabstand über einem brennenden Teelicht lassen sie z. B. Löwenzahnsamen fliegen, halten dünnes Seidenpapier darüber (mit Pinzetten): *Warme Luft trägt Samen oder Papier nach oben.*	Sicherheitshinweis bzgl. Feuer-/Verbrennungsgefahr: Mütter oder Väter können einmal mithelfen.
(Leichter als Luft: mit Gas oder warmer Luft gefüllte, dünnwandige Körper, z. B. Luftballon, Heißluftballon, Zeppelin ...)	– Jedes Kind probiert die Flugeigenschaften einer Watteflocke aus. – Das dünne Seidenpapier wird zu einer Haube zusammengeklebt und über den warmen Luftstrom des Teelichts gehalten: *Die Haube hebt sich langsam.*	
	Die Kinder malen die Versuche.	Arbeitsblatt als Arbeitshilfe.
Herstellen eines kleinen Heißluftballons.	Die Kinder kleben, malen in Tischgruppen, befestigen Teelicht mit Hilfe. Die Gruppen lassen nacheinander ihren Heißluftballon auf dem Schulhof/ Pausenhof fliegen: Absolute Windstille ist notwendig. Die Kinder überprüfen die Windstille mit einer brennenden Kerze, Watteflocke ...	Um einen aufgeblasenen großen Luftballon wird dünn Seidenpapier geklebt, das auch noch bemalt/verziert werden kann: Die Öffnung unten bleibt relativ groß. Wenn das Papier getrocknet ist, läßt man die Luft aus dem Ballon. Am Rand der Hohlform werden vier dünne Drähte befestigt und daran ein – am besten halbvolles – Teelicht in einem Abstand befestigt, der nicht zuviel warme Luft entweichen, aber auch nicht den Ballon sofort ankokeln läßt. Mit einem Föhn wird warme Luft in den „Ballon" geblasen,

	Tätigkeiten der Kinder	Didakt./meth. Hinweise
		dann die Kerze entzündet und … abwarten. Das alles funktioniert aber nur bei Windstille.
	Die wieder eingefangenen Ballons hängen sie in der Klasse auf: Guten Flug!!	Im dritten oder vierten Schuljahr bauen die Kinder einen großen Heißluftballon – oder es finden sich experimentierfreudige Eltern, die für ihre Klasse einen solchen bauen (s. Literaturhinweis unten).

Handapparat zum Thema „Fallschirm"

Back, W. & Pütz, J. (1977): Das Hobbythekbuch 1. Köln: VGS Schulfernsehen.

Diem, W. (1993): Flugobjekte zum Selberbauen. München: Hugendubel. 4. Aufl.

Gerards, H.-W. & Neumann, M. (1981): Spiel und Spaß mit einem Fallschirm. Sportpraxis 5 (11).

Orlick, T. (1985): Neue Kooperative Spiele. Weinheim: Beltz.

Pädagogik-Kooperative e.V. (Hg.) (1982): Heißluftballons statt Atomraketen. Bauanleitung. Bremen: Eigenverlag.

Pfeiffer, H. & Mertens, C. (1980): Alle ziehen an einem Tuch – Bewegungserziehung am Riesenschwungtuch. Sportpraxis 4 (3), 43-44.

Scherler, K. (1983): Spielen mit dem Schwungtuch. Sportpädagogik 7 (1), 23-28.

Stöcklin-Meier, S. (1985): Die 25 schönsten Spiele mit Tüchern. Zürich: pro juventute.

Taylor, B. (1990): Einfache Experimente: Luft und Flug. München: Süd-West Verlag.

s. a. Materialspiele im Anhang Nr. 10!

5.3 Rollbrett

Entgegen dem Trend des immer rasanter fortschreitenden Einzugs technisierter, bis ins kleinste Detail vorkonstruierter und durchgestylter Spielzeuge in die Spielwelt des Kindes hat ein einfaches 35 x 55 cm großes Schichtholzbrett mit vier beweglichen Rollen darunter als Erfahrungs- und Experimentiermedium an Bedeutung gewonnen, das Rollbrett.

Es dient zum „Erfahren" des Raumes, zur Fortbewegung, allein oder mit anderen, ist einfaches Bewegungsgerät oder wird zum Auto, Lastwagen, Autoscooter. Ein einfaches Spielgerät steht den Kindern zur Verfügung, das zum Ausprobieren und Experimentieren herausfordert und zudem noch die Möglichkeit bietet, die Kinder hierzu anzuleiten.

Bei einem Besuch in einem böhmischen Dorf zeigten Kinder über Stunden, Tage, wie man mit einfachen Mitteln ein interessantes, für alle befriedigendes Spiel gestaltet: Ein alter Kinderwagen hatte seine Achsen und Räder opfern müssen, um mit einem einfachen Brett zusammen ein neues Spielgerät zu bilden: die Seifenkiste. Da wurden Fahrmöglichkeiten ausprobiert, vorwärts, rückwärts, in der Ebene geschoben oder gezogen, gemächlich einen Hügel herunterfahrend oder mit viel Mut ein steiles Straßenstück heruntersausend, Kurven oder gerade Strecken fahrend, allein oder im Schlepptau von anderen gezogen … Die „Seifenkiste" veränderte ihr Äußeres von Tag zu Tag: Mal kamen leere Konservendosen als Scheinwerfer an den „Kühler", ein andermal wurde eine Karosserie gebastelt und mit einfachen Mitteln gestaltet, dann wurde die Lenkung konstruiert …

Jüngere und Ältere, Starke und Schwache fanden hier ein gemeinsames Miteinander im Spiel mit einem Spielgerät. Jeder trug das ihm Mögliche zum Spiel in der Gruppe bei.

Solche Spielmöglichkeiten sind in ähnlicher Weise auch durch das Rollbrett gegeben: In seiner Einfachheit und Handhabbarkeit besitzt es einen hohen Aufforderungscharakter, es auszuprobieren, mit ihm zu hantieren und später auch zu konstruieren. Jedes Kind findet eine seinen Fähigkeiten angemessene Betätigung.

Aus anderen Bereichen gewonnene Erfahrungen, wie z. B. Roller oder Kettcarfahren o. ä., können auf das Rollbrett übertragen, ausprobiert und weiterentwickelt werden.

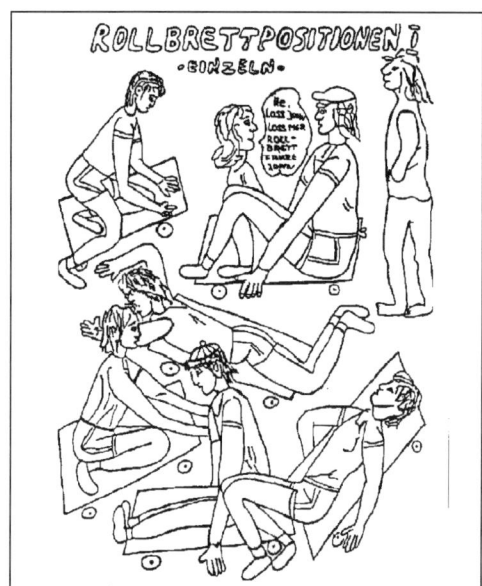

Erproben des Rollbrettes alleine

So unbefangen die meisten Kinder auf das Rollbrett zugehen, um so zurückhaltender bzw. vorsichtiger tun dies manche Lehrer/innen. Vermutete Unfallgefahren oder die eigene Unsicherheit im Umgang mit diesem neuen Spielgerät lassen manchen das Rollbrett lieber im Schrank „vergessen". Bei Beachtung kleiner, für die Kinder gut nachvollziehbarer Regeln ist aber eine gefahrlose Handhabung und ein überschaubares Zusammenspiel in der Halle gewährleistet. So ist die Benutzung des Rollbretts nicht gefährlicher oder unfallträchtiger als ein Ballspiel in der Halle oder freies Spiel auf dem Pausenhof.

Regeln für das Rollbrett:

> – Auf dem Rollbrett darf ich in jeder Position fahren, nur nicht im Stehen.

– Wenn ich das Rollbrett nicht benutze, wird es „geparkt": Dazu lege ich es, mit den Rollen nach oben, an die Seite auf den Hallenboden. .

– Wir alle achten darauf, daß wir mit den Rollbrettern nicht zusammenstoßen und daß wir uns nicht gegenseitig wehtun.

– Lange Haare muß ich zusammenbinden.

Zum Ausprobieren steht für jedes Kind ein Rollbrett zur Verfügung. Die Kinder „erfahren" das Rollbrett mit seinen vielfältigen Fahrmöglichkeiten. Sie erproben ihre Geschicklichkeit im Umgang mit diesem Spielgerät, finden neue Fahrmöglichkeiten heraus oder übernehmen solche durch Anschauung von anderen.

Fahrpositionen auf den Würfeln

Der/die Lehrer/in schätzt zu diesem Zeitpunkt die Klasse ein, ob sie als ganze Gruppe genügend Rücksichtnahme und Konzentrationsfähigkeit für ein Spielgerät aufbringen kann, so daß jedem Kind noch ausreichend Freiraum bleibt, die Fahrmöglichkeiten mit dem Rollbrett ungestört auszuprobieren.

Sollte ein Teil der Klasse noch ein ausgeprägteres Bewegungsbedürfnis mit in die Halle bringen, das sich in einer solchen freien Spielsituation in raschem, ziellosem Hin- und Hergefahre äußert, ist es besser, die Klasse aufzuteilen: Ein Teil der Klasse erhält in einem abgegrenzten Bereich die Möglichkeit, das Rollbrett kennenzulernen, während der andere Teil der Gruppe Spiel- und Bewegungsgelegenheiten in einem Aufbau aus den „Veränderlichen Spielräumen" findet.

Die Kinder nutzen das Rollbrett je nach ihrem Fahrvermögen: Die vielfältigen Fahrmöglichkeiten geben sowohl den starken als auch den schwachen Kindern ausreichend Spielraum, die zur Verfügung stehende Zeit interessant und anregend zu nutzen. Die Kinder sollten ausreichend Zeit und Raum für diese Probierphase erhalten.

Die freie Spielphase zeigt sehr schnell, wie die Kinder mit dem neuen Spielgerät und der Situation umgehen. Hieraus erhält der/die Lehrer/in Hinweise, wie er/sie das weitere Vorgehen im Spielthema „Rollbrett" auf die Kinder in der Klasse zuschneiden kann.

Für alle Kinder ist das freie Bewegen auf dem Rollbrett eine neue Situation. Sie müssen lernen, das Rollbrett zu beherrschen, ihre Fahrweise den sich immer verändernden Bedingungen anzupassen, d. h. Hindernisse zu umfahren, die Fahrtgeschwindigkeit so zu dosieren, daß sie noch abbremsen und anderen Mitspielern ausweichen können.

In jeder Klasse wird es Kinder geben, die Schwierigkeiten haben, sich in einem so großen Raum wie der Turnhalle frei zu bewegen, insbesondere dann, wenn dort auch noch andere Kinder auf dem Rollbrett mit unterschiedlicher Geschwindigkeit fahren. Sie müssen Vertrauen in die Situation gewinnen, ehe sie sich vielleicht auch noch etwas unbeholfen in den freien, ungeschützten Raum hinauswagen. Der/die Lehrer/in kann diesen Kindern Hilfestellung geben, indem er/sie – bzw. ein Kind aus der Klasse – ebenfalls auf dem Rollbrett sitzend, mit diesen Kindern zusammen fährt oder sie zunächst einmal zieht oder schiebt, bis sie etwas mehr Sicherheit gewonnen haben. Die Strukturierung der Halle durch einen Weg aus Langbänken oder einen Tunnel kann den Kindern die Orientierung in der Halle erleichtern.

Sehr schnell werden einige Kinder ihnen bekannte Fertigkeiten wie Roller- oder Kettcarfahren, Kinderwagenschieben oder Bollerwagenziehen auf das Rollbrett übertragen. Bald stellen sie das Rollbrett auch in einen neuen Handlungsrahmen: Dann ist das Rollbrett nicht mehr nur ein Gerät, das der Fortbewegung dient, sondern es wird zum Lkw, Transporter,

Taxi o. ä. Die Kinder übernehmen kleine Rollen wie Tankwart, Taxifahrer, und es kommt auf diese Weise zu kleinen Spielsituationen und Spielhandlungen.

Ich fange dich gleich ...

Es wird sich zeigen, daß die Kinder das Rollbrett unterschiedlich nutzen. Während ein Kind lange eine bestimmte Fahrposition – aus unterschiedlichen Gründen – für sich erprobt, werden andere schon mehrere Positionen ausprobiert und neue herausgefunden haben. Den langsameren Kindern sollte der/die Lehrer/in ausreichend Zeit gewähren, dieses Fahrgerät für sich verfügbar zu machen.

Andere Kinder wiederum benutzen das Rollbrett als Fortbewegungsmittel im Rahmen schon bekannter Fang- und Nachlaufspiele, die sie in kleineren oder größeren Gruppen in einer frei gewählten Fahrposition durchführen.

Haben die Kinder genügend Zeit zum Ausprobieren des Rollbrettes gehabt, kann der/die Lehrer/in über Spiele, Aufgaben und Strukturierung des Raumes Anreize zur umfassenden Erkundung des Spielmediums „Rollbrett" geben. Starken Kindern wird es sicherlich nicht schwerfallen, die Spielmöglichkeiten mit dem Rollbrett zu erkunden, aber schwächere Kinder werden trotz intensiver Bemühung in weitaus geringerem Maße die Möglichkeiten des Rollbrettes für sich

ausnutzen. Kleine Spiele schaffen hier für alle einen Anreiz mitzutun und lassen eine Situation der Unter- oder Überforderung erst gar nicht entstehen.

Fahrpositionen und Spielmöglichkeiten mit dem Rollbrett

Fahrpositionen auf dem Rollbrett	
– Bauchlage	– Schneidersitz
– Rückenlage	– Langsitz
– Fersensitz	– Kniestand

Fahrtrichtungen	
– vorwärts,	– rückwärts,
– seitwärts,	– sich drehend

... können die Kinder zunächst frei wählen.

Bewährt hat sich in dieser Phase der Einsatz von sogenannten „Auftragspässen", die unterschiedlich gestaltet sein können. Es hängt von der Klasse ab, ob der/die Lehrer/in kleine Kärtchen mit nur einer Fahrposition oder ein Blatt mit fünf oder sechs unterschiedlichen Fahrweisen an die Kinder ausgibt. Diese Aufträge, die vorgebenen Fahrpositionen nachzufahren, werden dann nacheinander erledigt, und im Anschluß daran in einem „Auftragsbüro" von den Kindern abgestempelt. Man kann auch einen „Positionswürfel" basteln (Bauanleitung im Anhang), mit dem sich die Kinder wie in einem Würfelspiel die zu fahrende Position erwürfeln dürfen. Die Halle wird hierzu mit Straßen aus Langbänken strukturiert.

Partnerübungen 1 (jeder hat 1 Rollbrett)

– Bilden von Ketten in unterschiedlichen Positionen.
– Die Ketten werden gezogen,
– Die Kinder versuchen, sich aus eigener Kraft fortzubewegen: Tausendfüßler oder Raupe.

84

Partnerübungen 2 *(jeder hat 1 Rollbrett)*

– Den Partner schieben oder ziehen, auch mit Hilfe von Seilchen, Stäben, Reifen o. ä.

„Schleuderkurs"

Partnerübungen 3 *(1 Rollbrett für 2)*

Zu zweit auf nur einem Rollbrett: Selbst gefundene Fahrmöglichkeiten ausprobieren oder auf dem Paß/Würfel vorgegebene Fahrpositionen nachfahren.

In dieser Phase des intensiveren Ausprobierens sollte man es tunlichst vermeiden, die Kinder in Riegen aufzuteilen und ihnen bestimmte Positionen zuzuweisen. Die Kinder sollen Handlungsmöglichkeiten erfahren, aber keine „Kür" auf dem Rollbrett fahren können, wenn dieses Thema abgeschlossen ist. Die „Auftragspässe" sind als Handlungsanreiz für die Kinder zu verstehen, was nicht bedeutet, daß jedes Kind jede Position, und auch noch in der vorgegebenen Reihenfolge, erledigen muß und dafür „Punkte" erhält. Es bleibt ein Freiraum für die Kinder offen, die gerne noch die eine oder andere Position für sich erfahren möchten. Im allgemeinen üben die Auftragspässe einen so hohen Reiz auf die Kinder aus, daß manche drei oder vier Pässe nacheinander „erledigen". Es ist auch zu bedenken, daß die eine oder andere Position nicht so gern gemocht wird, weil sie unbequem ist oder weil man z. B. „auf dem Rücken liegend" das Geschehen um sich herum nicht so gut beobachten kann und deshalb verunsichert ist.

Jetzt fährt der Dicke schon wieder auf mir

Freiwilligkeit ist gerade auch bei den Partnerübungen angesagt: Die Kinder sollten sich ihre Partner selber aussuchen dürfen, eine Zuweisung sollte nicht erfolgen, da das Ausprobieren des Rollbrettes nicht als Medium für die Lösung oder Verstärkung von anderweitigen Problemen genutzt werden sollte. Die Kinder können aber durchaus ermuntert werden, ihren Partner häufiger zu wechseln, damit möglichst viele Kinder miteinander Kontakt haben. Für die Beobachtung der Klasse und ihrer Gruppenstruktur liefern natürlich solche Spiele interessante Hinweise darüber, wer mit wem gerne zusammenarbeitet, was nicht immer mit der Situation in der Klasse übereinstimmen muß.

Rollbrettspiele

Schwebender Ball

Jedes Kind hat ein Rollbrett. Die Fahrposition kann frei gewählt werden. Es werden zwei oder drei Luftballons in die Luft geworfen. Die Kinder müssen – auf dem Rollbrett fahrend – versuchen, die Luftballons in der Luft zu halten. Wenn die Halle zu groß ist, sollte ein geeigneter Bereich abgetrennt werden.

Fangen 1

Es wird ein Fänger bestimmt: Dieser darf eine Fahrposition auswählen, die dann alle anderen Kinder nachmachen müssen. Der Fänger versucht, in dieser Position ein anderes Kind zu „fangen". Dieses wird zum neuen Fänger, der eine neue Position bestimmt und das Spiel fortsetzt. Variante: Der Fänger erwürfelt eine Position mit dem Positionswürfel.

Fangen 2

Die Kinder bilden, auf dem Rollbrett sitzend, einen großen Kreis als Spielfeldbegrenzung: Zwei Kindern auf dem Rollbrett werden die Augen verbunden. Eines ist der Fänger. Das andere Kind bekommt ein Schellenband in die Hand, mit dem es sich dem Fänger bemerkbar machen muß, es verändert aber gleichzeitig seinen Standort innerhalb des Kreises. Ist der Fänger erfolgreich, werden die Rollen getauscht oder die Kinder benennen zwei neue Spieler.

Fangen 3

Je zwei Kinder haben ein Rollbrett. Ein Kind sitzt auf dem Rollbrett, das andere schiebt oder zieht seinen Spielpartner. Ein Paar wird als Fänger benannt. Sobald dieses Paar ein anderes Paar gefangen hat, schicken sie es zur Fühldecke oder zum Puzzlestand, wo es eine kleine Aufgabe lösen muß. Danach können sie wieder am Spiel teilnehmen.

Rollbrettball

Die Kinder fahren sitzend auf dem Rollbrett. Es wird ein dickerer Schaumstoffball in die Mitte gegeben. Sie können sich den Ball mit den Füßen zuspielen.

Die Kinder suchen sich hierzu eigene Regeln, die vorher im Kreisgespräch ausgehandelt werden.

Baumöglichkeiten mit dem Rollbrett

Spannender wird das Spiel mit dem Rollbrett, wenn die Kinder unterschiedliche, in der Turnhalle vorhandene oder mitgebrachte Materialien in die Erprobung des Rollbrettes einbeziehen dürfen. Erfahrungen mit zahlreichen Konstruktionen, die mit dem Rollbrett möglich sind, ist zugleich ein wertvoller Grundstock für das Spiel in der zweiten und dritten Phase, in der die Kinder die verschiedenen Nutzungsmöglichkeiten in ihre Spielplanung einbauen und so ihr Spiel gestalten können. Dies ist in der ersten Phase sicherlich kein abgeschlossener Prozeß, sondern bei einzelnen Themen kommt sicherlich die eine oder andere „Erfindung" hinzu.

Um den Kindern die verschiedenen Baumöglichkeiten nahezubringen, kann der/die Lehrer/in unterschiedlich vorgehen. Die einzelnen Konstruktionen können sukzessive ins Spiel eingeführt werden, wobei die Gestaltung im wesentlichen von den Erwachsenen vorgegeben wird. Es können aber auch Rollbretter und „Bau"-Materialien in der Halle bereitgestellt

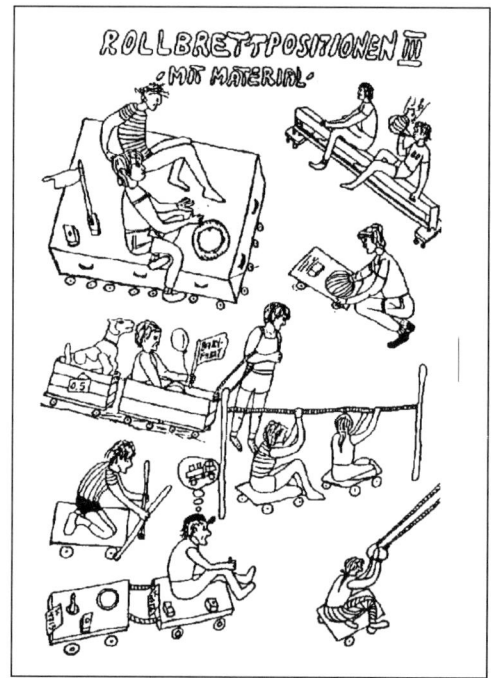

Kein Rollbrett ... ein Trucker mit Anhänger!

und mit den Kindern Konstruktionsmöglichkeiten erarbeitet werden. Der Schwerpunkt liegt dann im Ausprobieren von Materialkombinationen durch die Kinder. Für welches Vorgehen sich der/die Lehrer/in entscheidet, sollte er/sie von der Klasse abhängig machen. Im Thema Verkehr kann sich dieses beispielsweise zu einer „Oldtimer-Rallye" entwickeln.

Materialkombinationen

Springseilchen/Seile

Mit den Springseilchen können sich die Kinder gegenseitig ziehen. Aus den Seilchen kann das Zaumzeug für das Gespann einer Pferdekutsche werden. Nur dürfen die Kinder das Seil nicht um den Hals binden!

Einzelne Rollbretter können zusammengebunden werden. Man erhält längere Fahrzeuge bis hin zu langen Rollbrettketten (mit braunem Packband geht es einfacher und schneller!).

Längere Seile werden zwischen Reckständer und Sprossenwand o. ä. so gespannt, daß sich die Kinder, auf dem Rollbrett sitzend, an dem Seil entlangziehen können (seitlich oder in einer Ecke der Turnhalle anbringen, damit für laufende Kinder nicht ein unerwarteter „Stolperdraht" entsteht).

Kleine Kästen/Oberteil des Sprungkastens

Kleine Kästen werden umgedreht auf ein Rollbrett gelegt. Schon steht ein Pkw, Taxi o. ä. zur Verfügung. Drei oder vier solcher Elemente, mit Springseilchen zusammengebunden, ergeben einen Zug. Desgleichen läßt sich mit einem umgedrehten Sprungkastenoberteil verfahren.

Fügt man der Konstruktion noch ein Kastensegment hinzu, erhält man höhere Seitenwände. Kleinmaterialien lassen sich so besser transportieren.

In diesen Fahrzeugen dürfen die Kinder im Sitzen oder Liegen fahren. Hocken oder Stehen sollte wegen des erhöhten Schwerpunktes und der damit verbundenen Gefahr des Umkippens vermieden werden.

Autoreifen

Als Oberbau für ein kleines Fahrzeug nehmen die Kinder einen Autoreifen oder einen aufgepumpten Autoschlauch. Darauf sitzend oder liegend lassen sie sich schieben oder ziehen, um zu einem Ziel zu gelangen oder einfach die Bewegung zu genießen. Wenn der/die Lehrer/in einen abgegrenzten Raum in der Halle mit Weichbodenmatten seitlich auspolstert, kann er/sie mit den Kindern auch sogenannte Schleuderfahrten machen, die vielen Kindern unheimlichen Spaß bereiten: Ein Springseilchen ist am Reifen befestigt. Ein Erwachsener zieht ein im Reifen sitzendes Kind im Kreis, läßt dann das Seilchen los und das Kind fährt durch den Schwung gegen die Weichbodenmatte. Das Tempo sollte mit den einzelnen Kindern abgesprochen werden.

Schiefe Ebene

Das Einhängebrett der Lüneburger Stegel wird in die Sprossenwand eingehängt und links und rechts mit Bodenturnmatten abgesichert. Mit gegenseitiger Hilfe sausen die Kinder diesen „kleinen Abhang" hinunter. Aus dem Sprungkasten werden alle Zwischensegmente herausgenommen und dann das Einhängebrett daran angelegt, so daß das Brett mit den Metallhaken auf dem Kasten liegt, an das andere Ende wird ein Sprungbrett gelegt. Mit dieser Konstruktion kann die schiefe Ebene flexibler in einen Aufbau integriert werden. Auch hier werden natürlich die Seiten mit Bodenturnmatten abgesichert.

Leiter

Neben der schon beschriebenen Rollbrettrutsche läßt sich aus der Leiter ein Riesenfahrzeug bauen, auf dem u. U. sogar die ganze Klasse Platz hat: Bei manchen Leitertypen ist der Abstand der Holme gerade so groß, daß ein Rollbrett dazwischenpaßt (längs) und von den Holmen so gehalten wird, daß nur das vorderste und hinterste Rollbrett mit Seilchen oder braunem Klebeband gesichert werden müssen. Bei anderen Leitern sollte jedes Rollbrett gegen Wegrutschen befestigt werden. Dieses Fahrzeug kann später als Bus oder Tieflader in Spielthemen einbezogen werden.

Langbank

Eine Langbank wird umgedreht und auf 4–5 Rollbretter gelegt, die mit Seilchen oder braunem Klebeband befestigt werden. 10 bis 12 Kinder können so gezogen, geschoben oder gedreht werden. (s. a. „Veränderliche Spielräume" (S. 49 „Bewegliche Matte").

Für die Kinder kann dieses Gefährt ein Bus, Zug oder auch ein Schiff sein, wenn sie es in der themenzentrierten Phase entsprechend ausstaffieren.

Ringe

An den heruntergelassenen Ringen können sich die Kinder, auf dem Rollbrett sitzend, hin- und herziehen, ohne daß jemand anderes ihnen den nötigen Schwung geben muß.

Ausnahmsweise (es wird ja sonst nicht im Stehen gefahren!) dürfen die Kinder beispielsweise zum Spielthema „Spielplatz" oder „Kirmes" auch einmal stehend an den Ringen auf dem Rollbrett hin- und herfahren, wenn der Schwungbereich durch Langbänke abgegrenzt und der vordere und hintere Auslauf mit Bodenturnmatten abgesichert ist.

Gymnastikstäbe

Als Konstruktionsmaterial für Straßen und Tore haben die Kinder die Gymnastikstäbe schon kennengelernt. Sie lassen sich aber auch als „Staken" für kleine Boote benutzen:

Die Enden der Gymnastikstäbe werden mit Mostflaschengummis abgestumpft, so daß sie auf dem Hallenboden nicht mehr wegrutschen (oder auch Gummis für Gehhilfen). So können sich einzelne Kinder auf dem Rollbrett im Schneidersitz oder kniend durch die Halle staken.

Es geht auch in kleineren Gruppen oder – etwas mühsam und langsam – auch auf der kleinen beweglichen Matte. Durch Umwickeln der Stangenenden mit rauhem Leder kann wahrscheinlich der gleiche Effekt erzielt werden. Dieses Verfahren ist auch etwas dauerhafter als die Verwendung von dünnen Mostflaschengummis.

Balken der Lüneburger Stegel

siehe nebenstehend „Langbank"…

Aus dieser Balkenkonstruktion kann auch schnell ein Floß werden, mit dem man eine einsame Insel wieder verlassen kann.

Bewegliche Matte

– siehe „Veränderliche Spielräume" (S. 49)

Rollbrettrutsche

– siehe „Veränderliche Spielräume" (S. 49)

Pedalo

Kleine lenkbare Zugmaschinen oder ein nachempfundenes Kettcar erhält man, wenn sich ein Kind auf ein Rollbrett setzt und mit den Füßen ein Einzelpedalo bedient. Auf dem Bauch liegend wird das Pedalo mit den Händen angetrieben bedient.

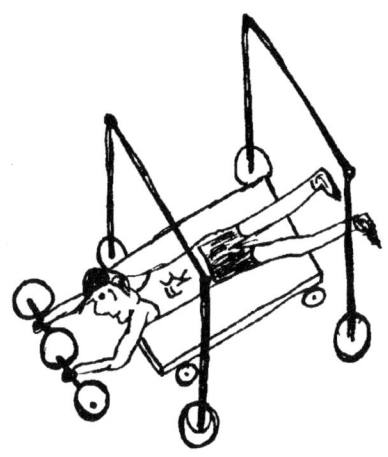

Sind in der Schule selbstgefertigte Rollbretter mit Bohrungen oder das Pedalo-Rollbrett-System von Holz-Hoerz vorhanden, lassen sich schöne Fahrzeuge nachbauen, die auch immer wieder umgestaltet werden können.

Kartons

Die Konstruktions- und Gestaltungsmöglichkeiten mit Kartons sind schier unerschöpflich, so daß hier nur einige wenige Hinweise gegeben werden.

In Lebensmittelsupermärkten kann man eine Menge Kartons (wie z. B. Bananenkartons) erhalten, die ohne große Umbauten auf 1–2 Rollbretter passen und für die Kinder ein Auto, Lkw o. ä. entstehen lassen. Größere Kartons als Verpackungsmaterial von Elektrogeräten schaffen richtig geschlossene Karosserien, in die Fenster und Türen geschnitten werden können. Es gibt auch Möbelhäuser, in denen sehr viel Karton und Pappe als Verpackungsmaterial anfallen. Da diese relativ groß sind, ergeben sich Baumöglichkeiten für große oder kleine Aufbauten, Garagen etc.

Natürlich bieten sich auch andere Behältnisse an, wie z. B. Apfelsinenkisten, leere Plastikfässer (Tankwagen, Feuerwehrauto), Koffer oder Waschkörbe, um das Rollbrett für bestimmte Spielthemen herzurichten.

Spielräume zum Rollbrettfahren

Wenn die Kinder die einfachen Fahrmöglichkeiten mit dem Rollbrett genügend erprobt haben, werden mit Materialien aus der Turnhalle Fahrwege und Straßen für das Spiel mit dem Rollbrett gebaut.

Spielraum 1: Fahren und Transportieren

Durch eine unterschiedliche Gestaltung der Hallenfläche kann das Fahren mit dem Rollbrett noch interessanter werden. Eventuell kennen die Kinder schon kleine Straßen, die aus Langbänken gebaut und zur besseren Orientierung für die Kinder in der Halle bereitgestellt werden. Zusätzlich kann die Höhle aus den „Veränderlichen Spielräumen" zum Tunnel

umgebaut werden, durch den man dann mit den Rollbrettern fahren kann. Das Einhängebrett der Lüneburger Stegel kann in die Sprossenwand gehängt oder auf einen Kastendeckel gelegt und mit Turnmatten abgesichert werden. Die Kinder erhalten so eine rasante Abfahrt, auf der sie das Rollbrettfahren wiederum von einer ganz anderen Seite her kennenlernen.

Auch kann noch einmal die Rollbrettrutsche aus den „Veränderlichen Spielräumen" aufgebaut werden. Die Kinder erfahren auf diese Weise eine Menge Variationsmöglichkeiten im Umgang mit dem Rollbrett. Auf der anderen Seite bleibt den Kindern genügend Freiraum, eigene kleine Spielideen in das gemeinsame Spiel in der Halle einzubringen.

Die „Schiefe Ebene" herunterfahren

Diese Einzelelemente kann der/die Lehrer/in auch mit Teilen aus den „Veränderlichen Spielräumen" zu einem Gesamtaufbau kombinieren. Der Unterschied zu den „Veränderlichen Spielräumen" liegt darin, daß die Kinder, um ein bestimmtes Ziel zu erreichen, mit dem Rollbrett fahren oder sich mit dem Rollbrett z. B. an einem Seil entlanghangeln müssen. Sie können auch ihr Fahrgeschick beweisen, indem sie z. B. zum „Schwimmbad" fahren, das nur über die sogenannte „Slalombahn" zu erreichen ist. Die Slalombahn besteht aus aufgestellten Keulen, Gymnastikstäben oder kleinen Kästen.

Etwas schwieriger wird es noch, wenn eine Boje (Medizinball) mit dem Rollbrett zum „Schwimmbad" transportiert werden muß.

In der Halle kann aber auch eine kleine Straße zur Transportbahn umfunktioniert werden:

Gedränge in der Hindernisbahn

Die Straße ist zu kurz: Man muß sie zum Tunneleingang verlängern. Dazu gibt der „Baustellenleiter" Transportaufträge an seine „Spediteure" in Form von kleinen Auftragskärtchen. Die „Spediteure" fahren nun ins Lager, laden die auf den Kärtchen abgebildeten Gegenstände auf ihren „Lkw" und fahren mit der schweren Last zur „Baustelle", wo das Material (Gymnastikstäbe, Ständer und Klammern) abgeladen und zu Straßenbegrenzungen und Toren verarbeitet wird. Für die Kinder ist es eine neue Erfahrung, daß nicht nur sie, sondern auch irgendwelches Material mit ihnen zusammen auf dem Rollbrett Platz finden und heil zu einem bestimmten Ziel transportiert werden muß. Zudem erhält das Rollbrett für die Kinder eine neue Bedeutung, es wird zum Lkw, wie es auch später in der themenzentrierten Phase, z. B. als Taxi oder Bus etc. genutzt wird.

Als Transportmaterial bieten sich eine Menge Gegenstände an. Schachteln, Plastikflaschen und -kästen, Waschpulvertrommeln usf. können in den Handlungsrahmen „Supermarkt"

gestellt werden. Auch bietet es sich an, größere Gegenstände wie Matten oder Bänke mit dem Rollbrett transportieren zu lassen.

Riechen, Schmecken, Tasten …
Spielraum 2: Fühlbahn

Rollbrettaufbauten eignen sich auch dafür, die Förderung so vernachlässigter Sinne wie Tasten, Fühlen, Riechen, Schmecken in interessante Spielhandlungen einzubetten. Bei der Erledigung von „Aufträgen" mit dem Rollbrett kann das Zusammenwirken unterschiedlicher Sinne gezielt gefordert und gefördert werden. Auf diese Weise können die Kinder in einem kleinen, abgegrenzten Bereich Wirklichkeit differenziert wahrnehmen: Sie sammeln Erfahrungen, die auf sie einströmenden unterschiedlichen Informationen auch mit verschiedenen Sinnen wahrzunehmen und für ihre Orientierung nutzbar zu machen. Durch dieses ganzheitliche Spielangebot machen sie unmittelbare Erfahrungen mit allen Sinnen, sie lernen, zu entdecken, zu deuten und einzuordnen. Hier wird im Spiel der Bereich der basalen Förderung angeschnitten, auf den z. B. im Unterricht aufbauend die sprachliche Klassifikation des handelnd Erfahrenen erarbeitet werden kann.

Aufbau der Fühlbahn

Fühlweg

Eine Straße aus Langbänken, gerade so breit, daß Kinder die Begrenzung mit weit ausgestreckten Armen erreichen können; später kann die Fühlbahn auch verbreitert werden.

Untergrund

Auf feste Folie oder Packpapier werden Materialien mit charakteristischen Tastqualitäten, wie z. B. Sandpapier, glatte Folie, fester Leinenstoff, Prägetapete, verschiedene Matten oder Teppichboden etc., großflächig aufgeklebt. Auf die Befahrbarkeit mit dem Rollbrett ist zu achten.

Material

– Langbänke, Rollbretter

– zu ertastende Gegenstände

– Hindernisse: kleine Kästen, Medizinbälle, Gymnastikstäbe, Klötze etc.

– Malpapier, Stifte

In den ersten Durchgängen können die Kinder den Aufbau kennenlernen, erst dann werden Hindernisse und Material eingesetzt. Man kann den Kindern auch die Gelegenheit bieten, einmal barfuß, mit offenen oder verbundenen Augen durch die Fühlbahn zu gehen und dieses in einer Stunde auch einmal draußen im Freien zu versuchen.

Aufgaben für die Fühlbahn

Fühlen und Malen

Durch die Fühlbahn mit verbundenen Augen fahren und darin versteckte Gegenstände aufspüren. Ertasten, um welchen Gegenstand es sich handelt und ihn – wieder mit offenen Augen – auf ein Blatt Papier malen.

Wo ist die „60er"-Körnung?

Das Kind soll zu der rauhen Stelle (z. B. Sandpapier) in der Fühlbahn fahren. Dort ist ein kleiner Gegenstand versteckt. In diesem Falle sollte zunächst der Untergrund in der Fühlbahn bis auf die zu suchende Stelle einheitlich gestaltet sein. Schwieriger wird es dann, wenn es in der Fühlbahn mehrere Bereiche mit unterschiedlichen Tastqualitäten gibt. Für den Anfang ist es für die Kinder einfacher, wenn sie vorher den Untergrund (in diesem Beispiel Sandpapier) in einer Probe befühlen können.

Spiele in der Fühlbahn

Was paßt nicht?

In einer kleinen Fühlbahn sind fünf Gegenstände versteckt, vier sind gleich und gehören zusammen, ein Gegenstand gehört

Wo ist das Bärenfell versteckt?

nicht in diese Gruppe: 4 Bälle – 1 Würfel; 4 Stifte – 1 Pinsel; 4 Klötze – 1 Wollknäuel.

Das Kind fährt durch die Fühlbahn, in der Hindernisse aufgestellt sind. Es erkundet mit verbundenen Augen den Weg. Danach wird die Lage von einem oder zwei Hindernissen deutlich verändert: Im 2. Durchgang soll das Kind das verrückte Hindernis herausfinden.

Wo, bitte schön, klingelt es?

Das Kind soll dem Klang eines Glöckchens nachfahren, ohne dabei die Hindernisse zu umfahren (mit verbundenen Augen).

Zweimal Antippen heißt „Stop"!

Ein Kind dirigiert ein anderes durch Zuruf oder durch leichtes Antippen durch die Fühlbahn.

Spielraum 3: Fühldecke

Die Fühldecke dient – ebenso wie die zuvor beschriebene Fühlbahn – der Sinnesschulung, mit dem Ziel, sich auf einem kleinen Areal ohne Augenkontrolle zurechtzufinden, die dort gefundenen Gegenstände zu erkennen und sich für die weitere Orientierung zunutze zu machen.

Die Fühldecke besteht aus einem groben festen Grundstoff, auf den die unterschiedlichsten Materialien aufgenäht sind. Nach Anzahl, Form, Farbe, Griffqualität, Größe und Länge können die Materialien, sortiert in Gruppen oder lose verstreut, auf der Decke angeordnet sein.

Je nachdem wie weit der/die Lehrer/in diese „Erfahrungen" auch in anderen Unterrichtsfeldern nutzen will, kann er/sie Materialien aus dem Erfahrungsbereich der Kinder zum Wiedererkennen und Beschreiben aufbringen. Es können aber auch künstliche Materialien und Kunstfasern auf die Decke geheftet werden, bei denen es nur auf die Beschreibung der Tastqualität ankommt.

Denkbar wäre auch, einen Weg aus einer bestimmten Tastqualität auf der Decke zu gestalten, der von anderen gekreuzt wird. Die Kinder sollen einen bestimmten Weg tastend zu einem Ziel verfolgen.

Spiele an der Fühldecke

Wo ist der größte Knopf?

Finde die Stelle, wo Knöpfe aufgenäht sind. Wie viele Knöpfe findest du? Welches ist der größte Knopf?

Hier sind die Fransen am kürzesten!

Suche die Stelle, wo es viele Fransen gibt. Welches sind die längsten (kürzesten) Fransen?

Bohnen im Säckchen?

In einem Säckchen habe ich etwas versteckt. Suche das Säckchen und sage mir, was du darin findest (…und male den gefundenen Gegenstand auf ein Blatt Papier).

Meine Fingerspitzen suchen einen Weg

Suche dir die Stelle mit den vielen Knöpfen. Gehe von dort weiter an den Wollbommeln entlang, über das kleine Kissen, zu den langen Fransen. Dort findest du einen Gegenstand. Welcher ist es? (Je nach Aufbau der Decke abändern).

Wo ist denn die Stelle mit den großen Knöpfen?

Die Fühldecke wird nicht nur in der Phase I eingesetzt, man kann sie auch in einfach strukturierte Spielthemen der II. Phase einbauen: z. B. beim „Monsterberg". Die vom Schneemonster gefangenen Kinder sollen für ihre Befreiung eine kleine Aufgabe an der Fühldecke erledigen, wie z. B. mit verbundenen Augen einen versteckten Schneeball oder einen Schlüssel suchen, mit dem sie sich wieder befreien können.

Spielraum 4: Riech-/Schmeck-/Tastecke

Verbindung von Geruchs-, Geschmacks- und Tastsinn

Aroma	Saft	Krabbelsack
Apfel	Apfelsaft	Apfel
Orange	Orangensaft	Orange
Zitrone	Zitronensaft	Zitrone
Fichtennadel	–	Fichtenzweig
Kiwi	Kiwisaft	Kiwifrucht
Pfefferminze	Crème de Menthe	Pfefferminzzweig

In dieser „sinnlichen" Ecke können die Kinder innerhalb eines Spieles etwas erriechen, erschmecken, ertasten. Die Verbindung zu anderen Spielen kann auf vielfältige Art geschaffen werden: Mit dem Rollbrett wird „Fangen" gespielt. Der Gefangene muß eine kleine Aufgabe lösen, ehe er wieder am Spiel teilnehmen darf. Mit der „Riech-/Schmeck-/Tastecke" lassen sich auch in der II., themenzentrierten Phase, z. B. bei der „Kirmes", lustige Effekte erzielen, indem man sie als „Losbude" aufzieht und dann in den Krabbelsack nicht dazugehörige Gegenstände wie z. B. eine kratzige Bürste, einen nassen Schwamm oder einen Negerkuß legt.

Riechspiele

Es werden Gerüche aus dem Erfahrungsbereich der Kinder ausgewählt und verdeckt (in einem neutralen Gefäß) angeboten: Entweder kommen Aromen zur Anwendung (z. B. Apfelsinenaroma), oder den Kindern werden stark duftende Stoffe wie z. B. frischer Kuchen angeboten, ohne daß sie diese visuell wahrnehmen können. Es eignen sich verschiedene Obstsorten, Kaffee, Kakao, parfümierte Bonbons, also Duftstoffe aus allen Bereichen. Es bietet sich auch an, gegensätzliche Gerüche auszuwählen, nur sollten unangenehme/scharfe Gerüche tabu sein.

Geschmacksspiele

Mit verbundenen Augen probieren die Kinder eine Flüssigkeit oder ein festes Nahrungsmittel. Neben dem einfachen Benennen des Stoffes können auch hier Gegensatzpaare hart/weich, süß/sauer usf. angeboten werden. Aufgabe: Probiere die beiden Säfte. Male die Frucht, aus der der saure Saft hergestellt wurde, auf ein Blatt Papier.

Fühlspiele

Die Fühldecke kann in diese Spiele einbezogen werden. Mehrere Früchte sind auf der Fühldecke versteckt. Das Kind sucht die Frucht, von der es gerade den Saft probiert hat. Ebenso geht es natürlich auch mit dem „Krabbelsack". Alle drei Bereiche lassen sich auch kombinieren: Ein Kind erriecht das Apfelaroma, sucht aus zwei angebotenen Säften den Apfelsaft heraus und greift aus dem Krabbelsack mit unterschiedlichen Materialien und Früchten den Apfel, den es dann auf ein Blatt Papier aufmalt.

Material für Rollbrettspiele

Bau eines Rollbrettes

Für manchen Etat eines Schulträgers schließt sich der Kauf eines Klassensatzes Rollbretter aus Kostengründen aus, weil vielleicht andere wichtige Gegenstände gleichzeitig beschafft werden müssen. Es soll nicht die Regel sein, aber für den Ausnahmefall geben wir hier eine kleine Bauanleitung, wie Lehrer/innen mit einem geringen Kostenaufwand und ein wenig Arbeitseinsatz den Kindern ein attraktives Spielgerät, sowohl für den spiel- und handlungsorientierten Unterricht als auch für den Sportunterricht zur Verfügung stellen können.

Bei der Beschaffung der Rollen sollte man unbedingt auf sehr gute Qualität achten, d. h. Rollen mit Konuskugellager. Billige Rollen mit einfachem Gleitlager – leider sehr häufig auch im Fachhandel angeboten – nehmen den Rollbrettern eine Menge an Attraktivität, weil sie nur sehr langsam fahren. Mit Aufbauten wird das Fahren für viele Kinder zu schwer.

> **Materialbedarf:**
> 1 Schichtholzplatte 25 mm, 40 x 60 cm
> 4 Gelenkrollen
> 16 Schrauben
> 4 Kanten-/Möbelschoner
> 2 Verbindungsschrauben 25 mm
> Boots-/Fußbodenlack, Pinsel
> Schmirgelpapier
> Werkzeug

Bauanleitung

1. Die Ecken der Schichtholzplatte und die Kanten an der Oberseite werden stark und die restlichen Kanten leicht abgerundet (Raspel, Feile, Schwingschleifer). Sollen an den Ecken Möbelschoner aufgesetzt werden, sind die Ecken entsprechend anzupassen. Ein aufgeschlitzter Gartenschlauch kann auch als Kantenschoner montiert werden.

2. Nach Bedarf können in der Mitte der Schmalseiten mit 30 mm Randabstand je eine Bohrung 6 mm Durchmesser eingebracht und später mit Verbindungsschrauben verschlossen werden. Bei Bedarf kann der/die Lehrer/in die Schrauben entfernen, eine lockere Schlaufe durchziehen und verknoten: Eine kleine Kupplung ist fertig, durch die ein Springseilchen zum Ziehen gezogen oder ein oder mehrere Rollbretter zu einem Tandem oder einer Kette angebunden werden können. Damit Kinder sich nicht beim Spiel verletzen (Bohren mit den Fingern), wird die Bohrung zwischenzeitlich verschlossen.

3. Nach Grob- und Feinschliff kann die Oberseite des Rollbrettes mit einer Figur, Schulemblem o. ä. von Kindern bemalt werden. Dann folgt die Lackierung mit Boots- oder Fußbodenlack klar, ohne Bemalung auch mit farbigem Lack.

4. Ist die Lackierung gut durchgetrocknet, werden die Gelenkrollen im Abstand von ca. 3–4 cm von den Kanten an den Ecken mit Schrauben montiert (dünn vorbohren, etwas Holzleim an das Gewinde). Auf geht's zur Probefahrt!

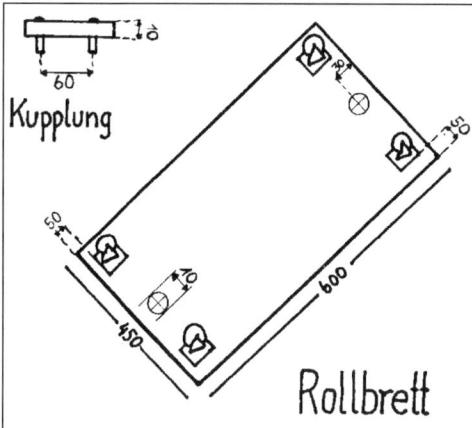

Bauskizze Rollbrett

Bleibt zum Schluß die berechtigte Frage: Wer macht das? Sicherlich lassen sich geschickte Eltern in den betreffenden Klassen oder im Förderverein finden. Vielleicht wäre es auch einmal eine schöne Gemeinschaftsaktion für das Kollegium, sich an 1-2 Nachmittagen in geselliger Runde im Werkraum zusammenzufinden, es profitiert schließlich jeder davon.

Dann gibt es natürlich auch Kontakte zu Hauptschulen mit Werkeinrichtungen, die sich über einen „echten" Auftrag sicherlich auch mal freuen würden. Schließlich gibt es dann noch die Werkstätten für Behinderte, die über neue Aufträge auch ganz froh sind.

Beschaffungshinweise

Schichtholzbrett, Schrauben, Schleifpapier, Kantenschoner … in Holzhandel, Bau- und Hobbymärkten

Gleitrollen:
BS-Rollen Vertriebs-GmbH
Westhauser-Str. 32
56857 Remscheid

Bauanleitung für Würfel mit Rollbrettpositionen

Würfel 1: Fahrpositionen alleine

1. DIN-A3-Kopie von Kopiervorlage – wenn möglich auf stärkerem Papier – anfertigen.
2. Mit wasserfreiem Kleber die Vorlage auf Graupappe (1–2 mm) aufkleben.
3. Würfel mit Allzweckmesser ausschneiden.
4. Mit Falzbein Faltlinien vorritzen und Würfel falten.
5. Würfel zusammenkleben.
6. Evtl. Kanten mit Klebestreifen zur Verstärkung bekleben.
7. Würfel anmalen, trocknen lassen und … würfeln.

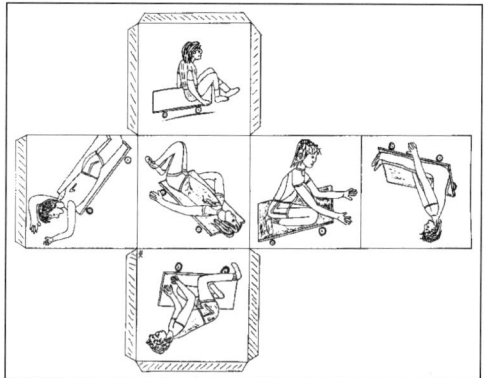

Würfel 2:
Fahrpositionen alleine und zu mehreren

Um einen größeren Würfel zu erhalten, kann man die Kopiervorlagen auf dem Kopierer noch einmal vergrößern und die so erhaltenen Vorlagen zusammenmontieren. Jede Würfelhälfte für sich wie bei Würfel 1 herstellen, jedoch zusätzlich an den mit Pfeilen gekennzeichneten Stellen einschneiden.

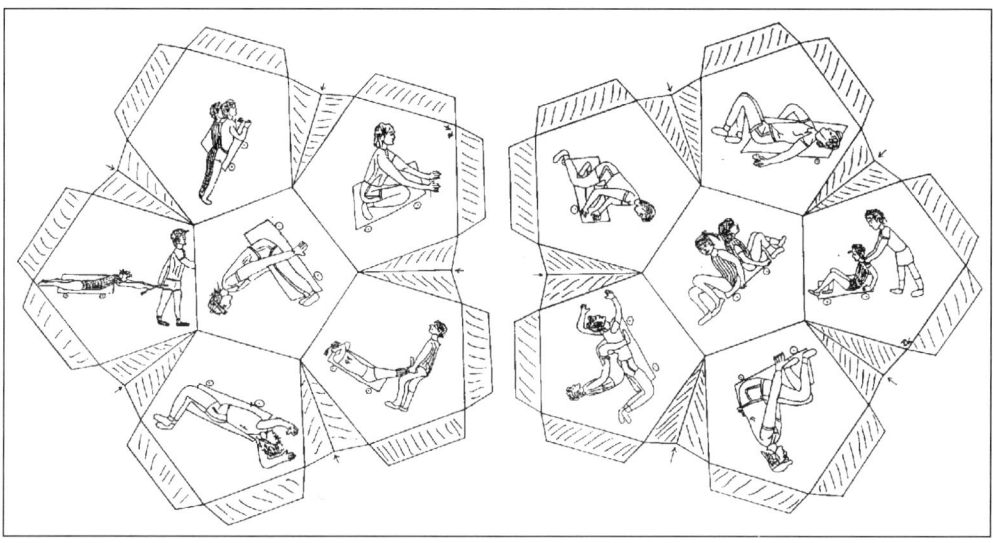

Sinneserfahrung I im Unterricht

Obst: Auf dem Baum, im Handel, auf dem Teller

Unterrichtsinhalt	Tätigkeiten der Kinder	Didakt./meth. Hinweise
Obst Besuch auf dem Obstmarkt/in einem Obst-/Gemüsefachgeschäft	Die Kinder beobachten die Stände: – Sie prüfen das Angebot eines Standes. – Sie kaufen pro Gruppe eine Sorte Obst. Sie erkunden beim Händler, – wo das Obst wächst (Baum, Strauch, Busch, in welchem Land), – ob das Angebot der jeweiligen Jahreszeit entspricht: Die Kinder malen ein Bild vom Obstladen. Sie malen einzelne Fruchtsorten und kleben sie an den passenden Strauch/Baum (auf ein Plakat aufgemalt).	Wenn der Gang auf den Obstmarkt oder in einen Obstladen zu umständlich/aufwendig erscheint (Elternbegleitung), bringen die Kinder nach Absprache Obstsorten mit in die Schule. Die Gruppeneinteilung und Zuordnung zu den einzelnen Obstsorten wird vor dem Unterrichtsgang vorgenommen. Die begleitenden Erwachsenen werden instruiert, den Kindern keine Vorträge zu halten, sondern sie beobachten, fragen und erkunden zu lassen.

Unterrichtsinhalt	Tätigkeiten der Kinder	Didakt./meth. Hinweise
Unterscheidung der Obstsorten nach ihrem Äußeren	Die Kinder bauen mit dem mitgebrachten Obst einen kleinen Obststand in der Klasse auf: Sie spielen Obsthändler/in und Käufer/in. Nach dieser Spieleinheit suchen sie nach Unterscheidungsmerkmalen *(Farbe, Form, Oberfläche, Schale, Geruch, Größe).* Sie einigen sich auf bestimmte Ordnungskriterien und kleben Zeichnungen der Früchte in ein Arbeitsblatt oder auf ein Plakat.	Auf diesem Wege sollen Beobachtungen aufgefrischt und gesammelt werden. Arbeitsblatt mit aufgeschnittenen Früchten.
Unterscheidung der Früchte nach ihrem Inneren	Die Kinder stellen Hypothesen auf, wie das Innere der Frucht aussieht: Sie dokumentieren ihre Aussagen. Anhand der aufgeschnittenen Früchte beschreiben die Kinder ihre Beobachtungen und vergleichen sie mit ihren Hypothesen *(Farbe und Dicke der Schale, Farbe und Konsistenz des Fruchtfleisches, Kerne, Steine, Saftgehalt).* Sie dokumentieren – ihre Beobachtungen in einem Arbeitsblatt. – Sie machen mit Linoldruckfarbe/Plakafarbe Stempelabdrucke der halbierten Frucht ins Arbeitsblatt und malen die ganze Frucht dazu. – Sie stempeln Obstkörbe mit ihren halbierten Früchten.	Die Früchte werden sauber halbiert. Arbeitsblatt zum Fruchtinneren. Mit unreifen, festen Früchten geht es gut, bei Steinobst Kerne vorher entfernen.

Unterrichtsinhalt	Tätigkeiten der Kinder	Didakt./meth. Hinweise
Welche der gesammelten Informationen sind besonders wichtig, um Obst probieren/essen zu können?	Die Kinder sammeln und diskutieren Ordnungskriterien (Schale eßbar/ungenießbar, Saftigkeit der Frucht, Geschmack, Kern/Stein …). Die Kinder nehmen eine Eßprobe und vergleichen, überprüfen ihre Aussagen und Feststellungen. Sie ordnen nun ihr Obst nach den neuen Kriterien und dokumentieren die neu gefundenen Gruppen in einer Tabelle.	Es sollten nicht zu viele Kriterien werden; rein subjektive Kriterien wie „schmeckt gut" oder „mag ich nicht" sollten zur Überprüfung dabeibleiben, falls sie nicht schon ohnehin durch die Kinder ausgeschlossen wurden.
Es werden Verhaltensregeln entwickelt: Was muß man tun, um Obst essen zu können?	Kinder reiben Obst mit schneeweißem Tuch ab: Es hinterläßt Spuren (z. B. gewachste Äpfel). Also: Obst muß gewaschen werden (Schälen, Entsteinen, evtl. Kochen).	Lehrer/in gibt Zusatzinformationen über Spritzen von Obst (auch Umwelt-/Transporteinflüsse).
Wie läßt sich Obst weiterverarbeiten, um Fruchtsaft herstellen zu können?	Die Kinder versuchen, Saft zu gewinnen mit der Saftpresse, durch Zerdrücken, durch Kochen oder Durchseihen. Sie vergleichen Saft-/Fruchtgeschmack/Geruch der ganzen Frucht.	Auch wenn es ein bißchen Matsch gibt, sollte jedes Kind die Möglichkeit zur Eigenerfahrung haben.
Wo kommt gekaufter Saft her?	Die Kinder vergleichen „ihren Saft" mit gekauftem Saft (Nektar). Sie stellen fest, daß z. B. „Fanta" eigentlich O-Saft mit Kohlensäure ist, aber der Natursaft viel aromatischer schmeckt …	Lehrer/in zeigt Bilder oder Kurzfilm aus einer Saftfabrik – vielleicht gibt es auch eine solche für einen Unterrichtsbesuch in erreichbarer Nähe (Branchenbuch, Etiketten von Saftflaschen).
Ratespiele mit Obst	Die Kinder überlegen, wie sie einen kleinen Jahrmarktstand herrichten können, wo es Ratespiele (Obst riechen, schmecken, fühlen) gibt.	Lehrer/in besorgt Aromen, Krabbelsack, etc.; eine Krabbelkiste stellen die Kinder mit Styroporverpackungsmaterial oder Stroh/Heu selber her.

Unterrichtsinhalt	Tätigkeiten der Kinder	Didakt./meth. Hinweise
Abschluß: Obstsalat/Rote Grütze	Die Kinder bereiten aus dem nicht gebrauchten Obst einen leckeren Obstsalat. Je nach Jahreszeit und Fruchtangebot können sie auch eine „Rote Grütze" herstellen und dabei ihre Beobachtungen machen, wie sich einzelne Obstsorten beim Kochen verhalten.	Gesunde Ernährung kann die Weiterführung dieses Themas sein. Guten Appetit!

Handapparat zur Sinneserfahrung I

Barbey, D. (1991): Unsere fünf Sinne. Die Welt entdecken. Bd. 64. Ravensburg: Maier. 2. Aufl.

Bücken, H. (1993): Kimspiele. Spiele zum Sehen, Schmecken, Riechen, Tasten, Hören und Denken. München: Hugendubel. 4. Aufl.

Stöcklin-Meier, S. (1985): Spielen mit Blüten, Blättern, Gräsern, Samen, Früchten. Zürich: pro juventute. 4. Aufl.

Singeisen-Schneider, V. (1991): 1001 Entdeckung. Natur erleben durchs ganze Jahr. Zürich: pro juventute. 2. Aufl.

s. a. Wahrnehmungs- und Umweltspiele im Anhang Nr. 4 u. 8!

Sinneserfahrung II im Unterricht

Unser Freund der Baum

Unterrichtsinhalt	Tätigkeiten der Kinder	Didakt./meth. Hinweise
Unser lieber Nachbar: Der Baum (vgl. a. Hoenisch, N. (1986), 11–12.) Ausflug in den nahegelegenen Park	Die Kinder suchen ihren Baum auf. Sie beobachten schon von weitem seine Form. Im Näherkommen beobachten sie seine Größe: Sie schauen bei ausgestrecktem Arm über den Daumen: Erst erscheint der Baum genauso groß wie der Daumen; je mehr sie sich ihm nähern, desto mehr wächst er, ist viele, viele Daumen groß. Sie stellen sich nah vor den Stamm und schauen in die Krone, spielen Ameise und blicken hoch.	In der Klasse wurden zwei Baumarten festgelegt und die Kinder in zwei Baumgruppen aufgeteilt. Es sollten möglichst Solitärbäume sein, damit eine einfachere und genauere Beobachtung möglich ist.

Unterrichtsinhalt	Tätigkeiten der Kinder	Didakt./meth. Hinweise
	Sie begrüßen ihren „Nachbarn", indem sie ihn umarmen: wie viele Kinder schaffen es mit ausgestrecktem Arm? Zum Vergleich legen sich die Kinder mit ausgestreckten Armen auf den Boden: So eine weite Strecke muß eine Ameise wandern, um einmal um den Stamm des Baumes herumzugelangen. Die Kinder malen ihren Baum, vielleicht auch die Begrüßungsszene.	
Der Baum hat einen Stamm mit „Haut und Knochen"	Wie fühlt sich der Stamm an? (*Glatt, rauh, tief zerfurcht, mit Narben ...*) Zum Vergleich gehen die Kinder an einen Nachbarbaum und fühlen und schauen dort. Sie versuchen mit verbundenen Augen ihren Baum wiederzuerkennen. Sie nehmen einen Abdruck von der Rinde (Wachs, Knete ...) und machen einen Abguß mit Gips in der Klasse (Kleingruppen). Sie untersuchen die Rinde weiter: Farbe, sind Löcher drin, kriechen Tiere darin herum, Bohrlöcher, Moosbewuchs. Sie machen weitere Versuche: Kann man auf den Baum klettern, ihn wegschieben, ihn schütteln ...? Sie rubbeln an der Rinde, riechen daran.	Die Kinder führen sich gegenseitig.
Wo sind die Füße des Baumes – Wurzeln?	Die Kinder überlegen, ob der Stamm wie ein Stab in der Erde steckt: Sie untersuchen den Übergang Stamm / Boden, lassen sich mit verbundenen Augen	Der/die Lehrer/in hat ein passendes Stück Rinde und eine Baumscheibe besorgt (Sägewerk, Grünflächenamt).

Unterrichtsinhalt	Tätigkeiten der Kinder	Didakt./meth. Hinweise
	über die Baumscheibe führen, kriechen darüber. Es ist etwas in der Erde!	
Hat der Baum Füße – wie wir auch?	Bei alten Baumscheiben stellen die Kinder fest, daß Arme wie Äste in den Boden gehen. Sie nennen es vorerst „Wurzeln".	Der Versuch dient nur der Darstellung der Wurzeln. An das Ausprobieren unterschiedlicher Vermehrungsarten ist hier nicht gedacht.
	Versuch 1: Die Kinder krabbeln mit nackten Füßen tief in den Sand des Sandkastens: Es wird feucht…	Über die Sommerferien für Pflege sorgen!
	Versuch 2: Die Kinder nehmen im Sommer einen Zweig vom diesjährigen Wuchs eines Buchsbaums oder Flieders oder im Herbst Kastanien, Eicheln oder Bucheckern. Den geschnittenen einjährigen Zweig stecken sie in einen Blumentopf mit feuchter Erde und stülpen eine weite Plastiktüte darüber. Sie halten die Erde feucht. Nach 8–10 Wochen graben sie den Zweig vorsichtig aus: Der Zweig hat „Füße" bekommen! Ähnliches läßt sich mit den abgelagerten Baumsamen erreichen. Sie pflanzen den Zweig oder „kleinen Baum" in den Schulgarten an eine geeignete Stelle und können so ihren Baum weiter beobachten.	
Der Baum hat einen „Kopf": die Krone – und „Arme": die Äste.	Die Kinder schauen sich die Baumkrone von allen Seiten an, insbesondere aber die Äste. Sie legen sich auf den Boden und schauen nach oben. Sie malen ein Bild von der Baumkrone.	Auch Geräusche können beobachtet, sogar auf Tonband aufgenommen werden.

Unterrichtsinhalt	Tätigkeiten der Kinder	Didakt./meth. Hinweise
	Leben Vögel im Baum, gibt es Vogelnester oder Nisthöhlen? Die Kinder überlegen, warum der Baum seine Äste und Blätter bewegt: Sie machen ein kleines Spiel und schlüpfen in die Rolle des Baumes: Wie bewegen sich die Äste bei Regen, Wind, Sturm, Schnee? In der Klasse tauschen sie ihre Beobachtungen mit der anderen Gruppe aus und verabreden, daß sie sich gegenseitig ihre Bäume vorführen.	Selbst aufgenommene Geräusche können dazu abgespielt werden. Die Kinder können aber auch selber Windgeräusche nachmachen, bei Sonne ein leichtes Summen von Insekten, bei Schnee ein „Ächzen" der Äste …
Der Baum hat ein „Kleid": die Blätter.	Die Kinder versuchen die Blätter am Baum zu beschreiben: Sie fühlen, tasten die Oberfläche, umfahren mit dem Finger die Ränder des Blattes. Riecht das Blatt? Sie sammeln Blätter von ihrem Baum und auch von anderen, trocknen und sortieren und kleben sie in ein Heft. Die Kinder gestalten mit den Blättern Bilder.	*Blatträtsel:* Der Wind hat in die Blätter geblasen: sie müssen wieder auf eine vorbereitete Vorlage mit Blattumrissen sortiert werden. *Gestalten mit Blättern:* Blattcollagen, Druck mit Blättern (Überwalzen/Besprühen mit Farbe), Baumsilhouette als Vorlage oder Strauß aus trockenen Zweigen: Trockene, auch eingefärbte Blätter werden angeheftet. Gemalte Kleintiere oder Nester aus Heu können sich dazugesellen. Mobiles aus kleinen Blattsträußen (helfen!).
Geschichte von einem Baum	Die Kinder legen sich noch einmal unter den Baum und lauschen: Die Blätter säuseln im Wind … der Baum erzählt eine kleine Geschichte.	Der/die Lehrer/in erzählt eine kleine Geschichte, z. B. über das „Baumleben" in den Jahreszeiten oder „Ein Vogel baut sein Nest und bekommt Junge" oder eine Phantasiegeschichte, etc.

Unterrichtsinhalt	Tätigkeiten der Kinder	Didakt./meth. Hinweise
Behält der Baum das ganze Jahr über seine Blätter?	Die Kinder berichten von ihren Erfahrungen (kahle Bäume im Winter, Austrieb im Frühjahr, Blüte, Laubverfärbung und Blattabwerfen im Herbst). *1.Versuch:* Sie nehmen einen frischen Zweig und stellen ihn ins Wasser. Einen anderen lassen sie an der Luft liegen: Sie werden nach einiger Zeit feststellen, daß der Baum Wasser braucht. *2.Versuch:* Sie legen frische Zweige in einer Tüte ins Gefrierfach des Eisschrankes: Der Baum schützt sich vor Erfrieren durch Abwerfen der Blätter.	s. a. Sandversuch
Der Baum trägt auch Früchte.	Die Kinder sammeln im Herbst Früchte: Eicheln, Kastanien, Bucheckern, etc. Sie können noch einmal den Versuch durchführen, einen neuen Baum aus den Samen zu ziehen. Sie basteln mit Eicheln, Bucheckern, Kastanien. Sie bauen sich eine kleine Rechenmaschine, indem die Kastanien auf Hölzer oder Bindfaden aufgereiht und in einen Rahmen gespannt werden.	Wenn es einen Eßkastanienbaum gibt, können diese Früchte auch leicht gekocht und geschält, in Zuckerbrühe lasiert und mit Appetit verspeist werden. Haselnüsse oder Bucheckern sind gut in einen Sandkuchen einzuarbeiten (bei beiden Rezepten ist wegen der harten Schale sicherlich Vorbereitungshilfe von Erwachsenen zu leisten). Eichelmännchen, Igel aus Kastanien und Zahnstochern (Streichhölzern), Musterbilder aus verschiedenen Früchten (luftig zum Trocknen aufhängen über Heizung), vielleicht auch ein Baummosaik aus Baumfrüchten und eingearbeiteten Blättern – Vorlage muß gestellt werden.

Unterrichtsinhalt	Tätigkeiten der Kinder	Didakt./meth. Hinweise
Abschlußspiel: Das Jahr des Baumes	Die Kinder überlegen sich eine kleine Geschichte von den Erlebnissen des Baumes im Jahresablauf, sie verkleiden sich und spielen die Geschichte vielleicht auch mit passender Musikuntermalung.	Passende Musik, Lieder zu den Jahreszeiten, Kleiderkiste sowie andere Utensilien werden je nach Geschichte benötigt.

Handapparat zur Sinneserfahrung II im Unterricht

Björk, C. & Anderson, L. (1991): Die schnellste Bohne der Stadt. Wir pflanzen Kerne, Samen und Früchte. München: Bertelsmann. 3. Aufl.

Coe, G. (1983): Bäume. Was ist was? Bd. 31. Nürnberg: Tessloff.

Fuchs, U. & Müller, H. (1992): Der kleine Baum. Ravensburg: Maier. (EL).

Hoenisch, N. & Niggemeyer, E. (1986): Heute streicheln wir den Baum. Kinder machen Naturerfahrungen mit Pflanzen, Tieren und mit ihrem eigenen Körper. Ravensburg: Maier.

Mönkemeyer, K. (1991): Frühling. Mit Kindern Natur und Umwelt entdecken. Reinbek: RoRoRo-TB.
s. a. Wahrnehmungs- und Umweltspiele im Anhang Nr. 4 u. 8!

6. Ausführung und Erweiterung vorgegebener Handlungspläne (Phase II)

Wann der Übergang von der ersten explorierenden Phase in die zweite themenzentrierte Phase angezeigt ist, läßt sich zeitlich nicht eindeutig festlegen. In manchen Klassen entstehen bereits nach einem halben bis dreiviertel Jahr selbständig so komplexe Spiele innerhalb der vorgegebenen Aufbauten, daß sich ein thematisches Spielen von selbst ergibt. Andere Klassen können durchaus länger als ein Schuljahr in der ersten Phase verweilen. Die Kinder dieser Klasse brauchen sehr viel länger Zeit, bis sie gelernt haben, vorgegebene Aufbauten und Materialien aktiv zu explorieren, großräumig und großmotorisch darin zu spielen, Ideen zu entwickeln, zum Ausdruck zu bringen etc. In diesen Klassen sollten sich Lehrer/innen und Kinder auch die Zeit nehmen, diese basalen Erfahrungen zu machen.

Scheint die Zeit reif für den Übergang in die zweite Phase, sollte mit Spielthemen begonnen werden, die den Kindern vertraut sind und für die sie von Unterrichtsthemen, Fernsehsendungen oder aktuellen Ereignissen her ein gewisses Vorwissen mitbringen.

Die Themen sind zu Beginn sehr einfach und klar strukturiert, so daß alle Kinder den Überblick über das Thema bewahren können. Eingeleitet wird das Spiel mit einem Aufbau und einer dazupassenden Geschichte. Der Aufbau wird von den Kindern erforscht, dann hören sie die Geschichte. Es gilt nun, in diesem strukturierten Rahmen von vorgegebenen Handlungsbedingungen (Aufbau) und vorgegebener Handlungsausführung (Geschichte) zur Spielhandlung, d. h. zum Nachspielen der Geschichte zu kommen.

Findet das Nachspielen harmonisch und für alle Kinder in überschaubarer Weise statt, kann allmählich das Spiel durch Hinzunahme von Aufbauten, die zur Spielhandlung gehören oder durch Details, mit denen die Spielhandlung weiter ausgestaltet werden kann, erweitert werden.

Das Tempo, in dem die Spielhandlung gespielt, Erweiterungen vorgenommen, ein Thema beendet und ein neues Thema aufgegriffen wird, bestimmen die Kinder. Durch ihre Freude am Spiel, dem Wunsch nach Wiederholung und ihren Ideen, die sie einbringen, deuten sie an, inwieweit sie das Thema noch beibehalten wollen oder sie bereits gesättigt sind.

Schwierig wird es immer dann, wenn einige Kinder in der Klasse ein Spiel noch beibehalten wollen und andere bereits das Interesse an dem Thema verloren haben. In diesen Fällen muß über innere Differenzierung versucht werden, das Spiel in Teilbereichen durch Hinzunahme neuer Ideen wieder attraktiv zu machen, so daß alle Kinder einer Klasse gemeinsam am selben Thema verweilen. Im Kreisgespräch können derartige Fragen auch offen diskutiert werden.

Nachfolgend wird eine Sammlung der Spielideen vorgestellt, die von uns mit den Kindern durchgeführt wurden. Auch diese Sammlung ist als Vorschlag zu verstehen, der in dieser Form aufgegriffen, nach eigenen Vorstellungen und den Bedürfnissen der Kinder jedoch völlig verändert werden kann.

Die Darstellung jedes Themas beginnt mit der Einführung in das Thema, daran anschließend wird der Aufbau so vorgestellt, daß er leicht nachgebaut werden kann. Kam es zu Erweiterungen und Spielvariationen in einem Thema, so werden diese im Anschluß daran ebenfalls genau beschrieben. Zum Abschluß jeden Themas wird eine Übersicht über das benötigte Material, die eingesetzten Medien und die im Thema enthaltenen Rollen gegeben und es werden themenbezogen Vorschläge für einen fächerübergreifenden Unterricht gemacht.

6.1 Verreisen

Das Spielthema „Verreisen" schließt sich direkt an die Phase I an: Die Kinder kennen die einzelnen Elemente des Aufbaus wie z. B. die Schaukel, Hängematte, Schwimmbad usw.; nun soll aber nicht länger das Ausprobieren der „Veränderlichen Spielräume" im Vordergrund stehen, sondern die Spielgegenstände sollen in einen Handlungsrahmen gestellt und es soll ihnen eine sinnentsprechende Bedeutung zugemessen werden: Aus der Schaukel wird nun ein Flugzeug, aus der Rollbrettbahn ein D-Zug, aus der kleinen beweglichen Matte ein Ausflugsdampfer. Der Aufbau wird den Kindern auch in der II. Phase vorgegeben, das Ausgestalten oder Erweitern eines Elementes wird ihnen allerdings selbst überlassen. Welche der bekannten Aufbauten beim Thema „Verreisen" ausgewählt, wie diese gestaltet und welche Bedeutung ihnen zugeschrieben wird, hängt davon ab, was zuvor als Reiseziel und welche Spielhandlung dazu abgesprochen wurde.

Zur Einstimmung in das Spielthema kann den Kindern nachstehende Geschichte vorgelesen werden, die genügend Anreize bietet, sich über das „Verreisen" intensiver zu unterhalten, über einzelne Handlungsteile zu sprechen und damit die Geschichte für alle Kinder gleichermaßen verständlich zu machen.

Aus der kleinen Geschichte ergibt sich gleichzeitig die Handlungsstruktur für das Anfangsspiel in der Turnhalle:

Klein-Schnecke Fizzy

Die kleine Schnecke „Fizzy" kroch zum x-ten Male durch den Garten zum Rosenkohl, um ihren Hunger an diesem kräftigen Kraut zu stillen. Der Herr Ökomüller tat ihr schon ganz leid: Um die Umwelt zu schonen, kaufte er kein ekelhaftes, giftiges Schneckenkorn, sondern goß seine Pflanzen mit stinkender Pflanzenjauche, was die Pflanzen nur noch schmackhafter machte.

Früher hatte er ja noch Basilikum gepflanzt, der Schnecken liebste Speise, neben grünem Wackelpudding. Der Gedanke an das Basilikum ließ die kleine Schnecke Fizzy vor Freude so heftig erzittern, daß ihre kleinen Fühler wie Pfeile durch die Lüfte sausten und in ihrem Häuschen alles durcheinanderfiel.

Basilikum … hm, schmatz, da könnte sie jetzt ein ganzes Büschlein hintereinander wegputzen!

Basilikum gibt es in Italien. Doch wie dahinkommen? Einzupacken bräuchte Fizzy ja gar nicht viel. Sie hat doch das meiste in ihrem kleinen Häuschen und unterwegs würde sie das Nötigste schon auftreiben können. Aber nach Italien kriechen … oje, das würde sooo schwer werden … Und als Fizzy den Gedanken an das Basilikum schnell wieder vergessen wollte, schoß ihr plötzlich eine Superidee durch den kleinen Schneckenkopf.

Die Ökomüllers wollten doch in den Sommerferien nach Italien verreisen. Das hatte sie ganz heimlich am Sonntag beim Kaffeetrinken der Ökomüllers erlauscht, als sie ihren Nachtisch an den Studentenblumen holte. Sie selber war ja noch nie verreist und wußte auch gar nicht, wie man so etwas anstellt. Aber das war auch gar kein Problem für Fizzy. Sie würde sich einfach an das Pfeifentäschchen von Willi Ökomüller kleben: Von dort könnte sie dann alles überblicken: Für den nächsten Sommer hätte sie dann auch gelernt, wie man verreist.

Gesagt, getan ... In drei Tagen sollte es schon losgehen. In der Nacht vor dem Reisetag kroch sie heimlich in die Garderobe und fand auch eine passende Falte im Pfeifentäschchen, wo sie sich verstecken konnte.

Puh, Herr Ökomüller mußte gestern wieder einen stinkigen Tabak geraucht haben. Aber diesen üblen Geruch vergaß sie sehr schnell bei dem Gedanken an das Basilikum in Italien und die tolle Reise dorthin.

Fizzy's Aufregung schien sich auf die Ökomüllers zu übertragen. Es war ein Hin- und Her-Gerenne ... hier ein Tüchlein, da ein Täschchen ... Menschen mußten doch wohl mehr Kram mitnehmen als Schnecken. Klein-Fizzy mußte höllisch aufpassen, daß sie nicht entdeckt wurde. Denn dann wäre es sicher mit der Reise vorbei, und sie war doch noch nie verreist!!

Endlich ging es dann los. Mit eiligen Schritten marschierten sie durchs Dorf: Vater Willi, Mutter Bertha, Klein-Ötte und ... natürlich Klein-Schnecke Fizzy. Vorbei ging es beim Viehzüchter Wutz. Schnatternd kam Gans Sieglinde, halb rennend, halb fliegend ... ob sie nur Lebewohl sagen

wollte oder gar Fizzy gerochen hatte und nach ihr schnappen wollte, unsere Klein-Schnecke wußte es nicht. In der tiefen Falte des Pfeifentäschchens fühlte sie sich sicher. Wenn nur das Täschchen nicht so am Gürtel baumeln wollte, Fizzy war schon ganz schwindelig.

Die Ökomüllers hasteten weiter, während sich Fizzy tiefer und tiefer in die Falten des Täschchens verkroch: Sie hörte nämlich öfter den Namen „Schlange". Schon bei dem Gedanken daran wurde ihr ganz mulmig, denn Schlangen fressen Schnecken äußerst gern.

Sie lugte erst aus ihrem Versteck wieder hervor, als sie lautes Gemurmel hörte und sie es vor Neugier nicht mehr in ihrem Versteck aushielt. Das war also die Schlange:

Viele Leute standen vor einem „Fensterloch", warteten und kamen mit einem Stück Papier wieder zurück. Ah, jetzt waren die Ökomüllers an der Reihe.

Willi Müller holte seinen Geldbeutel aus der Tasche. Huch, da wäre Klein-Fizzy beinahe aus der Falte des Pfeifentäschchens herausgefallen, als sie sich nach den Papierchen reckte, die Vater Willi gerade in die Hand bekam: „Fahrkarte" stand darauf ... mehr konnte Fizzy nicht erkennen.

Die Ökomüllers setzten sich wieder in Bewegung. Schwer hatten sie zu schleppen, aber anscheinend war der Weg nicht mehr lang. Die kleine Schnecke Fizzy war ganz hibbelig: Womit wohl die Ökomüllers verreisen werden? Vielleicht sogar mit dem Flugzeug?

Fizzy streckte vorsichtig ihre Schneckennase weiter aus der Taschenfalte heraus, um ja auch alles sehen zu können. Es ging durch ein großes Tor in eine riesige Halle, auf einen unheimlich großen Bürgersteig. Darauf standen viele, viele Leute mit ihren Koffern

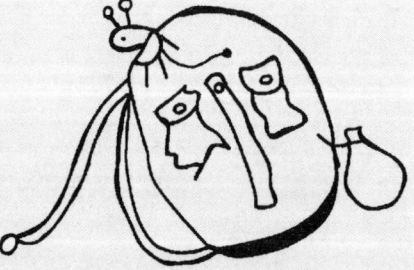

und Taschen, und manche hatten auch so komische bunte Säcke auf dem Rücken, die Fizzy gar nicht kannte. Klein-Ötte, vom vielen Warten auch schon ziemlich quengelig, rief: „Papi, so einen Rucksack möchte ich auch haben!"

Die kleine Schnecke Fizzy staunte nur über das bunte Treiben, bis sie von einem lauten Geräusch von ihren Beobachtungen abgelenkt wurde. Direkt neben den „Bürgersteig" fuhr ein langes Ungetüm. „Da ist endlich unser Zug!", rief Vater Ökomüller, „30 Minuten Verspätung hat er!" Die Ökomüllers hoben ihr Gepäck auf, als das Ungetüm vor ihnen hielt, und kletterten hinein. Richtige kleine Käfige gab es für die Menschen, in die sie sich hineinsetzten und ihr Gepäck auf große Gitter legten.

Vater Ökomüller hatte sein Pfeifentäschchen direkt auf das Tischchen vor dem Fenster gelegt. So konnte Fizzy, wenn sie sich etwas reckte, aus dem Fenster sehen. Endlich setzte sich das Ungetüm in Bewegung. Hui, wie alles am Fenster vorbeiflog! So schnell konnte Klein-Fizzy gar nicht gucken.

Da ging plötzlich die Tür auf und eine barsche Stimme forderte: „Die Fahrkarten bitte!" Schnell verkroch sich Fizzy wieder in der Falte des Täschchens. Sie hatte ja keine Fahrkarte! „So, nach Hamburg wollen Sie, da müssen Sie aber in Hannover umsteigen!" „Jaja", hörte sie noch Vater Ökomüller murmeln, „da ist gleich Anschluß".

Mehr mochte Klein-Fizzy gar nicht hören. Ihr kamen fast die Tränen in ihre kleinen Schneckenaugen! Es geht gar nicht nach Italien, wo es das leckere Basilikum gibt …!

Das eintönige Dadong, Dadong des Zuges schien unsere kleine Schnecke etwas zu beruhigen. In Hamburg wird es sicher auch etwas Leckeres zu fressen geben, tröstete sie sich. Und sie war schon wieder ganz frohen Mutes, als sie sich sagte: „Jetzt weiß ich ja, wie man verreist, und nächstes Jahr schaffe ich es ganz bestimmt nach Italien!" Und so träumte Klein-Fizzy weiter vom Schlaraffenland, wo Basilikum in Hülle und Fülle wächst.

Da sich die Kinder erst am Anfang der themenzentrierten Phase befinden, ist die mit dieser Geschichte vorgegebene Spielhandlung einfach strukturiert und stellt an die Kinder noch keine großen Anforderungen: Jedes Kind findet eine Möglichkeit zum Mittun.

Für die Reise nach Italien machen sie sich am Kleiderstand/Schminkstand reisefertig, sie gehen zum Reisebüro und kaufen sich dort eine Fahrkarte für den D-Zug, um mit ihm an den Badestrand nach Italien zu fahren. Andere fahren nur ein Stückchen mit dem Zug, um dann ins Flugzeug oder ins Schiff umzusteigen. Am Urlaubsort in Italien gibt es auch ein Angebot, mit dem Taxi oder Ausflugsdampfer einen Tagestrip zu einem Angelsee zu unternehmen. Angelscheine und Angeln gibt es in der Filiale des Reisebüros am See, (d. h. die Handlungskette ist zur Vereinfachung noch einmal unterbrochen).

Die „stärkeren" Kinder buchen sich vielleicht eine „durchorganisierte" Pauschalreise, was z. B. ein Auftragspaß mit mehreren Stationen sein könnte, während Schwächere erst einmal nur mit dem Schiff fahren oder dem Flugzeug fliegen und dann mit dem Kauf eines Angelscheines eine neue Handlung beginnen.

Wenn die Kinder in die Halle kommen, haben sie zunächst ausreichend Gelegenheit, den Aufbau zu erfahren und sich darin zu orientieren, ehe der Spielbetrieb beginnt:

Spielraum 1:
Zu Land ... zu Wasser ... in der Luft

Reisebüro

– Verkaufsstand aus kleinem Kasten oder nicdrigcm Sprungkasten
– Zugkarten, Flugscheine, Angelscheine, etc. für den Verkauf

D-Zug (Rollbrettbahn)

– umgedrehte kleine Kästen auf Rollbrettern
– Kastendeckel auf 2-3 Rollbrettern

Flugzeuge

– in Ringe gehängte Leiter
– Hängematten zwischen Reckständer
– Langbank in verknotete Taue.

Strandbad Italia

Weichbodenmatte, ein Sprungkasten, großes Schwungtuch, Turnmatten

---

Dampfer

– Bodenturn- oder Judomatten auf Rollbrettern
– kleiner Mast mit Fahne

Kleider-/Schminkstand

– zur Selbstbedienung

Angelsee

– See aus blauer Matte, davor großer Kasten zum Angeln
– Magnetangeln, Papierfische mit Nägeln

Am Reisebüro entwickelt sich gewöhnlich sofort ein reger Betrieb, wobei die Erwachsenen zur Abwicklung des ersten großen Ansturmes beim Kartenverkauf und der Reiseberatung

helfen. Neben den Besitzern des Reisebüros gibt es natürlich noch mehr Rollen in diesem Spiel: Gleich neben dem Reisebüro steht abfahrtbereit der Zug. Der „Lokführer" hat die Lok schon unter Dampf gesetzt, der „Schaffner" kontrolliert die Fahrkarten und weist den Fahrgästen die Plätze zu.

Schon bald fährt der erste Zug ab: Sein Ziel ist der Flughafen. Der „Pilot" ist schon ganz nervös: Er will starten, damit er noch vor dem drohenden Sturm sein Flugziel sicher erreicht.

Ist ein D-Zug im Strandbad „Italia" angekommen, läßt er die Badegäste aussteigen. Diese sonnen sich oder toben sich sportlich aus. Ein „Schwimmeister" und zwei „Wellenmacher" versorgen diese Einrichtung. Schon bald wird hier von den Kindern die Idee aufgebracht, daß man im Schwimmbad auch Eintrittskarten braucht, die schnell in der Turnhalle oder für die nächste Stunde im Klassenunterricht vorbereitet werden.

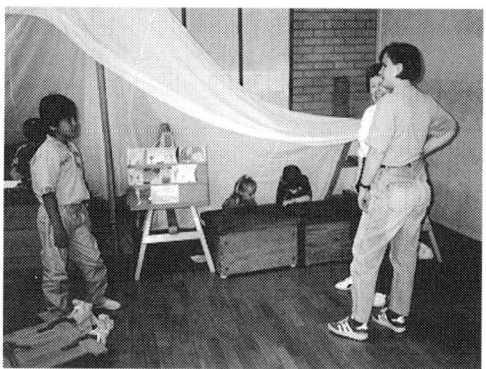

Eine Flugkarte nach Havanna, bitte schön!

Der Zug fährt wieder zurück zum Reisebüro und lädt auf einem Zwischenstop am Flughafen neue Fahrgäste ein. Diese wollen zur Dampferstation fahren. Dort angekommen, steigen die Urlauber in den Dampfer und dümpeln zum Angelsee, um dort für eine Grillparty Fische zu fangen.

Diese in komprimierter Form geschilderten Spiele der Kinder sollten sich im Spielunterricht erst allmählich im Verlauf einiger Stunden entwickeln. Sie bedürfen hier und da sicherlich noch der Unterstützung durch die Erwachsenen. Für den Aufbau der Spielhandlung ist es besser, nicht gleich zu Beginn mehrere Versorgungsstationen aufzubauen, damit die Kinder nicht nur mit sich selber und ihrer Station beschäftigt sind, und kaum noch Kinder übrigbleiben, die die Angebote nutzen können. Es ist sicherlich erst einmal angebracht, einen Teil des hier beschriebenen Aufbaus wegzulassen bzw. ihn zu einem späteren Zeitpunkt ins Spiel einzuführen: z. B. sollte der schon erwähnte Verleih von Angeln und Angelscheinen nicht in Konkurrenz zum Reisebüro treten. Je nach Anzahl der Kinder in der Klasse sind die Angeln im Reisebüro selber zu erwerben und werden auch dahin zurückgebracht.

Freiwilligkeit in der Rollenübernahme hat zunächst einmal Priorität: Die Kinder suchen sich eigenständig ihre Tätigkeitsbereiche aus: Ob als „Urlauber" oder als „Beschäftigte in der Tourismusbranche" übernehmen sie Tätigkeiten, die ihnen liegen, Spaß bereiten und die sie bewältigen können. Erst später kommen Tätigkeiten hinzu, die ihnen unbekannt sind oder die sie als anspruchsvoll bewerten.

Ein Wechsel in den Rollen scheint aus folgenden Gründen wünschenswert, ja aus den Prinzipien dieses Unterrichtes dringend angesagt:

– Es ist einsichtig, daß manche Rollen sehr beliebt sind und einen wahren Ansturm auslösen. Z. B. als Flugkapitän die ganze Zeit zu schaukeln ist für manches Kind eine attraktive Beschäftigung, die aber auch anderen, gerade Schwächeren offenstehen sollte.

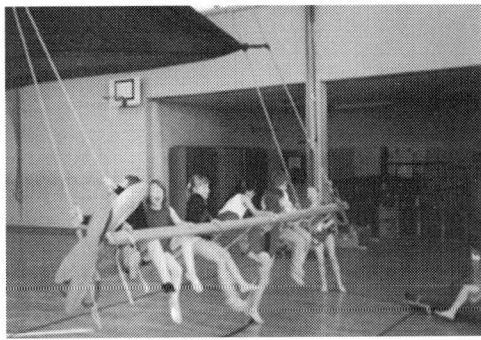

– An einzelnen Stationen gibt es Rollen, wie z. B. den Zugführer oder Wellenmacher, die körperlich sehr anstrengend sind. Zur Vermeidung von Selbstüberschätzung und

Überanstrengung sollen sich hier die Kinder in kürzeren Abständen ablösen.

– Eine Fixierung auf ein bestimmtes Rollenrepertoire engt die Kinder in ihrer Erfahrungsbildung ein und läßt andere Erfahrungsbereiche ungenutzt an ihnen vorüberziehen.

– Die Kinder sollten erfahren, daß das von ihnen vorbereitete und verantwortete Spiel wichtig und anerkannt ist. Sie sollten aber auch lernen, ihr Spiel nicht isoliert zu betrachten, sondern als Spiel, das von der ganzen Gruppe ausgeführt wird und in einen komplexen Spielrahmen eingebettet ist, zu dem jeder seinen Beitrag leistet.

Ein mit den Kindern abgesprochener Wechsel nach einer ausreichenden Phase des Ausprobierens und Spielens sollte daher die gegenseitige Ablösung und damit eine offene Erfahrungsbildung ermöglichen. Zur offenen, allen zugänglichen Erfahrungsbildung gehört auch, daß insbesondere schwächere Kinder die Möglichkeit haben, sich zu einem selbstgewählten Zeitpunkt an einer Rolle zu versuchen, nachdem sie sich unter Umständen erst einmal einen Überblick über das Spiel ihrer Vorgänger verschafft haben.

Im Verlauf der ersten Stunden muß der/die Lehrer/in beobachten, wie sich die Kinder mit dem Aufbau auseinandersetzen und darin zum Spiel finden. Wird ein Element im Aufbau nicht genutzt, weil es im vorangegangenen Spiel der Kinder schon reichlich ausprobiert wurde und einen Sättigungsgrad erreicht hat, kann es durch ein neues Element ersetzt werden.

Während des Spiels im Grundaufbau kommen von den Kindern Wünsche, z. B. noch eine zweite Schaukel als Hubschrauber o. ä. aufzubauen. Sie bringen Spielideen aus ihrem eigenen Erlebens- und Erfahrungsbereich mit, die aufgegriffen und in die Spielhandlung integriert werden können.

In einer Klasse organisierten die Kinder den Badebetrieb am Strandbad durch einen Badekartenverkauf und zeitweilig sogar durch ein „Action-Bad", in dem während des Sprunges vom Turm Bälle aufzufangen waren oder durch Ringe/Reifen gesprungen werden mußte. An einem Angelsee entstand ein Angelwettbewerb.

Die im folgenden skizzierte Fortführung des Spieles ist eine Übersicht über die Spielmöglichkeiten, die in unterschiedlichen Klassen zu diesem Thema entstanden sind.

Die Übersicht kann dem/der Lehrer/in Anregungen zur Fortführung des Themas geben; die Wünsche der eigenen Klasse sollten für die Ausgestaltung des Themas immer die erste Priorität haben.

Spielraum 2:
Auf der Insel ... über den See

Zeltplatz

– kleine, aus Pappe selbst hergestellte Dreieckszelte
– aus Schwungtüchern
– feste Hütten aus Sprungkästen

Insel

– blaue Matten, Palmen aus Papier, Pappe
– Liegewiese aus Turnmatten
– Fühldecke oder Krabbelkiste.

Fähre

Von der Sprossenwand o. ä. kann ein Tau zu einem Reckständer gespannt werden, an dem sich die Kinder auf Rollbrettern oder dem leergeräumten Mattenwagen sitzend beispielsweise zum Angelplatz hin entlanghangeln können.

Bootsverleih

An einem kleinen See kann man sich Ruderboote mieten und über den See rudern. Rollbretter sind die Ruderboote und Stäbe mit Flaschengummis die Ruder.

Ponyfarm

In einer Ecke der Halle wird eine kleine Arena aufgebaut: In ihr stehen Ponys zum Reiten zur Verfügung.

Die Ponys können sehr schnell gebastelt werden: Auf einen Gymnastikstab wird eine mit Watte, Papier oder Wollresten ausgestopfte Socke gebunden, angemalt und mit Wollresten eine Mähne angesteckt.

Café

– Langbänke als Tische
– Geschirr je nach mitgebrachten Lebensmitteln
– Waffeleisen

Flaschenpost

Im Angelsee taucht eine geheimnisvolle Flaschenpost auf: In ihr ist entweder ein Handlungsauftrag enthalten wie z. B. „Fahre zur Insel und ruhe dich in der Sonne aus" oder die Kinder finden eine kleine Geschichte darin, die am Strandbad vorgelesen wird.

Imbißbude

Am Angelsee werden die gefangenen Fische gegrillt und verspeist. Wer es ganz realistisch haben möchte, kann einen Papierfisch gegen ein Fischli eintauschen lassen.

Seerosenteich

Auf der Insel wird ein kleiner Seerosenteich (kleines Planschbecken oder Wanne mit ein paar Zentimetern Wasser darin) aufgebaut. Die Kinder basteln sich aus der Vorlage „Seerosenknospen" und malen diese an. Wenn sie die Seerosen auf das Wasser setzen, fangen diese durch „geheimnisvolle Kräfte" an zu blühen (evtl. als Abschlußspiel).

Segelflugplatz

In der Klasse oder auch in der Turnhalle können die Kinder Papierflieger falten und anmalen.

Sie lassen ihre Flugzeuge dann von einem Berg fliegen (Kletterberg oder mehrere Sprungkästen nebeneinander).

Für die Kinder wird die Fortführung der Spielhandlung durchschaubarer und leichter nachvollziehbar, wenn sich nicht immer nur neue Elemente in das Spiel einfügen, sondern wenn zum Spiel ein ganz konkretes Reiseziel entwickelt wird, das dann auch in der Vorstellung der Kinder die dazu gehörigen Spielelemente bestimmt. An zwei nur knapp skizzierten Spielverläufen wird deutlich, wie sich in diesem Sinne die Spielhandlung weiterwickeln kann.

Spielraum 3: „Camping Italia"

In einer Klasse bestand der Wunsch, am Strandbad einen Zeltplatz zu errichten. Die Reisetätigkeit rückte in den Hintergrund und war nur noch auf Fahrten innerhalb Italiens beschränkt. Die Erwachsenen hatten aus Pappkartons eines „unmöglichen Möbelhauses" große Dreiecke geschnitten, von denen immer drei zusammengebunden kleine Zelte ergaben.

Diese bemalten und beklebten die Kinder in der Turnhalle. Da so ein Dreieckszelt stets nur Platz für ein Kind bot, suchten die Kinder nach Arrangements, wie sie in kleinen Gruppen zusammen wohnen konnten. Auf diese Weise entstand ein kleines Zeltdorf. Vom Zeltdorf am „Strandbad Italia" aus unternahmen sie kleine Ausflüge zum Angelsee, der um einen Bootsverleih mit Ruderbooten erweitert wurde. Die Ruder entstanden aus Gymnastikstäben mit Flaschenpfropfen aus Gummi (oder Gummipfropfen für Gehhilfen).

Später begaben sich andere Kinder zum „Hafflinger Ponypark", wo geritten werden konnte, entweder mit den selbstgebastelten „Steckenpferden" oder auf Kindern, die sich selber als

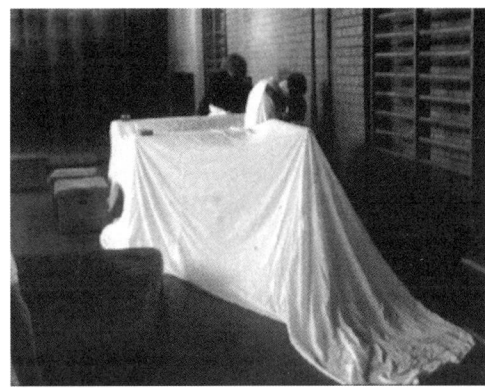

Lustig geht es auf dem Zeltplatz zu

Pony anboten. Als Transportmittel standen den Kindern Ponywagen zur Verfügung, die sie zu den gewünschten Ausflugszielen brachten.

Den Abschluß des Spieles bildete für die Kinder die „Seerosennacht", die eingebunden war in ein großes Fest: Denn wer viel unterwegs ist, bekommt auch Hunger und Durst. Auf dem Campingplatz richteten die Kinder darum ein Café ein, in dessen Küche in einer Ecke der Turnhalle Waffeln gebacken wurden. Diese verspeisten sie zusammen mit dem mitgebrachten Saft. Dann endlich kam es zum langersehnten Höhepunkt des Festes: Die in der Klasse vorbereiteten „Seerosen" sollten erblühen. Vorsichtig setzten die Kinder die Seerosenknospen auf das Wasser in einer großen Plastikschale und staunten nicht schlecht, als diese wie durch geheimnisvolle Kräfte erblühten.

Dann war es Zeit für die Heimreise. Der Zug (großer Leiterwagen), der sie nach Hause fahren sollte, stand schon unter Dampf.

Spielraum 4: „Reise nach Hawaii"

In einer anderen Klasse bekam das Spielthema eine ganz spannende Wendung: Während einige Kinder am Angelsee fischten, tauchte dort eine geheimnisvolle Flaschenpost auf. Darin befand sich eine bunte Karte, die wohl ein gestrandeter Seemann gemalt und voller Hoffnung auf die Reise geschickt haben mußte. Auf dieser Karte war mitten im großen Meer eine kleine Insel mit Palmen, großem Strand, wun-

111

derhübschen Blumen und einem See abgebildet, der wie ein kleiner Smaragd leuchtete.

Mitten auf dieser Insel stand der „Seebär" und winkte mit einer SOS-Fahne. Aber wie sollten die Kinder den Seebären besuchen und ihm sagen, daß sie seinen Notruf gefunden hätten und ihm helfen wollten? Mit dem Flugzeug und den Schiffen konnten sie vielleicht das große Meer überwinden. Damit ihnen nicht das gleiche Schicksal zustoßen konnte wie dem „großen Seebären", wurde zwischen Heimathafen und Insel ein regelrechter Pendelverkehr aufrechterhalten.

Der bisherige Angelsee wurde zum „Smaragdsee" und rundherum entstand aus Matten die geheimnisvolle Insel, die mit Blumen, Palmen und einem riesigen Zeltdach geschmückt wurde. Auf der Insel konnten die Kinder baden, sich am Strand sonnen. Dort fanden sie auch Fußspuren, aber der „große Seebär" blieb verschwunden. Die Suche nach dem Seebären begann. Hier ein alter Schuh, da eine Pfeife, aber sonst war kein Lebenszeichen zu finden. An einem abgelegenen Teil der Insel ragte ein Stück Holz aus den Wellen.

Die Kinder tauchten nach dem Stück Holz: Es entpuppte sich als ein Stückchen Holz von einer großen Kiste (Koffer), die noch verschlossen war. Wo ist der Schlüssel? Nach längerem Suchen fanden die Kinder auch diesen. Endlich konnten sie die geheimnisvolle Kiste öffnen. Darin lag zuoberst eine angekokelte Papierrolle. Und was stand darauf?

„Liebe Finder!

Ich habe Glück gehabt. Nach einem Jahr der schrecklichen Einsamkeit ist endlich ein Schiff gekommen und hat mich mitgenommen. Vielen Dank für eure gut gemeinte Hilfe! Feiert ein Fest. Die Zutaten dazu habe ich in diese Kiste gepackt. Es sind Sachen, die ich von meinem untergegangenen Schiff noch habe retten können. Viel Spaß und gute Heimreise!

Euer Seebär"

Die Kinder packten die Kiste aus. Sie schmückten die Insel, bauten eine Bar auf. Auf der Insel wurden allerlei exotische Früchte gesammelt und daraus ein Fruchtsalat „Hawaii" bereitet. Dann konnte das Fest beginnen. Aus Strandgut – es mußten hier wohl schon einige Schiffe gestrandet sein – wurden Instrumente zusammengestellt: Eine „Kochpott-Steelband" entstand. Zu den heißen Rhythmen tanzten die Kinder. Zum Abschluß gab es ein Feuerwerk (Wunderkerzen) und dann begaben sich die Kinder wieder auf die Heimreise mit dem festen Vorsatz, dem unbekannten Seebären eine Karte zu schicken, auf die sie ihr schönes Fest gemalt und ihre Erlebnisse niedergeschrieben hatten.

Eine andere schöne Abschlußaktion für die Kinder ist auch, die Heimreise symbolisch zu gestalten: Im Unterricht hatten die Kinder „Papierflieger" gefaltet und bemalt. Sie brachten sie in die Turnhalle mit und ließen sie am Ende der Stunde von den Sprungkästen aus fliegen.

Verreisen im Unterricht
„Verreisen" einmal anders:
Viele Kinder/ Eltern unserer Klasse sind zu uns gereist.

Unterrichtsinhalt	Tätigkeiten der Kinder	Didakt./meth. Hinweise
Verreisen – was ist das ?	Die Kinder sammeln Nomen zum semantischen Feld „Verreisen", untersuchen sie auf ihre Bestandteile. Sie fertigen Wortcollagen auf Postern an: Reisebegriffe, Ländernamen, „Nonsens-Wörter".	

Unterrichtsinhalt	Tätigkeiten der Kinder	Didakt./meth. Hinweise
Wie sind unsere ausländischen Mitschüler/innen zu uns gekommen – wie fahren sie in den Ferien nach „Hause"?	Die ausländischen Kinder erzählen. Alle überlegen: Verreisen unsere ausländischen Mitschüler/innen, wenn sie in den Ferien in ihre Heimat fahren und Verwandte besuchen?	
Wo kommen unsere ausländischen Mitschüler/innen her?	Lehrer/in und Kinder schauen auf großen Karten nach den Herkunftsländern, evtl. Städten und markieren das Herkunftsland mit bunten Nadeln. Die ausländischen Mitschüler/innen bringen Bilder aus ihrer Heimat mit. Alle sammeln Bilder aus Zeitschriften, Reiseprospekten etc. und ergänzen die Sammlung: Die Bilder werden in einen vorgefertigten Länderumriß geklebt.	Für alle Kinder sollte ein ungefährer Eindruck entstehen über die Lebensumstände, aus denen ihre Mitschüler/innen kommen.
Wie sind sie zu uns gekommen?	Sie stellen Fahrzeugarten zusammen, die man zum Verreisen benutzt. Vergleich Nomen / dazugehörige Verben. Die Kinder überlegen, wie man aus dem Herkunftsland nach Deutschland kommen kann: Sie befragen die betreffenden Kinder als „Experten". Sie malen die betreffenden Kinder oder auch die Kinder sich selber oder kleben Paßbilder in die betreffenden Fahrzeuge, ebenso die deutschen Kinder mit ihren bevorzugten Reisefahrzeugen. Die Fahrzeuge ergänzen die Länderumrisse.	evtl. Arbeitsblatt mit Hauptreisewegen Fahrzeugvorlagen vorgeben passend zu Länderumrissen

Unterrichtsinhalt	Tätigkeiten der Kinder	Didakt./meth. Hinweise
Wer kann uns lebendige Informationen über ein Herkunftsland geben?	Die Kinder überlegen, was sie über ein fremdes Land wissen möchten: Sie stellen einen kleinen Fragenkatalog (Stichworte) zusammen, bilden Schwerpunkte.	Bilden von Schwerpunkten, damit die Befragung und die Informationen überschaubar bleiben.
Interviews der Eltern und älteren Geschwister	Sie suchen „Experten": Eltern, ältere Geschwister, ausländische Lehrer, ihre Mitschüler. Kinder befragen in kleinen Gruppen Eltern. Sie protokollieren zusammen mit dem/der Lehrer/in in Wort und Bild. Kinder sammeln Informationen.	
Eltern berichten über Familienleben, das Spiel der Kinder im Heimatland.	Sie vergleichen die Situation in Deutschland mit der im fremden Land: Sie suchen Gemeinsamkeiten/Unterschiede.	
Eltern stellen einfaches(n), aber typisches(n) Kinderlied (-tanz) vor.	Kinder lernen Lied, üben Tanz zusammen mit den Erwachsenen ein.	Lehrer/in kann auch eine Vorauswahl absprechen, z. B. Lied, zu dem es auch schon eine Übersetzung (Tonträger) gibt, bzw. die ein ausländischer Lehrer anfertigt.
Eltern stellen mit ihrem(n) Kind(ern) ein traditionelles Spiel vor.	Kinder probieren Spiele aus. Sie malen, stellen notwendige Utensilien (Spielmarken etc.) her. Sie planen Stand für das nächste Schulfest.	
Eltern führen typische Landeskleidung vor.	Kinder malen Puppenumriß nach Vorbildern aus.	

Unterrichtsinhalt	Tätigkeiten der Kinder	Didakt./meth. Hinweise
Ratespiel: Die „multikulturelle Puppe"	Die Kinder gestalten gemalte Puppen mit verschiedenen Kleidungsstücken, geben ihnen Gegenstände aus verschiedenen Ländern in die Hand. Anmalen und Aufkleben, Beschriften, Aufhängen im Flur	Puppenteile (Streifen), Kleidungsbeispiele vorbereiten.
Eltern und Klasse kochen typisches Gericht.	Rezept notieren/ malen Mithilfe beim Kochen und Tischdecken Verzehren der Speisen	Organisation und Durchführung: Eltern und Lehrer/in
Ausländische und deutsche Eltern planen Klassenfest.	Einladungskarten schreiben/ malen Kinder gestalten mit. Sie führen Tänze, Lieder, Spiele vor.	Organisation/Terminplanung durch den/die Lehrer/in
Ausstellung der Projektergebnisse in der Klasse/Schule	Exponate aussuchen, ausstellen und beschriften. Durch die Ausstellung führen – einen Stand erklären. Evtl. Nachbarklasse(n) nach Terminabsprache einladen.	Organisation/Terminplanung durch den/die Lehrer/in Vielleicht kann auch eine Zusammenarbeit/ein Austausch mit der Nachbarklasse(n) stattfinden.

Handapparat zum Verreisen im Unterricht

Bernard, J. & Baumann, K. (1991): Pirot und die Dampflok. Zürich: Nord-Süd.

Brunhoff, J. (1989): Barbar auf Reisen. Ravensburg: Maier. (EL).

Bürger, G. A. (1974): Wunderbare Reisen zu Wasser und zu Lande. Hamburg: Carlsen.

Maar, P. (1981): Die Eisenbahn-Oma. Sonne, Mond & Sterne. Hamburg: Oetinger. (EL).

Mews, S. (1988): Der Koffer. In: Schultheis, U. (Hg.). Ich hör' so gern Geschichten. Geschichten zum Vorlesen. München: dtv.

Moser, P. (1986): Paulis Traumreise. Sonne, Mond & Sterne. Hamburg: Oetinger. (EL).

Reichardt, H. (1991): Eisenbahn. Was ist was? Bd. 54. Nürnberg: Tessloff.

Scherbarth, E. (1992): Wir fahren mit der Eisenbahn. Ravensburg: Maier. 5. Aufl.

Scherbarth, E. (1992): Wir machen Ferien. Ravensburg: Maier. 14. Aufl.

Scherbarth, E. (1993): Wir fahren an die See. Ravensburg: Maier. 10. Aufl.

Wood, S. (1992): Die Eisenbahn. Vom Dampfroß zum Hochgeschwindigkeitszug. Schau + Lies – Deine Welt. Nürnberg: Tessloff. (EL).

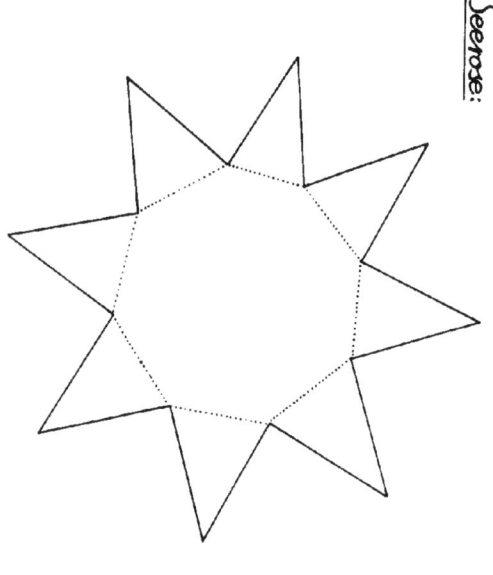

6.2 Der Berg der Wuselmonster

Das Spiel „Der Berg der Wuselmonster" hat ebenso wie das vorhergehende Spiel noch eine sehr einfache Struktur, die den Kindern über eine kleine Geschichte vermittelt wird. Über bekannte Spielelemente sollen die Kinder dazu kommen, eine Spielhandlung zu erkennen und selbständig auszuführen. Eine Fortführung der Spielidee ist zu diesem Zeitpunkt nicht geplant. Es ist aber vorstellbar, daß die kleine Geschichte, je nach Interesse und Vermögen der Kinder, eine Ausweitung zu einem „Schloßspiel" o. ä. erfahren kann.

Auf den ersten Blick ähnelt dieses Spiel dem „Fangenspiel" mit anschließendem Auslösen. Über eine kleine Rahmengeschichte wird die Aufmerksamkeit der Kinder auf die Spielhandlung gelenkt. „Urtümliche Wesen" steigern den Grad der Faszination, die Nichtvorhersehbarkeit des Spielablaufs bringt eine Spannung mit sich, die durchaus für zwei Doppelstunden ein interessantes Miteinander verspricht.

Geschichte der Wuselmonster

Kinder fuhren mit dem Zug in die Berge. Es war noch ein sehr alter Zug mit einer ächzenden Dampflok davor: Je höher es ging, desto mehr schnaufte und pfiff die alte Maschine. In den Kurven knarrten die alten Holzwagen, daß man meinen konnte, der Zug würde sein Ziel wohl nie erreichen. Auch der Schaffner schien aus uralten Zeiten zu stammen: Seine Uniform bestand aus einer alten fleckigen Bollerhollerhose, die offensichtlich wohl nur noch von den Flecken zusammengehalten wurde. Seine Jacke mußte wohl schon viel erlebt haben, denn sie war übersät von Nähten, mit denen er notdürftig Löcher zugestopft hatte. Der Kopf war bedeckt mit einer Mütze, deren Schirm gerade noch zwei verschmitzt schauende Augen aus dem Gesicht hervorlugen ließen.

Wie es sich für eine solche Amtsperson gehört, kam er gleich nach Abfahrt des Zuges die Fahrkarten kontrollieren. Ehe er diese mit einem Locher – wo gibt es das heute noch? – knipste, schaute er sie von allen Seiten an, schaute auf den Besitzer, um sich den nötigen Respekt zu verschaffen, und versah dann das kleine Papierchen mit einem ovalen Löchelchen und verschwand dann mit einem freundlichen Nicken ins nächste Abteil.

Die Kinder hatten während der Fahrt viel zu schauen. Hinter jeder scharfen Kurve tauchten neue Berge auf, und da sich der Zug langsam in die Berge hochschlängelte, gab es viele, viele Kurven. Manche Berge waren über und über mit Bäumen bewachsen, andere bestanden nur aus kahlem Fels. Manche hatten ein kleines Häubchen aus Schnee und Eis und manche waren wohl so hoch, daß sie bis in die Wolken reichten. Das sah dann so aus, als hätte jemand lauter kleine Wattebäuschchen auf den Gipfel des Berges gesetzt. Was mochte in den Wolken drin sein, die sich wie kleine weiße, bisweilen graue Hügelchen frech auf die stolzen Berge aus Stein setzten? Ein kleines Schloß, wogende Wellen mit bunten Riesenfischen?

Das eintönige Dadong, dadong, dadong der Räder verleitete die Kinder zum Träumen, bis sie das quietschende Geräusch der Abteiltür wieder weckte. Erschrocken schauten sie sich um. Aber es war nur noch einmal der Schaffner. Diesem war wohl die Fahrt zu langweilig geworden.

Da die Kinder die einzigen Fahrgäste waren, hatte er nichts zu tun und suchte wohl Unterhaltung. Die Kinder hatten auch viel zu fragen über den Zug, die Arbeit des Schaffners und seine Erlebnisse mit Fahrgästen. Natürlich wollte auch der Schaffner viel von den Kindern erfahren. Wo sie lebten, was sie werden möchten ... und dann fragte er sie noch einmal, wo sie hinwollten. Soso, zum „Blauen Berg" und seine Falten im Gesicht, die eh schon so aussahen wie Ackerfurchen, wurden zusehends tiefer und tiefer.

„In die ‚Blauen Berge' wollt ihr", murmelte er in seinen langen Bart. *„Jaja"*, bestätigten die Kinder voll Begeisterung und wollten gleich wissen, ob er auch schon einmal dort gewesen sei und wie es dort aussehe. Der Schaffner schüttelte den Kopf und erklärte: *„Aus der Gegend hier geht keiner, auch nicht ein vorwitziger Hund in die ‚Blauen Berge'. Selbst die kleinen Waldspitzmäuse, die ja nun als sehr neugierig gelten, machen um diese Berge einen weiten Bogen, obwohl für so eine kleine Maus so ein Riesenumweg besonders beschwerlich ist!"*

„Dort treiben nämlich die Wuselmonster ihr Unwesen. Das sind kleine weiße Monstergestalten. Manchmal kann man sie aus der Ebene sehen, wie sie um die ‚Blauen Berge' tanzen. Wenn sich ganz viele Wusel treffen – und das tun sie ganz häufig – dann sehen sie aus wie harmlose Wölkchen, die keinem etwas zu Leide tun könnten ... Gefährlich sind die Wusel eigentlich nicht, aber es ist schon äußerst unangenehm, ihnen zu begegnen, wie ihr gleich sehen werdet".

Der alte Schaffner schüttelte lange seinen Kopf und fuhr dann fort: *„Mein Urgroßvater – damals gab es noch mutige Menschen – verfolgte auf der Jagd mit seinem Freund eine Bergziege und geriet dabei ins Gebiet der ‚Blauen Berge'".*

Die Stimme des alten Mannes wurde zittriger; sein alter grauer Bart fing richtig an zu beben: *„Also, mein Urgroßvater und sein Freund wurden in den ‚Blauen Bergen' von riesigen furchterregenden Monstern überrascht und gefangen genommen. Ehe die beiden sich versahen, belegten die schrecklichen Wusel sie mit einem Zauber und ließen sie zu Eis erstarren. Dann packten sie die beiden und schafften sie in eine große Höhle, wo schon viele, viele andere Eiszapfen herumstanden.*

Kaum waren die Wusel verschwunden, tauchten hinter den Eiszapfen neue Gestalten auf. Der Großvater und sein Freund erschraken zum zweiten Male ganz fürchterlich und wollten vor Angst schon anfangen zu zittern, falls das überhaupt möglich war, denn sie waren ja zu Eis gefroren und konnten sich nicht regen. Aber das Fürchten war gar nicht notwendig: Es waren zwei „Fleißliebchen", das sind ganz liebe Monster. Diese machten sich sogleich an den Eiszapfen zu schaffen: Rieben und massierten, schüttelten und rüttelten, streichelten und klappsten die Eiszapfen ... und was meint ihr, die Eiszapfen fingen an zu tauen und nach kurzer Zeit standen vor den „Fleißliebchen" quicklebendig der Urgroßvater mit seinem Freund. Diese bedankten sich ganz herzlich bei den guten Monstern und versprachen ihnen ein Teil von dem Ziegenfell, falls sie denn die Ziege auch fangen sollten.

Ein lautes Quietschen und ein heftiger Ruck, der alles durcheinanderpurzeln ließ, unterbrach die Erzählung des Schaffners: Der Zug war am Fuß der ‚Blauen Berge' angekommen. Die Kinder stiegen aus, verabschiedeten sich vom alten Schaffner und machten sich auf den Weg. Ob sie denn von den Wuseln verschont blieben?

Die Kinder haben die Geschichte im Unterricht gehört. Im Kreisgespräch wird die Spielhandlung noch einmal kurz wiederholt, dann können die Kinder den Aufbau erkunden:

Blaue Berge

Zwei Spungkästen stellt man parallel so nebeneinander, daß ein Sprungbrett der Lüneburger Stegel darübergelegt werden kann. Darauf kommt ein großer Weichboden, der mit Springseilchen an den Kästen festgebunden wird. Weitere Weichböden – sofern vorhanden – werden so um diesen Grundaufbau gestellt und wenn nötig festgebunden, daß ein interessanter Berg zum Klettern und Rutschen zur Verfügung steht. „Felsspalten" zum Verstecken sind für die Kinder besonders reizvoll.

Viele Höhlen zum Kriechen und Verstecken entstehen ...

oder:

Wenn nicht so viele Weichböden zum Gestalten der Blauen Berge vorhanden sind, leistet der „Plateauberg" auch gute Dienste: Zwei Stufenbarren stehen parallel zueinander, die beiden äußeren Holme sind um eine Bankhöhe höher eingestellt. Zwei Langbänke werden nun in die beiden äußeren Holme gehängt und gegen Verrutschen mit Springseilchen festgebunden.

Darüber legt man einen Weichboden und zurrt ihn an den Holmen fest. Der restliche Teil der Langbänke wird mit zwei Bodenturnmatten abgedeckt, ebenso die überstehenden Holme der Barren mit je einer Bodenturnmatte. Eine schräg in einen Barren eingehängte Langbank dient als Aufstieg.

Je nachdem, wieviele Weichböden noch vorhanden sind, gibt es Absprungmöglichkeiten an der Seite und am Kopfende des Barrens. Über den Plateauberg wellt sich das große Schwungtuch und grenzt darunter einen Höhlenraum ab. Die mit Matten abgedeckten überstehenden Barrenholme und der Aufstieg bleiben frei, damit sie als gefährliche (aber abgesicherte!) Stellen für die Kinder erkennbar bleiben.

Dampfzug

Es gibt zwei Züge aus Kastendeckeln auf Rollbrettern. Ihre Haltestellen sind durch

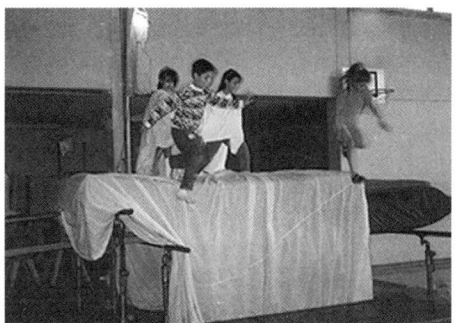

Das Oberwusel taucht aus dem Nebel auf ...

Schilder markiert. Auf Fahrkarten kann man bei diesem Spiel verzichten.

Kleiderkiste

Die Reisenden machen sich natürlich für die Reise chic oder kleiden sich zweckmäßig für Klettertouren in den „Blauen Bergen".

Eishöhle

Das große Schwungtuch (an den Ringen aufgehängt) wird mit Bodenturnmatten ausgelegt.

oder:

Das große Schwungtuch wird über Kästen gelegt, so daß eine richtige Höhle entsteht.

Nachdem die Kinder ausreichend Zeit zum Erproben des Aufbaus hatten, beginnt das eigentliche Spiel. Während in den „Veränderlichen Spielräumen" ein solcher Berg schon zum Verstecken und Fangen herausforderte, ist es hier nicht die Kleingruppe, die sich an einer Spielidee erprobt, sondern der überwiegende Teil der Klasse bewegt sich in „Lauerstellung" über den Berg.

Die Spielsituation hat sich auch insofern für die Kinder verändert, als daß zur Durchführung einer Spielhandlung die Übernahme von bestimmten Rollen notwendig ist. Die freiwillige Rollenübernahme, die wir eigentlich voraussetzen, erweist sich hier für einige Kinder als schwierig. Dies trifft insbesondere für die Kin-

der zu, die noch ein ausgeprägtes Bedürfnis nach großräumiger Bewegung haben.

Erst einmal die eigenen Wünsche zurückzustecken und eine Rolle als Zugführer oder Fleißliebchen-Monster zu übernehmen und auch eine Zeitlang durchzuhalten, ist sicherlich Lernziel für einige Kinder in jeder Klasse. In Ausnahmefällen kann auch weiterhelfen, wenn die Zugführer anschließend die Rolle der Wusel übernehmen.

Grundsätzlich ist die Rolle der Wusel-Monster für sehr viele Kinder äußerst attraktiv. Ein häufiger Wechsel zwischen eher ruhigen und eher aktiven Rollen ist aber allein schon aus Gründen der körperlichen Überanstrengung notwendig. Durch die entsprechende Verkleidung der Wusel bleibt das Spiel auch nach einem Rollenwechsel für alle Kinder überschaubar.

Besonderen Spaß bereitet es den Kindern auch, wenn zu Beginn die Erwachsenen die Rolle der Wusel übernehmen. Kommt es einerseits den Vorstellungen der Kinder von der „Übermächtigkeit" der Wusel nahe und erleichtert dadurch ein Hineinfinden in die Spielhandlung, so ist es andererseits für die Kinder bedeutend, ihre Lehrer oder Betreuer nicht nur als Spielleiter, sondern als aktive Spielpartner zu erleben.

Unter lautem „Gewusel" kommen die Wusel – in weiße Bettücher gehüllt – in die Halle, stürmen die ‚Blauen Berge' und versuchen, die vorwitzigen Reisenden in ihr Gewahrsam zu bringen und sie mit ihrem Eiszauber zu belegen. Mit einem kleinen Massagegerät oder auch Massagehandschuhen können die „Fleißliebchen" – die guten Monster – die gefrorenen Reisenden wieder auftauen. Die Bahn wartet schon, um sie wieder in die Blauen Berge zu fahren.

Obwohl die Spielhandlung einfach gestaltet ist, gibt es hohe Anforderungen an die Kinder: Sie müssen die Rollen miteinander abstimmen, ihr Bewegungsverhalten auf das Material und das Bewegungsverhalten der Mitspieler einrichten, und mit dem Druck des „Gefangenwerdens" bzw. „Fliehenmüssens" zurechtzukommen. Für manches Kind ist es nicht einfach, zulassen zu können, daß es gefangen wird und erst über einen „Umweg" wieder am großmotorischen Spiel teilnehmen kann; andere Kinder sehen das Ziel des Spiels vor allem im Weglaufen und nehmen damit schwächeren Kindern die Chance, auch einmal als Wusel ein Kind zu fangen. Um ein Zusammenspiel zu ermöglichen, sollte mit den Kindern besprochen werden, daß das „Gefangenwerden" mit zur Rolle der Reisenden gehört und daß auch schnelle Kinder den Wuseln die Möglichkeit geben sollen, sie zu fangen.

Monster/Ungeheuer im Unterricht

Gibt es den alten, knüseligen Schaffner im Dampfzug?

Unterrichtsinhalt	Tätigkeiten der Kinder	Didakt./meth. Hinweise
Die Wuselmonster	Die Kinder erzählen die Geschichte, berichten von ihren Erlebnissen in der Turnhalle. Sie malen dazu Bilder und hängen sie zusammen auf und versuchen eine kleine Ord-	Aufteilen in drei Spielszenen macht die Geschichte überschaubarer.

Unterrichtsinhalt	Tätigkeiten der Kinder	Didakt./meth. Hinweise
	nung zu finden: die Situation in der Eisenbahn, die Wuselmonster am ,Blauen Berg', das Auftauen bzw. die Befreiung der Kinder.	
Spielen der Geschichte, um die Handlung herauszuarbeiten und Variationen zu finden.	Um in die einzelnen Rollensituationen hineinzufinden, spielen die Kinder die Geschichte in groben Zügen im Klassenzimmer nach: Als Zug nehmen sie eine Stuhlreihe, die ,Blauen Berge' sind zusammengestellte Tische, die Höhle der guten Monster richten sie schnell unter zwei Tischen in der Spielecke ein.	Die Kinder übertragen die großräumige Spielsituation aus der Turnhalle auf einen kleineren Rahmen, auf andere Materialien.
Darstellung der Geschichte mit bildnerischen Mitteln	Sie machen ein kleines Pustespiel mit Wattebäuschchen oder Watteflocken: Der Tanz der Wusel um die ,Blauen Berge'. In Kleingruppen basteln sie die 3 Szenen aus Tonpapier für ein großes Fensterbild oder kleinformatig zum Aufkleben auf Folie.	Die ,Blauen Berge' sind ein Stück dachartig gefalteter blauer Karton, über den die Watteflocken gepustet werden können. Bewegl. Filmszenen: die Figuren etc. aus dünnem Karton ausschneiden und auf fortlaufende Overheadfolie kleben. Die Szene mit den ,Blauen Bergen' wird lebendig, wenn man eine hochwandige Glasschale auf die Bergsilhouette stellt, kleine Watteflocken hineingibt und mit einem Strohhalm pustet …
Ein Besuch auf dem Bahnhof	Die Kinder schauen sich auf dem Bahnhof um, was es dort alles gibt: *Schalterhalle, Wartesaal, Gaststätte, Fahrdienstleitung, Bahnsteige, Geleise und Signale, Unterführungen, Stellwerk, Bahnhofsmission, Gepäckabfertigung, Güterbahnhof*	Lehrer/in macht ein paar Photos in Abstimmung mit den Kindern (oder Kinder photographieren selber!)

Unterrichtsinhalt	Tätigkeiten der Kinder	Didakt./meth. Hinweise
Wie kann ich mit dem Zug verreisen?	Sie sehen sich die wichtigsten Tätigkeiten im Personenverkehr an, befragen das Personal nach ihren Tätigkeiten, Dienstzeiten, ob sie schwere Arbeit leisten. Sie beobachten die Bahnbeamten bei ihrer Arbeit im Schalterdienst *(Fahrkartenverkauf, Text auf einer Fahrkarte, kurzer Blick in den Fahrplan, Reisebuchung, Gepäckaufgabe ...)*.	Nur die Haupttätigkeiten sollten erfaßt werden. Die Kinder finden sie in einem Arbeitsblatt wieder (nur sind alle Tätigkeiten vertauscht).
Was gibt es alles im Zug, wer arbeitet dort?	Sie besichtigen einen Zug: Lok, Personenwagen mit Abteilen, Speise-/Gepäckwagen. Sie lassen sich vom Zugpersonal (Zugführer, Schaffner, Lokführer etc.) ihre Tätigkeiten vorführen und erläutern. Vielleicht gibt es eine spannende Geschichte zu erzählen? Die Kinder haben sich Fragen überlegt: Sie führen kleine Interviews mit einem Handdiktiergerät.	Bei den Interviews liegt das Hauptaugenmerk darin, eine Erinnerungshilfe für den Klassenunterricht zu haben und die Stimmung einzufangen. Die Geräuschkulisse wird den Kindern erst über die Tonbandaufnahmen bewußt.
Betrieb auf dem Bahnhof: ein kurzer Blick ins und aus dem Stellwerk	Sie schauen sich die Teilbereiche eines Bahnhofs an: Güterverkehr, Personenverkehr, Gepäckservice, Postbetrieb. Es gibt verschiedene Zugarten, die auf dem Bahnhof eine unterschiedliche Behandlung erfahren: Nahverkehrszug, Schnellzug, Intercity, Güterzug, usf. Die Stellwerkstafel ist ein Abbild vom Gleisaufbau eines Bahnhofs: Sie lassen sich an dieser Tafel den Betrieb des Bahnhofs zeigen.	Funktion der Züge erarbeiten. Wenn die Nachrangigkeit der Züge nicht aus dem Stellwerksplan hervorgeht, sollte der Schaffner sie anhand des Fahrplanes erläutern, z. B. auch, warum der Güterzug nicht im Hbf hält.

Unterrichtsinhalt	Tätigkeiten der Kinder	Didakt./meth. Hinweise
Die Klasse wird kurzfristig zum Bahnhof.	Die Kinder erzählen über ihre Eindrücke und Beobachtungen vom Bahnhof. Sie beschreiben die Tätigkeiten der Beamten und notieren sie in einem Arbeitsblatt. Sie spielen die Situationen nach mit verteilten Rollen: Fahrkartenverkauf, Abfahrt des Zuges, Fahrkartenkontrolle. Sie malen in eine vorgegebene Teilskizze den Blick aus dem Stellwerk: Bahnhof.	Arbeitsblatt Vergrößerter Plan des Bahnhofs mit seinen Gleisen.
Zusammenfassung und Dokumentation der Ergebnisse des Unterrichtsganges auf den Bahnhof	Sie ordnen ihre eigenen Photos und Bilder in einer Wandzeitung. Sie sammeln weitere Informationen, Bilder aus Illustrierten, Sachbüchern. Sie bauen mit dem Baukasten eine kleine Modellanlage. Sie schauen sich eine Modelleisenbahn an.	Die Struktur des Fahrbetriebs im Personen-verkehr sollte deutlich herauskommen. Von der eigenen Unterrichtsplanung und der Struktur der Klasse ist abhängig, wie dieses Thema im Unterricht vertieft, z.B. durch den Güterverkehr erweitert und die Bahn als großer Dienstleistungsbetrieb behandelt werden sollte. Alternativ bietet sich auch der Besuch eines örtlichen Busunternehmens an.

Handapparat zu Wuselmonster im Unterricht

Bernard, J. & Baumann, K. (1991): Piro und die Dampflok. Gossau: Nord-Süd. (EL).
Butterfield, M. (1993): Rette sich wer kann! Gruselige Spiele mit Gespenstern und Vampiren. Hamburg: Carlsen.
Carle, E. (1992): Großes Buch der Fabeltiere. Hildesheim: Gerstenberg.
Heck, E. (1989): Der junge Drache. Würzburg: Arena. 5. Aufl.
Kent, J. (1992): Drachen, die gibt's doch gar nicht. Ravensburg: Maier. 10. Aufl.
Scheffler, U. (1988): Das Zahlenmonster. München: Schneider. (EL).

6.3 Indianer

Das Thema Indianer ist, wie auch das vorhergehende Spiel „Verreisen", aus den „Veränderlichen Spielräumen" entstanden: In der 2. Hälfte einer Förderstunde spielten Kinder einer Klasse mit zwei „Beweglichen Matten" und fanden dabei sehr schnell zu der Idee, mit den Matten aufeinanderzufahren. Dabei blieb es aber nicht, es wurden die „Fronten" gewechselt, Scheinkämpfe entwickelten sich, die Kinder gaben sich Stammesnamen wie Sioux oder Apachen und versuchten, sich gegenseitig zu fangen. Für die Kinder stand fest, daß das Thema für die folgende „Hallen-Stunde" „Indianer" lauten mußte.

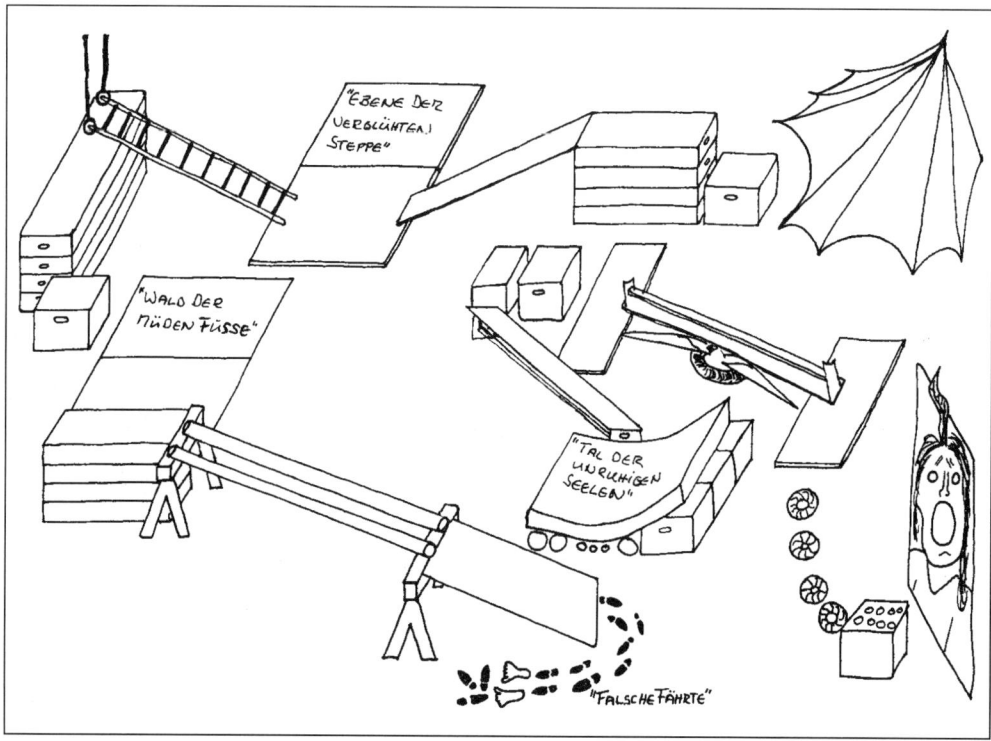

Der Schleichpfad in der Turnhalle

Im Unterricht waren die Indianer ständiger Gesprächsstoff bis zur nächsten „Hallen-Stunde", so daß alle Kinder mit dem Begriff „Indianer" etwas verbinden konnten. Viele von ihnen hatten zu Hause schon Indianer gespielt und brachten nun die unterschiedlichsten Utensilien mit in den spiel- und handlungsorientierten Unterricht: Lederbekleidung für „Bleichgesichter", Häuptlingsschmuck, Friedenspfeife usw.

Das, was sich hier aus dem regen Interesse der Kinder heraus ganz selbständig entwickelt hat, entspricht unserer Vorstellung, wie ein Spiel-

thema im spiel- und handlungsorientierten Unterricht behandelt werden sollte. Das Spiel in der Turnhalle ist nicht als isolierte Aktion anzusehen, sondern gehört mit zur Schule und demnach auch mit in den Unterricht in der Klasse.

Zur Einstimmung in das Thema kann die nachfolgende Indianergeschichte vorgelesen werden, wenn sich nicht von allein ein reges Unterrichtsgespräch entwickelt. Vom Inhalt der Geschichte ausgehend kann überlegt werden, wie und wo Indianer leben, was Indianer eigentlich sind. Indianerzeichen, -schmuck, -kleidung und -wohnungen können thematisiert und die Kinder so auf das Thema eingestimmt werden.

Die Einstiegsmöglichkeiten in das Spiel in der Turnhalle sind vielfältig. „Indianer" ist eines der ersten Spiele in der „themenzentrierten Phase", so daß es sich hier anbietet, das Spiel zunächst auf möglichst bekannten Elementen aus den „Veränderlichen Spielräumen" aufzubauen. Die Auseinandersetzung mit dem Material rückt in den Hintergrund, die Kinder können sich voll auf die Struktur des Aufbaus und das Spiel konzentrieren.

Nachstehende Spielvarianten können unterschiedlich eingesetzt werden. Der/die Lehrer/in kann sich eine Variante heraussuchen, die ihm/ihr am geeignetsten für die Klasse erscheint und darauf die Spielfolge aufbauen. Es ist aber auch denkbar, die Vorschläge miteinander zu kombinieren und in eine sinnvolle Abfolge zu bringen.

W i c h t i g ist es, darauf zu achten, daß allen Kindern genügend Zeit bleibt, sich mit dem Aufbau auseinanderzusetzen und ihn zu erkunden, die Spielhandlung auszuprobieren und beliebig oft zu wiederholen.

Spiel und Aufbau müssen für alle überschaubar sein. Auch sollte noch genügend Freiraum für die Kinder bleiben, eigene Spielideen zu entwickeln und in das Spiel zu integrieren. Wie in den „Veränderlichen Spielräumen" (s. S. 58ff.) kann auch hier bei den nachfolgenden Beispielen die an sich notwendige und pädagogisch wertvolle Begeisterung der Erwachsenen ein „Zuviel" für die Kinder bedeuten, d. h. in dem Ansinnen, den Kindern möglichst viel und Außergewöhnliches bieten zu wollen, entsteht folgende Überforderungssituation für die Kinder:

Der Aufbau ist für die Kinder nicht überschaubar, sie – insbesondere die schwächeren – verlieren die Orientierung. Die vielfältigen Reize sind zu groß und zu zahlreich, als daß die Kinder in der Lage wären, das für sie Wichtige her-

auszusuchen, sich darauf zu konzentrieren und eine Spielhandlung, welcher Komplexität auch immer, zu entwickeln.

Um nichts zu versäumen, wird bei den Kindern ein rastloses Hin und Her aufkommen, das der Entwicklung und Erprobung von Spielideen entgegensteht.

Das Spielthema „Indianer" ist so aufgebaut, daß in einen relativ engen, aber einfachen Spielrahmen mehr und mehr Spielideen der Kinder integriert werden.

Die Rothäute erobern den Schulhof: Es geht auch draußen

Die Erwartungen an ein gemeinsames Spiel der Kinder sollten allerdings noch nicht allzu hoch gesteckt werden.

Spielraum 1: „Schleichpfad"

Folgende kleine Geschichte dient als einfacher Handlungsrahmen für dieses Spiel:

Geschichte der „Leisen Sohlen"

„Die Indianer vom Stamm der „Leisen Sohlen" sind bei ihrer Jagd ins Gebiet eines feindlichen Stammes eingedrungen. Sie haben schon oft zu spüren bekommen, daß dieser Stamm mit Pfeil und Bogen sehr, sehr gefährlich ist. Deshalb sind sie sehr vorsichtig. Sie schleichen lautlos durch den feindlichen Jagdgrund. Keiner darf sie hören. Halt, da hat es geknackt! Die Indianer atmen auf, als sie sehen, daß nur ein kleiner Hase vor ihnen Reißaus nimmt.

Großer, alter Häuptling Flinke Zehe hat am Lagerfeuer immer von riesigen Schätzen dieses feindlichen Stammes erzählt. Es waren einmal die Schätze der Leisen Sohlen! Aber vor vielen, vielen Monden ist Häuptling Lahme Hacke einmal am Lagerfeuer eingeschlafen. Und ausgerechnet da kam der feindliche Stamm und hat die Schätze geraubt.

„Wir werden uns die Schätze wiederholen", sprach Flinke Zehe, „seid nur schön vorsichtig und wachsam! Die Rache ist unser! Hugh, ich habe gesprochen". Flinke Zehe drehte sich um und marschierte los in den Wald und alle Indianer hinter ihm her. Doch die Indianer ahnten gar nicht, welche Abenteuer sie auf ihrem Kriegspfad erleben sollten ...

Mit der Geschichte sind Handlungsrahmen und Handlung für die Kinder abgesteckt: Sie schließen sich dem Häuptling an, der zunächst einmal von einem Erwachsenen gespielt werden sollte, und versuchen, den Kletterpfad zu überwinden, um dann dem schlafenden Feind den Schatz wieder zu nehmen.

ben gebaut wird. „Flammen" werden mit roten und gelben Tüchern dargestellt. Hier treffen sich die „Leisen Sohlen, um „Kriegsrat" abzuhalten.

Abenteuerspiele

Schleichpfad

2 Kletterwege aus Bänken, Kästen, Schaukel, Leitern, Lüneburger Stegel etc. (s. a. Veränderliche Spielräume, S. 58ff.):

Zwischen einzelne Elemente werden Turn- oder Weichbodenmatten etc. für Spielorte oder Ruhepunkte ausgelegt.

Indianerzelt

– Ein großes Schwungtuch wird mittig an Ringen aufgehängt, auseinandergezogen und die Ränder mit Kastensegmenten oder kleinen Kästen beschwert.

– Mehrere kleinere Schwungtücher oder zusammengebundene Bettücher werden an der Sprossenwand oder den Kletterseilen aufgehängt und die Ränder beschwert.

Vor dem „großen Wigwam" befindet sich auch das Lagerfeuer, das aus Gymnastikstä-

Sumpf der fürchterlichen Geräusche

Einem Kind aus der Gruppe werden die Augen verbunden. Der/die Lehrer/in oder die Kinder erzeugen Geräusche wie Klatschen, Stampfen, Husten, Lachen, Pusten, Zeitungspapier zerknittern o. ä. Das Kind soll die Geräusche diskriminieren.

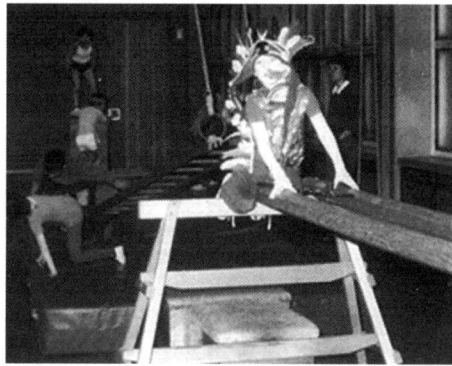

Der Häuptling zieht voran

126

Falsche Fährte

Die Indianer treffen auf eine Fährte. Sie merken aber erst sehr spät, daß es eine falsche Spur ist. Sie müssen rückwärts gehend auf ihren alten Weg zurückschleichen (auf einem Bein hüpfend, auf allen vieren …).

Schlucht des großen Zaubers

Den Kindern wird eine kleine Geschichte erzählt; sobald bestimmte Signalworte, wie z. B. „Rücken" auftauchen, müssen sich die Kinder auf den Rücken legen usf.

Wald der müden Füße

Indianer sind müde geworden, ruhen sich im Wald aus … Indianermusik … Entspannungsmusik … läßt sie vom heimischen Wigwam träumen.

Ebene der glühenden Steppe

Auf Pappe sind verschiedene Spuren aufgezeichnet (Huf, Händeabdruck, Fuß eines Erwachsenen, Kinderfuß, Autoreifen, Hundepfote etc.). Mit den Kindern wird überlegt, um welche Spuren es sich handelt.

Tal des Todes

Wüstental, nur heißer Sand … die untergehende Sonne blendet die Indianer, sie kommen nur mühsam voran. Die eine Hälfte der Gruppe hat die Augen verbunden, die andere Hälfte muß sie führen. Oder eine Gruppe muß rückwärts gehen über holprigen Untergrund und von den anderen geführt werden.

Tal der unruhigen Seelen

Die Indianer haben auf ihrem Kriegspfad das „Tal der unruhigen Seelen" erreicht. Um sich Mut zu machen und die „Seelen" zu beruhigen, wird ein Indianertanz getanzt. Der feindliche Stamm ist noch so weit entfernt, daß er die Indianer nicht hören kann.

Vielleicht singen die Kinder dazu ein kurzes Indianerlied oder denken sich einen Schlachtruf aus, mit dem sie sich Mut zurufen.

Dieses sind nur einige wenige Beispiele, wie erlebnis- bzw. themenorientiert eine Klettergelegenheit gestaltet und der an sich nüchterne Kletterparcour zum „echten Kriegspfad" in der Erlebniswelt der Kinder werden kann.

Ziel der ganzen Handlungskette ist es, dem feindlichen Stamm den Schatz wieder zu rauben. Wenn die Indianer allerdings zu laut sind, wachen die feindlichen Indianer auf und die Kinder müssen sich verstecken oder flach auf den Boden legen, damit sie nicht gesehen werden.

Für die ersten Durchgänge kann der Schatz aus attraktiv gestalteten Kartons oder Luftballons bestehen. In der Fortführung der Handlung kann die Geschichte auch so abgewandelt werden, daß ein Nachbarstamm alle Vorräte geraubt hat. Ein Wächter bewacht sie (Obst z. B.). Jedes erbeutete Obststück wird zum heimischen Wigwam gebracht, wo die Squaws daraus einen Obstsalat fertigen, der dann gemeinsam am Lagerfeuer verspeist wird.

Erfahrungsgemäß macht diese Spielgeschichte den Kindern so viel Spaß, daß sie mehrmals die Handlung vollziehen bzw. das Abenteuer erleben möchten.

Spielraum 2: „Sprechender See"

Geschichte: Sprechender See

„Weit, weit weg vom heimischen Wigwam liegt der Sprechende See. Wenn die Leisen Sohlen Probleme haben, wandern sie dorthin, um sich Rat zu holen. Der erste Häuptling des Stammes der Leisen Sohlen, Weiße Eule, der vor vielen, vielen Monden in die ewigen Jagdgründe gezogen ist, spricht dort immer noch zu seinem Stamm. Die Leisen Sohlen haben nichts mehr zu essen, deshalb bereiten sie sich auf den „Schleichpfad" vor.

*Der Sprechende See ist nur über einen engen Pfad zu erreichen, der durch das Land der Bleichge-
sichter führt. Vom Weg abkommen heißt, in die Hände der Bleichgesichter zu fallen. Klar ist, daß die
Leisen Sohlen auch auf dem Schleichpfad unheimlich aufpassen müssen, um nicht herumstreunen-
den Bleichgesichtern in die Hände zu fallen. Unterwegs erleben die Leisen Sohlen viele Abenteuer.*

*Am See angekommen, tanzen die Leisen Sohlen einen Kriegstanz, um Weiße Eule zu be-
grüßen. Weiße Eule ist vorsichtig. Damit die Nachricht von neuen Jagdgründen den Bleichgesichtern nicht in die Hände fällt, hat er seine Botschaft an die Leisen Sohlen mit einem Zauber
belegt. Seine Worte liegen wie glitzernde Edelsteine im Sprechenden See. Die Indianer können
sie nur mit Zauberstäben (Magnetangeln) ergattern. Wieder zu Hause im großen Wigwam,
können sie das Rätsel von Weißer Eule lösen ...".*

Wigwam/Tipi

– Großes Schwungtuch, in der Mitte an
Ringen aufgehängt, die Ecken des Tuches
auseinandergezogen und die Ränder mit
kleinen Kästen beschwert.

– Mehrere kleinere Schwungtücher oder
zusammengebundene Bettücher an
Sprossenwänden und Ringen aufgehängt
und die Ränder beschwert.

Die Kinder schmücken das Zelttuch mit
„indianischen" Zeichen, Federn etc.

Kriegspfad

Der Weg zum „Sprechenden See" wird so
gestaltet, daß die Kinder verschiedene Klettermöglichkeiten vorfinden und über unterschiedliche Untergründe laufen müssen:
wackliger Balken, Wippe aus umgedrehter
Langbank, Bälle unter Matten oder auch
Schwungtuch, Teppichbodenfliesen, Lüneburger Stegel usf.

Sprechender See

Mit Langbänken wird eine Fläche abgegrenzt als See: Darin befinden sich von den
Kindern zwei gut erreichbare Inseln (kleine
Kästen). Im See verteilt liegen die zu an-
gelnden Puzzleteile.

Schminkstand/Kleiderkiste

Bevor sich die Indianer auf den Kriegspfad
begeben, können sie sich indianermäßig zu-
rechtmachen und evtl. mitgebrachten Indianerschmuck anlegen.

Die Spielhandlung ergibt sich aus obenstehen-
der Geschichte. Die funkelnden Edelsteine
sind Teile von Puzzles mit einem aufgeklebten
Nagel. Richtig zusammengesetzt ergibt sich
ein Bild von Weißer Eule. Nicht nur bildhafte
Puzzles können eingesetzt werden, sondern
der/die Lehrer/in kann eine kleine Indianergeschichte auf Karton aufschreiben, die Rückseite mit schöner Folie bekleben, zu einem Puzzle
zerlegen und auf die Einzelteile je einen Nagel
kleben. Haben die Kinder die Botschaft von
Weißer Eule sicher in den Wigwam gebracht
und zusammengesetzt, kann die kleine Geschichte am Lagerfeuer vorgelesen werden.
Die Leisen Sohlen sind schon gespannt, was
Weiße Eule aus den ewigen Jagdgründen zu erzählen hat.

Da viele Kinder an einem Puzzle arbeiten und
auch viele Teile im Spiel sind, ist es zur besseren Orientierung empfehlenswert, auf eine
Grundplatte die Umrisse der Einzelteile aufzu-
zeichnen. Natürlich läßt sich dieses Spiel dann
später auch so abwandeln, daß die Leisen Sohlen Jagdbeute im Sprechenden See angeln
(Drahtösen an Obst befestigt, Hakenangeln).
Ziel dieser ganzen Handlungskette ist es, die
Nachricht aus dem Sprechenden See zu angeln
und sie im heimischen Wigwam zu entschlüs-
seln.

Nach mehreren Spieldurchgängen wird der
Aufbau durch den Wurfindianer erweitert: Die
Indianer fischen im Sprechenden See die
Nachricht: Hinter dem Wurfindianer sind Lebensmittel versteckt. Wenn sie dem Indianer
ein Opfer bringen (sprich: einen Schaumstoffball in den Mund werfen), können sie Lebens-

Das sprechende Puzzle

mittel ergattern, aus denen sie im Wigwam eine Mahlzeit zubereiten können.

Spielraum 3: Das Leben im Wigwam

Friedenspfeife

Sie kann entweder symbolisch geraucht werden oder die Indianer erhalten kleine Tonpfeifen (z. B. aus Weckmännern), die sie in Seifenblasenflüssigkeit tauchen, vorsichtig hineinblasen und somit „Rauch" erzeugen. Mittlerweile gibt es auch fertige Seifenblasen-Pfeifen zu kaufen.

Indianerspiele

Im Zeltdorf können die Indianer kleine Wurfspiele machen: Kleine Schaumstoffbälle möglichst nahe an ein Ziel herankullern oder Bälle in einen kleinen Kasten werfen etc.

Indianermahlzeit

Milchreis mit Curcomo kochen und in kleinen Portionen in Yoghurt-Becher abfüllen. Die Kinder können dann mitgebrachtes Obst schälen und zusammen mit zerkleinerten Walnüssen unter den Reis mischen (evtl. etwas nachsüßen).

Der/die Lehrer/in sollte die Kinder aufmerksam beobachten, wie sie sich im freieren Teil des Spieles zurechtfinden und dann entscheiden, wann und in welcher Form Impulse zur Förderung von Spielhandlungen notwendig sind, damit sich das Spiel der Kinder weiterhin im Rahmen des Themas bewegt.

Die als Handlungsinstruktionen eingesetzten Zeichen, Bildkarten oder Puzzles (s. auch Hinweise zum Deutschunterricht) sollten ihren Schwerpunkt nicht in der Authentizität finden, sondern es ist eher daran gedacht, mit den Kindern eigene, einfache gruppenbezogene Zeichen und Symbole zu entwickeln und zu verabreden, die die Kinder als „ihre" Indianerzeichen dann im Spiel einsetzen können.

Aufgrund der vorliegenden, komprimierten Darstellung von erprobten Spielideen liegt natürlich die Gefahr nahe „mithalten", vielleicht auch weiterentwickeln zu wollen. Gerade in dieser Situation sollte der/die Lehrer/in sorgfältig prüfen, was auf den momentanen Entwicklungsstand der Klasse und der einzelnen Gruppen zugeschnitten ist, um ein ausgewogenes Verhältnis von Anforderung und Freiraum zum Probieren und Entwickeln zu finden. Kreativem Handeln ist sicherlich eine Situation mit sparsamen Angeboten förderlicher als ein reichhaltiges Spielangebot, das dann doch nicht erschöpfend genutzt werden kann und somit Spannung und Attraktivität bei den Kindern unnötig herabsetzt. Anreize zum Ausprobieren, eigenständigem Handeln und Entwickeln eigener Spielideen innerhalb eines vorgegebenen Aufbaus und Handlungsrahmens werden durch ein Überangebot erstickt.

Lagerfeuer

Roter Gymnastikreifen, Wunderkerze auf nicht brennbarer Unterlage (präparierte

Dose) … Dort finden Beratungen statt … findet das Friedensmahl seinen würdigen Ort.

Medizinfrau/-mann

Mit einem kleinen Schwungtuch oder auch aus Bettlaken wird ein Zelt gebaut, wo die/der Medizinfrau/mann wohnt und mit Salben und Verbänden den Verletzten hilft oder auch mal einen Zauber ausspricht.

Wurfindianer

Ein überlebensgroßer, auf Pappe aufgemalter Indianer; der Mund ist weit geöffnet und eine Öffnung von ca. 20 cm hineingeschnitten. Jedesmal wenn ein Kind mit einem Schaumstoffbällchen oder Indiaca-Ball den Mund trifft, kann es eine Portion des Essens in den heimischen Wigwam bringen.

Variante: Der Geist des Großen Manitous zürnt über die Leisen Sohlen, weil sie keine Vorräte aufbewahrt haben. Um Manitou zu beschwichtigen, muß er mit „süßen Kugeln" gefüttert werden.

Zeltdorf

Aus einfach gebauten Tipis aus Pappe können die Indianer ein Zeltdorf bauen. In jedes Zelt paßt ein Kind, es lassen sich Zelte auch für zwei Kinder zusammenstellen. So können sich die Kinder aussuchen, wo sie und mit wem sie zusammen wohnen wollen. Auch der große Wigwam steht zur Verfügung.

Fluß mit Angelplatz

Mit Kastensegmenten wird in der Halle ein kleiner Fluß abgegrenzt. Von seinen Ufern aus können die Indianer mit Magnetangeln Fische angeln.

Marterpfahl

Papppröhren für die Verpackung von Karten oder Postern werden auf Gymnastikstäbe oder Fähnchenständer geschoben.

Die Indianer können sie dann mit indianischen Zeichen, Bildern oder auch mit Phantasiezeichen bemalen (Wachsmalstifte). Gefangene oder Angehörige von anderen Stämmen werden locker an den Marterpfahl gebunden … und natürlich nach kurzer Zeit wieder freigelassen.

Indianerwerkstatt

Hier können die Indianer Indianerschmuck basteln: Federn aus Papier ausschneiden und zu einfachem Kopfschmuck verarbeiten. Indianerbänder lassen sich aus Wolle flechten.

Zelte fertigstellen, bekleben, bemalen, Fische basteln usf.

Die Kinder können Fußspuren basteln und in einem selbstausgedachten Spiel in der Turnhalle einsetzen.

Rauchzeichen

Rauchzeichen können mit großen Seifenblasen imitiert werden. Mit großen Ringen, die in Seifenblasenflüssigkeit getaucht werden, lassen sich bis zu 1 m lange Seifenblasen herstellen (Folie ausbreiten!)

Dort, wo es die Umgebung erlaubt, kann der/die Lehrer/in mit Räuchersubstrat oder einfachen Räucherstäbchen im Kleinen draußen mit den Kindern auch mal ausnahmsweise richtige Rauchzeichen ausprobieren (Vorsichtsmaßnahmen beachten!)

Spielraum 4: Indianerfest

Das Indianerspiel kann mit einem kleinen Fest abgeschlossen werden. Es soll nicht einfach ein Picknick draußen stattfinden, sondern diese Aktivität sollte in engem Zusammenhang mit dem Indianerspiel stehen. Die Kinder haben die Handlungskette „Kriegspfad bis zur Essenszubereitung" kennengelernt und ausprobiert, vielleicht auch mit eigenen Ideen variiert. Hieran kann der/die Lehrer/in anknüpfen mit einem Spiel, das man „Mutprobe" oder „Aufnahme der Indianerkinder in den Kreis der Erwachsenen" nennen könnte:

Die kleinen Leisen Sohlen haben in der Indianer-Schule viel gelernt: Sie können sich an einen Büffel lautlos heranschleichen und ihn erlegen, können mit bloßen Händen Fische fangen oder sich für den Kriegspfad entsprechend herausschmücken.

Doch ehe sie in den Kreis der Erwachsenen aufgenommen werden und einen klingenden Namen wie z. B. „Mutiges Herz" bekommen, müssen sie eine „Mutprobe" bestehen. Das wird nicht einfach sein, denn sie müssen zeigen, daß sie sich in Gefahrensituationen gut zurechtfinden und heil aus ihnen herauskommen. Da ist schon manchem kleinen Indianer das Herz in die Hose gefahren, wenn plötzlich ein riesiger Grizzly-Bär aufrecht vor ihm stand.

Indianer-Mutproben

Spuren verwischen

So wie Indianer sehr gut Spuren lesen und ihren Weg nach ihnen ausrichten können, achten sie peinlichst darauf, daß sie selber keine Spuren hinterlassen, denn ein feindlicher Späher könnte ihnen ja dann folgen und sie in einer unglücklichen Situation erwischen. Je nach Gelände kann der/die Lehrer/in Spuren wie Papierschnipsel, Federn, Wollfäden auslegen, nach denen die Leisen Sohlen ihren Weg suchen müssen.

oder:

Man legt ein großes Tuch aus. Darauf kommen kleine, aus Papier ausgeschnittene Fußspuren (Füße, Büffelhufe, Hände o. ä.), die die Kinder mit einem Strohhalm „aufsaugen" und in ein Körbchen legen können.

Schlucht der Wilden Tiere

Mit einem Krabbeltunnel und einem kleinen Schwungtuch wird eine kleine Schlucht oder Höhle aufgebaut, die mit Packpapier oder Karton verkleidet wird. Auf das Packpapier sind Tierspuren aufgemalt. In einem Park läßt sich die Schlucht vielleicht auch in Büsche oder eine Baumgruppe integrieren, so daß sie ganz echt erscheint.

Die kleinen Leisen Sohlen müssen durch diese Schlucht kriechen. Stimmen wilder Tiere sind zu hören und manchmal erwischt sie im Krabbeltunnel auch der Grizzly-Bär … Vielleicht gibt es auch aus Großmutters Kleiderschrank abgetragene Pelzjacken, mit denen sich die Kinder als Wolf tarnen und an einen Büffel heranschleichen können …

Sumpf der quakenden Kröten

Heil durch den Sumpf zu kommen ist gar nicht so einfach. Wie schnell ist man in ein Wasserloch getreten … und der Morast zieht einen tiefer und tiefer. Die kleinen Leisen Sohlen benutzen zur Überquerung des Sumpfes kleine Stelzendosen. Das laute Quaken der Kröten erzeugt eine unheimliche Stimmung … (Mit dünnem Blech erzeugt!)

Fallen stellen

Um kleine Tiere wie Hasen oder Füchse zu fangen, stellen die Indianer Fallen auf: Ein 100er-Abflußrohr mit einer 15-Grad-Biegung wird an einen Baum oder zwischen zwei Holzpfähle mit der Krümmung nach unten gebunden: Wenn man ein Schaumstoffbällchen oder eine mit Sand gefüllte „Ledermaus" oben in das Rohr hineingibt, können geschickte Jäger sie unten mit einem Küchenseiher auffangen, wenn er/sie aus dem Rohr herausgesaust kommt.

Opfer für Manitou

Am Ende der „Mutprobe" steht ein „Opfer für den großen Manitou": Die Leisen Sohlen werfen einen Indiaca-Ball in den Mund des „Wurfindianers". Die Kinder können sich den Wurfabstand frei wählen. Im Vordergrund steht die Symbolhandlung, nicht der genaue Zielwurf. Haben sie getroffen, bekommen sie ein Amulett, auf dem ihr Name steht, entweder ein vorgegebener Indianername oder Namen, die mit den Kindern zusammen im Unterricht erarbeitet wurden. Auf dem Amulett klebt noch ein Kaubonbon oder ein Kaugummi (frisches!), denn den Indianern wird ja die Erfindung des heißgeliebten und auch viel geschmähten Kaugummis nachgesagt.

Totempfahl

Mit dem Totempfahl gedenken die Indianer ihrer Vorfahren, denen sie besondere Kraft beimessen und von denen sie ihre eigene Kraft beziehen.

Damit die Leisen Sohlen besonders stark und mutig werden, bemalen sie einen Totempfahl aus Papprohren. Es können aber auch die Umrisse eines Totempfahles auf eine große Pappe aufgemalt werden, die die Kinder dann mit Wachsmalstiften ausmalen.

Der fertige Totempfahl wird dann feierlich aufgestellt.

Lautlos schleichen

Vielen ist ein altes Spielzeug noch bekannt, der Klettermaxe, der jetzt auch wieder auf Flohmärkten angeboten wird: Durch abwechselndes Ziehen an den Seilen hangelt sich der Klettermaxe an den Seilen empor.

Für das Spiel im Gelände kann man 30–40 cm große Indianerfiguren aus Sperrholz oder Preßspan aussägen und auf entsprechende Leisten aufmontieren. Bei 3–4 m langen Zugbändern entsteht für die Kinder ein spannendes „Schleichrennen", das, wenn man so will, an einem großen, auf Pappe aufgemalten Büffel endet.

Kriegstanz/Friedenspfeife

Mit einem großen Kriegstanz feiern die Leisen Sohlen ihre Aufnahme in den Kreis der Erwachsenen und nach dem „Rauchen" der Friedens-Seifenblasen-Pfeife begeben sie sich in den großen Wigwam zum Indianerschmaus.

So richtig spannend kann es aber erst werden, wenn man in kleinen Grüppchen mit je einem Erwachsenen (Elternteil) durch die „Prärie" schleicht und aufpassen muß, daß man nicht von anderen Indianern gesehen wird. Ab und zu muß natürlich auch ein Ast laut knacken oder ein Schakal tierisch aufheulen. Am schönsten wird es, wenn es im Park kleine Busch- oder Baumgruppen gibt, um die die Leisen Sohlen herum- oder hindurchschleichen können. Zwischendurch muß selbstverständlich auch einmal der Weiße Mann mit seiner gefährlichen Donnerbüchse auftauchen …

Ein „lebensechtes" Nachspielen der Situation der kleinen Indianer, die sich kriegspfadmäßig ausstaffiert haben mit Federschmuck und Kriegsbemalung, erleichtert es den Kindern, in die Spielsituation hineinzufinden und diese zu durchleben. Sie lernen zwar eine große Anzahl von Bewegungsstationen kennen, erleben diese aber in einem verbindenden Spielzusammenhang.

Für den Indianerschmaus empfiehlt es sich, ein gemeinsames Mahl zu gestalten; nicht in der Form, daß jeder nur für sich selber etwas zu essen und zu trinken mitbringt, sondern daß die Kinder einzelne Zutaten, z. B. Obst für einen Obstsalat, mitbringen, aus denen ein gemeinsames Essen bereitet wird. Um die Kinder die Entstehung des Picknicks miterleben zu lassen und das Gruppengefühl zu fördern, sollten sie an der Vorbereitung der Mahlzeit, der Herrichtung des Picknickplatzes und am Servieren beteiligt werden.

Die Kinder können im Spiel und bei der Essensvorbereitung handelnd erfahren, was sie im Unterricht bislang eher theoretisch über die Indianer gelernt haben. Das „Indianergefühl" kann noch dadurch verstärkt werden, daß „echte Indianermahlzeiten" gekocht werden.

Indianer im Unterricht

Unterrichtsinhalt	Tätigkeiten der Kinder	Didakt./meth. Hinweise
Sprache, Bilder, Zeichen, Signale: Symbole als Mittel der Verständigung. Jedes Volk hat seine eigene Sprache.	Kinder geben einen Beispielsatz in ihrer Muttersprache wieder (Engl., Franz., Ital., Türk., Span., Russ.). Kinder stellen fest, daß eine Verständigung auf diesem Wege nicht möglich ist, wenn man die betreffende Sprache nicht beherrscht.	Wenn kein ausländisches Kind in der Klasse ist, versucht der/die Lehrer/in, Beispiele zu geben.
Es gibt unterschiedliche Ausdrucksmittel, sich direkt miteinander zu verständigen.	Kinder sammeln Ausdrucksmittel: Sprache, mimische Zeichen, Gestik, Geräusche, Bilder, taktil Erfahrbares. Die Ergebnisse werden geordnet, in vorbereiteter Liste (Bilder, Worte, Zeichnungen) dokumentiert.	Jedes Kind sollte ausreichend Gelegenheit haben, die unterschiedlichen Mittel zu erproben.
In unterschiedlichen Situationen muß man jeweils angemessene Ausdrucksmittel finden. *(bei lauter Musik, lautem Gerede, im Dunkeln, auf weiter Entfernung)*	In der Klasse wird es sehr laut. Die Kinder verstehen sich nicht mehr oder nur noch undeutlich. Kinder probieren in kleinen Gruppen Situationen aus (lautes Sprechen/Flüstern nebeneinander stehend/von einer Schulhofecke in die andere/ mimische Zeichen/Gestik von nah – fern/ und im Dunkeln – Hellen/ Geräusche nah – fern usf. Die Ergebnisse werden geordnet und in einer vorbereiteten Liste dokumentiert (Bilder/ Schrift). Die Kinder bewerten Verständigungsmittel, jeweils das geeignetste für jede Situation.	Die Situationen sollten eindeutig sein. Es können auch Hilfsmittel wie Tonband mit Kopfhörer und lauter Musik, Fernrohr etc. zu Hilfe genommen werden.

Unterrichtsinhalt	Tätigkeiten der Kinder	Didakt./meth. Hinweise
Eine Nachricht ist nicht für jedermann bestimmt: Mitteilungen lassen sich so ausdrücken, daß sie nur der Adressat versteht: *Augenzwinkern, Gesicht/Mund verziehen, Flüstern, Hand- und sonstige Zeichen.*	Kinder probieren Möglichkeiten aus. Sie dokumentieren ihre Ergebnisse. Sie werden feststellen, daß man die Bedeutung von Zeichen verabreden muß.	Ein schönes Beispiel sind auch „Geheimsprachen": das Anhängen einer bestimmten Silbe an jedes Wort.
Was ist ein Symbol? Wie entsteht es?	Anhand eines konkreten Beispieles versuchen die Kinder, ein Symbol zu entwickeln.	Z. B. kann das Schild „Spielplatz" oder „Fußgängerüberweg" neu entworfen werden.
Welche verabredeten Zeichen – wenn auch z. T. sicherlich von anderen – gibt es in der Schule, in der Wohngegend? (*Handzeichen in der Klasse, Handzeichen des Verkehrspolizisten, Verkehrszeichen, Hinweisschilder, Wegweiser, Ampeln, Signale...*)	Kinder gehen durch die Schule, die Straße vor der Schule: Sie suchen Zeichen und überlegen ihre Bedeutung. Sie malen Zeichen, sammeln Bilder; sie ordnen diese auf einem Poster und untersuchen sie auf Verwendungsmöglichkeiten in der freien Natur.	Zeichen können auch an Orte gebunden sein, weshalb Indianer sicherlich andere Zeichen für sich entwickelt haben.
Lesen einer kleinen Indianergeschichte, in der die Verwendung von Zeichen vorkommt: *Rauchzeichen, Friedenspfeife, Feuer, Kriegsbemalung, Amulette, Feder-/Kopfschmuck, Tiersymbolik (Namen).*	Kinder lesen und malen die Geschichte. Sie schauen sich Indianerbilder an.	Lehrer/in stellt entsprechendes Informationsmaterial zur Verfügung.
Wo und wie leben die Indianer? Welche Sprache/Schrift hatten sie? Wie konnten sie Nachrichten übermitteln?	Die Kinder sammeln Informationen. Dokumentation in Wort und Bild Sie kommen zu dem Ergebnis, daß sich die Indianer über Sprache und Zeichen verständigt haben.	
Welche Bedeutung haben die Zeichen der Indianer?	Die Kinder erstellen ein kleines Wörterbuch nach vorgegebenem Bildmaterial (s. a. unten).	Es sollte übersichtlich bleiben und Raum für eigene Zeichen übrig behalten. Entwickeln einer Indianernachricht.

134

Unterrichtsinhalt	Tätigkeiten der Kinder	Didakt./meth. Hinweise
Spuren unterschiedlichster Art als Wegweiser	Spuren werden in der Umgebung während eines kleinen Spazierganges gesucht und gesammelt. Sie ordnen Bilder von Tierspuren. Die Kinder begeben sich auf Fährtensuche nach Spuren, die vorher verabredet und jetzt im Park ausgelegt wurden.	Für das Spiel in der Halle sollte die Anzahl unterschiedlicher Spuren begrenzt sein, damit alle Kinder die Zeichen lernen und auch anwenden können.
Entwicklung eigener Zeichen/Namen für das Spiel in der Turnhalle	Die Kinder entwickeln, verabreden und dokumentieren eigene Zeichen. Sie basteln Indianerschmuck (Kopfschmuck, Ketten, Amulette, Totempfahl), entwickeln Kriegsbemalung (Masken). Sie probieren Zeichen aus, verändern, entwickeln neue Zeichen nach Absprache.	Parallele zu heimischen Jägern ziehen, Fährtensuche der Tiere.
Warum lernen wir eigentlich das Schreiben? Schrift und Sprache sind auch Zeichen! Beobachtungen, Erlebnisse sollen unmißverständlich festgehalten werden.	Sie werden feststellen, daß Zeichen nicht eindeutig sind. Ihre Bedeutung muß erst beschrieben, vereinbart und dokumentiert werden. Die Kinder probieren erst mit eigenen Zeichen, dann mit Bildern, eine eigene kleine Geschichte zu erzählen. Sie führen Experimente durch: Einer geht aus der Klasse. Es wird ein kleiner Sachverhalt über verschiedene Zeichen dargestellt. Der draußen Verweilende kommt wieder herein. Die Zeichen sind weg … Über „Stille Post" soll dem Draußenstehenden nun die Nachricht übermittelt werden.	Doppelsinnige gesprochene Worte, z. B. Wagen Das Spiel „Stille Post" als Beispiel für verfälschte Nachrichten

Handapparat zu Indianern im Unterricht

Gloor, E. (1992): Für kleine Indianer. Ravensburger Bastelbär. Ravensburg: Maier. 4. Aufl.
Duroussy, N. (1992): Indianerjunge Kleiner Mond. Gossau: Nord-Süd. (EL).
Drabsch, G. (1992): Die Indianer-Geschichte. Ravensburg: Maier. 21. Aufl.
Grenier, N. (1992): Auf der Spur der Indianer. Ravensburg: Maier. 10. Aufl.
Sommer, J. (1992): Oxmox ox Mollox. Kinder spielen Indianer. Münster: Ökotopia.
Wüpper, E. & Kock, H. (1992): Bei den Indianern. Würzburg: Arena.
Sutton, F. (1985): Indianer. Was ist was. Bd. 42. Nürnberg: Tessloff.

Indianer - Puzzle

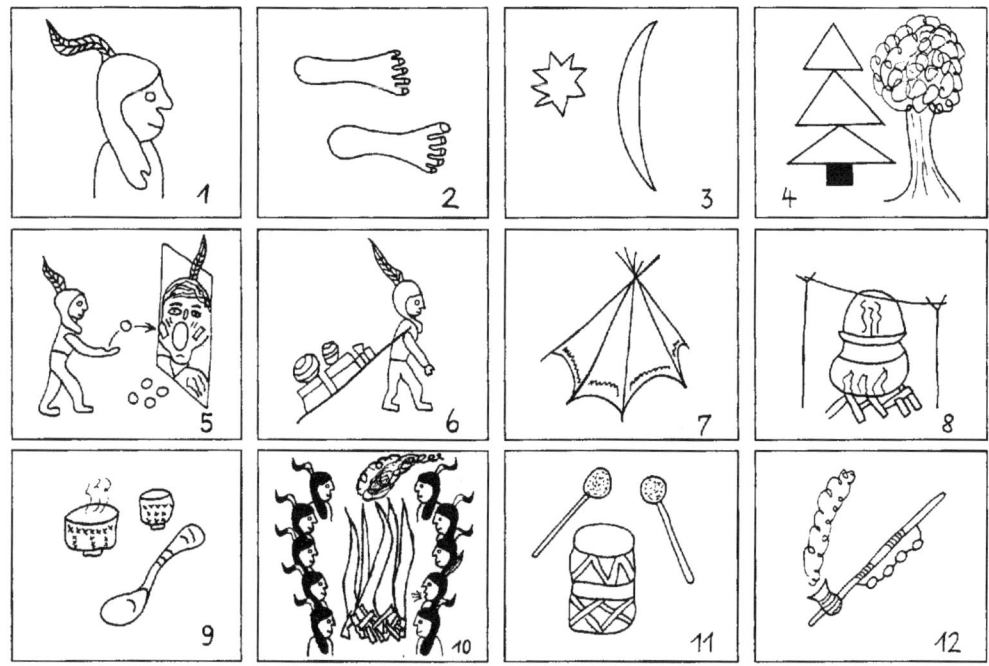

INDIANERARBEITEN:

1 KETTEN:

STABILE KETTEN LASSEN SICH LEICHT AUS DEN VERSCHIEDENSTEN MATERIALIEN HERSTELLEN:
GRUNDMATERIAL: FESTE KORDEL • LEDERRIEMEN
DARAUF LASSEN SICH AUFFÄDELN:
GETROCKNETE KASTANIEN • EICHELN • BLÜTEN • BLÄTTER
• SCHEIBCHEN VON FLASCHENKORKEN • KRONKORKEN •
STYROPORVERPACKUNGSMATERIAL • FILZRESTE • FEDERN •
HOLZKUGELN • KNÖPPE • PAPPSCHEIBCHEN • O.Ä.

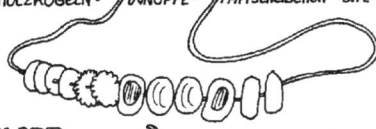

AMULETT:

AUS HELLEN SCHWEINELEDER-RESTEN (SANITÄTSHÄUSER O.HARO SCHREINER)
LASSEN SICH SCHNELL MIT DEM TEPPICHMESSER RUNDFORMEN •
DREI- ODER VIELECKE SCHNEIDEN • UND MIT DER LOCHZANGE VORLOCHEN • DIE KINDER KÖNNEN DANN DIE
ROHSTÜCKE MIT VORGEFERTIGTEN
KARTOFFELSTEMPELN MIT INDIANERZEICHEN BEDRUCKEN • MIT PUNKTSTEMPELCHEN VERZIEREN • BEMALEN
ODER AUCH ANDERE MATERIALIEN WIE FILZRESTE
BUNTE STEINCHEN • KLEINE KNÖPFE • STÜCKCHEN VON
GOLD- ODER SILBERFOLIE DARAUF KLEBEN • DAS AMULETT WIRD IN
DIE KETTE EINGEFÄDELT ODER SOLO AM BÄNDCHEN GETRAGEN •

INDIANERARBEITEN:

3 FRIEDENSPFEIFE:

I VON EINER STABILEN PAPPRÖHRE Ø 3-4 CM WIRD EIN STÜCK VON
CA 5-7 CM ABGESÄGT UND DIESES TEIL 2 CM VOM ENDE DURCHBOHRT•
IN DIESE BOHRUNG WIRD EIN RUNDHOLZ Ø 10 MM ODER EIN HASELNUSS-
AST VON 30-40 CM LÄNGE GESCHOBEN • SO DASS 3 CM ÜBERSTE-
HEN • VERLEIMEN • DEN BODEN MIT PAPPDECKELCHEN VER-
SCHLIESSEN•
DER PFEIFENKOPF KANN BEMALT • BEKLEBT WERDEN •
EDLER SIEHT ES NATÜRLICH AUS • WENN DER KOPF MIT GANZ
DICKER WOLLE • BAST • HANF ODER MAKRAMEE-
GARN ODER AUCH MIT FEUCHTEM LEDER BESPANNT UND
MIT WEISSLEIM VERKLEBT • EBENSO VERFÄHRT MAN MIT
DEM STIEL • BÄNDER MIT AUFGEREIHTEM SCHMUCK WIE HOLZ-
UND BUNTEN PERLEN • FEDERN • LEDER- ODER FILZSTREIFEN GEBEN DER
PFEIFE EIN FEIERLICHES AUSSEHEN •
II MAN BESORGT EINIGE PREISWERTE TONPFEIFEN • PFEIFENREINIGER UND
SEIFENBLASENFLÜSSIGKEIT • IN DEN PFEIFENKOPF WIRD AN DEN OBEREN
RAND EIN STÜCK PFEIFENREINIGER GEKLEBT • TUNKT MAN NUN DEN PFEIFEN-
KOPF MIT DER ÖFFNUNG NACH UNTEN IN DIE SEIFENBLASENFLÜSSIGKEIT •
NIMMT IHN VORSICHTIG HERAUS UND BLÄST SACHTE
IN DIE TONPFEIFE HINEIN • DANN FÄNGT DIE PFEIFE AN • SEI-
FENBLASEN ZU "RAUCHEN" • PLASTIKFOLIE AUF
DEN HALLENBODEN LEGEN !

4 MARTERPFAHL:

LEERE PAPPHÜLSEN (4-5 CM • 80-100 CM LANG) WERDEN VON DEN KINDERN
MIT INDIANISCHEN ZEICHEN ODER BILDERN BEMALT • DIE HÜLSEN STECKT MAN
AUF SPIELFELDBEGRENZUNGSFÄHNCHEN •

INDIANERARBEITEN:

2 KOPFSCHMUCK:

I. AUS WELLPAPPE EINEN 5 CM BREITEN STREIFEN VON CA
50 CM LÄNGE SCHNEIDEN • GENAU PASSENDEN RING AM KOPF
DES KINDES AUSMESSEN UND PAPPSTREIFEN MIT GLATTER SEITE
NACH AUSSEN ÜBERLAPPEND MIT BÜROHEFTER ZUSAMMENTACKERN•
MUSTERFEDER AUS KARTON AUSSCHNEIDEN • EBENFALLS ANTACKERN•
KINDER KÖNNEN BEMALEN ODER BEKLEBEN •
II. AUS LEDERRESTEN ODER FILZ 4 CM BREITE UND 30 CM LANGE
STREIFEN SCHNEIDEN • AN DEN ENDEN 2 CM UM-
LEGEN UND MIT PATTEX FESTKLEBEN UND MIT LOCHZANGE JE 1 MAL LO-
CHEN • JE NACH DEM OB 1 2 ODER 3 FEDERN
BEFESTIGT WERDEN SOL- LEN • WER
DEN ENTSPRECHENDE DREI
FACHLOCHUNGEN ZUM
BEFESTIGEN DER
KIELE PLA- ZIERT
DIE GUMMI- BÄNDER
WERDEN PIN DEN
ENDEN IN DIE LÖ-
CHER GE- KNOTET
UND NUN KANN DER
KOPFSCHMUCK DEM KOPF AN-
GEPASST UND MIT EINER HÜBSCHEN
SCHLEIFE ZUGEBUNDEN WERDEN • JETZT KANN DER KOPF-
SCHMUCK BEMALT • BEDRUCKT ODER AUCH MIT FILZ- UND
KLEINEN PERLEN BEKLEBT WERDEN •

INDIANERARBEITEN:

5 PFERDE:

EINE WEISSE TENNISSOCKE STOPFEN DIE KINDER MIT WATTE ODER MIT HOLZ-
WOLLE O.Ä. GLEICHMÄSSIG UND FEST AUS • EIN RAND VON
4-5 CM AM BEIN WIRD FREIGELASSEN • EIN
Ø 20 MM RUNDHOLZ STAB WIRD
IN DAS BEIN FEST HINEINGESCHOBEN UND DAS FREIE
RAND DER SOCKE MIT KORDEL UMWICKELT SODASS
DER PFERDEKOPF FEST MIT DEM STAB VER- BUNDEN
IST • AUGEN • OHREN UND NÜSTERN WERDEN WAHLWEISE AUFGE-
KLEBT ODER MIT PLAKAFARBEN AUFGEMALT • MIT EINER STOPFNADEL
ZIEHT MAN 8-10 CM LANGE WOLLFÄDEN IN DEN HALSRÜCKEN
ALS MÄHNE EIN • ALS SCHWANZ KANN MAN PAPIERSTREIFEN AN DAS ENDE VOM
STAB GEKLEBT ODER 30-40 CM LANGE WOLLFÄDEN ZUSAMMENBINDEN UND AN DER
HÜFTE DES KINDES BEFESTIGEN •

6 TIPIS:

AUS PAPPKARTON VON MÖBELVERPACKUNGEN SCHNEIDET MAN MIT DEM
ALLZWECKMESSER GLEICHSEITIGE DREIECKE VON 80 ~100 CM
HÖHE • AN DEN SCHENKELN BRINGT MAN 3 BOHRUN- GEN AN
UND BINDET 3 DREIECKE ZUSAMMEN • WOBEI EINE ECKE ALS EINGANG
OFFEN BLEIBT • BEMALEN • BEKLEBEN ...

7 TROMMELN:

LEERE DOSEN ODER WASCHMITTELTROMMELN ÜBERSPANNT
MAN MIT FEUCHTEM FEN- STERLEDER ODER LEDERRIEMCHEN •
HENDEN RAND MIT KORDEL ODER LEDERRESTEN
FÜR DIE TROMMELSCHLEGEL RUNDE STOFF- ODER LEDERRESTE
Ø 20 CM • FÜLLT SIE FEST MIT WATTE UND BINDET SIE STRAMM AN RUNDHÖLZER •

6.4 Geisterbahn

Geister oder Gespenster – die meisten Kinder können etwas mit diesen Begriffen verbinden. Alle Kinder haben sich schon mal in Filmen, bei Geschichten oder sogar in einer richtigen Geisterbahn auf der Kirmes gruseln können. Um so faszinierender ist es für sie, wenn sie jetzt selber einmal „Geister" oder „Geisterbahn" spielen, sich als Geister verkleiden und ausstaffieren und als Geist fürchterlich herumspuken dürfen.

Eine kleine Geschichte – den Kindern vor Spielbeginn vorgelesen – kann sie auf das Thema vorbereiten und so eine entsprechende Stimmung erzeugen. Wenn den Kindern bisher eine Geschichte als Spielhandlung vorgegeben wurde, nimmt der/die Lehrer/in diese Hilfe jetzt zurück: Die Geschichte beschreibt nur noch die Ausgangssituation. Die eigentliche Spielhandlung in der Halle ist als Fortsetzung zu verstehen: Sie kann nach Ideen der Kinder oder nach einem vorgegebenen Reiseausweis gestaltet werden.

Doch hier zunächst einmal die Geschichte:

Die Geister verschwinden aus der Geisterbahn

Lange, lange haben die Geister in der Geisterbahn arbeiten müssen. Sie waren ja auch nicht mehr die Jüngsten: 300 Jahre wurde neulich erst das Knochengerüst Arthur. Sie haben wirklich hart geschuftet, haben sich schwer anstrengen müssen. Kein Wunder also, daß sie noch älter und klappriger wurden, als sie ohnehin schon waren. Und was war ihr Lohn für die viele, viele Arbeit? Der Besitzer der Geisterbahn war steinreich geworden und verlangte trotzdem, daß sie immer mehr herumspuken sollten, bis sie vor Erschöpfung umfielen.

Und die Besucher? Die waren keinen Deut besser! Sie haben die Geister ausgelacht! Sie haben schäbige Witze mit den Geistern getrieben. Mit Fotoapparaten und Blitzgeräten haben sie den Spuk der Geister zerstört, obwohl doch jeder weiß, daß man einen Geist nicht knipsen kann!

Das Schlimmste aber kommt noch. Stellt euch einmal vor: Hat doch neulich der Besitzer der Geisterbahn eine mechanische Vogelscheuche in die Geisterbahn gestellt. Pfui Deibel, wie gräßlich leuchteten ihre Augen. Ihr fürchterliches Gekreische ging durch Mark und Bein! Und das alles nur, weil das kleine Gespenst Holterdipolter mit Schnupfen im Bett lag und von Fieber geschüttelt wurde.

Das ging ihnen nun doch zu sehr gegen ihre Geisterehre; das wollten sie sich nicht mehr gefallen lassen! Sie wollten sich einen Ort suchen, wo man sich noch gehörig vor ihnen fürchtet, dort, wo sie den Leuten noch einen gehörigen Schrecken einjagen konnten.

Hui, hui, wie war das früher noch lustig. Wie ein Wirbelsturm sind sie durch die Geisterbahn gepfiffen, haben unsichtbar mit den Ketten gerasselt: Die Menschen erstarrten vor Schreck zu Stein. Sie bibberten und heulten vor Angst, wenn unsereins als klapperndes Knochengerüst durch die Geisterbahn schlurfte oder als Ritter ohne Kopf um die Ecke linste. Allein der Gedanke an diese Streiche ließ die Geisterherzen wieder höherschlagen.

Da meldete sich Geist „Schreckschußberger" zu Wort: Er hatte vom „Land des Schreckens" gelesen, wo schon einige Geisterkollegen von Burg Schreckenstein Zuflucht gefunden hatten. Die anderen Geister fingen schon an zu maulen: Der schon wieder mit seinen ollen Kamellen! Schreckschußberger ließ sich nicht beirren, griff in seine verrostete Rüstung und zog eine schon arg zerknitterte Karte hervor. Herzliche Grüße solle er von Geist Schrimbumski bestellen. Es gehe ihm sehr gut. Schreckschußberger unterbrach sein Lesen, hob seinen Zeigefinger und sagte: „Hört jetzt gut zu! Im Land des Schreckens steht noch eine Höhle leer, die noch keine Geister in Besitz genommen haben! Wir sollen alle dorthin kommen, schreibt Schrimbumski!"

Großes Gemurmel und Getuschel, und plötzlich ein Aufschrei wie aus einer Kehle: „Ja, ins Land des Schreckens wollen wir! Mit den anderen Geistern um die Wette spuken, das wird einen Mordsspaß geben!" Vor Freude verdrehten die Geister ihre feurigen Augen, klopften sich vor freudiger Erwartung gegenseitig auf die Schenkel, äh, Knochen, daß es nur so durch die Geisterbahn hallte.

Flugs stiegen die Geister in ihre Bahn ein. Mit einem Höllenlärm und ohrenbetäubendem Getöse verließen sie das Menschenland, in der Hoffnung, den Menschen zum Abschied noch einmal einen gehörigen Schrecken einzujagen, einen Schrecken, den die Menschen nicht so schnell vergessen sollten!

Arthur, das Knochengerüst, klapperte mit seinen 300 Jahre alten Knochen wie ein Weltmeister. Tusnelda und Kunibert kegelten mit ihren Köpfen um die Wette. Gisbert ohne Schrecken übertraf sich selber mit seiner tollen Schwerter-Nummer, wobei sein Blut so grell leuchtete, daß es noch kilometerweit zu sehen war. Ob sich die Menschen so richtig erschrocken haben, werden wir wohl nie erfahren. Die Geister aber waren unheimlich gespannt auf ihre neue Geisterhöhle!

Mit dieser Geschichte kommen die Kinder in die Halle. Mit der großen Leiterbahn (Leiter auf Rollbrettern) fahren sie durch die Halle und lernen den Grundaufbau „Land des Schreckens" kennen: Sie sind ganz gespannt darauf, endlich als Gisbert oder Tusnelda „loslegen" zu können.

Spielraum 1: Die Geisterbahn

Tunnel

Aus Kästen, den Holzböcken und den Lüneburger Stegeln wird ein langer Tunnel gebaut, der mit Schwungtüchern abgedeckt wird. Er sollte so breit sein, daß zwei Rollbretter gut aneinander vorbei passen. In manchen Hallen läßt sich auch das große Schwungtuch bündig an der Hallenwand befestigen, so daß man nur eine seitliche Begrenzung aufbauen muß. Sind farbige Schwungtücher oder Bettücher vorhanden, läßt sich eine schöne Beleuchtung im Tunnel erzeugen.

Straße

An die Geisterbahn schließt sich eine Straße aus Langbänken an, die die Richtung zum Eingang der Geisterbahn angibt.

Reisebüro

Neben dem Eingang zur Geisterbahn wird mit einem kleinen Kasten und Gymna-

stikstäben mit Ständern ein kleines Reisebüro aufgebaut: Hier bekommen die Kinder ihre Reiseaufträge und können diese nach Erledigung mit einem Geisterstempel bestätigen lassen.

Kleiderstand

Hier finden die Kinder Kleider, Tücher, Bettücher, Hüte und Gardinenschleier usf.

Schminkstand

Grelle Schminkstifte oder Schminke helfen den Kindern, sich im Gesicht furchterregend zu schminken.

Malstand

Am Malstand liegen Papier und Malstifte bereit: Mit Geisterbildern schmücken die Kinder die Geisterbahn aus.

Aufbau und Spielhandlung sind einfach ausgelegt, so daß in der Regel alle Kinder ein Spiel innerhalb des vorgegebenen Spielthemas beginnen können. In der Praxis hat sich gezeigt, daß die Phase des Hineinfindens in ein Spiel für viele Kinder einfacher und kürzer gestaltet wird, wenn sie einen „Reiseausweis" bekommen, mit dem sie das „Land des Schreckens" erfahren und kennenlernen können. Auf dem Reiseausweis ist die Spielstruktur über kleine Aufgaben in Teilhandlungen aufgegliedert. Die Kinder nehmen einen solchen „Reiseausweis" gerne an, erfüllen mit Spaß die Aufgaben wie „Fahre durch den Tunnel und mache fürchterliche Geräusche". Der „Reiseausweis" führt dazu, daß schließlich alle Kinder, verkleidet als Geister, den vorgefundenen Aufbau in Besitz nehmen.

Kaum ist ein Reisepaß ausgeteilt, verschwinden schon die ersten Gespenster in der Geisterbahn, um die Besucher zu erschrecken. „Arme ohne Körper" greifen von außen in die Geisterbahn hinein, versuchen, die verschreckten Besucher zu ergreifen und festzuhalten.

Spuk in der Geisterhöhle

Auch für die Kinder stand fest, daß das Thema im Unterricht fortgeführt werden sollte. Sie wollten mehr von Gespenstern wissen, und da kam das Buch „Das kleine Gespenst" gerade recht. In der nächsten Hallenstunde wurde dann die Kleiderkiste bis auf den Boden hin durchwühlt, ob sich nicht noch schwarze oder zumindest dunkle Tücher fanden, damit es auch „Tagesgespenster" geben konnte.

In einer Klasse wurden Gespenster in zerfallenen Burgruinen gemalt, eine andere bastelte Marionetten (s. S. 147). In den Folgestunden wuchsen einige Marionetten bis zu lebensgroßen Gespenstern mit Hilfe der Lehrerin heran: Um einen Ball wurde ein weißes Tuch gerafft, so daß noch möglichst viel Tuch überhing. Ein Band wurde darumgebunden, mit Wachsmalstiften wurden noch schnell Augen aufgemalt... und schon konnte das Gespenst – am Bande von oben in die Geisterbahn gehalten – tanzen und Besucher erschrecken.

Je nach Entwicklung von eigenen Spielideen der Kinder in dieser Eingangsphase kann der/die Lehrer/in entscheiden, wie mögliche Spielideen der Kinder oder nachfolgende Vorschläge eine anspruchsvollere Handlungsstruktur entstehen lassen.

Spielraum 2: Geisterstadt

Geistertheater

In einer Ecke – abgegrenzt durch Sprungkästen – kann ein kleines Geistertheater entstehen, in dem die Kinder eine kleine Aufführung (Rollenspiel) mit ihren selbst hergestellten Geistermarionetten präsentieren.

Wenn als Stoff fluoreszierendes Material verwendet wurde, können die Marionetten mit einer Schwarzlichtbirne zum Leuchten gebracht werden.

Geisterzug/Geisterbahn

Aus Rollbrettern und Kastendeckeln werden zwei Züge gebaut, die die Kinder mit Kreppapier, Bildern etc. schmücken.

Schwebende Geister

Wenn neben der Geisterbahn noch genügend Platz ist, kann die Reifenschaukel den Geistern zum Fliegen verhelfen. Auch mit der Seilbahn können die Geister fahren. Das sieht besonders schön aus, wenn während der Fahrt die Tücher flattern.

Geisterstudio

In einer Ecke der Turnhalle steht ein Recorder mit Mikrophon: Hier werden fürchterliche Geräusche produziert, die die Kinder später in der Geisterbahn abspielen.

Geisterwerkstatt

Hier gibt es Mal- und Buntpapier, Papierfransen, Buntstifte und Kleber, vorher ausgeschnittene Masken aus Karton oder Partytellern und Gummiband.

Hier entstehen außerdem furchterregende Bilder für die Geisterbahn, schaurige Gesichtsmasken oder Papierfransen für die Geisterkleider.

Geisterladen

Eine besonders unheimliche Stimmung kommt auf, wenn die Geister zu ihrem schrecklichen Auftreten auch noch schräge Musik machen können: Im Geisterladen gibt es neben Kleidern etc. Klanghölzer, Handtrommeln, Rasseln aus dem Orffschen Instrumentarium.

Spannender wird es, wenn die Kinder im Unterricht extra für die Geisterbahn aus Abfallmaterialien Musikinstrumente zusammen- und hergestellt haben:

Fiepen, Zupfinstrumente aus bespannten Yoghurtbechern, Waschmitteltrommeln, Becken aus Topfdeckeln, Kochtopf und -löffel als Trommel, Waschbrett usf.

Im Spiel übernehmen die Kinder Rollen wie Geisterbahnbesitzer, Fahrkartenverkäufer und -kontrolleur. Andere putzen sich besonders schrecklich heraus, geben sich respekteinflößende Namen und verstecken sich in der Geisterbahn, um die Besucher zu erschrecken und sie das Fürchten zu lehren. An den einzelnen Ständen kann es Kleiderverkäufer, Schminkexperten usf. geben. Andere Kinder schmücken die Geisterbahn stilvoll mit Bildern und selbsthergestellten Gehängen aus.

Mehrere Kinder holten sich kleine Kästen, stellten diese aufrecht in die Geisterbahn, ein Tuch darüber, und schon war ein richtiges Versteck fertig. Nahte die Geisterbahn oder ein ahnungsloser Besucher heran, wurde das Tuch beiseitegeschoben und eine schwarze Hand kam hervor oder ein Geist schnellte heraus, um den Besucher zu fangen.

Steht die Geisterbahn erst richtig und ist toll ausgeschmückt, machen die Kinder einen Geistertanz, den sie mit ihren „Musikinstrumenten" untermalen, aus Freude darüber, daß die Geister endlich eine Geisterbahn für sich gefunden haben.

Geister/Gespenster im Unterricht

Folgende kleine Geschichte mag die Kinder auf das Thema einstimmen:

Ein schwarzer Schatten huscht vorbei.

Olga wohnt in der Rosen-Straße, in einem alten Haus. Ihre Eltern haben dort im 1. Stock eine große Wohnung. Diese hat große, hohe Räume und einen alten Holzfußboden, auf dem man in Socken herrlich Schlittschuh laufen kann, wenn Mutter frisch gebohnert hat.

Olgas Zimmer geht nach vorn auf die Straße. Oft sitzt sie dort am Fenster und spielt mit ihren Autos auf der Fensterbank. Dabei kann sie nämlich auch gut beobachten, wenn Mutter von der Arbeit wieder heimkommt. Olga wartet immer sehnsüchtig auf diesen Moment, denn dann ist sie nicht mehr allein in der großen Wohnung.

Oft besucht sie nachmittags ihre Freundinnen, die ein paar Häuser weiter wohnen. Sie spielen dann zusammen. Der Weg wieder nach Hause ist für Olga nur kurz. Sie schafft das alleine ganz gut. Wenn doch nicht der Nachbar im dritten Stock wäre! Der Mann sieht so komisch aus: lange dunkle Haare, ein riesiger schwarzer Bart. Er geht selten nach draußen und wenn doch, dann trägt er einen schmuddeligen, langen, braunen Mantel. Er schlurft immer so durchs Treppenhaus.

Er mag wohl keine Kinder und ist wohl selbst auch nie Kind gewesen! Sind mal nasse Fußspuren auf der Treppe, schimpft er wie ein Rohrspatz. Besonders, wenn Olga und ihre Freundinnen fröhlich die Treppe hochgestapft kommen, ruft er mit kreischender Stimme nach Ruhe. Durch das Treppengeländer können sie sein finsteres Gesicht sehen. Ihnen läuft dann immer ein kalter Schauer über den Rücken und sie beeilen sich, in Olgas Wohnung zu kommen. Drinnen, in Sicherheit, atmen sie dann erst einmal tief durch. Der dunkle Hausflur und der Nachbar aus dem dritten Stock können einem schon einen gehörigen Schrecken einjagen!

Diesen Nachmittag war Olga mal wieder allein in der Wohnung. Es war Regenwetter. Den ganzen Tag war es schon trübe und duster. Olga war schon etwas müde, aber sie spielte noch mit ihren Autos auf der Fensterbank. Da, war da nicht eben etwas Schwarzes ins Haus gehuscht? Einen kurzen Moment hatte Olga nicht aufgepaßt und da war es schon passiert: Ein großer schwarzer Schatten war ins Haus gehuscht!

Was war das? Durch die offene Zimmertür hörte sie schwere Schritte. Die alte Treppe draußen im Hausflur knarrte und ächzte bei jedem Schritt. Jetzt schien sie sogar zu stöhnen … Knarr, knarr, knarr. Eine kalte Gänsehaut lief über Olgas Rücken. Sie traute sich nicht, vom Fenster wegzugehen. Sie hätte ja im Wohnungsflur auf einen Stuhl steigen und durch den Türspion schauen können. Aber da war noch der alte Holzfußboden. Bei jedem Schritt würde er Olga mit einem schrillen Uuieep, Uuieep, Uuieep verraten! Das mußte auch die schwarze Gestalt draußen im Flur hören. Olga rückte fest an die Fensterbank, als wollte sie sich in ihr verkriechen.

Die schweren Schritte wurden leiser und leiser. Sie waren jetzt mehr von oben zu hören. Sollte doch die schwarze Gestalt den alten Kauz aus dem dritten Stock holen! Jetzt war es wieder ruhig. Olga war etwas erleichtert. Doch plötzlich ließ sie ein fürchtliches Rarari, rarari, rarari zusammenfahren. Rarari, rarari, rarari kam es aus der Ofenecke. Der Ofen spuckte Ruß! Jetzt war es passiert! Olga sprang mit einem kühnen Satz unter den Tisch. Sie hielt sich ein Kissen vor den Bauch, als wollte sie sich damit schützen.

Sie erwartete, daß jeden Augenblick die schwarze Gestalt im Zimmer stand! Rarari, rarari, rarari, das fürchtliche Geräusch schien nach unten zu wandern, in den Laden von Tante Schmitz. Das Geräusch sank tiefer und tiefer. Da, ein dumpfer Knall! Dann war es unheimlich still. War dieses schwarze Ungeheuer in den Kamin gefallen?

Olga konnte nicht lange nachdenken. Rarari, Rarari, rarari, schon wieder dieses unheimliche Geräusch! Aber dieses Mal kam es von unten, sauste wieder durch die Ofenecke und verschwand nach oben. Dann war es wieder mucksmäuschenstill ...

Olga blieb unter dem Tisch. Sie traute sich nicht hervor. Jeden Moment konnte es wieder losgehen. Tapp, tapp, tapp, da waren wieder diese schweren Schritte und die Treppe ächzte wieder dazu. Olga schien es geahnt zu haben. Sie hielt sich die Ohren zu, drückte ihren Kopf fest in ihr Schmusekissen. Ihr Herz schlug bis in die Schläfen.

Erst nach einer Weile lüftete sie wieder das Kissen. Es war wieder ruhig geworden. Sie traute sich nicht, am Fenster nachzuschauen.

So sehr saß ihr noch der Schreck in den Knochen. Da, ein metallenes Geräusch! Die Wohnungstür ging auf, schlurfte über den Fußabtreter. Ehe sich Olga noch mehr verkriechen konnte, tönte ihr ein fröhliches „Hallo“ entgegen. Es war ihre Mutter. Ihr könnt euch vorstellen, wie erleichtert Olga war. Aber wer war diese schwarze Gestalt?

Unterrichtsinhalt	Tätigkeiten der Kinder	Didakt./meth. Hinweise
Geschichte: „Ein schwarzer Schatten huscht vorbei".	Je nach Fortschritten der Klasse im Lesen können die Kinder die Geschichte in Tischgruppen lesen. Unterstreichen unbekannter Worte Die Kinder beschreiben Olga, das Haus, den alten Mann im 3. Stock. Sie sammeln Verben, die Geräusche beschreiben; Nomen aus dem Wortfeld Geräusche, Haus o. ä. und schreiben sie auf.	Lehrer/in liest Geschichte vor. Evtl. Arbeitsblatt, in das die Kinder mit einfachen Sätzen oder auch nur Stichworten Olgas Situation beschreiben. Wortlisten
Wer ist der schwarze Schatten?	Die Kinder erzählen: Was macht der schwarze Schatten, wo tritt er auf, wie wird er beschrieben? Sie notieren sich die Charakteristika. Sie stellen Hypothesen auf, wer der schwarze Schatten sein könnte und überprüfen die Hypothesen durch kleine Experimente: – Wie entsteht Schatten? – Kinder mit heller/dunkler Kleidung laufen durch den Flur, die anderen beobachten.	Starke Punktlichtquelle in hellem/abgedunkeltem Raum

Unterrichtsinhalt	Tätigkeiten der Kinder	Didakt./meth. Hinweise
Gibt es Bilder, die zusammen mit der Farbe Schwarz Unheimliches beschreiben?	Sammeln von Begriffen wie Schwarze Katze, Schwarzer Peter, Schwarzer Mann, finstere Gestalt…	Klären der Sinnzusammenhänge
Macht uns der Schatten angst? Vor wem oder was fürchten sich die Kinder?	Die Kinder erzählen Situationen, in denen sie sich einmal gefürchtet haben. Lesen Geschichten, malen dazu Bilder und besprechen die Situation.	Lehrer/in notiert in einfachen Sätzen an der Tafel.
Haben Erwachsene auch Angst? Soll/darf man über seine Angst sprechen?	Lehrer/in erzählt, Kinder befragen Erwachsene zu Hause und berichten.	Was macht an Schule angst? Z. B. im Turnen, auf dem Schulhof, Diktate??
Spielen der Geschichte mit einfachen Figuren.	Die Kinder fassen die Handlung der Geschichte zusammen und malen sie als Comic in Bildsequenzen. Sie probieren in Gruppen, wie die Geschichte gespielt werden kann, stellen ihre Ergebnisse vor. Sie erfinden eine kleine Geschichte.	Vorgeben von einfachen Figuren (auch Zeichnungen auf Folie) zum Schattenspiel für den Overheadprojektor. Umrisse von Figuren aus Karton ausgeschnitten vor starker Lichtquelle und hellem Hintergrund. Gemeinsames Herstellen der Figuren.
Wer kennt den „Schwarzen Mann"?	Die Kinder erzählen, wo sie schon einmal einen Schornsteinfeger gesehen haben. Sie laden den Schornsteinfeger ein, befragen ihn nach seinen Aufgaben und beobachten ihn bei seiner Arbeit: – Welche Tätigkeiten führt er aus? – Welche Kleidung trägt er? – Welche Werkzeuge benutzt er? – Wo arbeitet er?	Termin- und Ortsabsprache durch den/die Lehrer/in. Olgas Situation läßt sich vielleicht in einem alten Schulgebäude oder altem Haus nachspielen.

Unterrichtsinhalt	Tätigkeiten der Kinder	Didakt./meth. Hinweise
Warum ist der Schornsteinfeger schwarz, trägt er schwarze Kleidung?	Kinder stellen Vergleiche zu anderen Arbeitskleidungen, z. B. Bäcker an, fertigen Zusammenstellung von Berufskleidungen an.	Arbeitsblätter oder Ausschneidebögen zur Berufskleidung, kann später noch vervollständigt werden.
Warum ist die Tätigkeit des Schornsteinfegers so wichtig?	Die Kinder überlegen: – Darf man alles verbrennen? – Womit wird geheizt? Sie beobachten (machen) ein kleines Experiment: Ein Reagenzglas in Halterung wird mit der Öffnung nach unten über eine Kerzenflamme gehalten: Es rußt zu. Beobachten des Vorgangs Kinder überlegen, wie das Glas ohne Benutzen von Wasser wieder gereinigt werden kann: Mit einer Flaschenbürste oder Teil von einer Flaschenbürste an kleiner Kette und Eisenkugel daran. An einem kleinen Modell mit durchsichtigen Schornsteinen probieren sie die Reinigung aus.	Ansprechen von Umweltproblemen und Umweltängsten der Kinder.
Sammeln und Zusammenstellen der Ergebnisse.	Sie malen Bilder. Sie tragen ihre Beobachtungen in ein Arbeitsblatt.	Arbeitsblatt oder Poster.

1A GEISTERMARIONETTEN:

Um Ein Kleines Stoff-Styropor- Oder Schaumstoffbällchen Wird Ein Tuch · Seidenpapier o.Ä. Gelegt · Dass Das Bällchen Ganz Umschlungen Ist Und Etwa 15-20 cm Stoff Über-Steht · Mit Einem Bändchen Den Stoff Zusammenbinden · Dass Er Das Bällchen Fest Umschliesst · Ansonsten Aber Locker Herunterfällt · Mit Stoff- Oder Auch Anderen Farben Malen Nun Die Kinder Grosse Geisteraugen Und Einen Breitgezogenen Mund Auf · An Einem Stück Hutgummi Schwebt Der Geist Lustig Durch Die Lüfte Und Fordert Zu Einem Tänzchen Mit Musik Oder Zu Einem Kleinen Rollen-Spiel Geradezu Heraus ·

1B Für Das Spiel In Der selben Bauschema Aus Einem Schaumstoffball · Einem Bettlaken Grosse Werden · Die Den Besen Schrecken Ein-

Geisterbahn Können Nach Dem Gymnastik- Oder Grösseren Springseilchen Und Einem Halt- Geister Herbeigezaubert Sichern Angst Und Gross-Jagen ·

1C FINGERPUPPENGEISTER:

Ohne Grossen Aufwand Malen Sich Die Kinder Geister-Gesichter Mit Abwaschbaren Farben Auf Die Finger Und Beginnen Ein Spiel Mit Den·/Der Tischnachbar·In ·
Etwas Aufwendiger Ist Es · Aus Papier Röllchen Zu Formen · Zusam-menzukleben Und Zu Bemalen Oder Zu Bekleben · Die Röllchen Stecken Die Kinder Auf Die Finger Und Können So Mehrmals Mit Den Fingergeistern Spielen · Die Tischkante Ist Die Bühne ···

1D TUCH-/GARDINENGEISTER:

Um Eine Ganz Einfache Stoffmarionette Herzu-Stellen · Braucht Man Zur Grundausstattung : 1 Stück Stoff · Mindestens 40 × 40 · Fluoreszierend Wie Z.B. Nylongardine · 1 Holzkugel Oder Styroporkugel Mit Ca. 4 cm Durch- Messer · 4 Dünne Holzleiste 20 cm Lang · 4 Kleinere Holzkugeln ø 6 cm Hanfseil 4-5 mm Stark · 2 Zwirns- Oder Bastelnylon-Fäden Ca 1-2 mm Stark Und 70 cm Lang · Holzleim · Streich-Hölzer Ohne Kuppen Sowie 1 Schwarz- Lichtbirne Mit Einer Fassung E 27 ·

1 · Die Ecken Des Tuches Werden Mit Streichholzstück-chen In Die Holzperlen Verleimt · In Die Holzkugel Wird Das Hanfseil Geschoben · Am Einen Ende Wird Eine Schlaufe Für Die Finger Eingeknotet · Das Andere Ende Wird Durch Ein Loch In Der Mitte Des Tuches Gezo- gen · Ein Knoten Am Ende Des Seiles Angebracht · Mit Leim Bestrichen Wird Das Ende Des Hanfseiles In Die Holzkugel Gezogen Und Mit Streichhölzern Fixiert ·

2 · Die Fäden Werden An Die Enden Der Leiste Geknotet · Die Anderen Enden Werden An Die Vorderen Perlen Gebunden · Es: Die Länge Der Fäden Richtet Sich Nach Der "Bühne" ·

3 · Der Kopf Kann Nun Bemalt Werden · Wer Will · Mit Fluoreszierenden Farben ·
Diese Geistermarionette Ist Für Kinder Einfach Zu Handhaben Und Ruft Im Leicht Abgedunkelten Raum Unter Schwarzlicht Wahrlich Geisterhafte Effekte Hervor ⇒ Ausprobieren!

2 GEISTERFLECKEN:

Jeder Kennt Wahrscheinlich Aus Seiner Eigenen Schulzeit "Geistertinte" o.Ä.

1 Fahre zu Zweit durch den Tunnel.
Macht fürchterlichen Krach!

2 Fahre rückwärts durch den Tunnel!
Mache unheimlichen Lärm!

3 Kleiderstand
Fahre zum Kleiderstand · Ziehe dich als Geist an!

4 Male dich als Geist an! Schminke

5 Fahre durch den Tunnel. Male einen Geist, Malstand
Hänge den Geist in den Tunnel!

6 Fahre mit der Geisterbahn!

146

Handapparat zu Geister im Unterricht

Abraham, P. (1992): Das Schulgespenst. Ravensburg: Maier. 10. Aufl.

Boie, K. (1992): Kirsten Boie erzählt vom Angsthaben. Hamburg: Oetinger.

Butterfield, M. (1993): Rette sich, wer kann! Gruselige Spiele mit Gespenstern und Vampiren. Hamburg: Carlsen.

Bröger, A. (1991): Schulgespenster. Stuttgart: Thienemann. (EL).

Eppendorfer, H. (1986): Gespensterspaß. München: dtv-TB. (EL).

Faber, A. (1988): Das alte Schloß. In: Schultheis, U. (Hg.). Ich hör' so gern Geschichten. Kleine Geschichten zum Vorlesen. München: dtv. 132-135.

Hohler, F. & Maurer, W. (1990): In einem Schloß in Schottland lebte einmal ein junges Gespenst. Aarau: Sauerländer. 5. Aufl.

Jennings, T. (1992): Licht und Energie. Versuchen und Verstehen. Mülheim: Verlag an der Ruhr.

Jäckel, K. (1992): Das kleine Lachgespenst. Bindlach: Loewe. (EL).

Lobe, M. (1992): Das Schloßgespenst macht Dummheiten. Würzburg: Arena. (EL).

Pressler, M. (1988): Trau-dich-Geschichten. 9 Geschichten zum Mutmachen – nicht nur für ängstliche Kinder. Bindlach: Loewe. 2. Aufl.

Preußler, O. (1966): Das kleine Gespenst. Stuttgart: Thienemann.

Ruck-Pauquet, G. (1992): Gespenster essen kein Sauerkraut. Ravensburg: Maier. 24. Aufl.

Sommer-Bodenburg, A. (1987): Wenn du dich gruseln willst. Unheimliche Geschichten. Reinbek: rororo Rotfuchs.

Tison, A. & Taylor, T. (1992): Mach Licht! Die Gruselgeister kommen. Köln: Delphin.

Thenior, R. (1992): Schloßgespenst in Nöten. Ravensburg: Maier.

Van Loon, P. & Spee, G. (1991): Das Gespenst auf dem Dach. Ravensburg: Maier. (EL).

Welsh, R., Oberrauch, E. (1992): Tanja und die Gespenster. Wien: Jugend & Volk.

s. a. Spiele im Anhang Nr. 12

6.5 Verkehr

Beim Spielthema „Verkehr" können die Kinder auf die Erfahrungen zurückgreifen, die sie bisher mit dem Ausprobieren des Rollbrettes gemacht haben. War das Rollbrett im früheren Spiel kein reines Übungsgerät mehr, so erhält es in diesem Spiel für die Kinder von vornherein Bedeutungen wie Lkw, Taxi, Krankenwagen, Bus etc.

Ist „Verkehr" einerseits ein Themenkomplex, mit dem die Kinder tagtäglich in Berührung kommen, mit dem sie sich zumindest in Teilbereichen immer wieder auseinandersetzen müssen, so ist andererseits „Verkehr" für die Kinder ein bedeutsames Spielthema, in dem sie sich spielend/handelnd mit Rollen und Funktionen auseinandersetzen, die ihnen von den Erwachsenen vorgelebt werden und die ihnen nachahmenswert erscheinen.

Anhand von kleinen Spielsträngen wie z. B. „Führerschein für das Rollbrett", „Ein Unfall ist passiert", „Wir bauen uns neue Autos" o. ä. kommen die Kinder aus einer in diesem Alter noch gewöhnlich mehr passiven Rolle – z. B. im Fond des elterlichen Wagens – in einen aktiven Handlungspart, der im Spiel in der Turnhalle und den dort vorhandenen Materialien einen reichhaltigeren Schatz an Bau-, Konstruktions- und Aktionsmöglichkeiten eröffnet, als es mit herkömmlichem Spielzeug erreicht werden kann.

Dieses Spiel ist kein Ersatz für den im Lehrplan vorgesehenen Verkehrsunterricht: Für die Kinder soll der Spielcharakter im Vordergrund stehen und nicht der Eindruck aufkommen, es werde Unterrichtsstoff aus dem Klassenunterricht in die Turnhalle verlagert. Das schließt aber nicht aus, daß Elemente wie z. B. Verkehrsschilder, die im Klassenunterricht behandelt wurden, im Spiel in der Turnhalle hergestellt und verwendet werden. Wünschenswert ist aber auch, daß das Spielthema im Klassenunterricht aufgenommen und Aspekte dieses Themenkomplexes vertiefend behandelt werden. Eine Möglichkeit wäre beispielsweise der im Anschluß an dieses Spielthema aufgezeigte Unterrichtsvorschlag.

In diesem Spiel bleibt es nicht dabei, daß die Kinder nur für sich ein Fahrgerät mit einem Symbol belegen, sondern sie verdeutlichen dieses ihren Mitspielern gegenüber mit Utensilien wie Nummernschilder, Schilder wie Taxi, Krankenwagen oder Polizei. Das geht soweit, daß in der Autofabrik oder in der Werkstatt aus umgedrehten kleinen Kästen oder mitgebrachten Bananenkartons „Karosserien" hergestellt, beklebt und bemalt werden und somit fast „Seifenkisten" produziert werden.

Im Spielraum 1 treffen die Kinder auf einen Aufbau, in dem ihnen eine typische Verkehrssituation vorgegeben wird, die sie schon in ihrem Lebensumfeld und teilweise auch im Spiel in der Turnhalle kennengelernt haben.

Spielraum 1: Straßennetz

Straßennetz

Aus Langbänken, den Balken der Lüneburger Stegel, Kastensegmenten, Leitern, Gymnastikstäben mit Haltern wird ein kleines, überschaubares Straßennetz mit Kreuzung und so breiten Straßen angelegt, daß zwei Rollbretter gut nebeneinander herfahren können.

Polizei

Polizeiautos haben entsprechende Kennzeichnung; die Polizisten haben als Ausstattung eine Polizeikelle/-mütze etc.

Krankenhaus

Weichbodenmatte am Rande der Halle, Arztkoffer, Verbandsmaterial, Tücher, Krankenwagen.

Kleiderladen

Kleiderkoffer, Gymnastikstäbe und -halter, Verkaufstheke

Werkstatt

Stifte, Kartonstreifen zum Herstellen von Nummernschildern, Klebeband.

Eifrig wird an der Karosserie gebastelt

Nachdem die einzelnen Stationen mit den Kindern besprochen wurden, haben diese ausreichend Gelegenheit, den Spielraum zu erkunden. Sie fahren in die Werkstatt und holen sich dort Nummernschilder für ihre Rollbrettautos. Einige Kinder fahren zum Krankenhaus und übernehmen die Rollen als Arzt/Schwester und behandeln die eintreffenden Verletzten und Kranken.

Die Polizei wacht über den Verkehr, läßt herumstehende Rollbrettautos abschleppen, regelt den Verkehr an der Kreuzung.

Im Kleiderladen staffieren sich die Kinder für ihre speziellen Rollen aus, die sie sich für dieses Spiel ausgesucht haben.

In diesem Anfangsstadium des Spieles überzeugt sich der/die Lehrer/in davon, daß die Kinder in diesem Spielraum zu Handlungsmöglichkeiten finden.

Im Handlungsteil sollte nicht nur die Bedienung der Stände oder das Fahren vorherrschen, sondern ein reges Verkehrsgeschehen von Transport von Gütern und Personen, zweckgebundenen Fahrten wie Abschleppen oder Aus-

flugsfahrten, Verhandlungen über Reparatur, Verkauf o. ä. sollte sich entwickeln, ja auch Rallyes, wo die Fahrer ihr Geschick im Umgang mit den Fahrzeugen beweisen können.

Aus diesen Beobachtungen heraus ist zu entscheiden, wie das Spiel fortgeführt werden kann. Kommen die Kinder mit den knappen Handlungsanweisungen nicht zurecht, was sich sehr schnell in ziellosem Hin- und Hergefahre äußern kann, wird ein gemeinsames Spiel verabredet: „Wir machen einen Rollbrettführerschein". Dazu wird der Spielraum folgendermaßen verändert:

Spielraum 2: Rollbrettführerschein

Straßennetz

Aus Langbänken, den Balken der Lüneburger Stegel, Kastensegmenten, Leitern, Gymnastikstäben mit Haltern wird ein kleines, überschaubares Straßennetz mit Kreuzung und so breiten Straßen angelegt, daß zwei Rollbretter gut nebeneinander herfahren können.

Polizei

Malrätsel: Die Kinder sollen in einem Labyrinth ihren Schulweg o. ä. finden.

Krankenhaus

Ausstattung wie sonst: Dazu kommt ein Sehtest: Gucki mit Dia zum Raten oder kleines Fernglas mit Buchstabentafel.

Fahrschule

Hier erhalten die Kinder die Auftragspässe mit den Fahraufgaben (evtl. speziellen Fahrschulwagen) und anschließend nach deren Erledigung die Rollbrettführerscheine.

Werkstatt

Stifte, Kartonstreifen zum Herstellen von Kennzeichen, Klebeband, Rollbrettpuzzles.

Verkehrsgarten

Würfel mit Rollbrettpositionen: Die Kinder sollen in einer erwürfelten Position durch eine Slalomstrecke fahren.

Der Rollbrettführerschein

Die Kinder erhalten einen kleinen Auftragspaß, auf dem 5 Aufgaben aufgemalt sind, die an den einzelnen Stationen mit dem Rollbrett zu erledigen sind. Nach jeder Aufgabe kann sich das Kind das entsprechende Feld auf dem Auftragspaß abstempeln. Zum Schluß kommen die Kinder in die Fahrschule und erhalten dort ihren Rollbrettführerschein, der dort ausgefüllt und abgestempelt wurde. Über dieses Spiel erhalten die Kinder noch einmal eine Übersicht, welche Spielelemente und Handlungsmöglichkeiten in diesem Spielraum enthalten sind. Darüber hinaus werden Impulse gegeben, wie kleine Spielhandlungen ergänzt und fortgeführt werden können. Für die Polizei gibt es nun die Möglichkeit der Führerscheinkontrolle. Einzelne „Experten" wie Polizisten oder Krankenwagenfahrer können dieses in ihrem Führerschein vermerken und diesen als „Dienstausweis" benutzen. Die Untersuchungsmethoden im Krankenhaus werden durch einen Sehtest erweitert.

Ein anderes Spielhemmnis kann für die Kinder sein, daß ihnen einzelne Elemente oder Funktionen im Spiel nicht geläufig sind. Sie benötigen noch zusätzliche Informationen, um gleichberechtigt am Spiel teilnehmen zu können: Im Kreisgespräch in der Turnhalle ist es oft aus Gründen der Raumgröße, der Zusammensetzung der Klasse, des verlockenden Aufbaues im Hintergrund und des Spieldranges der Kinder schwierig, grundsätzliche, sachbezogene Themen zu besprechen:

Was ist ein Nummernschild, Strafzettel, Zebrastreifen? Was steht auf dem Auftragspaß oder dem Führerschein? Wozu gibt es diese? Es bietet sich daher an, diese Fragen am Tage vorher in der Klasse zu besprechen, einen Auftragspaß zu erklären, damit alle Kinder mit dem gleichen Kenntnisstand ins Spiel einsteigen können.

Die Struktur dieses Aufbaus kann mit den Kindern zusammen weiterentwickelt und verändert werden: Nicht so interessante Stationen werden durch neue ersetzt, erweitert. Für Kinder einer Klasse, die mit dem Spielraum zurechtgekommen sind, kann beispielsweise der „Führerschein" eine solche Erweiterung sein. In einer Ecke des Spielraumes entsteht eine

Fahrschule mit einem speziellen Fahrschulauto. Die Aufgaben für den Führerschein können entweder vorgegeben werden oder die Kinder erarbeiten selber einen kleinen Aufgabenkatalog, der dann wie der oben beschriebene Auftragspaß behandelt wird. Die „Führerscheinprüfung" kann auch Anlaß sein, mit den Kindern Regeln für das „Verkehrsspiel" zu erarbeiten. Die Notwendigkeit dazu sehen sie aus eigenem Erleben ein: Z.B. stehen nicht richtig geparkte Rollbretter herum, es kommt zu Staus in den engen Straßen etc.

Aus ihrem Erfahrungsbereich kennen die Kinder noch andere Spezialfahrzeuge, die dann natürlich auch Standorte wie z.B. das Feuerwehrhaus benötigen. Diese können dann genügend ausprobierte Stationen ablösen.

Spielraum 3: Feuerwehr ... Werkstatt ...

Feuerwehr
– Großer Kastendeckel auf Rollbrettern, Hüpfball als Tank, Ziehtau oder Heulrohr als Schlauch, rotes Schwungtuch als Feuer.

Werkstatt
– Nummernschildproduktion
– Pappen, Bananenkartons zum Herstellen von Aufbauten, Karosserien, Buntpapier, Kleber, Stifte.

Bus/Taxi
– Rollbretter mit kleinen Kästen darauf
– Bus-/Taxifahrscheine, Haltestellen mit Schildern.

Tankstelle
– Zapfsäulen aus großen Medizinbällen, Seilchen als Schläuche.

Autowaschanlage
Konstruktion aus Gymnastikstäben mit Tüchern oder Sprungkastensegment über zwei kleine Kästen gelegt. Ein- und Ausfahrt werden mit bunten Tüchern verhängt.

Abschleppdienst
– Kastendeckel auf Rollbrettern.
– Ein Kran kann mit Gymnastikstäben angedeutet werden.
– Auslösescheine von falsch geparkten Fahrzeugen.

Die Feuerwehr kommt herbeigeeilt!

Autorallye
Fahrparcour, der mit verbundenen Augen durchfahren werden muß: Die Kinder können die Aufgaben selber gestalten.

Es kann auch eine kleine Rennbahn aufgebaut werden, in der nach gut abgesprochenen Regeln gefahren wird.

Über diese zusätzlichen Spielmöglichkeiten wird sich schnell ein reges Verkehrstreiben entwickeln, in dem auch schwächere Kinder ausreichend Handlungsmöglichkeiten finden.

Die Einzelangebote können auch miteinander verknüpft werden, so z. B. Tankstelle und Waschanlage. So sind die Kinder nicht nur an eine Station gebunden, an der zeitweise wenig abläuft, sondern können sich innerhalb der Gruppe absprechen, wer den Service leistet und wer am Verkehr teilnimmt.

Es können auch mit den Kindern kleine Handlungsketten abgesprochen werden: Wenn ein Unfall geschehen ist, kommen die Polizei und der Abschleppdienst gleichzeitig. Wenn nötig, rufen diese dann den Krankenwagen und die Feuerwehr. Wurde ein Verletzter im Krankenhaus behandelt, fährt er mit dem Taxi zum Abschleppunternehmen und kann dort seinen Wagen wieder in Empfang nehmen.

Auch wenn der Aufbau überschaubar gehalten wurde, kann es notwendig sein, daß Erwachsene den Kindern bei solchen „Einsätzen" helfend unter die Arme greifen, denn ein „größerer Unfall" hat oft kleinere zur Folge. Hier ist es dann für die Kinder schwer, den Überblick zu behalten.

In der Praxis hat sich gezeigt, daß die Erwachsenen solche Vorkommnisse z. T. selber initiieren müssen, weil die Kinder zu stark mit ihrer eigenen Station beschäftigt sind und darüber das Gesamtspiel vergessen.

Einen schönen Abschluß dieses Spiels können die Kinder gestalten, indem sie eine Fahrzeugparade organisieren: Alle selbstgebauten und -gestalteten Fahrzeuge fahren eine Ehrenrunde durch das Straßennetz.

Linoldruck zum Umdrucken für die Kinder

Ein „Auftragsspaß" zum Führerschein

Fahrzeuge im Unterricht

Unterrichtsinhalt	Tätigkeiten der Kinder	Didakt./meth. Hinweise
Welche Fahrzeuge wurden im Spielunterricht gebaut?	Kinder sammeln und notieren Begriffe (*Feuerwehr, Taxi, Tieflader, Bus, Campingbus, Abschleppwagen, Krankenwagen, Polizeiauto, Lkw, Pkw, Fähre/ Galeere aus den „Veränderlichen Spielräumen"…*). Sie erstellen eine Bauliste.	Lehrer/in hält Photos oder Skizzen bereit.
Welche Fahrzeuge gibt es außerdem?	Kinder nennen Fahrzeuge, bringen Bilder aus Katalogen, Zeitschriften, auch Spielmodelle mit (*Bulldozzer, Bagger, Straßenbahn, Eisenbahn, Trecker, Anhänger, Landrover, Pferdewagen, Autoscooter*). Sie sortieren nach Funktionen, ordnen Bilder zu auf Postern. Sie untersuchen die Wörter.	Bildmaterial zur Verfügung stellen. Poster mit Funktionen oder Arbeitsblatt vorbereiten.
Warum können die Fahrzeuge fahren?	Die Kinder untersuchen ein einfaches Modellauto und benennen die Hauptbestandteile, die jedes Auto vorzuweisen hat (*Achsen, Räder, Motor, Fahrzeugboden, Karosserie*…). Sie untersuchen Modellfahrzeuge auf Verschiedenheiten hin: Es gibt Fahrzeuge, die auf Schienen, nicht auf Rädern, aber auf Ketten fahren. Sie probieren an Spielzeugautos aus: feststehende/bewegliche Räder.	Fahrzeuge aus dem Holzbaukasten, für jede Tischgruppe ein Modell. Motor und Lenkung sollten in diesem Zusammenhang hinten anstehen.
Warum ist unsere Galeere gefahren?	Die Kinder probieren in der Turnhalle noch einmal die Galeere (Kastendeckel oder umgedrehte Langbank auf Gymnastikstäben, auf Bällen) aus.	Arbeit in Gruppen.

Unterrichtsinhalt	Tätigkeiten der Kinder	Didakt./meth. Hinweise
	Sie halten die notwendigen Tätigkeiten fest, die durchgeführt werden müssen, wenn man mit der Galeere ein Stück fahren will. Sie stellen Hypothesen über die Praktikabilität (Schnelligkeit, Personalaufwand …) auf. Was ist zu tun bei Hindernissen (2 Reuterbretter gegeneinandergestellt, mit 2 Keilen davor)? Sie vergleichen mit der Rollbrettleiter (Leiter auf Rollbretter gelegt). Sammeln der Ergebnisse und Notieren auf Poster oder Arbeitsblatt.	evtl. Arbeitsblatt vorbereiten.
Können auch andere Gegenstände auf diese Art und Weise fahren?	Die Kinder stellen in der Klasse Hypothesen auf: – Welche Gegenstände können so „gerollt" werden? – Was ist bei Hindernissen, Tür, Fußmatte etc.? Sie probieren aus: schwerer Umzugskarton, umgedrehter Schülertisch, Gymnastikball, stehender Kleidersack. Sie überlegen, warum Fahrzeuge heute nicht mehr so konstruiert sind. Sie probieren in Tischgruppen mit anderen Materialien: Kleine Styroporblöcke, Brettchen, Etuis oder Pappkistchen auf Bleistiften, Rundhölzern, Kugeln. Zur Anschauung werden Experimentiermodelle zu den Fahrzeugpostern gestellt.	Lehrer/in kann Photos/Skizzen zeigen, wie früher Lasten transportiert wurden. Gerade auch „unförmige" Gegenstände sollten getestet werden. Kinder suchen Bildbeispiele aus Sachbüchern. Vielleicht gibt es in der Nähe auch ein Postamt mit Förderrollen oder eine Firma mit Fließband? Protokollieren der Arbeitsergebnisse in Wort und Bild.
Grundvoraussetzung zum Fahren ist: *2 Achsen und 4 Räder* oder *Kugeln*	Kinder machen gleiche Versuche mit Knetgummi: Sie formen Versuchsautos, probieren mit Rollen und Kugeln aus Knete.	

154

Unterrichtsinhalt	Tätigkeiten der Kinder	Didakt./meth. Hinweise
	Sie überlegen, wie Räder hergestellt werden können (Scheiben). Sie schneiden Scheiben aus Knetrollen (feste Knetmasse) und montieren sie auf Schaschlikstäbe, die sie vorher in die Autos als Achsen gesteckt haben. Sie versuchen es auch mit Kugeln. Sie halten ihre Beobachtungen fest.	
Funktioniert das Kugelachsenprinzip auch im Großen?	Die Kinder überlegen, wie sie das Prinzip im Großen ausprobieren können. Sie führen Versuche durch mit Gymnastikstäben und großen Schaumstoff- und Styroporkugeln und nicht zu schweren Umzugskartons. Kann ein Kind darin geschoben werden?	Material bereitstellen: Gymnastikstäbe, Styroporkugeln, Umzugskarton. Die Kinder arbeiten in kleinen Gruppen.
Ein Milchkartonauto wird gebaut.	Wie kann die Achse befestigt werden? Wie die Räder? Die Kinder betrachten ein mitgebrachtes Modell. Sie planen und notieren gemeinsam die Arbeitsschritte. Welche Werkzeuge benötigen sie? Durchführen der Arbeiten bis zum „Roh"auto. Sie führen Fahrversuche auf dem Tisch und kleiner schiefer Ebene durch, nehmen Verbesserungen in den Fahreigenschaften vor.	Lehrer/in sollte Arbeitsblatt vorgeben. Der Gebrauch der einzelnen Werkzeuge muß besprochen werden. Wenn nötig, Hilfestellung durch den/die Lehrer/in.
Karosseriegestaltung: Wir gestalten Modelle aus dem Spielunterricht.	Die Kinder suchen sich in Gruppen einen Fahrzeugtyp aus dem Spielunterricht heraus. Sie planen die Karosseriegestaltung, z. B. Fenster, Türen, Ladefläche nach hinten.	Genügend leere und gespülte Milchtüten sollten wegen möglicher Fehlkonstruktionen vorhanden sein, ebenso Räder und Achsmaterial.

155

Unterrichtsinhalt	Tätigkeiten der Kinder	Didakt./meth. Hinweise
	Sie schreiben das benötigte Werkzeug und Material auf. Sie führen die Arbeiten aus. Sie vergleichen ihre Einzelarbeiten in der Tischgruppe anhand der vorgegebenen Planung, führen ggf. noch Veränderungen durch.	
Kleine Ausstellung für einen Elternabend oder den Besuch der Nachbarklasse.	Sie stellen ihre Fahrzeuge in den vorgefertigten Spielplan aus der Turnhalle und ergänzen die Materialsammlung, beschriften die Ausstellungsstücke. Sie schreiben eine Einladung an Eltern/ Nachbarklasse. Sie sprechen sich ab, wer Erläuterungen gibt, wer vom Spiel in der Turnhalle erzählt: „Großbrand in der Autowerkstatt".	Es können hierzu spannende Erlebnisberichte angefertigt werden, die mit Dias oder gemalten Folien optisch unterstützt werden.
Unterrichtsgang zur Feuerwehr: Besichtigung von Leiterwagen, Löschfahrzeug und Krankentransportwagen.	Die Kinder lassen sich die Ausstattung und Funktion der drei Wagen zeigen. Wenn möglich, fahren sie im Korb des Leiterwagens in die Höhe. Im Sommer Probespritzen auf dem Hof? Sie befragen den Brandmeister/Feuerwehrmann nach seinen Aufgaben, dem Besonderen an seiner Arbeit. Sie interviewen den Krankenwagenfahrer.	Andere Berufsgruppen, die mit Spezialfahrzeugen zu tun haben, eignen sich auch für einen Unterrichtsgang.
Sammeln der Ergebnisse.	Die Kinder malen ein Bild. Sie erzählen von ihren Beobachtungen an Fahrzeugen, Arbeiten der Feuerwehrmänner und vergleichen sie mit der Arbeit ihrer Eltern. Sie machen Notizen in ein Arbeitsblatt oder schreiben kurzen Bericht.	

Handapparat zu Fahrzeugen im Unterricht

Aust, S. & Adam, E. (1992): Hallo Polizei! Freunde und Helfer. Wien: Ueberreuter.

Aust, S. & Schütz, A. (1992): Hallo Feuerwehr! Retten – Löschen – Bergen – Schützen. Wien: Ueberreuter.

Axt, R, (1990): Die Reise mit dem Wunderauto. München: Schneider.

Bailey, D. (1990): Autos: Vom Rad zum Zukunftsmobil. Oberursel: Neuer Finken Verlag.

Bernard, J. (1986): Piro und die Feuerwehr. Gossau: Nord-Süd Verlag. (EL).

Bliesener, K. (1991): Was ist los im Krankenhaus. Leporello. Ravensburg: Maier. 2. Aufl.

Dietl, E. & Andresen, U. (1992): Die Ampel. Ravensburg: Maier. 7. Aufl.

Delafosse, C. (1991): Das Auto. Mannheim: Brockhaus.

Erikson, J. (1988): Weg da, wir kommen. Hamburg: Oetinger. (EL).

Las, C. de. (1993): Feuerwehren im Einsatz. Die Welt entdecken. Bd. 22. Ravensburg: Maier. 7. Aufl.

Lord, T. & King, D. (1992): Autos. Sehen-Staunen-Wissen. Hildesheim: Gerstenberg.

Lustig, P. (1991): Peter Lustigs Technik-Comic: Wie funktioniert ein Auto. Ravensburg: Maier. 8. Aufl.

Mai, M. (1992): Warum-Geschichten: Im Verkehr. Bindlach: Loewe.

Metzger, W. (1992): Aufladen – Abfahren. Ravensburg: Maier. 13. Aufl.

Reichardt, H. (1974): Das Auto. Was ist was. Bd. 53. Nürnberg: Tessloff.

Tölzel, B. (1987): Die Feuerwehr. Ein Bilder-Sachbuch. Ravensburg: Maier. (EL).

Wiebel, K. H. (1992): Natur Begreifen. Experimentierkartei. 02. Maschinen. Lichtenau: Freiarbeitverlag. 2. Aufl.

Wolf, K. P. (1992): Stop! Wir haben Vorfahrt. München: Schneider. (EL).

6.6 Vampire

Die Geschichten vom Vampir Rüdiger begleiten wohl mittlerweile jede Schülergeneration, ob es nun die Geschichten selber sind oder die Filme im Fernsehen. Es reizt die Kinder, auch einmal so fliegen zu können wie Rüdiger; schon in den „Veränderlichen Spielräumen" am Kletterberg oder in der Höhle wurde plötzlich das eine oder andere Kind zum Vampir. Diesen Kinderwunsch respektierend ist das Spielthema mittlerweile zum festen Bestandteil des spiel- und handlungsorientierten Unterrichts geworden. Seine einfache Spiel- und Handlungsstruktur ermöglichen den Kindern einen schnellen Einstieg, lassen sie schnell Spielideen ausprobieren und in das gemeinsame Spiel integrieren. Je nach Interessenslage kann auch zusammen mit dem Thema Geisterbahn eine Spielkette entwickelt werden, wobei dann der/die Lehrer/in mit dem einfachen Vampirspiel beginnt.

Spielraum 1: Gruft der Vampire

Gruft

Das große Schwungtuch wird in einer Ecke der Turnhalle so aufgehängt, daß ein möglichst großer Raum entsteht. An den Seiten werden die Böcke der Lüneburger Stegel und Kästen aufgestellt, das Schwungtuch darübergelegt und befestigt.

Burg der Menschen

Mit einem zweiten Tuch werden zwei auf der anderen Hallenseite über Eck aufgestellte Weichbodenmatten abgedeckt.

Hindernisse

Zur Strukturierung der Hallenfläche benutzt der/die Lehrer/in Langbänke, Kästen und Schläuche, damit während des Spiels kein Flitzen von Hallenecke zu Hallenecke entsteht. Auf Gymnastikstäbe lassen sich aus Karton ausgeschnittene Baumsilhouetten hängen.

Flug der Vampire

Vampire und Menschen benutzen Rollbretter als Flugobjekte/Fortbewegungs-mittel. Das Spiel erhält dadurch eine übersichtlichere Struktur, es gibt kein schnelles Hin- und Hergerenne, das manche Kinder schnell den Überblick verlieren läßt.

Schloß Dracula

Wenn die Kinder in die Halle kommen, dürfen sie zunächst den Aufbau erkunden, mit den Rollbrettern die Wege abfahren. Dann treffen sich alle im Kreis und das nachfolgende Spiel wird vorgestellt. Mit einer kleinen Geschichte finden die Kinder schnell in das Spielthema und die Spielhandlung hinein:

Nachts bei den Vampiren …

Auf dem großen Friedhof „Ruhe sanft", so wird erzählt, soll es drei Vampire geben. Irgendwo tief in einer Gruft sollen sie den Tag verschlafen, bis die große Turmuhr der Adelheidis-Kirche Mitternacht schlägt.

Nicht weit vom Friedhof „Ruhe sanft" liegt auf einem großen Berg eine Burg der Menschen. Jeder Großvater erzählt dem Vater … jede Mutter der Tochter, daß sich jeder vor den Vampiren hüten müsse. Wie scheußlich sie doch sind … und gefährlich … aber gesehen hat sie noch keiner!

Abenteuerliche Geschichten kursieren in der Burg. Die einen belächeln sie, reißen Witze darüber, andere verschließen ihre Türen zweimal, verrammeln die Fenster, hängen Knoblauch auf …

Doch neugierig, wie die Menschen nun einmal sind: „Wir müssen doch einmal schauen, ob es die Vampire nun wirklich gibt. Uns werden sie sicherlich nicht erwischen!"

Mit Knoblauch und Kreuzen bewaffnet, trauen sich die Menschen nun doch eines Nachts vor die Tür.

Unerbittlich schlägt die tiefe Glocke der Turmuhr: „…10- …11- …12mal! Vampirstunde!!!" fegt es um die Burg. Hier ein Flattern, da ein Knacken! Den Menschen wird es doch ein wenig mulmig zumute: „Wären wir vielleicht doch besser zu Hause geblieben! Ob denn Vampire wirklich keinen Knoblauch mögen?" Nicht auszudenken, wenn er nicht wirkt!

Und tatsächlich … die Vampire sind aufgewacht. Sie schwingen sich auf ihren Vampirfliegern (Rollbrettern) in die Lüfte. Hungrig sind sie: Es riecht nach Menschenfleisch! Mindestens 20 Stunden haben sie nichts mehr gegessen!

Das hält der stärkste Vampir nicht aus! Haben sie einen Menschen erwischt und gebissen, gibt es zwei Bißwunden am Hals und … dieser Mensch wird auch zum Vampir! Er legt sich in der Gruft schlafen. Diese Nacht gibt es reichlich Beute für die Vampire …

Auf den Rollbrettern schwärmen die Vampire aus, auch die „Menschen" fahren auf Rollbrettern. Ist ein Mensch gefangen worden, bekommt er mit Schminkstift zwei rote Punkte an den Hals oder auf die Hand (Allergie!?). Er/sie muß sich dann auch als Vampir verkleiden und sich in der Gruft zur Ruhe legen.

Im ersten Durchgang spielten die Erwachsenen die Vampire. War kein Mensch mehr übriggeblieben und hatten sich alle in der Gruft wiedergefunden, gab es sofort den Wunsch nach Wiederholung. Drei Kinder wurden zu Vampiren ernannt, kurz noch einmal über Regeln gesprochen und dann ging es von vorne los. Drei- bis viermal ging es so die Stunde. Damit auch jeder einmal in die „echte Vampirrolle" kam, wurde die Regel erweitert: Jeder gefangene Mensch, der sich ordentlich als Vampir verkleidete und sich als solcher deutlich zu erkennen gab, durfte die drei „echten" Vampire unterstützen. Nebenbei stellte sich heraus, daß an

der Mär mit dem „Knofel" doch ein Fünkchen Wahrheit dran sein mußte. Es gab immer ein paar Kinder, die sich nicht fangen ließen und dafür lieber Wächter oder Burgherr in der Burg spielten.

Natürlich stand das Vampirthema in der nächsten Stunde wieder auf der Tagesordnung! Die Kinder erhielten mehr Freiraum, eigene Ideen umzusetzen. Der Eingang zur Gruft mußte noch abschreckend gestaltet werden: Die Erwachsenen hatten ein großes Spinnennetz vorbereitet, in das die Kinder allerlei Getier: … Schlangen, … Spinnen, … Fledermäuse usw. hängten, die sie im Gestaltungsunterricht und auch noch in der Turnhalle angefertigt hatten. In der Produktionsphase im Klassenunterricht wurde selbstverständlich eine Geschichte vom Vampir Rüdiger vorgelesen.

Die Kinder brachten das Spinnennetz mit in die Turnhalle. Einige hatten zu Hause ihre Spielkiste durchwühlt und Vampirzähne hervorgekramt. Echter Knoblauch tauchte auf. Ein Junge hatte wohl schon den Film „Tanz der Vampire" nach dem Roman von Bram Stoker im Fernsehen gesehen und brachte ein Stück Holz als Pfahl gegen die Vampire mit. In dieser Stunde ging es etwas ruhiger zu. Die Gruft mußte wohnlicher gestaltet werden; die Vampire gaben sich Mühe, sich stilecht zu verkleiden und wer wollte – zu schminken. Daß dabei die Blutmale zu schwersten Verletzungen „auswuchsen", schien die Aktivität der Vampire nicht weiter zu behindern.

Die Vampire verschwinden in ihren „Särgen"

Spielraum 2: Alltag der Vampire

Grufties

Einige Kinder legten ihren Schwerpunkt in die Ausgestaltung der Gruft. Tiere wurden aufgehängt.

Alles, was irgendwie als Tuch/Decke zu gebrauchen war, selbst kratzige Jute-Hüpfsäcke, wurde organisiert, um Särge aus Kastendeckeln und -segmenten auszulegen. Neue Verstecke entstanden für die Vampire.

Kleider/Schminkstand

Hier herrschte reger Betrieb. Bettücher mit Löchern für Kopf und Arme waren sehr gefragt. Vampirzähne wurden angemalt, bis hin zu gruseligen Gesichtsmasken, bei denen sich die verschiedenen Schminkfarben zu einem schmutzigen Schwarz vermischt hatten.

Malstand

Stifte und Malpapier wurden dringend benötigt, um Vampirbilder zu malen, die in der Gruft aufgehängt werden sollten. Für das Spinnennetz fehlten noch Tiere …

Auch Masken wurden gebastelt …

Vampirflug

Vampire müssen natürlich auch fliegen können. Je nachdem, wieviel Platz in der Turnhalle ist, geben Tarzanschaukel mit zwei Sprungkästen und die Reifenschaukel gute Gelegenheiten dazu.

Mit einem starken Erwachsenen als Bedienungshilfe kann die „Longe" (Thieme) zu einem „echten" Flugerlebnis werden.

Vampirkabinett

Das Spinnennetz reichte nicht mehr aus für die gebastelten Tiere, Stofffledermäuse, mitgebrachten Papiervampire und Vampirmarionetten, die in einigen Klassen im Gestaltungsunterricht hergestellt worden waren. Das in die Gruft integrierte Klettergerüst wurde in die Gestaltung einbezogen. Hier entstanden zwischen einzelnen Kindern kleine Dialogspiele mit ihren Figuren.

Tanz der Vampire

Die Kinder versuchen, nach dem Kanon von Pachelbel durch die Halle zu schweben. Wenn vorhanden, können sie dabei auch ihre Papiervampire – an einem Faden hängend – oder ihre kleinen Vampirfiguren mitführen.

Die Kinder hatten genug zu tun, um ihre Ideen auszuprobieren und umzusetzen. Zwischendurch mußte natürlich auch noch einmal das Spiel der letzten Stunde aufgegriffen werden, denn die Vampire wurden wieder hungrig …

Gegen Ende der Stunde, … so kurz vor Sonnenaufgang …, tanzten die Vampire noch einmal den Flugtanz. Mit ihren Umhängen schwebten sie mit Pachelbels Kanon durch die Halle, um dann in der Gruft den Tag zu verschlafen, sprich: aufzuräumen.

Die Essensfrage der Vampire war genausowenig eindeutig geklärt wie in den Geschichten des Vampirs Rüdiger: Jedesmal, wenn das Thema von Rüdigers Menschenfreund angesprochen wurde, schwieg der Erzähler vornehm und ließ Rüdiger von Fledermäusen, Spinnen und Mäusen etc. murmeln.

Spielraum 3: Das große Fest der Vampire

Also beschlossen die Erwachsenen, das Essensproblem für die Kinder mit einem „Vampirfest" zu lösen.

Spiele der Kinder:

> **Vampirjagd**
>
> Zu Beginn der Stunde gehen die Vampire wie zuvor noch einmal auf Jagd nach den Menschen mit ihren Rollbrett-Flugobjekten.

> **Vampirflugzeug**
>
> Bewegliche Matte mit Seilchen zum Ziehen in den seitlichen Schlaufen befestigen: Alle Kinder haben darauf Platz. Bei größeren Klassen nimmt man zwei Weichböden auf Rollbrettern. Die Kinder können dieses „Zauberflugzeug" auch noch ausschmükken.

> **Gruft**
>
> Aufbau wie in bisherigen Stunden; jedoch mit gedeckter Vampirtafel.

Nachdem in der Abschlußstunde des Vampirthemas die Gruft wieder einigermaßen aufgebaut war, wollten die Kinder noch einmal auf Menschenjagd gehen. Die gefangenen und verwandelten Menschen schmückten die Gruft weiter aus, eine Langbank kam hinein, die mit weißen Tüchern zur Tafel gedeckt wurde. Tassen und Löffel waren schnell verteilt. Zwei ausgehöhlte Rüben mit Teelichtern darin hingen in der Kletterwand und warfen flackerndes Licht über die Tafel. Doch was sollte es zu essen geben? Um nach der aufregenden Jagd auf die Menschen wieder etwas Ruhe unter die Vampire zu bekommen, spielten wir eine kleine Entspannungsgeschichte auf der beweglichen Matte, die hier zum Vampirflugzeug wurde:

Das Zauberflugzeug:

Die kleinen Vampire hatten immer nur auf ihrem Friedhof gelebt. Allenfalls waren sie noch bis zum Nachbardorf gekommen, aber niemals weiter. Auf ihren Flügen hatten sie Gespräche der Menschen belauscht, die von ihren Ferienfahrten erzählten. Ferien, das wäre doch auch einmal etwas für Vampire! In ein Land fliegen, wo keine Sonne scheint, welch eine Erholung!

Doch der Weg ins Land der nie aufgehenden Sonne war weit, sehr weit. Ohne Flugzeug könnten sie das nicht schaffen! Sie setzten sich zusammen und wünschten sich ganz doll ein Flugzeug herbei. Ihr wißt, Vampire können das! Sie sitzen da und sind ganz ruhig, ganz ruhig. Es sollte ihnen schon gelingen.

Und da: „Hört mal ganz genau hin!" Ganz leise ertönt eine Zaubermusik, sie wird lauter und lauter und kommt näher. Als sie ganz laut ist, ist plötzlich auch ein Flugzeug da.

Die kleinen Vampire steigen in das Zauberflugzeug ein und fliegen davon. Brrm, brrm, brrm geht der kleine Motor des Zauberflugzeuges, und die kleinen Vampire brummen ganz leise mit:

Brrm, brrm, brrm. Ganz ruhig und geborgen sind sie. Das Flugzeug trägt sie höher und höher, vorbei an den Sternen. Schaut her, der gute alte Mond lächelt ihnen zu und wünscht ihnen eine gute Reise. Ganz in der Ferne geht die Sonne unter, sie ist weit weg, weit weg, sie kann ihnen nichts anhaben. Sie schweben ihrem Glück entgegen ... brrm ... brrm ... brrm ...

Das Zauberflugzeug fliegt durch ein Gewitter und wird geschüttelt und gestoßen. Doch die kleinen Vampire haben überhaupt keine Angst, es macht ihnen sogar Spaß. Hinter den Wolken des Gewitters sehen sie ein großes Meer. Am Horizont taucht eine Insel auf: In der Dunkelheit leuchtet sie wie ein riesiges Glühwürmchen. Das muß ein tolles Land sein! Ob sie da unten ihre Freunde finden?

Und tatsächlich, das Zauberflugzeug setzt zur Landung an. Es bleibt direkt neben einem schönen alten Friedhof stehen. Viele andere Vampire kommen aus ihren gemütlichen Grüften und begrüßen die Urlauber ganz herzlich, so herzlich wie eben ein Vampir nur sein kann.

Der Flug ist nun zu Ende und ein großes Fest wird gefeiert. Zum Schluß laden die heimischen Vampire die Reisenden ein, doch für immer im Land der nie aufgehenden Sonne zu bleiben.

Als Zaubermusik wählen wir Stücke von Kitaro. Die kleinen Vampire nahmen Platz in der gemütlichen Gruft und ein großer Topf wurde hereingetragen: Blutsuppe mit Fledermausknochen! Die Kinder waren zunächst etwas skeptisch, bis ein ganz fixes Mädchen feststellte, daß es Tomatensuppe war und die Fledermausknochen sich als Pizzastangen entpuppten. Im Unterricht malten sie noch eine kleine Urlaubspostkarte von der schönen Reise ins Land der nie aufgehenden Sonne.

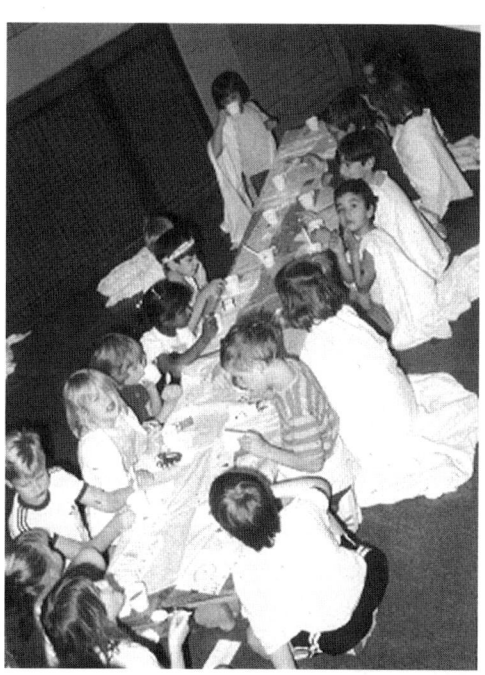

Inszenierung des „Tanz der Vampire" in der Klasse

Wenn die Kinder Papiervampire oder andere Vampirfiguren gebastelt und diese an Hutgummi aufgehängt haben, läßt sich mit wenigen Handgriffen eine kleine Bühne in der Klasse errichten:

Tische werden in einem Halbkreis zusammengestellt, daß alle Kinder stehend dahinter gut Platz haben. Die Tische verhängt der/die Lehrer/in mit Tüchern – möglichst schwarz, damit ein starker Kontrast entsteht.

Die Vampire werden mit dem Hutgummi an Lampionstäben aufgehängt, so können die Kinder sie in der Gruft tanzen lassen.

Aus farbigem Karton sind schnell Regenwolken und ein Mond ausgeschnitten und an einem Gymnastikstab befestigt. Eine Projektorlampe (Overhead- oder Diaprojektor) oder Stehlampe wird als Sonne aufgestellt.

Die Vampire tanzen nun nach Musik durch die Gruft. Der Mond scheint lächelnd dazu, auch die Wolken nicken wohlwollend. Doch wenn die Sonne aufgeht, verschwinden alle. Die Vampire verstecken sich in kleinen Kartons, die auf dem Fußboden stehen.

Spielvariante:

Zwei Vampire treffen sich in der Gruft und unterhalten sich: z. B. über die schöne Flugreise.

Der Obervampir macht Flugkunststücke vor, die der Juniorvampir nachmachen soll.

162

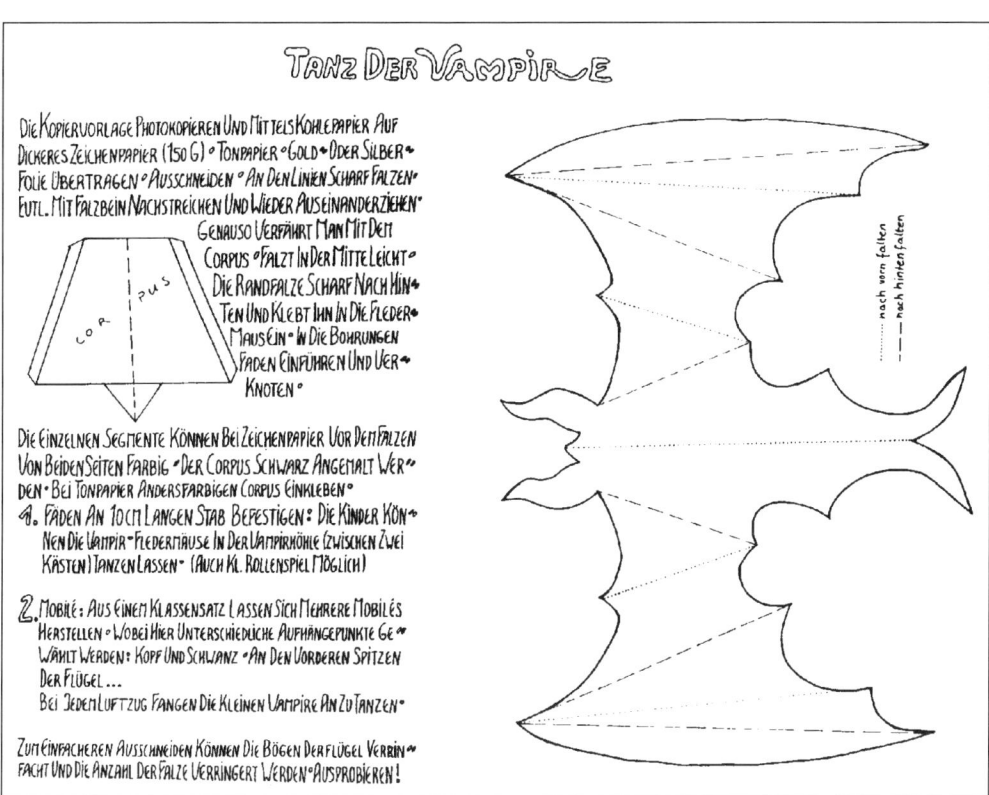

Vampire im Unterricht

Phantasiegestalten: z. B. die Vampire

Unterrichtsinhalt	Tätigkeiten der Kinder	Didakt./meth. Hinweise
Vampire sind Nachtwesen – was für Nachttiere gibt es?	Die Kinder berichten von Nachttieren, die sie schon einmal in natura oder im Film gesehen haben. Sie beobachten in warmer Sommernacht den Flug der Tiere an hellen Lichtquellen.	Arbeitsblatt mit Nachttieren: „Unser Nachtzoo".
Welches Tier ähnelt unserem „Kleinen Vampir" am meisten?	Sie schauen einen Film über Fledermäuse an. Sie tragen Informationen zusammen: – Wo leben sie, wie ernähren sie sich, wie finden sie sich im Dunkeln zurecht.	Arbeitsblatt zur Fledermaus.

Unterrichtsinhalt	Tätigkeiten der Kinder	Didakt./meth. Hinweise
	– Sammeln und Ordnen von Bildmaterial. Sie formen Fledermäuse aus Knete/ Plastillin.	
Lebensgewohnheiten von Vampir und Fledermaus im Vergleich.	Hypothese: Die Fledermaus ist ein Vampir. Die Kinder stellen Eigenschaften und Gewohnheiten von Fledermaus und Vampir gegenüber. Sie schreiben die Gegenüberstellung auf ein großes Blatt und malen Bilder dazu.	Notfalls müssen noch Informationen aus dem „Kleinen Vampir" bereitgestellt werden.
Gibt es andere Phantasietiere, die in Geschichten auftauchen?	Die Kinder sammeln Bilder: Drache, Batman, Einhorn usf.	Die Phantasiefiguren können kurz beschrieben werden.
Herstellen von Vampirfiguren.	Die Kinder schneiden aus, falten und bemalen die Vorlage. Anheften von Hutgummi an Figur und Rundstab. Die Kinder probieren den hüpfenden und taumelnden Flug ihres Vampirs aus. Basteln einer kleinen Vampirmarionette.	Unterschiedliche Vorlagen bereitstellen. Fluoreszierende Farben machen die Figuren besonders attraktiv – Schwarzlichtlampe muß organisiert werden. Arbeitsschritte auf Arbeitsblatt.
Was machen wir mit unseren Vampiren?	Die Kinder erwägen verschiedene Möglichkeiten: Ausschmücken des Klassenzimmers, eine kleine Ausstellung mit anderen Utensilien vom Spiel in der Halle, ein kleines Vampirspiel arrangieren.	
Entwickeln einer kleinen Spielgeschichte: Flugrallye oder Tanz der Vampire.	Alternativen: Unterhaltung der Vampire über ihre Flugreise/Nachempfinden des Spiels aus der Turnhalle mit kleinem Modell. *oder:* Flugrallye mit Tanz der Vampire.	Entwickeln eines kleinen Vorführstückes oder Nachspielen der Erlebnisse aus der Turnhalle. Der Spielrahmen sollte offen sein, damit sich alle Kinder phantasievoll einbringen können.

Unterrichtsinhalt	Tätigkeiten der Kinder	Didakt./meth. Hinweise
	Die Kinder entwickeln nach und nach eine kurze Geschichte, malen dazu Bilder, um den Ablauf des Spiels festzuhalten.	Lehrer/in notiert Ablauf in kurzen Sätzen – malt Symbole dazu.
Ablaufplanung des Spiels Rollenverteilung	Die Kinder überlegen, wie sie den Ablauf des Spieles gestalten wollen, welche Materialien sie benötigen. Sie basteln Utensilien wie Mond, Regenwolken, Blitz aus bemaltem Karton, dem Inhalt der Geschichte entsprechend, kleine Pappkartons als Särge. Sie verteilen die Rollen.	Die Sonne ist ein Diaprojektor, von Lehrer/in bedient. Musik: z. B. Canon von Pachelbel. Aufteilung in 2–3 Gruppen.
Spielen der Geschichte	Aufbau der Vampirhöhle: Ein großes Viereck aus Tischen wird mit schwarzem Tuch ausgekleidet, das Spinnennetz hineingestellt sowie von dem/ der Lehrer/in die Schwarzlichtlampe installiert. Kindergruppen spielen die Geschichte, von der sich durchaus Variationen bilden dürfen.	Der Klassenraum wird abgedunkelt. Lehrer/in arrangiert. Wechsel der spielenden Gruppen.
Spielen vor Publikum	Sie laden zum Spiel die Nachbarklasse ein mit einer grauenerregenden Einladungskarte. Die Kinder tragen weiße oder schwarze Tücher. Als Erfrischung gibt es natürlich eine Probe von der Vampirsuppe – natürlich von (geschminkten) Vampiren serviert.	Absprache mit der Nachbarklasse

Handapparat zu Vampiren im Unterricht

Butterfield, M. (1993): Rette sich, wer kann! Gruselige Spiele mit Gespenstern und Vampiren. Hamburg: Carlsen.

Kent, J. (1987): Drachen gibt's doch gar nicht. Ravensburg: Maier.

Sommer-Bodenburg, A. (1979): Der kleine Vampir. Reinbek: RoRoRo-TB.

Sommer-Bodenburg, A. (1980): Der kleine Vampir zieht um. Reinbek: RoRoRo-TB.

Sommer-Bodenburg, A. (1982): Der kleine Vampir verreist. Reinbek: RoRoRo-TB.

Sommer-Bodenburg, A. (1988): Der kleine Vampir liest vor. Reinbek: RoRoRo-TB.

Waddell, M. (1993): Dracula Junior. Der erste Biß. Hamburg: Carlsen.

Welsh, R. (1992): Das Vamperl. München: dtv-TB. 11. Aufl. (EL).

6.7 Zwerge

Märchen und Märchenfiguren üben nach wie vor eine große Faszination auf Kinder aus. Deren Abenteuer in Geschichten mitzuerleben, im Spiel nachzuspielen und weiterzuentwickeln, ist für viele Kinder attraktiv und häufig Ausgangspunkt einer Auseinandersetzung mit der eigenen Realität. Auch in der Schule sind Märchen fester Bestandteil des Unterrichts: als Thema des Fachunterrichts, als Singspiel, Entspannungs- oder Körpererfahrungsspiel, als Rollenspiel in Form eines gebundenen Phantasiespiels oder als geübtes und geprobtes szenisches Spiel, das auf Klassen- oder Schulfesten aufgeführt wird. In diesem Zusammenhang würde es aber zu weit gehen, die pädagogisch-psychologischen Wirkweisen des Märchens im Unterricht analysieren zu wollen. Unser Märchen bzw. unsere Geschichte von den Zwergen im Spielunterricht soll lediglich als Kern einer Spielhandlung, eines Spielrahmens – mit bewußt offengelassenen Ausgestaltungs- und Fortführungsgelegenheiten – verstanden werden, der den Kindern die Möglichkeit bietet, über das Phantasiespiel aus der „scheinrealen" Welt im Spielunterricht zur Auseinandersetzung mit der Alltagsrealität finden zu können.

Die Kinder lesen oder hören sich die nachfolgende Geschichte an, die ihnen den Einstieg in das Spiel erleichtert und für den Anfang Handlungsmöglichkeiten aufzeigt:

Die Geschichte der Zwerge Hutzliwutz

Vor vielen, vielen Jahren sind die Zwerge Hutzliwutz aus einem fernen Land in den Hutzliwald gekommen. Sie hatten nämlich vom König der Zwerge, der alle Zwerge auf der Erde unter sich hat, den Auftrag bekommen, den Hutzliwald zu hüten, darin zu leben und zu arbeiten.

Der Hutzliwald birgt in seinem Inneren einen großen Schatz: Gold, Silber und Edelsteine, die in einer tiefen Felsspalte am „Blauen Berg" versteckt sind. Die Zwerge sind sehr fleißig, um ihrem König den Schatz möglichst sicher zu bewahren und schnell zu bergen. Aus den Edelsteinen wollen sie ein großes Bild als Geschenk für ihren König anfertigen, das alle Welt bestaunen sollte. Tagaus, tagein stehen die Zwerge in aller Frühe auf, um durch den Hutzliwald zum „Blauen Berg" zu schleichen. Dort hatten sie ein kleines Bergwerk eingerichtet, um an die Schätze im tiefen Felsgestein heranzukommen.

Die Zwerge fühlen sich wohl im Hutzliwald: riesige Bäume gibt es dort, die mit Schlingpflanzen zu einem fast undurchdringbaren Gewirr verwoben sind. Auf dem Boden gibt es kleine Büsche mit leckeren Beeren, Pilzen und gesunden Kräutern. Sie könnten dort für immer und ewig sicher leben, wenn da nicht zwei Riesen wären!

Gesehen haben die Zwerge die Riesen noch nicht. Aber manchmal geht ein fürchterliches Donnern durch den Hutzliwald, die Bäume zittern, die Erde fängt an zu beben: Das müssen wohl die Riesen sein. Glücklicherweise können die Riesen nicht überall hinkommen. Ihr König aber hat sie eindringlich vor ihnen gewarnt. Quadratlatsch soll der eine heißen, weil er so große Füße hat und tollpatschig alles unter seinen Füßen zermalmt, was nicht rechtzeitig Reißaus nimmt. Langnas ist der andere. Vorwitzig und neugierig steckt er seine übergroße Nase in alle Ecken und nimmt alles mit, was nicht niet- und nagelfest ist.

Die Riesen mögen die Zwerge nicht. Sie sind stinkefaul und versuchen, sich auf Kosten anderer ein gutes Leben zu machen. Sie sind neidisch auf die Zwerge, die sich mit viel Fleiß großen Reichtum erarbeiten.

Die Riesen sind zwar wahnsinnig groß, aber ganz so dumm sind sie nun auch wieder nicht: Sie haben herausbekommen, wo die Zwerge unter den Bäumen entlanghuschen, wenn sie nach einem schweren Arbeitstag mit ihren Schätzen aus dem Bergwerk zurückkehren. Langnas mußte das gewesen sein, der zwar nicht viel sehen, aber dafür mit seiner gewaltigen Nase umso besser riechen kann. So haben sich die Riesen hinter der großen Wurzel auf die Lauer gelegt und versuchen, die kleinen Zwerge abzufangen und ihnen die Edelsteine abzuluchsen.

Eigentlich war der Plan der Riesen gut, aber sie hatten ihre eigene Bequemlichkeit nicht eingerechnet: Sie sind so faul und müde, daß sie noch nicht einmal ihre Augen aufhalten können und immer wieder in tiefen, tiefen Schlaf versinken … Also aufgepaßt, ihr fleißigen Zwerge!

Zu der Geschichte passend wird den Kindern in der Turnhalle folgender Aufbau vorgegeben. Sie erkunden ihn, schmücken ihn aus und im Verlauf des Spieles können sie ihn erweitern und verändern:

Spielraum 1: Im Hutzliwald

Zwergenhöhle

Die Wohn- und Schlafstätte der Zwerge wird als Zelt, bestehend aus einem großen weißen Schwungtuch in einer Ecke der Halle aufgebaut. Mit Matten können Betten gebaut werden.

Hutzliwald

Nicht weit von der Zwergenhöhle entfernt befindet sich der Hutzliwald. Er kann mit Gymnastikstäben und Pappröhren gebaut werden. In die aufgestellten Pappröhren werden kleine Zweige und Äste gesteckt oder aus Pappe Baumkronensilhouetten ausgeschnitten und bemalt. Mit Begrenzungsfahnen und Gymnastikstäben und darübergehängten Tüchern lassen sich auch Riesenbäume aufstellen.

Weg durch den Hutzliwald

Mit Baustellenbegrenzungsband grenzt man einen schmalen Pfad durch den Hutzliwald ab, auf dem die Zwerge mit ihren Zwergenkutschen (Rollbretter) zur großen Wurzel fahren können. Von dort aus geht es zu Fuß weiter zum „Blauen Berg".

oder:

Der Weg zum „Blauen Berg" kann auch einem Naturwald nachempfunden werden: In der Nähe der Zwergenhöhle müssen die kleinen Männchen durch einen trockenen Bach (mit Schwungtüchern bedeckte Medi-

zinbälle) über das Geröll klettern oder durch den reißenden Bach durchtauchen. Sie wagen sich in eine kleine Höhle (Sprungkastensegmente auf den Boden gelegt, Matten über zwei Langbänke) und gelangen von dort in ein dichtes Gestrüpp (aufgestellte Gymnastikstäbe mit Fäden/Seilchen verbunden), an das sich die große Wurzel anschließt.

„Blauer Berg" mit Zwergenfelsen

Großes Zelt aus blauem Schwungtuch: Mit zwei großen Kästen wird der Eingang in den „Blauen Berg" markiert, über eine Brücke (Zwergenfelsen) aus zwei Kästen und einer Langbank gelangen sie dorthin.

oder:

Großer Mattenberg an Kletterwand: der Hohlraum darunter ist das Bergwerk. Wiederum über die Langbankbrücke kommen die Kinder zum „Blauen Berg".

oder:

Wenn man den Mattenberg nur aus Langbänken und Bodenturn- oder Judomatten baut, kann man 2 Weichbodenmatten V-förmig hinter der Kletterwand verkeilen, so daß ein richtiger Felsspalt entsteht, in den die Zwerge vorsichtig hineinrutschen (Hilfestellung!) und seitlich herausrutschen können.

oder:

Als Rückweg vom Berg kann auch die Seilbahn benutzt werden, deren Seil vom Klettergerüst zur Reckstange geführt wird.

Lichtung mit großer Wurzel

Lüneburger Stegel mit Sprungbrett, die Zwerge klettern über die Wurzel.

oder:

Zusammengesteckte Kastensegmente zum Durchkriechen und mit Matten und braunem Packpapier abgedeckt.

Bergwerk

Je nach Konstruktion des „Blauen Berges" läßt sich dort ein Bergwerk errichten:

Mit Kastensegmenten und Gymnastikstäben werden kleine Gänge gebaut und mit Kreppapier ausgeschmückt. Gold- und Edelsteinadern sind mehrere große Kisten mit Verpackungsmaterial (Krabbelkiste), in denen bunt bemalte Steine versteckt sind.

oder:

Über die oberste Sprosse der Kletterwand wird ein Seil geführt, an das ein Kistchen oder Karton als Förderkorb gebunden ist: Die Zwerge bergen die Edelsteine arbeitsteilig: Eine Mannschaft ist vor Ort und füllt die Schätze in den Förderkorb, der am Seil hoch auf den Berg gezogen und von den anderen geleert, aufgeteilt und ins Zwergenzelt zum Weiterverarbeiten gebracht wird.

Das Bergwerk mit Seilbahn

Zwergenwerkstatt

Jeder Zwerg hat ein kleines Beutelchen, in dem immer nur zwei bis fünf bunte Kieselsteinchen Platz haben. Die gefundenen Edelsteine muß der Zwerg in die Zwergenhöhle bringen, wo sich auch die Zwergenwerkstatt befindet. Wegen der Riesen wäre es zu gefährlich, sich mit zu vielen Steinen auf einmal auf den Weg zu machen.

Bei etwas größeren Kieselsteinen können die Kinder kleine Zwergenfiguren zusammenkleben, die sie dann bemalen.

Eine andere Möglichkeit ist es, einen Körperumriß von dem Zwergenkönig auf fester Pappe anzufertigen. Die Kinder können dann darauf mit bunten Kieselsteinen aus dem Bergwerk ein Mosaik als Gemeinschaftsarbeit anfertigen.

Schnell ist das Bild des Zwergenkönigs erstellt

Bevor nun die Zwerge ihren arbeitsreichen Tag beginnen, ziehen sie zuerst einmal ihre Zwergenkleidung an: Zipfelmütze aus Stoff oder bemaltem Papier, Tücher, Gürtel aus Leder- oder Seilresten und einem Zwergenbeutel für die Edelsteine etc., dann schminken sie sich. Danach machen sie sich unter aller Vorsicht auf den Weg.

Ob die Zwerge und die Zwergenwelt darüber hinaus noch weiter ausgestaltet werden, hängt von den Ideen der Kinder ab: So können aus den unterschiedlichsten Materialien Bärte gefertigt werden und eine Landschaft mit Zwergenfelsen kann aus Packpapier hergestellt werden u. v. a. m.

Für das Auftreten der Riesen sollte ein bestimmter Ort verabredet werden, z. B. die Matte hinter dem Sprungbrett der Lüneburger Stegel: Nur dort dürfen die Riesen die Zwerge fangen und ihnen einen Edelstein abverlangen. Das Spiel sollte nicht in ein unkontrolliertes Fangen und Gerenne abgleiten oder zu gefährlichen Situationen z. B. auf den Lüneburger Stegeln etc. führen. Mit den Kindern können diese Regeln entwickelt und abgesprochen werden. Natürlich besteht auch die Möglichkeit, die Riesen abzulenken oder zu überlisten. Für den Anfang hat es sich als günstig erwiesen, daß ein Kind mit einem Erwachsenen zusammen die Rolle der Riesen übernimmt, damit die Zwerge auch eine Chance haben, ihren „Auftrag" zu erfüllen.

Spielraum 2: Das Dorf der Zwerge

Das Ende von Quadratlatsch und Langnas

So gewaltig und übermächtig die Riesen auch sind, so haben sie doch einen schwachen Punkt. Und das hat ihnen der Zwergenkönig mit auf den Weg gegeben: Wenn sie einmal in Not geraten, sollen sie kleine bunte Lakritzstangen ausstreuen. Die Riesen mögen nämlich kunterbunte Farben für ihr Leben gern und können nicht aufhören, Süßes in sich hineinzustopfen. Das große Geheimnis dabei aber ist, daß Riesen kein Lakritz vertragen. Sie werden davon augenblicklich müde, fallen um und versinken in einen tiefen Schlaf.

Eines Tages haben sich die Riesen wieder einmal so sehr mit Lakritz vollgestopft, daß sie gar nicht mehr aufwachen. Die kleinen Zwerge pieken sie vorsichtig mit ihren Werkzeugen, aber die Riesen wachen nicht auf. Das ist die einmalige Gelegenheit für die Zwerge: Nach kurzer Beratung schleppen die Zwerge die Riesen in eine Höhle und mauern sie dort ein. Darin ist es dunkel und die dummen Riesen würden denken, es sei finstere Nacht und weiterschlafen. Damit auch gar nichts schiefgeht, haben sie zur Sicherheit noch ein Schälchen mit schwarz-weißem Lakritz (Dingsbums macht Kinder froh) in die Höhle gestellt, falls die Riesen unerwartet doch einmal aufwachen und aufstehen sollten.

Mit dem schwarz-weißen Lakritz hat es eine besondere Bewandtnis: Es birgt einen Zauberstoff in sich, der alles Riesengroße in Winzigkleines verwandelt. Und tatsächlich, eines Tages wachten die Riesen auf, naschten vom schwarz-weißen Lakritz und schrumpften so heftig zusammen, daß ein kleiner Donner entstand. Die Zwerge Hutzliwutz eilten herbei, um zu sehen, was passiert war. Hatten die Riesen die Höhle aufgebrochen? Hoffentlich nicht! In der Aufregung konnten sie in der Höhle gar nichts finden. Hatten sich die Riesen in Luft aufgelöst oder hatten sie sich hinter den Felsen versteckt, um den Zwergen aufzulauern? Da bemerkten sie ein helles Rufen aus einem Felsspalt im hinteren Teil der Riesenhöhle. Vorsichtig schauten sie nach und entdeckten statt der gefährlichen Riesen zwei süße kleine Zwerge, die noch kleiner waren als sie: Der eine hatte große Füße und der andere eine große Nase ... Freudig nahmen sie die kleinen Gesellen in ihre Runde auf.

Von nun an konnten die Zwerge ein ruhiges und glückliches Leben führen und den Auftrag des Zwergenkönigs erledigen ...

Der Spielraum bleibt zunächst so gestaltet wie am Anfang. Es wird zusätzlich eine kleine Höhle aufgebaut, in die die Riesen eingemauert werden sollen.

Der zweite Teil der Geschichte beendet die vorgegebene Spielhandlung. Beim Nachspielen wird bei den Kindern sicherlich der Wunsch aufkommen, auch einmal Riese spielen zu dürfen, nicht nur der Lakritze wegen. Im Kreisgespräch überlegen alle zusammen, wieweit innerhalb des Spieles diesem Wunsch Rechnung getragen werden

kann, so daß sich keiner benachteiligt fühlen muß.

Sind die Riesen eingemauert, haben die Zwerge nichts mehr zu befürchten: Sie können sich offen im Hutzliwald bewegen und entfalten. Die Kinder überlegen, was die Zwerge weiter unternehmen können.

Das Spiel der „Zwerge" ist gegen Ende der II. Phase angesiedelt, so daß von den Kindern in der Regel mehr Mitarbeit und Beteiligung an Planung und Weiterführung des Spielthemas erwartet werden kann.

In einer Klasse veränderte sich der Spielraum folgendermaßen:

Straße durch den Hutzliwald

Die Kinder bauten eine Straße für die Zwergenkutschen durch den Hutzliwald, die einfach mit Seilchen zwischen den „Bäumen" abgegrenzt war.

oder:

Die Seilschwebebahn wird abgebaut und das Seil so gespannt, daß sich die Kinder auf dem Rollbrett sitzend daran entlanghangeln können: als Zug mit Loren etc.

Zwergenspielplatz

Auf einer abgegrenzten Fläche können sich die Zwerge einen kleinen Spielplatz einrichten: Zum Beispiel können sie an Wurzeln (Reckstange mit Matte darunter) herumturnen.

Oder es lassen sich Spiele mit Alltags- oder besser Naturmaterialien wie Knöpfe oder Steine, Kastanien, Eicheln, Stöckchen etc. ausprobieren bzw. neue erfinden.

Schmiedewerkstätten

- Hier stellen die Zwerge ihre Werkzeuge aus Pappe (Hacke, Hammer, Beil etc.) her.
- Die Kinder können hier das Mosaik anfertigen.
- Aus den bunten Steinen können auch plastische Figuren zusammengeklebt werden.
- Basteln von Material für den Wald, Zwergenkleidung.

- Ausschmücken des Rollbrettes als Zwergenauto, -kutschen oder -züge.

Diese Werkstätten können an unterschiedlichen Orten entstehen, sie müssen nicht zwingend in der Nähe des Zwergenzeltes ihren Platz bekommen.

Damit sich keiner im Hutzliwald verlaufen kann, malen die Kinder für sich eine Karte vom Zwergenland und eine als Präsent für den Zwergenkönig.

Spielraum 3: Zwergenparade

Auch Zwerge sind keine unerschöpflichen Energiebündel, sie müssen sich deshalb auch ab und zu ernähren. Die Kinder richten hierzu eine kleine Zwergenküche ein und nutzen den „Reichtum" des Hutzliwaldes:

Zwergenküche

Einzeln verstreut können im Hutzliwald auch „Obstbäume" aufgestellt werden, an denen Bonbons oder Früchte aufgehängt werden, die die Kinder dann ernten und in der Küche zur Zwergenmahlzeit verarbeiten können; der Tisch wird gedeckt und nach getaner Arbeit serviert. Wer hat von meinem Tellerchen gegessen?

Zwergenorchester

Aus einfachen Abfallmaterialien – z. B. einen Yoghurtbecher mit mehreren Gummis bespannt – können die Kinder selbst Musikinstrumente herstellen.

Sie ahmen dann Hammer und Amboß in der Schmiede, das Steineklopfen im Bergwerk oder das Knacken der Zweige im Hutzliwald klanglich nach, erzeugen mit Heulrohren das Heulen und Pfeifen des Windes im Hutzliwald.

Ein Zwergenlied können sie begleiten oder mit Glocken die Riesen vertreiben.

Die Kinder verbinden die kleine Zwergen-mahlzeit mit einem kleinen Willkommensgruß für die beiden neuen Zwerge und veranstalten einen Freudenzug durch den Hutzliwald. Wenn sie nicht schon vorher Züge gebaut hat-ten, erstellen sie jetzt einen Prunkzug: Ein Waggon ist für den Zwergenkönig gedacht. Er wird besonders schön geschmückt und das Edelsteinbild darauf plaziert. Während der Fahrt durch den Hutzliwald spielen die Kinder auf selbstgebastelten Instrumenten und läuten mit Glocken und Bimmeln so ohrenbetäubend, daß kein Riese auch nur die Idee haben könnte, in den Hutzliwald einzufallen.

Eigene Ideen:

Zwerge im Unterricht

Die Backzwerge

Unterrichtsinhalt	Tätigkeiten der Kinder	Didakt./meth. Hinweise
Lesen der Geschichte von A. Kopisch: „Die Heinzelmännchen zu Köln".	Die Kinder beschreiben die Tätigkeiten der einzelnen Berufe, zählen auf, welche Werkzeuge benutzt werden – anhand des Textes, – sie erschließen weitere aus den Bildern oder aus eigener Kenntnis. Sie sammeln die Tätigkeiten nach Berufsgruppen getrennt und ordnen die Werkzeuge zu. Ihre Ergebnisse dokumentieren sie in einem Poster mit Bildern und Schrift.	Unbekannte Begriffe, antiquierte Worte müssen erläutert werden. Lehrerdiktat Farbige Overheadfolien von den Bildern im Buch erleichtern den Kindern die Arbeit. Wortlisten von Substantiven, Verben.
Die Geschichte als kleines Darstellungsspiel.	Die Kinder suchen sich 2 oder 3 Berufe aus und überlegen, wie sie die Tätigkeiten pantomimisch darstellen können. Sie spielen die Geschichte – indem sie zum vorgelesenen Text die Tätigkeiten darstellen und vielleicht auch Musik als Untermalung dazu auf rhythmischen Instrumenten machen. – ein Kinderlied dazu einüben und während des Gesanges dazu die Tätigkeiten darstellen.	
Was hat die Geschichte zu bedeuten? Gibt es Zwerge?	Die Kinder beschreiben, wo es Tätigkeiten gibt, die sich scheinbar von selber erledigt haben: Wer erledigt zu Hause die Arbeiten wie Putzen, Waschen, Kochen, Aufräumen etc., die die Kinder nicht beobachten? Sie überlegen, ob sie sich eine ähnliche Situation wie die am	

173

Unterrichtsinhalt	Tätigkeiten der Kinder	Didakt./meth. Hinweise
	Schluß der Geschichte mit den Erbsen zu Hause vorstellen können. Sie fragen sich, ob sie zu Hause, vielleicht auch in der Schule, die Arbeit der „fleißigen Zwerge" nicht unterstützen oder einmal selber „Zwerge" spielen können?	
Welche Arbeiten werden über Nacht erledigt, in etwa so, als hätten Zwerge ihre regen Hände im Spiel gehabt?	Die Kinder untersuchen erst einmal die Berufe ihrer Eltern, wann diese zur Arbeit gehen. Sie schauen dann, wo in ihrem Erfahrungsbereich über Nacht Arbeiten erledigt werden: Feuerwehr, Polizei, Post, Krankenhaus, Transportunternehmen (z. B. Milch-/Kakaozustellung für die Schule), Bäcker, Zeitungsboten, Reinigung in Büro/Schule usf.	
Unterrichtsgang in eine Bäckerei.	Die Kinder schauen sich einen Bäckereibetrieb an: – Was wird dort alles hergestellt? – Welche verschiedenen Arbeitsbereiche gibt es dort, – welche Arbeitskleidung tragen Bäcker, Verkäuferinnen, Serviererinnen, – welche Arbeitszeiten haben sie, – welche „Heinzelmännchen" (Maschinen) gehen dem Bäcker zur Hand? Sie befragen den Bäckermeister, ob er mit seinem Beruf zufrieden ist, ob er sich vielleicht als fleißiges Heinzelmännchen fühlt. Welche Belastungen gibt es im Beruf des Bäckers?	

Unterrichtsinhalt	Tätigkeiten der Kinder	Didakt./meth. Hinweise
Die Arbeitsschritte vom Rohstoff zum fertigen Produkt verfolgen.	Die Kinder beobachten die Fertigstellung eines Produktes wie Brot oder Brötchen etc. und notieren sich diese.	
Auswerten des Unterrichtsganges	Die Kinder sammeln in der Klasse ihre Beobachtungen: – Sie malen ein Bild von der Bäckerei, – dokumentieren die Ergebnisse des Fragenkomplexes zum Beruf des Bäckers in Schrift und Bild. Sie rekonstruieren die Arbeitsgänge zum Backen z. B. eines Vollkornbrötchens und stellen die einzelnen Schritte mit Proben von Zutaten, Schrift/Bild als „plastisches Rezept" dar.	Proben von Zutaten in durchsichtigen Gläschen bereitstellen. Mengen können durch unterschiedlich große Gefäße dargestellt werden.
Der wichtigste Werkstoff des Bäckers ist Mehl.	Die Kinder berichten über ihre Beobachtungen in der Bäckerei, vom Backen und Kornmahlen zu Hause. Sie untersuchen ein Stückchen Vollkornbrot: Es besteht z. T. aus ganzen Körnern und dazwischen feinem Teig. Sie machen Mahlversuche: – mit zwei Steinen, die aufeinander gerieben werden, – mit dem Stößel zerstoßen, – mahlen von Hand oder maschinell. Sie machen Knetversuche mit unterschiedlichen Mischungen Körner/Mehl. Sie dokumentieren ihre Ergebnisse auf einem Poster: Korn- und Mahlproben in kleinen Klarsichttüten (Hallo Hans-Jochen!) und stellen gekaufte Proben daneben … Sie sammeln Bildbeispiele für Produkte, die aus Mehl gebacken bzw. hergestellt werden.	Im Sommer können auch verschiedene Getreidesorten am Halm mitgebracht werden: Es kommt dann noch der Dreschversuch hinzu. Bilder aus einer Mühle oder der ganze Arbeitsvorgang vom Säen bis zum Backen in Einzelbildern auf einer Wandzeitung. Dieser Teil eignet sich auch für einen Landschulheimaufenthalt: Besuch beim Bauern und Müller.

Unterrichtsinhalt	Tätigkeiten der Kinder	Didakt./meth. Hinweise
Handwerkliches Backen früher oder in anderen Kulturen.	Die Kinder schauen sich Bilder an und vergleichen mit ihren Beobachtungen und Erfahrungen. Ausländische Mitschüler/innen berichten von ihrer Heimat, welche Brotsorten sie dort backen, z. B. Fladen etc.	Bildmaterial sollte bereitgestellt werden. Vielleicht auch ausländischen Elternteil zum Erzählen einladen.
Die Heinzelmännchen der Klasse 2 backen Brötchen.	Das vorher hergestellte „plastische Rezept" nehmen die Kinder als Arbeitsanweisung. Die Kinder arbeiten arbeitsteilig in Gruppen: Sie planen die einzelnen Arbeitsschritte, stellen die benötigten Zutaten und Utensilien und dokumentieren den Gesamtablauf in kleinen Einzelschritten, so daß sie jederzeit ihren Arbeitsfortschritt verfolgen können.	Die Aufteilung in Arbeitsgruppen muß sich natürlich an den örtlichen Gegebenheiten orientieren. Bäcker-/Zwergenmützen evtl. Schürzen/Kittel. Die Kinder wechseln die Stationen, so daß jede Gruppe den gesamten Arbeitsablauf durchführen kann.
Die „Mehl-Zwerge"	In der Mühle wird das Korn gemahlen und ausgeliefert.	Vergleichen der unterschiedlichen Volumina von Körnern und Mehl. Getreidemühle muß besorgt werden oder alternativ Einkauf in einem Laden, wo das Korn vor den Augen der Kinder gemahlen wird.
Die „Back-Zwerge"	In der Bäckerei werden die Zutaten abgemessen, gewogen, vermischt, geformt und gebacken.	Die Rezepte sollten vorher so umgearbeitet werden, daß die Kinder mit vereinfachten Maßen und Gewichten die benötigten Mengen ermitteln können.
Die „Frühstücks-Zwerge"	Im Café werden die Tische gedeckt, Brotaufstrich bereitgestellt, evtl. auch angerührt: Sie bereiten eine „Zwergenleckerei" vor: Früchte in Quark oder Yoghurt eingerührt und auf einem grünen Blatt (Teller darunter) serviert.	Die Arbeit der „Frühstückszwerge" wird aufgeteilt in Tischdecken und Speisezubereiten, damit die ersten „Frühstückszwerge" auch Zeit zum Backen bekommen und sich mit der ersten Gruppe der „Backzwerge" ablösen können.

176

Unterrichtsinhalt	Tätigkeiten der Kinder	Didakt./meth. Hinweise
Einladen der Eltern oder des Schulkindergartens zum gemeinsamen Frühstück in der letzten Stunde.	Gemeinsames Zwergenfrühstück. Singen eines Zwergenliedes zum Abschluß.	Guten Appetit!

Handapparat zu Zwergen im Unterricht

Grimm, J. & Bernadette, W. (1992): Die Wichtelmänner. Gossau: Nord-Süd-Verlag. (EL).

Iversen, M. (1993): Was Clara alles werden will. Reihe Ohrenbär. Hamburg: Carlsen. (EL).

Kopisch, A. (1989/1910): Die Heinzelmännchen zu Köln. Frankfurt/M: Insel-TB.

Lynch, P. (1965): Die Zaubermelodie. Stuttgart: Thienemann. 2. Aufl.

Nielsen, E. H. (1989): Die geheimnisvolle Flucht der Zwerge. Hildesheim: Gerstenberg.

Schuler, S. (Hg.) (1992): Mein erstes Vorlesebuch von den Zwergen. Ravensburg: Maier. (EL).

Schuster, H. & Scheffler, U. (1989): Bei der Arbeit. Ein Bilderbuch von den Berufen. Ravensburg: Maier. 2. Aufl.

Thiollier, F. (1989): Wenn andere schlafen: Arbeit in der Nacht. Ravensburg: Maier.

Voigt, H. (1991): Die grüne Riesin. München: Schneider. (EL).

6.8 Kirmes

Sicherlich hat schon jedes Kind zu Ostern, zum Schützenfest oder aus ähnlichen Anlässen eine Kirmes mit vielfältigem Unterhaltungsangebot erlebt. In der Klasse berichten die Kinder von ihren Erfahrungen und Erlebnissen, die sie auf einem solchen Volksfest gemacht haben. So manch spannende Geschichte wird dabei erzählt, die den Kindern den Reiz erhöhen mag, sich auch auf spielerischer Ebene intensiver mit diesem Thema auseinanderzusetzen. Ist eine Geschichte zu Ende, notieren sich die Kinder und der/die Lehrer/in, welche Buden oder Vergnügungseinrichtungen von den Kindern beschrieben wurden, was sie davon am meisten beeindruckt hat, was ihnen besonders gefallen hat. Schon bald haben die Kinder eine lange Liste zusammengetragen, was es alles auf der Kirmes gibt.

Es sind aber nicht nur die Buden oder Fahrgeräte wie Karussells von Interesse, sondern das bunte Leben auf der Kirmes wird auch bestimmt durch das Leben der Aussteller, der fahrenden Leute in provisorischen Einrichtungen wie Wohnwagen, Zelten etc. Dieses soll auch ein bestimmendes Element für das Spiel in der Turnhalle sein, das von einem bloßen Aneinanderreihen von Aufbauten, die nur zum bloßen Konsum anlocken, zu einem Spiel miteinander führt.

Nun soll nicht Pützchens Markt, der von seiner Größe und seinem Angebot her manchen Erwachsenen überwältigt, in der Turnhalle entstehen, sondern die Kinder suchen sich für den ersten Spielraum je nach Größe der Klasse vier bis fünf Stationen heraus, die sie in der Turnhalle aufbauen wollen. Diese Stationen werden neben die lange Liste von Kirmeseinrichtungen geschrieben, die übrigen Vorschläge bleiben als Reserve für die Weiterentwicklung des Spieles erhalten.

Zusätzlich überlegen die Kinder, welche Wohnmöglichkeiten sie für die Kirmesleute schaffen wollen, ob sie für alle ein großes Zelt aufbauen, oder ob sie als „Familienbetriebe" auftreten wollen, die entweder direkt in der Nähe ihres Kirmesstandes einen kleinen Wohnwagen oder auf einem kleinen Platz neben der Kirmes eine Wohnmöglichkeit haben. In einer späteren Phase kann überlegt werden, ob sie zusätzlich noch einen Zeitrahmen z. B. „Die Kirmes ist in unserer Stadt eingetroffen" oder den Tagesablauf auf der Kirmes als Organisationsschema ins Spiel einführen wollen.

Spielraum 1: Unser kleiner Rummelplatz

Die Kinder teilen sich nun in Gruppen auf und überlegen, wie ihre Station auf der Kirmes aussehen soll: Welchen Aufbau, welches Material sie benötigen, was sie noch an Kleinutensilien herstellen wollen. Es kann von den Kindern sicherlich keine Detailplanung vorgenommen werden, das wäre eine Überforderung für sie.

Im Verlauf des Spielunterrichts haben sie eine Vielzahl von Aufbauten kennengelernt, so daß sie in der Lage sind, Vorstellungen darüber zu entwickeln, welches Großgerät sie für ihre Station gebrauchen könnten. Die Aufteilung der Materialien aus der Halle erfolgt beim Aufbau an Ort und Stelle. Wenn die Kinder die Geräte vor Augen haben, wird noch die eine oder andere Idee entstehen, wie sie ihren Aufbau gestalten oder verändern können.

In einer Klasse entstand in der ersten Doppelstunde in der Halle folgender Spielraum, der hier exemplarisch aufgeführt wird und keinen Maßstab für die Übertragung auf eine konkrete Klassensituation darstellen soll:

Karussell

Eine Weichbodenmatte auf 10 bis 12 Rollbretter gelegt, läßt sich im Kreis oder auch schon mal in Schlangenlinien fahren.

Wurfbude

Aus leeren Konservendosen wird auf einem Kasten eine Pyramide aufgebaut. Mit Tennisbällen versuchen die Kinder ihr Trefferglück.

Eine Karte für das Karussell, bitte schön!

Angelspiel

Fische aus Pappe oder lustige Figuren aus Papier mit einem aufgeklebten Nagel werden mit der Magnetangel (Stab, Schnur und kleiner aber starker Magnet) aus einem Reifen oder sonst verdeckten Bereich (Viereck aus Kästen) geangelt.

Schiffschaukel

Eine Leiter wird in die Ringe eingehängt. Große Schaukel mit Weichbodenmatte

Die Kirmesleute bauen das Festzelt.

> **Wohnzelt**
> Hierzu kann das große Schwungtuch aufgehängt werden.

Die Kinder hatten dazu Girlanden aus Bunt- und Kreppapier gefertigt, lustige Figuren ausgeschnitten, bemalt und mit einem Nagel versehen. Zusätzlich gab es auch eine Serie von Kamellen mit angeheftetem Nagel, die ebenfalls geangelt werden konnten. Zwei Jungen hatten sich gemeldet, um einen Kirmeszug zu bauen. Sie hatten zunächst wenig Interesse an den einzelnen Stationen, wollten aber auch einen Beitrag zur Kirmes leisten.

Der Aufbau ging mit Hilfe der Erwachsenen leicht vonstatten. Natürlich gab es auch Auseinandersetzungen um ein bestimmtes Gerät, aber hierüber konnten auch Absprachen getroffen werden, daß man sich in der nächsten Stunde austauschen wollte.

Die Kirmes war aufgebaut, das Vergnügen konnte beginnen. Die Gruppen hatten untereinander abgesprochen, wer wann den Stand betreut und wer zunächst als Besucher auf die Kirmes gehen konnte.

Es kam aber nicht so recht zum reinen Kirmesvergnügen: Vor den Ständen gab es ein dickes Gedränge. War ein Kirmesbesucher gerade mit seinem Spiel an einem Stand fertig, so stand er flugs wieder hinten in der Schlange. Die Bahn wurde kaum genutzt: Es herrschte ein Gelaufe und Gerenne durch die Halle. Die Kinder waren selber unzufrieden mit diesem Zustand. Im Kreisgespräch wurden noch einmal Regeln abgesprochen, in der Klasse ging die Diskussion weiter.

Nach kurzem Hin und Her konnten sich die Kinder auf die Einführung von Kirmeskarten einigen. Die Erwachsenen brachten Formulare für Kirmeskarten mit. Die Kinder entwarfen Symbole für ihre Stände, die zusammen mit Fahrscheinen für die Kirmesbahn in die Kirmeskarten (siehe hinten) eingeklebt und dann kopiert wurden. Bei jedem Stand oder jeder Fahrt sollte dann der betreffende Abschnitt gelocht werden.

In der Klasse wurde weiter überlegt, ob die Stände so wie in der ersten Stunde wieder aufgebaut werden sollten: Gab es genügend Spiel-möglichkeiten? Entsprachen die Stände den Vorstellungen der Kinder oder mußte noch etwas verändert werden?

Eine Gruppe von Kindern wollte mehr Bewegung im Spiel haben. Das Karussell war vielen zu langsam und zu schwer. Sie wollten lieber ein kleineres Karussell bauen, in dem weniger Kinder Platz hatten, daß aber schneller war. Das Angeln war für eine Stunde auch genug. Sie beratschlagten und veränderten den Spielraum folgendermaßen:

Spielraum 2: Neue Kirmesleute treffen ein

Karussell

Umgedrehtes Trimpolin auf Rollbrettern, mit Turnmatte ausgepolstert und mit einem Springseil (kein Kunststoff) an einem Reckständer befestigt.

Autoscooter

In einem Viertel der Halle bauten die Kinder einen Slalomweg zum Durchfahren mit den Rollbrettern auf. Der Start war die schräge Ebene zum Heruntersausen.

Schiffschaukel

Eine Langbank wurde ins hohe Reck eingehängt.

Daneben hängten die Kinder einen Reifen ins Nachbarreck.

Wurfbude

Die Wurfbude wurde so beibehalten; es wurde der Wurfindianer hinzugenommen.

Hui, dreht sich das Karussell!

Das Spiel in der nächsten Stunde gestaltete sich über die verabredeten Maßnahmen zufriedenstellend für die Kinder. Nur mit dem großen Wohnzelt waren sie nicht zufrieden. Sie wollten doch lieber einen Bereich für jede Gruppe gestalten. Außerdem entstand bei einigen Kindern der Wunsch, ihren Stand zu wechseln. Mit Veränderung der Wohnsituation entstand auch mehr Leben auf dem Kirmesplatz. Man besuchte sich gegenseitig, nahm Anregungen von einer Gruppe auf, entwickelte sie weiter. In der Nähe des Autoscooters richteten die Kinder sogar eine Übernachtungsmöglichkeit für Gäste ein.

Die weitere Entwicklung soll hier jetzt nicht mehr weiterverfolgt werden. Es wurden noch einige Stände verändert, ausgetauscht. In anderen Klassen gab es andere Ideen, die im folgenden als Anregung kurz aufgezeigt werden:

Spielraum 3: Neue Kirmesbuden

Tiergarten

Aufbau aus Kästen, Gymnastikstäben mit Haltern, Tüchern: Hier treten der „Tanzende Bär", dressierte Hunde etc. auf.

Ponykarussell

Ein kleines Rondell wird erstellt und mit Turnmatten ausgepolstert. Ponys ziehen kleine Wagen (Rollbretter). Da das Rondell ausgepolstert ist, kann das Pony ruhig auch störrisch sein und es zu Schleuderfahrten kommen.

Eintrittskarten/Marktpolizei

Wenn die Kinder es wünschen, kann man auch auf den Kirmespaß verzichten und einen Stand für die Marktpolizei einrichten, wo es einerseits Eintrittskarten für die Kirmesstände gibt und andererseits das Treiben auf dem Markt kontrolliert wird.

Fang die Maus

Ein Abflußrohr aus Plastik (10 cm Durchmesser) mit einem 60-Grad-Knie wird so an einen Hochsprungständer gebunden, daß ein Schaumstoffbällchen gut herausrollen bzw. ein ausgestopfter Wollsocken gut herausrutschen kann: Mit einem Karton oder Packpapier wird die Konstruktion so verkleidet, daß es wie eine Mausehöhle aussieht. Vor dem Mauseloch sitzt mit etwas Abstand die Katze und versucht mit einem Seiher aus Draht die Maus zu fangen, die oben in das Rohr geworfen wird.

Kegelbahn

Mit Gymnastikkeulen und zwei Langbänken bauen sich die Kinder schnell eine Kegelbahn auf. Als Kugel nehmen sie einen blauen Gymnastikball.

Labyrinth

Zwischen zwei parallel nebeneinandergestellte Langbänke wird ein Schwungtuch geklemmt, so daß die Kinder hindurchkriechen können. Als Eingang ins Labyrinth legt man drei ineinandergeschobene Kastensegmente zum Durchkriechen an eine Seite des Tuches.

oder:

Im Tunnel wird ein kleiner Hindernisweg aus Matten, kleinen Kästen, Kastensegmenten, Reutherbrettern, Sprungbrett der Lüneburger Stegel, niedrigem Sprungkasten aufgebaut: Mit verbundenen Augen suchen sich die Kinder einen Weg durch das Labyrinth, wobei eine Zauberschnur ihnen als Hilfe dienen kann.

Kraftprotz

Hinter bunten Tüchern verborgen ist ein kleines Varieté aufgebaut, in dem jeder seine Kräfte beweisen kann: Hantel aus Gymnastikstab und Schaumstoffkugeln.

oder:

Es wird ein selbstgebauter „Haut den Lukas" von einer Jugendgruppe ausgeliehen.

oder:

Das Varieté kann so angelegt sein, daß jeder dort seine Kräfte messen kann oder daß die

Besitzer dort eine kleine Show vorführen, in die die Besucher mit einbezogen werden.

oder:

Den Kindern macht ein „Fair-play-Ringen" in einem Ring aus Bodenturnmatten viel Spaß: Jeder darf mit einem Partner in den Ring; natürlich erhält auch jeder eine Medaille für faires Kämpfen. Nach Absprache der Regeln spielen Kinder auch den Ringrichter.

Tret den Lukas

Ein Weichboden wird in eine Ecke der Halle gelegt, davor ein Sprungkasten gestellt:

Der Lukas ist ein aufgeblasener Luftballon: Die Kinder versuchen – vom Kasten springend – den Ballon mit den Füßen zu treffen: Jeder hat drei Versuche.

Geisterbude

Wenn z. B. für die Geisterbahn Geistermarionetten gebastelt wurden, können diese hier noch einmal zu einem Auftritt gelangen. Die Kinder denken sich schaurige Episoden aus, die dann vorgestellt werden.

Geheimnisvolle Rothaut

An einem Bündel von Bindfäden werden Bonbons, an manchen kleine Steinchen als Nieten angebunden. Die Kinder können auch kleine bunte Kärtchen mit einem persönlichen Gruß von der Kirmes zusammen mit einem Bonbon anbinden. Sie ziehen an einem Faden aus dem Bündel, ohne sehen zu können, was daran hängt und … gewinnen.

Wippwapp, fall nicht herab

Eine Bohle wird über einen kleinen Kasten gelegt und an beiden Enden eine Doppelschicht Bodenturnmatten unterlegt, so daß man noch gut wippen kann, aber der Stoß abgefedert wird. Zwei Kinder steigen, wippen, springen und hüpfen so lange, bis einer sich nicht mehr auf der Wippe halten kann.

Triff die Tausend

An einem Ringwurfspiel können die Kinder sich Punkte ergattern. Wenn kein fertiges Spiel vorhanden ist, läßt sich sehr leicht ein Ersatz herstellen: Als Wurfringe dienen Tennisringe aus Vinol oder man fertigt selber schnell Wurfringe aus dickem Hanfseil.

Als Ziele dienen aufgestellte Gymnastikstäbe: Die Kinder werfen von einem kleinen Kasten aus. Markierungskegel oder von einem Besenstiel abgesägte und in eine Holzplatte oder Holzkreuz eingelassene Stäbe können auch als Wurfziel genommen werden, ebenso wie große Plastikflaschen, die mit Sand gefüllt und fest verschlossen wurden.

Sackhüpfen

Zwischendurch können die Kinder an einem Stand auch das Sackhüpfen einsetzen. Je nach ihren Fertigkeiten können sie auch eine kleine Hindernisbahn bauen: Die Bodenturnbahn wird ausgerollt und darauf als kleine Hindernisse kleine Bodenturnmatten gelegt oder zum Darüberhüpfen eine Zauberschnur in geringer Höhe gespannt.

Kampf der Giganten

Der Schwebebalken wird etwa 80 cm hoch aufgebaut und mit Weichboden und Bodenturnmatten abgesichert. Zwei Giganten stehen sich auf dieser Brücke gegenüber und wollen aneinander vorbei. Mit einem „Felsbrocken" (größeres Kissen, mit Schaumstoff gefüllter Stoffsack, versucht jeder, sich einen Weg zu bahnen, bis einer ins Wasser fällt …

Seilbahn:

Die vorne schon vorgestellte Seilbahn kann eine weitere bewegungsorientierte Attraktion der Kirmes werden:

So wie früher „todesmutige" Motorradfahrer auf einem Drahtseil vom Kirchturm herunterfuhren, können sich die Kinder mit der Seilbahn von der Kletterwand in den „Abgrund" schwingen. Mit einer Zeichnung auf Endlospapier läßt sich sogar ein Kirch- oder Fernsehturm andeuten.

Achterbahn

Hat die Schule sich zum Rollbrettfahren Vorlegekeile für die Reutherbretter gebaut, läßt sich aus dem Sprungbrett der Lüneburger Stegel und aneinandergereihten Reutherbrettern eine tolle Rollbrettabfahrt herstellen.

oder:

Die Rollbrettrutsche aus der ersten Phase kann noch einmal eingesetzt werden.

Losbude

Die Kinder basteln Lose oder verlosen auch Eintrittskarten.

Jage den Wusel

Dies ist eine Spielvariante eines älteren Spieles, das die Kinder immer wieder herausfordert: Die Ringe werden soweit herabgelassen, daß die Beine der Kinder eingehängt (mit einem Tuch festbinden) werden und diese leicht in einen waagerechten Liegestütz kommen können. Auf dem Boden steht ein Schuhkarton mit der Öffnung nach unten, in dessen Seite ein Tor geschnitten wurde. In angemessener Entfernung (auf die Kinder abstimmen) liegt der Wusel (farbiger, leichter Wattebausch), der nun mittels Pusten in seine Höhle getrieben werden muß.

Es kann außerdem ein Schwimmbad mit Wasserakrobatik, eine Rennbahn für Rollbretter geben, wie auch eine Vielzahl anderer abgeänderter bekannter Wurfspiele wie z. B. mit Sandsäckchen möglichst nahe an einen Puck o. ä. heranwerfen, wobei der Puck oder andere Säckchen auch weggeschossen werden dürfen.

Die Entwicklungsmöglichkeiten einer Kirmes sind sehr vielfältig, nur sollte auf eines geachtet werden, daß immer wieder zwischen den Elementen Verbindendes wie z. B. die Kirmesbahn oder eine gemeinsame Fahrt über den Kirmesplatz, ein Umzug der Kirmesleute o. ä. aufgenommen wird.

So besteht in den meisten Klassen der Wunsch, die Kirmes mit einem zünftigen Fest abzuschließen. Die Kinder der eingangs geschilderten Klasse organisierten ein kleines Café mit einer Disco, labten sich an mitgebrachten Keksen und Säften und schwangen das Tanzbein in der Disco zu mitgebrachter Musik …

In manchen Gegenden herrscht der Brauch, daß es zur Kirmes einen Zachaies gibt. Dieser Kirmesmann ist der Feind von Frohsinn und Spaß und wird deshalb am Ende der Kirmes auf einer „Gerichtsverhandlung" verurteilt und verbrannt. Wenn dieser Brauch im Unterricht behandelt wird, können die Kinder zusammen einen kleinen Zachaies basteln, der auf ihrer Kirmes aufgehängt und zum Abschluß – natürlich unter entsprechenden Sicherheitsmaßnahmen – in einer Ecke des Schulhofes verbrannt wird. Ein anderer Abschluß kann auch ein Feuerwerk aus Wunderkerzen sein.

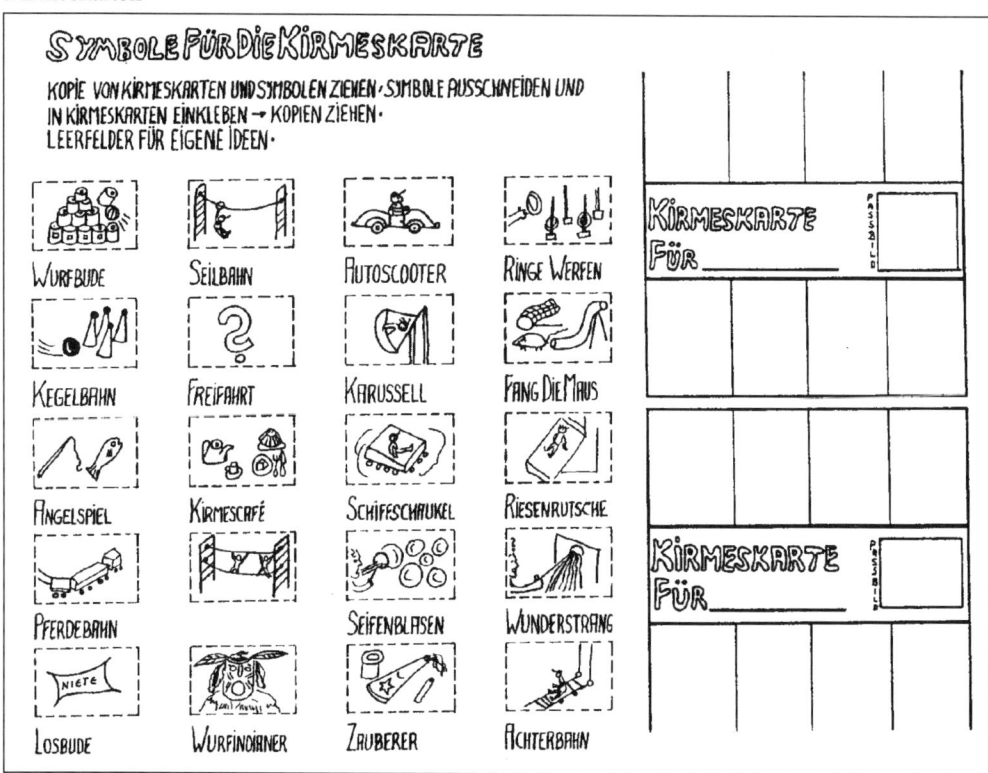

Kirmes im Unterricht

Das Leben der Kirmesleute – Fahren zur Arbeit

Unterrichtsinhalt	Tätigkeiten der Kinder	Didakt./meth. Hinweise
Was für Unterhaltungsangebote gibt es auf der Kirmes?	Die Kinder sammeln Bilder, malen selber dazu. Sie ordnen diese nach ihrem Unterhaltungswert: Gaumenfreuden, Nervenkitzel, Einkaufsmöglichkeit o. ä. Sie fertigen kleine Modelle an vom Karussell, der Schiffschaukel, dem „Haut-den-Lukas" etc. und stellen diese zusammen zu einem kleinen Kirmesmarkt. Sie überlegen, was sie so reizvoll finden auf der Kirmes, tragen ihre Vorlieben in eine Liste ein.	

Unterrichtsinhalt	Tätigkeiten der Kinder	Didakt./meth. Hinweise
Unterrichtsgang über die geschlossene Kirmes tagsüber.	Die Kinder verschaffen sich einen Eindruck, wie es bei Tage auf der Kirmes aussieht. Sie vergleichen mit ihren Eindrücken vom Trubel der Kirmes nachmittags oder am frühen Abend. Wo sind die Glitzereffekte, wo ist der Trubel? Sie schauen nach, wo sind die Besitzer der Buden, gibt es Wohnwagen? Sie schauen sich die Autonummern an – woher kommen sie? Was machen die Aussteller tagsüber (schlafen, reparieren, Nachschub holen etc.). Gibt es Kinder der Aussteller?	
Zusammentragen der Ergebnisse.	Die Kinder malen ein Bild von der leeren Kirmes. Sie sammeln ihre Beobachtungen, fertigen eine Liste der Gegensätze an (Glitzer – graue, blasse Farben …) Sie laden eine Ausstellerfamilie in die Klasse ein, malen dazu eine Karte.	Grobe Übersichtskarte: Mit Nadeln wird die Herkunft der Schaustellerbetriebe markiert. Liste der Arbeiten der Schausteller.
Vorbereitung des Besuchs der Ausstellerfamilie.	Die Kinder überlegen, was sie von der Ausstellerfamilie erfahren möchten: – Beschreibung des Betriebs – Wie ist der Tagesablauf? – Wie weit reisen sie im Jahr, was ist im Winter? – Wer arbeitet alles mit, z. B. beim Aufbau eines großen Autoscooters? – Wie spielen die Kinder der Ausstellerfamilie, wo gehen sie zur Schule? – Haben diese Kinder auch Spaß an der Kirmes oder welches sind ihre Wünsche für die Freizeit?	Kinder sollten die Schwierigkeiten der Arbeit eines Schaustellers kennenlernen, aber auch festhalten, was den Schaustellern Spaß an ihrer Arbeit bereitet.

Unterrichtsinhalt	Tätigkeiten der Kinder	Didakt./meth. Hinweise
Lesen einer Geschichte von fahrenden Leuten.	Die Kinder tragen die Ergebnisse des Gespräches mit der Ausstellerfamilie zusammen. Sie vergleichen die Situation der Kinder mit ihrer eigenen. Was hat sich heute für eine Ausstellerfamilie verändert – sie vergleichen früher/ heute.	Arbeitsblatt.
Fahrendes Gewerbe.	Die Kinder vergleichen kleinen ortsansässigen Betrieb mit fahrenden Gewerbebetrieben. Sie stellen eine Liste auf von denen, die sie schon einmal gesehen haben: *Scherenschleifer, Korbmacher, Bäcker, Fleischer, Textilwagen etc.*	Arbeitsblatt mit stationären und fahrenden Gewerben vielleicht auch mit Berücksichtigung der Klassenstruktur. Karte: Wie weit müssen die Eltern zur Arbeit fahren?
Gibt es Tätigkeiten, wo Väter oder Verwandte pendeln müssen?	Die Kinder berichten von den Berufen ihrer Eltern oder auch näheren Verwandten. Sie erzählen, was diese arbeiten – gibt es solche Arbeitsmöglichkeiten am Ort?	Diese Frage kann sich aufgrund der Struktur der Elternhäuser erübrigen oder stärker thematisiert werden.

Handapparat zu Kirmes im Unterricht

Blum, L. M. (1964): Das geheimnisvolle Karussell. Stuttgart: Thienemann. 3. Aufl.

Eigene Ideen:

6.9 Kleinstadt

Aus dem früheren Spielthema Verkehr/Führerschein wird das Thema Kleinstadt/Dorf entwickelt. Um das Straßennetz herum, das bisher primär dem Fahren mit den Rollbrettern diente, wird nun die Kleinstadt aufgebaut. Da das Thema aufgrund seiner Vielfalt an Tätigkeiten, Rollen und Interaktionsmöglichkeiten sehr hohe Anforderungen an die Orientierungs- und Planungsfähigkeit der Kinder stellt, ist es ratsam, aus wenigen Elementen allmählich eine komplexere Struktur erwachsen zu lassen, um auch allen Kindern die Möglichkeit zu geben, sich im Aufbau und in den Spielhandlungen zurechtzufinden.

Spielraum 1: Ein kleiner Markt

> **Straßennetz**
> Aus Langbänken, Lüneburger Stegeln, Kastensegmenten, Leitern etc.
>
> **Auftragsbüro**
> Hier gibt es Transportkarten, kleine Aufträge.
>
> **Friseur/Schminkladen**
> Schminke, Frisierutensilien, Gymnastikstäbe und -halter, Rasierzeug.
>
> **Krankenhaus**
> kl. Arztkoffer, Verbandsmaterial, Massagegerät, Krankenwagen.
>
> **Modeladen**
> Gymnastikstäbe und -halter, Kleiderkoffer, Kasten als Theke, Kasse.
>
> **Post**
> Briefkasten, Posttasche, Telefon, Briefmarken, Stempel.
>
> **Schreibwaren**
> Umschläge, Papier, Ansichtskarten, Malstifte, Scheren, Kleber.

Um den Kindern das Hineinfinden in die Spielhandlung zu erleichtern, werden im Auftragsbüro kleine Auftragskarten ausgegeben: „Mache einen Besuch im Krankenhaus", „Lasse dich im Modeladen neu einkleiden".

Eine gezielte Einbindung der Kinder läßt sich auch durch Auftragskarten, die als Postkarten getarnt sind, erreichen. Diese Auftragskarten werden bei der Post aufgegeben und den Kindern zugestellt.

Im Grunde genommen werden die Kinder keine Schwierigkeiten haben, sich in diesem Aufbau mit bekannten Elementen zurechtzufinden. Sie können selber Anregungen geben, wie das Spiel ausgebaut werden kann. In der Erprobung haben sich folgende Möglichkeiten bewährt:

Spielraum 2: Leben in der Stadt

> **Café**
> Verkauf von Getränken.
>
> **Spedition**
> Rollbretter als Lkw's umgebaut.
>
> **Druckerei**
> Mit vorgefertigten Linoldrucken, auf Holz aufgeklebt, können die Kinder auf gummiertes Papier Briefmarken und Ansichtskarten drucken, die dann zum Verkauf ausgeliefert werden.
>
> **Baumarkt**
> Hier verkaufen die Kinder Baumaterialien, Klötze, Gymnastikstäbe und -halter für den Ausbau der Einrichtungen in der Kleinstadt: Läden, Häuser- oder Straßenbau. Im Grunde lassen sich hier alle benötigten Materialien und Geräte für das Spiel „verkaufen".

Die Post

Disco

– Aufbau einer Tanzfläche, Ausschmücken mit Kreppapier, Luftballons, Musik.

Die Kinder tanzen nach ihrer Lieblingsmusik, führen kleine Tänze auf oder machen kleine Spiele. Natürlich darf eine kleine „Bar" nicht fehlen.

Taxi

Die Kinder bauen aus Rollbrettern Taxis, stellen Taxi-Fahrscheine her und befördern die „Städter" zu den einzelnen Attraktionen der Kleinstadt.

Polizei

mit Gefängnis, Strafzetteln: Natürlich soll im Gefängnis keiner lange verweilen.

Kino

– Dias aus den Förderstunden oder im
– Bilderkino von den Kindern gemalte Bilder zeigen.
– Schattenspiele (siehe Sonderblatt)
– Rate-Dias
– Rate-Folien für Overheadprojektor

Spielothek

mit Kegelspiel o. ä., traditionellen Hüpf-, Knopf- oder Steinspielen: Hier können auch eigene Spiele erfunden werden. Spielfelder markieren die Kinder mit Kreppband.

Reisebüro

Hier können die Kinder Fahrten buchen, die dann vom Taxiunternehmer ausgeführt werden.

Werkstatt

Autowerkstatt, Tankstelle, Abschleppdienst.

Das Thema verlangt genaue Absprachen mit den Kindern. Dies bedeutet für sie eine erhebliche Erleichterung in der Orientierung und Planung. Der/die Lehrer/in sollte auch versuchen, mit den Kindern Einigung zu erlangen, wer wie lange an einer Station bleiben darf, da diese naturgemäß ein unterschiedliches Maß an Attraktivität auf die Kinder ausüben und alle Kinder in die Lage kommen sollen, die Spielmöglichkeiten auszuprobieren. Es sollten hierdurch auch demotivierende Effekte vermieden werden, die dadurch entstehen, daß einige Kinder die ganze Stunde nur den Transport von Personen/Sachen zu erledigen haben.

Abschlußspiel: Ab geht die Post

Aus den bisher von den Kindern gemalten Bildern können für eine Postkarte „Unsere Kleinstadt" Elemente herausgesucht und collagenartig für eine Postkarte zusammengestellt werden oder der/die Lehrer/in macht einen Postkartenwettbewerb, aus denen die Kinder einige heraussuchen und als Vorlagen für Druckpostkarten nehmen.

Diese Vorlagen werden mittels Kohlepapier auf Polyblock-Tafeln vorsichtig übertragen. Nach Abnahme der Vorlage malen die Kinder mit einem stumpfen Gegenstand die Konturen nach, drücken Flächen ein und schaffen somit einen Druckstock, ähnlich wie beim Linoldruck, den sie dann in der Druckerei verarbeiten können.

Für die Rückseite kann der/die Lehrer/in eine Platte mit nach unten abgebildetem Muster vorbereiten. Nach dem Drucken und Trocknen lochen die Kinder die Postkarten, damit später ein Faden daran befestigt werden kann, und verkaufen sie dann im „Schreibwarenladen".

Im Klassenunterricht trägt jedes Kind seine Adresse auf die vorbereitete Karte ein und steckt sie in ein Plastiktütchen. Am Ende der

Die Postkarte für den Wettbewerb

Spielphase binden die Kinder mit Hilfe der Betreuer die Kärtchen an gasgefüllte Luftballons und lassen sie fliegen.

Im Klassenunterricht können sich die Kinder ausmalen, was mit ihrer Karte passiert (s. a. Text aus „Bunte Fibel"). Wenn Antworten eintreffen, kann überlegt werden, ob ein kleiner Briefwechsel begonnen wird, in dem die Klasse erzählt, was sie im spiel- und handlungsorientierten Unterricht gespielt hat.

Damit die anderen Klassen auch erfahren, was ihre Mitschüler erlebt haben, wird die ganze Aktion im Schulflur mit Bildern/Karten dokumentiert.

Eigene Ideen:

Eine Druckwerkstatt im Unterricht

Drucken mit allen Materialien

Unterrichtsinhalt	Tätigkeiten der Kinder	Didakt./meth. Hinweise
Druck/Abdruck: Ich bin selber ein Stempel!	Nachdem für alle Kinder erklärt ist, was Abdrücke und Spuren sind, sammeln sie Beispiele. Sie probieren die unterschiedlichsten Möglichkeiten aus, mit dem eigenen Körper Abdrucke oder Spuren zu erzeugen: – Im Sandkasten mit den Fingern/ dem ganzen Körper, – auf weichen Untergründen (Schnee, Matsch, Wiese, Schaumstoff, Kies, Sand, weiche Erde), – mit nassen Händen/Füßen/ Schuhen.	Die Kinder sollen erfahren, – daß sie ihren eigenen Körper oder Körperteile als Stempel benutzen können. – daß sie damit auch aussagekräftige „Abdrucke" herstellen können.
Wie lassen sich dauerhafte Abdrucke herstellen?	Die Kinder machen Versuche mit – Wasserspuren (mit Föhn/ Gebläse trocknen), – Abdrucken auf Schaumstoff oder auf der Haut (sie bilden sich wieder zurück), – „Naturfarben" wie Wasser, Sand, Matsch, Kreide ... (sie sind nicht dauerhaft), – mit Fingerfarben und Aquadruckfarbe (haltbar). Auf einem Poster halten sie ihre Ergebnisse fest: für einen dauerhaften Druck geeignet – nicht geeignet.	Es mag vielleicht etwas Widerstand bei Erwachsenen erzeugen, aber wenn die Möglichkeiten im Sommer vorhanden sind, sollten Ganzkörperdrucke auf Zeitungsmakulatur ausprobiert und den Kindern damit Gelegenheit zu vielfältigen Körper- und Sozialerfahrungen gegeben werden: Einzeldrucke/ Gruppendrucke.
Finger/ Hände/ Füße sind unsere Stempel: Mit ihnen drucken die Kinder sogar Mustertapeten.	Die Kinder arbeiten in kleinen Gruppen: Auf Makulatur probieren sie Muster aus: Mit den Füßen lassen sich große Buchstaben drucken, zusammen mit Finger-/Daumenabdrucken setzen sie sie zu kleinen Figuren zusammen.	Freie oder vorgegebene Themen.

Unterrichtsinhalt	Tätigkeiten der Kinder	Didakt./meth. Hinweise
	Sie gestalten ein Stück Tapete mit Plaka- oder Fingerfarben.	
Viele Materialien dienen in der Druckwerkstatt als Stempel oder Druckstock.	Die Kinder sammeln Materialien (Kronkorken, Kork, Gummi, Styropor, Plastik und Naturmaterialien wie Blätter, Gräser, gerundete Steine, Stirnholz, kleine Aststückchen, Baumrinde usf. – Sie testen die Materialien auf ihre Drucktauglichkeit: Aus „vermeintlichen Fehlern" entwickeln sich neue Möglichkeiten. – Sie erfahren unterschiedliche Drucktechniken. Sie stellen ein kleines Heft/ Büchlein mit Probedrucken und gestalteten Drucken zusammen, notieren das jeweilige Material, das als Stempel gedient hat.	Oft ergeben sich aus Fehlern z. B. Klecksen neue Techniken, die mit den Kindern herausgearbeitet werden. Zunächst wird mit unbearbeiteten Materialien gearbeitet. Zusätzlich probieren alle verschiedene Drucktechniken wie Stempeln, Positiv-/ Negativdruck, „Durchdruck" als Abreibetechnik … aus.
Wie kann ich eine Nachricht oder Botschaft festhalten und in identischer Form vielen Kindern zukommen lassen?	Entwicklung von Zeichen (s. Indianer): Die Kinder probieren das Drucken von Zeichen aus, einigen sich auf ihre Bedeutung, fertigen Drucke, z. B. Stempel unter Hausaufgaben, Stempel für den handlungsorientierten Unterricht, im Rechnen, Verkehrszeichen usf. Viele Drucke eines einzigen Stempelelementes ergeben ein Zeichen. Die Kinder schneiden einfache Figuren, z. B. kleine/große Menschen, Tiere … aus. Durch unterschiedliches Zusammendrucken in Bildquadrate entsteht eine kleine Geschichte: Die Figuren treffen sich im Raum, tanzen Ringelreihen, manche machen einen Handstand, bilden eine Kette und gehen wieder auseinander.	Die Kinder bleiben zunächst im bildnerischen/abstrakten Bereich. Evtl. vorbereitetes Arbeitsblatt bereitstellen, aufgeteilt in 3 oder 4 Felder oder kleines Heft mit 3–4 Seiten. Die Kinder können auch auf Zeichen/Symbole aus dem Indianerspiel zurückgreifen. Klein-/ Tischgruppenarbeit.

Unterrichtsinhalt	Tätigkeiten der Kinder	Didakt./meth. Hinweise
Drucken der kleinen Bilderge-schichte.	Die Kinder wählen sich eine kleine Geschichte aus, von der jeder ein gedrucktes Exemplar für sein „Druckbuch" her-stellt. Sie machen ein Experiment (20–30 Min.): – Die Geschichte wird von ei-ner Gruppe per Hand ko-piert (abgemalt). – Die Geschichte wird von Hand gedruckt/gestempelt. – Die Geschichte wird mit Hilfe des/der Lehrer/in auf Druckfolie gezeichnet und dann umgedruckt. Die Kinder tauschen ihre Er-fahrungen aus und tragen Vor- und Nachteile des jeweiligen Verfahrens zusammen: Zeit, Aufwand, Farbigkeit, gleich-bleibender Inhalt und Qualität, Gestaltungsmöglichkeiten.	Die Geschichte ist ganz ein-fach gestaltet, damit während der angesetzten Zeit auch mehrere Exemplare entstehen können. Nach angemessener Zeit wechseln die Gruppen ihre Arbeit, damit jedes Kind die Gelegenheit bekommt, jede Arbeitsweise kennenzulernen und zu erfahren: Zeit, Materi-al- und Personalaufwand wer-den aufgerechnet. Evtl. noch Platz lassen, damit später auch noch Text hinzu-gefügt werden kann.
Unterrichtsgang in eine kleine Druckerei.	Die Kinder beobachten die Tätigkeiten des Druckers: Sie sammeln Probedrucke der Erzeugnisse für ihr „Druck-buch". Sie malen Bilder mit/ohne Schrift über die einzelnen Ar-beitsgänge, um den Druckab-lauf festzuhalten: Im Unterricht ergänzen sie ihre Beobachtungen und no-tieren das Wesentliche auf ei-nem Poster oder in ihrem „Druckbuch".	Wenn vorhanden, sollte es eine Druckerei mit Setzbe-trieb sein. Mit dem Drucker wird die Herstellung eines bestimmten Druckes z. B. kleines Heft/ Broschüre vereinbart.
Wo kommt überall Bedruck-tes vor?	Die Kinder sammeln Druck-erzeugnisse aus ihrem All-tagsbereich: – sortieren die Materialien nach ihrem Gebrauchszweck (Information, Gestaltung, Etikettierung …),	Zusammenstellung in 2 Po-stern für die Klasse. Evtl. Erläutern der Geschichte des Druckes. Bedrucken eines Plakates (für Schulfest), Tapete, Waschmit-

Unterrichtsinhalt	Tätigkeiten der Kinder	Didakt./meth. Hinweise
	– suchen sich für eine Gruppenarbeit Produkte aus, die sie bedrucken wollen.	teltrommel, Karton, Schachtel, Deckchen oder auch ein T-Shirt.
Drucken von Texten.	Die Kinder stempeln ihren Namen mit Buchstabenstempeln und ein Symbol dazu: – mit dem Stempelkasten, – mit der Schuldruckerei.	Drucken von Tischkärtchen oder Namensschildern. Drucken mehrerer Namen auf großes Blatt und dann auseinanderschneiden.
Wie lassen sich bildliche Darstellungen drucken?	Sie versuchen sich am – Kartoffeldruck, – Kartondruck, – Matrizendruck und – an der Ritztechnik (Kunststoff, Styrodur).	Nach den Versuchen legen die Kinder fest, mit welchem Verfahren sie weiterarbeiten wollen.
Entwurf einer Postkarte und von Briefmarkenmotiven.	Die Kinder planen Motive, fertigen Entwürfe an, entscheiden sich für ein oder zwei Postkarten und zwei Briefmarkenmotive, für die Kleinstadt in der Turnhalle. Sie spielen die Abläufe in einer Druckerei nach: – für Bild/Text einen Druckstock erstellen, – die Auflage festlegen, – drucken und trocknen, – schneiden, – liefern an Schreibwarenladen und – Preis festlegen.	Druck der Postkartenmotive auf Karton. Druck der Briefmarkenmotive auf weiße Papierklebestreifen – Größe abstimmen. Festhalten von benötigter Zeit und Auflage. Ein Teil der Drucke wird in der Klasse fertiggestellt, den Rest erledigen sie in der Druckerei in der Turnhalle.
Postkartenaktion.	Die Kinder schreiben Postkarten oder Briefe in der Turnhalle. Sie beginnen eine Schreibaktion an die Partnerklasse oder Freunde oder auch den freundlichen Druckermeister. Sie veranstalten einen „Luftballonwettbewerb" (siehe Seite 190).	An diese Unterrichtsfolge kann sich das Berufsfeld der Postbediensteten anschließen.

Handapparat zur Kleinstadt im Unterricht

Bliesener, K. (1992): Spielzeugstadt. Leporello. Ravensburg: Maier. 7. Aufl.

Cuno, S. (Hg.) (1991): Kleine Welt im Schuhkarton. Ravensburger Bastelbär. Ravensburg: Maier. 2. Aufl.

Hartmann, H. D. (1989): Wir machen freie Arbeit. Bremen: Pädagogik-Kooperative.

Kohrs, K. W. (1990): Wir in unserer Stadt. Bausteine Grundschule. 4. Aachen: Bergmoser & Höller.

Kunstreich, M. (1989): Berufe. In: Projekte H.10. Bremen: Pädagogik-Kooperative.

Marder, E. (1985): Unser Einkaufspiel. Lehrer-Journal 53(7/8), 299-302.

Metzger, W. (1992): An der Tankstelle. Ravensburg: Maier. 6. Aufl.

Metzger, W. & Nahrgang, F. (1992): Jetzt bauen wir ein Haus. Ravensburg: Maier. 3. Aufl.

Sarro, T. di (1990): Ich spiele und ich entdecke die Stadt. Lausanne: Mondo.

Scheffler, U. (1991): Auf dem Markt. Ravensburg: Maier. 13. Aufl.

Solga, K. (1991): Drucken für Kinder. Augsburg: Augustus.

7. Entwicklung zum selbständigen Handeln (Phase III)

Zeigt sich im spiel- und handlungsorientierten Unterricht, daß die Kinder zunehmend eigenständiger Spielthemen bestimmen und die Planung für die Spielhandlung vornehmen, so ist die dritte Phase erreicht. In dieser Phase stellen die Kinder unter Beweis, daß sie gelernt haben, eigenständig Themen abzusprechen und sich auf die Planung der Spielhandlung im Klassenunterricht vorzubereiten. Erst nach der Absprache untereinander und der verbalen Planung kommt es zur Umsetzung in der Halle. Klassenunterricht und Unterricht in der Halle werden damit zu gleichen Handlungsfeldern, in denen lediglich auf unterschiedlichen Erkenntnisebenen gehandelt wird.

Der Ablauf von Spielhandlungen in der dritten Phase entspricht dem Ablauf von Spielhandlungen in der zweiten Phase. In der dritten Phase unterbleibt jedoch auf seiten der/des Lehrer/in die exakte Planung des Aufbaus, der Zusatzaufbauten und einer handlungsanleitenden Geschichte. Da die Planung den Kindern obliegt, kann der/die Lehrer/in lediglich der Planung folgen und ggf. Strukturierungshilfen geben. Entsprechend wird bei der Darstellung der Phase III das Raster, so wie es der Darstellung von Phase II zugrunde lag, aufgebrochen und es wird in erster Linie berichtet, wie die Spielhandlungen jeweils zustande kamen. Im Anschluß daran wird allerdings in bekannter Weise der Aufbau präzise beschrieben, es werden die Spielhandlungen der Kinder mit den Variationen und Erweiterungen vorgestellt und zusammenfassend ein Überblick über das benötigte Material, die im Spiel enthaltenen Rollen etc. gegeben. Daran anschließend folgen Vorschläge, wie Aspekte des Spielthemas in einen fächerübergreifenden Unterricht integriert werden können.

7.1 Spielplatz

„Spielplatz" ist ein häufig diskutiertes Thema: Wo können Kinder spielen? Diese Frage zielt schon längst nicht mehr auf die Freizeit von Schülern und damit auf das Wohnumfeld der Kinder ab, es ist eine Frage, die allmählich auch im engeren Sinne Angelegenheit der Schule geworden ist. Freie Spielräume für Kinder zum Austoben verschwinden immer mehr aus den Stadtteilen oder sind so angelegt, daß sie bei den Kindern kein Interesse finden.

Auch die Schulen bieten nur wenig Spielräume, die effektiv genutzt werden. Zwar haben mannigfaltige Anstrengungen in den letzten Jahren die Pausenhöfe kindgerechter erscheinen lassen, aber nur die wenigsten Schulen verfügen über einen geräumigen, gut ausgestatteten Schulhof. Und können die Kinder wegen schlechten Wetters während der Pause nicht raus, bleibt ihnen nur die Möglichkeit, sich im Flur oder in der Klasse herumzudrängeln. Besonders nach Regenpausen stöhnen die Lehrer/innen, daß ihre Klassen wegen zu geringer Bewegungs- und Spielmöglichkeiten nicht zu bändigen sind. Nicht zuletzt stehen die Kinder selber vor der nicht befriedigend zu beantwortenden Frage: Wo können wir spielen?

So wählten wir als erstes Spielthema für die III. Phase des spiel- und handlungsorientierten Unterrichts den „Spielplatz". Die Kinder sind mit der Thematik vertraut, sie haben die Materialien, die Bau- und Spielmöglichkeiten über einen längeren Zeitraum kennenlernen und ausprobieren können. Um nun den Schritt zum eigenen Planen, Konstruieren und Spielen zu vollziehen, müssen sie sich vermehrt untereinander abstimmen, sich miteinander auseinandersetzen, wer wo in der Halle spielt, wer welche Materialien bekommt und wer sich zu einer Spielgruppe zusammenfindet. Vor diesem Hintergrund sind die Anforderungen, die durch dieses Spielthema an die Kinder gestellt werden, als gering einzuschätzen, so daß sich die Kinder voll auf die neuen Erfordernisse einstellen können.

Für den/die Lehrer/in ergibt sich in der III. Phase eine neue Rolle, die durch Vermittlungs- und Organisationsaufgaben bestimmt wird, insbesondere brauchen die Kinder bei folgenden Fragen die Unterstützung durch die Erwachsenen:

Organisationsfragen:

- Die Anzahl der Aufbauten sollte auf 3–4 je nach Klassengröße beschränkt werden, so daß alle Kinder beschäftigt sind, aber ein gegenseitiger Besuch, ein Austausch innerhalb der Gruppen oder ein Wechsel der Rollen möglich ist.
- Haben sich alle Kinder einer Spielgruppe zugeordnet? Entspricht die Gruppengröße dem Organisations- und Bauaufwand, der durch ein Spiel gestellt wird?
- Entwickeln die Kinder Spielideen?
- Wie ist die Verteilung von Großgeräten in der Halle? Die Kinder müssen bei der Verteilung der Geräte beraten werden (Ausweichmöglichkeiten erarbeiten), damit nicht mehrere Gruppen dasselbe Gerät als Basiselement bestimmen.
- Welche Materialien und Spielutensilien müssen noch angefertigt werden?
- Hatten alle Kinder ausreichend Gelegenheit, sich einen Überblick über die Gesamtplanung zu verschaffen?
- Welche Sicherheitsvorkehrungen müssen getroffen werden?
- Die Bau- bzw. Konstruktionsphase sollte nicht zu lang werden, damit noch genügend Zeit zum Spielen übrigbleibt.

Im folgenden Kapitel wird noch einmal ausführlich auf diese Fragen eingegangen werden. In der Planungsphase zeigte sich, daß sich die Kinder sowohl an Spielplätzen der Umgebung als auch an beliebten Spielräumen der I. Phase orientierten. Sie planten folgende Aufbauten:

Spielraum 1: Klettern, Schaukeln …

Kletterberg
Langbänke in Klettergerüst gehängt und Weichbodenmatten darübergelegt.

Schaukel 1
Die große Mattenschaukel aus Weichboden, Reckstangen und einer Langbank an den Ringen wird noch einmal aufgebaut.

Rollbrettrutsche
Die Leiter der Lüneburger Stegel wird entweder in Ringe gebunden oder an einem Sprungkasten befestigt und eingewachst. Mit dem Rollbrett rutschen die Kinder die Leiter herunter und fahren noch ein Stückchen weiter.

Karussell
Ein umgedrehtes Trimpolin wird auf Rollbretter gelegt und befestigt. Mit einem langen Springseilchen wird es mit 60 cm Abstand an einen Reckpfosten gebunden.

Mit großem Eifer begannen die Kinder den Bau ihrer „Spielgeräte" in der Halle. Die Erwachsenen griffen nur dort ein, wo das Hantieren mit Geräten zu gefährlich oder zu schwer erschien.

In der ersten Zeit kamen die Kinder sehr oft und baten um Hilfe, wenn sie nicht mehr weiter wußten. Mit nur geringen Anstößen entwickelten sie mehr und mehr Ideen, um selbständig Schwierigkeiten zu überwinden: z. B. sich einen kleinen Kasten holen, um an die Ringe heranzukommen.

In der ersten Stunde blieb dann doch nicht mehr viel Zeit zum Spielen übrig, so daß der Ruf zum Aufräumen Enttäuschungen auslöste. Das eigene Planen und konstruktive Handeln hatte, da es für die Kinder noch ungewohnt war, mehr Zeit in Anspruch genommen, als sie gedacht hatten. Der höhere Zeitaufwand war auch dadurch zustande gekommen, weil die Kinder über ihren ursprünglich gefaßten Plan zum Bau eines Spielgerätes hinaus, allerlei Turngeräte und Materialien, die sie in der Halle vorfanden und die ihnen brauchbar erschienen, nutzten, um ihren Aufbau weiter auszugestalten.

Die unterschiedliche Schnelligkeit der Gruppen in der Fertigstellung ihrer Aufbauten führte zu kleinen Auseinandersetzungen: Die Kinder, die ihr Spiel schon fertiggestellt und ausprobiert hatten, wollten natürlich auch auf den anderen, noch nicht zu Ende gebauten Spielgelegenheiten spielen. Obwohl dies schon in der Klasse ausführlich besprochen war, konnten einige Kinder mit der Situation schlecht umgehen, daß Kinder der anderen

Eine Minirutsche war schnell gebaut

Spielgruppen den Spielaufbau nutzen wollten, den sie selbst mühselig erstellt hatten. Im Kreisgespräch wurde noch einmal besprochen, daß jeder einzelne Aufbau nur ein Teil des gesamten Spielraumes ist und von allen genutzt werden darf, sofern er schonend behandelt wird. Insgesamt waren die Kinder aber mit der ersten Spielstunde zufrieden. Die neuen Erfahrungen waren Ansporn genug, später in der Klasse ihre Spielstunde auszuwerten.

Der „Chronist" der Kirmes malte Bilder zu allen Ständen

Jede Gruppe hatte von ihrem Aufbau ein kleines Bild gemalt, das nun in der Klasse in einen Lageplan der Turnhalle eingefügt wurde. Noch ausstehende, geplante Arbeiten an den Spielaufbauten, wie die Herstellung von Schildern zur Kennzeichnung des Spielgerätes und das Ausmalen von Eintrittskarten, durften im Kunstunterricht ausgeführt werden. Einige Kinder setzten sich nachmittags hin und bastelten Zusatzmaterial, z. B. Girlanden und Fähnchen für das Spiel in der Halle.

Die Auswertung der ersten Spielstunde und damit verbunden die Planung der nächsten, hatte folgende Ergebnisse erbracht: Der Kletterberg übte zunächst noch einmal große Anziehungskraft auf die Kinder aus: hochzuklettern, herunterzurollen, zu springen, zu kullern, sich an einem Seil hochzuziehen, hatte viel Spaß gemacht. Die „Planungsgruppe" wurde zu einer kleinen Familie, die sich unter dem Mattenberg häuslich einrichtete. Diese Gruppe war mit der Planung und der späteren Ausführung zufrieden, schloß sich aber der allgemeinen Meinung an, daß die Wiederholung des Spiels am Mattenberg in dieser Stunde alle Bedürfnisse befriedigt hatte und jetzt nach einer anderen Spielmöglichkeit gesucht werden sollte. Nach wie vor erfreute sich die große Mattenschaukel großer Beliebtheit. Es war nicht allein der Reiz, das Schaukeln in unterschiedlichen Positionen zu erproben, sondern diese ruhige Schaukel bot die Möglichkeit, zwischendurch auch Erfrischung und Erholung zu erlangen. Zum Spiel an der Rollbrettrutsche fanden sich auch eine Menge Kinder, doch kritisierten sie, daß die Rutsche allein zu wenig Möglichkeiten zum Spiel bot. Für die nächste Stunde wollten sie noch eine kleine Rollbahn anschließen.

Aus der Revision des Spieles nahmen sich die Kinder neben einigen kleinen Umgestaltungen der Aufbauten folgende Spieländerungen für die nächste Stunde vor:

Spielraum 2: Rutschen, Drehen...

Kletterweg

Mit Lüneburger Stegeln, Reck, Kletterwand und Klettertauen konstruierten sie eine interessante Klettergelegenheit, die mit Autoschläuchen und einer kleinen Seilschaukel im Nachbarreck ergänzt wurde (siehe veränderliche Spielräume).

Schaukel 1

Die große Mattenschaukel aus Weichboden, Reckstangen und einer Langbank an den Ringen wird noch einmal aufgebaut.

Rollbrettrutsche

Aufbau wie oben. Hinzu kam eine kleine Rollbahn, die wieder zum Start auf dem Sprungkasten zurückführte.

Für die Fahrt über die Rollbahn setzten die Kinder Spiele ein wie: mit verbundenen Augen fahren und einen Stein als Eintrittskarte für die nächste Fahrt suchen. Zwei aneinander gestellte Sprungbretter kamen als überfahrbares Hindernis hinzu.

Karussell

Ein umgedrehtes Trimpolin wird auf Rollbretter gelegt und befestigt. Mit einem langen Springseilchen wird es mit 60 cm Abstand an einen Reckpfosten gebunden.

In der nächsten Stunde ging das Aufbauen etwas schneller, da die Kinder auf die Erfahrungen der letzten Stunde zurückgreifen konnten. Es blieb mehr Freiraum zur Entwicklung von kleinen Spielideen. An der Rollbrettrutsche entstanden zahlreiche Varianten, wie die Rückfahrt zum Ausgangspunkt gestaltet werden sollte: Mit verbundenen Augen oder zu zweit auf einem Rollbrett fahren, sich ziehen lassen usf. Der Kletterweg war eine kleine Anlehnung an Klettergerüste, die man auch auf gut ausgerüsteten Spielplätzen findet: Hier war zunächst das reine Klettern die Attraktion, die durch das Erscheinen wilder Tiere noch erhöht wurde. Nun mußte eine Schlangenschlucht überwunden werden und wer nicht aufpaßte, dem bissen die Schlangen den Schwanz (Tuch locker in die Turnhose gesteckt) ab.

Die Kinder hatten noch genügend Ideen, um weitere zwei bis drei Stunden ihren Spielplatz auszubauen. Unter anderem wollten sie noch folgende Aufbauten für ihren Spielplatz ausprobieren:

Spielraum 3: Wippen, Rennen ...

Kegelbahn

Nachdem sich das Kegeln auf der Kegelbahn mit den Keulen als nicht so interessant erwies, versuchten sie eine Kullerbahn zu bauen:

Entweder mit dem Sprungbrett der Lüneburger Stegel (zum Herunterkullern in die Kletterwand eingehängt), oder sie stellten zwei Langbänke schräg an einen Sprungkasten, so daß eine kleine Laufrinne für den Ball entstand. Daran anschließend konnten wiederum die Kegel oder andere Ziele aufgestellt werden.

Hindernislauf

Eine kleine Gruppe von Kindern entwarf einen kleinen Hindernisweg aus Reifen, Autoschläuchen, Stäben und Bodenturnmatten, über den sie laufen, springen, kriechen konnten. Besonders spannend wurde es mit verbundenen Augen.

Rennbahn

Für das Rollbrett bauten sie eine kleine Rennbahn auf, wo sie kleine Wettfahrten veranstalteten.

Rutschen

– Riesenrutsche aus einer in die Kletterwand oder ans Reck gehängten Langbank
– Sprungbrett der Lüneburger Stegel.

Wippen

Sie probierten mit Langbänken verschiedene Konstruktionen von Wippen aus (s. S. 57/58)

Nach vielen Mühen: Unser Spielplatz im Sandkastenmodell

Haus mit Rutschstange

Auf vielen Spielplätzen finden sich Spitzdachhäuser, in die die Kinder oben hineinklettern und dann an einer senkrecht stehenden Stange wieder herunterrutschen, so wie sie auch von der Feuerwehr in der Feuerwache genutzt werden.

In manchen Turnhallen gibt es noch die alten Kletterstangen: Ein mit zusätzlichen Segmenten erhöhter Sprungkasten wird mit etwa einem halben Meter Abstand vor eine

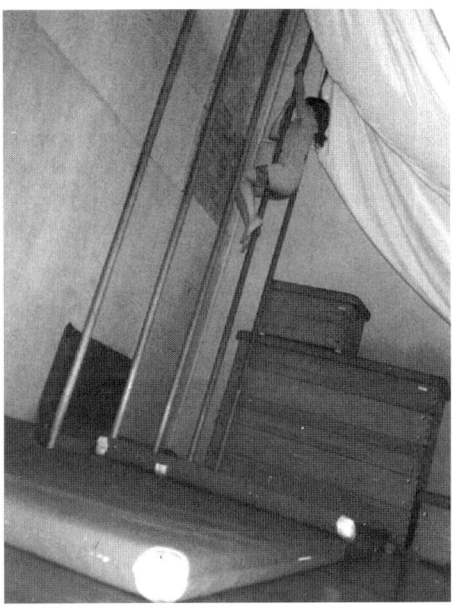

Und schon sausen sie hinunter …

solche Kletterstange gestellt (bitte überprüfen, ob die Segmente auch gut ineinanderpassen!). Auf den Hallenboden werden Turnmatten gelegt. Mit der Leiter von den Lüneburger Stegeln (Festbinden!) gelangen die Kinder auf den Kasten und können dann an der Stange wieder heruntersausen.

Wenn man möchte, kann dieser Aufbau mit einem Schwungtuch verkleidet werden.

So wie dieses Beispiel oder auch die selbstgebaute Seilbahn zeigt, können auch auf gut ausgestalteten Spielplätzen Anregungen gefunden werden, die mit ein wenig Phantasie – natürlich unter Berücksichtigung von Sicherheitsaspekten – in abgewandelter Form auch in der Turnhalle angeboten werden können.

Über das Planen des „Spielplatzes" in der Turnhalle hinaus versuchten die Kinder auch kleine Modelle von Spielplätzen aus Holzstäben, Pappe und Knete zu bauen. Die intensive Vor- und Nachbereitung des Spielthemas im Klassenunterricht führte parallel zu einer ausgiebigen Diskussion über Spielmöglichkeiten, die sich den Kindern in der Schule und ihrem Umfeld boten. Der/die Lehrer/in plante das Thema Spielplatz mit in ihren Unterricht ein (s. nachfolgende Unterrichtsideen).

Spielplätze im Unterricht

Unterrichtsinhalt	Tätigkeiten der Kinder	Didakt./meth. Hinweise
Was spielen wir nachmittags oder am Wochende?	Die Kinder berichten, was sie am liebsten spielen, malen ein Bild dazu.	Lehrerdiktat
Wo spielen wir, wenn das Wetter schön ist? Welche Spielorte bieten sich im Wohnumfeld der Schule an?	Die Kinder tragen zusammen, an welchen Orten sie am meisten spielen. Sie beschreiben die Spielplätze im Wohnumfeld der Schule.	Lehrerdiktat Evtl. große Planskizze des Wohnumfeldes bereitstellen, auf der die Spielplätze eingezeichnet sind. Vielleicht gibt es auch ein kleines Modell des Wohnumfeldes in der Schule.
Auf welchen Spielplätzen spielen die Kinder der Klasse? Was gibt es dort, was kann man spielen?	Die Kinder beschreiben – die Spielgeräte, – was sie dort spielen. Sie äußern Kritik – was auf den vorhandenen Spielplätzen fehlt, – wer oder was sie am Spielen hindert, – wie schwierig sie den Spielplatz erreichen können. Sie äußern Wünsche, was sie gern spielen möchten.	Festhalten der einzelnen Punkte auf drei Listen. Dokumentation über Schrift und mit den Kindern vereinbarte Symbole. Es kann auch schon eine grobe Planskizze aus dem Gedächtnis heraus über einen Spielplatz erstellt werden.
Wer hat schon auf besonders schönen Spielplätzen spielen können? Was gibt es dort besonderes?	Die Kinder berichten von besonders schönen Spielgeräten und was man damit alles machen kann.	Die Wunschliste kann durch die neu beschriebenen Spielmöglichkeiten ergänzt werden.
Anforderungen an einen Spielplatz formulieren.	Die Kinder ordnen ihre Wünsche, ihre Kritikpunkte, die sie bisher zusammengetragen haben:	Die Listen sollten knapp und überschaubar gehalten werden, sie dienen als Richtschnur für die Überprüfung eines Spielplatzes draußen.

Unterrichtsinhalt	Tätigkeiten der Kinder	Didakt./meth. Hinweise
	– Was wollen wir spielen? – Welche Spielbereiche soll es auf einem Spielplatz geben? – Welche Geräte sollten vorhanden sein? – Auf welche Mängel muß man achten (Gefahrenstellen, Zuwege, Fremdnutzung, z. B. Hundeklo etc.).	
Unterrichtsgang auf einen Spielplatz.	Die Kinder probieren die Spielmöglichkeiten aus. Sie untersuchen dann in Gruppen einzelne Spielbereiche, indem sie – in Kleingruppen die Spielmöglichkeiten ausprobieren, – malen, was an Angeboten z. B. im Kletterbereich vorhanden ist, – mit einem einfachen Maß ausmessen, wie groß dieser Bereich ist, – welche gefährlichen Stellen es dort gibt.	In der Klasse kann ein kleiner Übersichtsplan erstellt werden, in den die Maße der Spielbereiche eingezeichnet werden. Die Zeichnungen können um den Plan arrangiert und mit Fäden Verbindungen zu den Standorten geschaffen werden.
Erstellen einer Übersichtsskizze über den Spielplatz.	Zusammen mit dem/der Lehrer/in erstellen die Kinder einen Lageplan, wo die einzelnen Spielbereiche liegen.	
Eine Spiellandschaft im Sandkasten bauen.	Die Kinder bauen in Kleingruppen Elemente einer Spiellandschaft: – Sie können sich an dem vorhandenen Spielplatz orientieren. – Sie bauen eine Spiellandschaft nach ihren Wunschvorstellungen, z. B. mit Höhlen, Kullerbahnen … – Sie dokumentieren diese Teillandschaften mit Photos. – Aufnahmen von eklatanten Mängeln.	Dieses kann auf einem ruhigen Spielplatz direkt vor Ort begonnen und in einem Tischsandkasten in der Klasse fortgesetzt werden. Zur Verdeutlichung der Darstellung können sie auch Abfallmaterialien mit einbauen. Die Photos können mit einem einfachen Apparat gemacht werden, der auch von Kindern bedient werden kann. Die Photos können bei guten Kontrasten auf dem Laserko-

Unterrichtsinhalt	Tätigkeiten der Kinder	Didakt./meth. Hinweise
		pierer vergrößert und in der Klasse zu einer zusammenhängenden Spiellandschaft montiert werden.
Sammeln und Ordnen der Beobachtungen und Erkenntnisse vom Spielplatzbesuch.	Die Kinder erstellen Mängellisten. Sie stellen zusammen, was auf dem Spielplatz vorhanden ist, was ihnen an Spielgeräten etc. fehlt. Sie überprüfen, ob sich durch den Besuch und die ersten Versuche der Erstellung eines Modells ihre Wunschideen verändert haben und ergänzen ihre Wunschliste.	
Wie funktionieren die beweglichen Spielgeräte?	Sie untersuchen den Mechanismus einzelner Spielgeräte wie Schaukel, Wippe, Rutsche. Sie bauen mit dem Holzbaukasten oder anderen Hölzchen die Geräte nach und probieren aus: Wann kann man schaukeln, wie kann die Schaukel in Bewegung gesetzt werden (anstoßen, Schwung mit den Beinen holen). Wann funktioniert eine Wippe – sie probieren mit verschiedenen Gewichten in unterschiedlichen Entfernungen vom Auflagepunkt – wann liegt das Brett waagerecht, wann drückt es sich nach einer Seite herunter.	
Wo haben die Kinder schon etwas ähnliches gesehen?	Sie vergleichen mit einer einfachen Handwaage: Sie machen erste Wiegeversuche, lassen kleine Püppchen wippen. Sie probieren verschieden glatte Stoffe aus, wie sie auf der Rutsche heruntergleiten.	

Unterrichtsinhalt	Tätigkeiten der Kinder	Didakt./meth. Hinweise
	Sie versuchen sich noch einmal mit einer kleinen Fingerschaukel (2 Fäden an Daumen und Zeigefinger, Stäbchen, Knetkugel).	
Übertragen der Versuche ins Große: Planen des Baus einer Schaukel, Wippe und einer Rutsche in der Turnhalle.	Die Kinder überlegen, mit welchen Materialien sie die Spielgeräte in der Turnhalle bauen können. In Gruppen setzen sie ihre Planung um und probieren ihre Spielgeräte nach Absprache mit den Erwachsenen aus: Sie sichern mit Bodenturnmatten ab, versuchen die Konstruktion zu verbessern oder mit anderen Geräteteilen zu bauen: Z. B. eine Wippe aus einer umgedrehten Langbank über zwei zusammengestellte Reutherbretter oder Balancierbalken über eine Langbank gelegt. Sie malen Bilder von ihren Spielgeräten.	Die Kinder können auf Erfahrungen aus den veränderlichen Spielräumen zurückgreifen (s. dort). Bereitstellen von geeigneten Materialien aus der Turnhalle.
Unser Wunschspielplatz: Ein Wunschzettel an die Verantwortlichen.	Die Kinder schauen ihre erarbeiteten Ergebnisse durch und formulieren Forderungen, wie ihr Wunschspielplatz aussehen soll. Sie malen, schreiben dazu einen Brief an die Gemeinde: Laden vielleicht einen kommunalen Vertreter ein.	Lehrerdiktat
Planung des Spielplatzes in der Turnhalle.	Die Kinder suchen sich die Spielmöglichkeiten aus, die sie am liebsten durchführen möchten und überlegen und planen, wie sie dies in der Turnhalle aufbauen und zum Spiel nutzen können.	Der/die Lehrer/in kann kleine Hilfen zu Geräten geben, ansonsten sollten die Kinder eigenständig planen. Wenn ein schöner Spielraum entstanden ist, kann man diesen vielleicht auch beim Besuch eines städtischen Vertreters zeigen und die Bedürfnisse der Kinder vorführen.

Unterrichtsinhalt	Tätigkeiten der Kinder	Didakt./meth. Hinweise
Anlegen einer kleinen Spielesammlung.	Mit „Abfall"- und Naturmaterialien probieren die Kinder einfache Spiele aus, die sie auch in der Pause oder draußen spielen können (Stein-, Knopf-, Hüpfspiele). Sie legen sich eine kleine Spielesammlung an.	Die Kinder anregen, auch mit Materialien zu experimentieren, vielleicht auch eigene Spiele zu entwickeln. Spiele der ausländischen Mitschüler/innen können ausprobiert werden.

Handapparat zum Spielplatz im Unterricht

Blohm, H. (1980): Kinderspielplätze. Ein Modell für handelnden Unterricht. WPB. 353 ff.
Deacove, J. (1992): Neue Murmelspiele. Ettlingen: Ettl.Verl. G. Kunz.
Kingenberg, J. (1978): Spielplatz – Schülerorientierter Sachunterricht in der Grundschule. Gegenwartskunde 3, 311 ff.
Pils, I. & Schuller, F. (1987): Steinspiele. München: Hugendubel.
Schuster, R. (1985): Gefährliche Spielplätze. Grundschulmagazin 12 (6), 7–8.
Steuer, H. (1989): Auf Straßen und Plätzen spielen. München: Hugendubel.

Wir selber sind die Spielgeräte:
Partnerübungen: sich gegenseitig wiegen, zu zweit ein anderes Kind hin- und herschaukeln …
Noldigi: Balancespiel auf einer Wippe, bestehend aus einem einfachen Brett (3–4 m lang, über einen Strohballen gelegt).

7.2 Tierpark

Spiele und Geschichten, in denen Tiere vorkommen, üben einen hohen Anreiz auf Kinder aus, verlocken zum Nachspielen und Weiterspinnen. Die Kinder bringen ihre Kuscheltiere mit in die Schule und in den Turnhallen-Unterricht und versuchen, sie ins Spiel einzuführen: Die Kuscheltiere bekommen bestimmte Rollen zugeschrieben, die die Kinder – weil diese ja doch irgendwie „leblose Tiere" sind – dann selber ausführen oder sie übernehmen gleich die „vermenschlichte" Titelrolle und die Kuscheltiere werden zum „Kind-Tier" oder gehören zur Ausstattung. So taucht plötzlich ein Wachhund für die Werkstatt auf oder Seerobben rutschen den großen Kletterberg hinunter. Umgekehrt nehmen die Kinder auch selbst Tierrollen ein, so z. B., wenn Pinguine Thema einer Unterrichtsstunde waren und die Kinder dann wie Pinguine durch die Halle watscheln.

Die Spielidee eines einzelnen Kindes führte zum Thema „Tierpark": In der „Kleinstadt" hatte der Bürgermeister einen „Rathausaffen", der alle Besucher im Foyer des Rathauses begrüßte und der auch zu allen Gelegenheiten mitgenommen wurde. Ein anderes Kind ließ sich von dieser Idee anstecken und baute sich separat einen Affenkäfig.

Die übrigen Kinder waren fasziniert von diesem Spiel; damit stand auch das Spielthema für die nächsten Stunden fest: Wir spielen Tierpark.

In der Klasse wurden Ideen gesammelt: Welche Tiere gibt es im Tierpark? Einige Kinder erzählten von ihren Erlebnissen im Zoo. Die Vorschläge häuften sich, so daß bald ein kleines „Brehms Tierleben" in der Klasse entstand.

Im zweiten Schritt wurde überlegt, welche Tiere mit ihren jeweiligen Lebensgewohnheiten sich für das Spiel in der Turnhalle eignen. Schnell bildeten sich Gruppen um einzelne Tierarten, wobei natürlich die Gruppe der Affen mit ihren tierischen und allzu menschlichen Ausprägungen auf Platz 1 rangierte. In den Gruppen überlegten die Kinder noch einmal, wie sie Besonderheiten, Vorlieben und „spezielles Verhalten" ihrer Tiere darstellen und in ihr Spiel integrieren konnten.

Die Kinder waren so von ihrem Spiel und den neuen Spielideen gefesselt, daß die Lehrerin im Sachunterricht gar nicht nachkommen konnte, die Tierarten und ihre Besonderheiten mit den Kindern zu erarbeiten. So kam es im Spiel vor, daß die Waschbären im Wasser lebten und sich – ihrem Namen getreu – in mitgebrachten Papptellern als Waschschüsseln ständig wuschen. Aber für die Kinder stand die Realitätsgebundenheit auch gar nicht im Vordergrund, das wurde später in der Klasse aufgearbeitet. Sie waren mit Begeisterung bei ihrem selbst gewählten, geplanten und realisierten Spiel und hatten sich z. T. sogar ausgedacht, wie sie die Tierrollen pantomimisch darstellen konnten. Die anderen Kinder und Erwachsenen sollten raten, welches Tier dargestellt wurde.

Für die Kinder war es das erste große Spiel, das sie selbständig gestaltet und durchgeführt hatten. Innerhalb der Kleinstadt waren für dieses Spiel bereits einzelne Spielmöglichkeiten geplant und durchgeführt worden. Für die erste Stunde mit diesem Thema entstand folgender Aufbau:

Spielraum 1: Das Gehege nebenan

Raubtiergehege

Löwen, Tiger und Leoparden hatten sich in einem Freigehege zusammengefunden, das aus einem großen Laufsteg, einer großen Weichbodenmatte und zahlreichen Autoschläuchen bestand: Hier versuchten die Raubkatzen ihre Geschmeidigkeit, ihre Sprungkraft und bei der Raubtierfütterung ihre Gefährlichkeit unter Beweis zu stellen.

Gorilla

Der Gorilla war von der ruhigen und behäbigen Sorte: Ein Zaun aus Gymnastikstäben markierte den Käfig, aufgeschichtete Autoschläuche mit einem karierten Tuch darüber stellten den Thron dar, von dem aus der

„König der Affen" seinen Palast überwachte und aufmerksam das Geschehen im Tierpark überwachte.

Affenhaus

An einer Hand hängend der Banane nach ...

Große Attraktion war natürlich das Affenhaus: Mit großem Eifer hatten hier die Kinder versucht, interessante Klettermöglichkeiten aufzubauen, die sie dann ausgiebig nutzten. Es entstand auch ein neues Spiel: Affenball. Ein großer Lkw-Schlauch wurde aufrecht zwischen zwei Kastensegmente geklemmt. Auf jeder Seite war eine Mannschaft, die nun versuchte, einen Ball durch den Reifen zu werfen.

Waschbären

Waschen ... waschen ...

Die Waschbären hatten sich aus Sprungkasten, Bock der Lüneburger Stegel, Schwungtüchern und Bodenturnmatten eine Bärenhöhle gestaltet, in der ein Waschzuber aus aufeinandergeschichteten Au-

toschläuchen seinen Platz hatte. Der Waschplatz für Zuschauer war vor der Höhle, wo das „Schauwaschen" stattfand ...

Zebra und Urpferd

Ein kleines Freigehege entstand für ein Zebra und ein Urpferd, die ihre neue Heimat genossen.

Ab und zu wagten sie einen kleinen Galopp durch den Tierpark oder ein Schwätzchen mit den Gorillas ...

Schildkröte

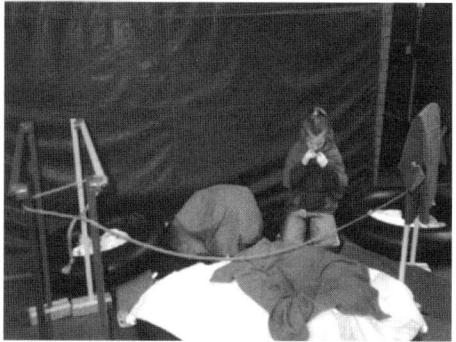

Schildkrötenteiche

Zwei Wasserschildkröten hatten sich ein regelrechtes Terrarium mit kleinen Teichen gebaut. Grüne Tücher waren der Schildkrötenpanzer. Ihr naturgetreues Auftreten war eine bestaunte Attraktion für andere Tierparkbewohner.

Verlauf der ersten Stunde

In der Begeisterung der ersten Stunde fiel den Kindern gar nicht auf, daß ihre Aufmerksamkeit, ihr Planen und Handeln nur auf das Spiel in der eigenen Gruppe gerichtet war und daß ein Großteil der Zeit nur für das Bauen verwendet wurde. Ihnen genügten diese Tätigkeiten vollauf. In den einzelnen Gruppen war zunächst keine aufkommende Unzufriedenheit oder gar Ziellosigkeit festzustellen.

Im Gegenteil: Im Verlauf der ersten Doppelstunde war an einzelnen Stationen eine kontinuierliche Entwicklung zu beobachten: Die Spiel-/Handlungsplanung war darauf ausgerichtet, beispielsweise einen Käfig mit Liege-plätzen zu errichten, d. h. zu überlegen, welche Materialien brauche ich, wie beschaffe ich sie, wie arrangiere ich mich mit den anderen etc. Es war deutlich der Punkt zu markieren, wo die Kinder ihr Ziel – den Aufbau einer Lebenswelt für ihre Tiergruppe – erreicht hatten. Ein Teil der Kinder bemerkte nun, daß zwar der Aufbau weitgehend ihren Vorstellungen entsprach, aber ihren Ansprüchen an ein Spiel, z. B. „Le-ben der Raubtiere im Käfig", nicht genügen konnte (Hinterfragen des Handlungsziels). Es fehlten noch Spielmaterialien wie z. B. Au-toschläuche, Bälle, Gymnastikstäbe sowie Spielhandlungen mit entsprechender Rollen-aufteilung (Erweiterung der Handlungspläne).

So überlegten die Kinder nun, was sie in ihrem Aufbau unternehmen wollten, besorgten Schläuche, Gymnastikreifen, stellten diese auf und probierten das Spiel mit diesen aus: In ei-nem kleinen Parcours konnten beispielsweise die Raubkatzen ihre Geschmeidigkeit und Sprungstärke beweisen oder die Affen ent-wickelten den „Affenfußball". Diese Spieler-weiterung führte zunächst zu einem zufrieden-stellenden Ergebnis.

Die intensive Beschäftigung mit dem selbstge-wählten Spiel ließ den Kindern keine Zeit, mit anderen Tiergruppen Kontakt aufzunehmen, deren Spielmöglichkeiten auszuprobieren und darüber ein Spiel innerhalb der Großgruppe zu entwickeln, so wie es eigentlich bei der Formu-lierung des gemeinsamen Spielthemas „Tier-park" vorgesehen war.

Intervention durch Lehrkraft

War die bisherige Darstellung des Spiels in der ersten Stunde nur auf die Entwicklung des Spielaufbaus bezogen, so sollen jetzt Möglich-keiten aufgezeigt werden, wie der/die Leh-rer/in gezielt auf die Entwicklung eines Spieles einwirken kann, so daß es mit dem Handlungs-ziel der Kinder übereinstimmt und für diese ei-nen zufriedenstellenden Verlauf nimmt.

Es sei hier noch einmal kurz das Beispiel des „Gorillas" aufgegriffen: Sicherlich war es eine gute Leistung des Jungen, diese Spielidee zu entwickeln und umzusetzen. Zieht man seine Stellung innerhalb der Klasse in Betracht, muß man feststellen, daß er bereits aufgrund seiner Herkunft eine Außenseiterposition einnahm. Er ist ein Aussiedlerkind, das erst vor wenigen Monaten in die Klasse gekommen war, nur we-nige Worte Deutsch sprechen und sich daher schlecht mit seinen Mitschülern verständigen konnte. In der Planungsphase gelang es dem Jungen nicht, Zugang zu einer Gruppe zu fin-den. Hier sollte der/die Lehrer/in nach Wegen suchen, wie solche Schwierigkeiten überwun-den werden können. Nicht nur der Kontakt, die Auseinandersetzung innerhalb einer Klein-gruppe ist für das Spiel von Bedeutung, son-dern die Kontaktaufnahme nach außen ermög-licht erst ein Spiel in größerem Rahmen, eben das, was aus den Anfängen des Spielthemas „Tierpark" als Mangel – zuerst nur von den Er-wachsenen und in der Nachbesprechung auch von den Kindern – empfunden wurde, nämlich das isolierte Arbeiten in den Kleingruppen.

Für die Lehrer/in erwuchs aus dieser Erfahrung die Aufgabe, speziell solche Beobachtungen in der Nachbesprechung mit den Kindern im Klassenunterricht aufzuarbeiten und mit in die Planung der nächsten Stunden einzubeziehen. Im vorliegenden Beispiel fanden sich sehr schnell Lösungsmöglichkeiten: Der Gorilla wurde in die große Affengruppe aufgenom-men. Dagegen war es schon schwieriger, die Anzahl der Tiergruppen zu reduzieren, damit die einzelnen Gruppen größer wurden und so mehr Personen für die Spielplanung zur Verfü-gung standen. Zwischen den Tiergruppen wur-den Besuche vereinbart, wobei das Zebra und das Urpferd eine Schlüsselstellung einnahmen.

Die bauten nämlich aus dem Mattenwagen eine Kutsche, die die anderen Tiere mit auf Be-suchsfahrten nahm. Nach entsprechender Ab-sprache durften dann auch die Bären in den Af-fenkäfig gehen und die dort aufgebauten Klettermöglichkeiten nutzen – unter Aufsicht der Affen natürlich.

Damit die einzelnen Tiere auch nach außen hin „artgerecht" auftraten, wurden Verkleidungs-möglichkeiten überlegt: Schwänze für die Af-fen, Umhänge aus Packpapier für die Bären usf. In der zweiten Stunde gab es dann folgen-de Spielmöglichkeiten.

Spielraum 2: Ein Tierpark formiert sich

Affen/Gorilla

Die Affen bauten sich ihren bewährten Kletterkäfig auf; mit Hilfe der Lehrerin wurden zwei Seile wie eine Brücke zwischen Kletterwände gespannt. Der Gorilla durfte seinen kleinen Käfig mit im großen Affenhaus aufbauen und bei den Kletterspielen mithalten.

Große Bärengruppe

Die Bären fanden sich zu einer großen Bärenfamilie zusammen. Sie bauten sich aus Langbänken, Sprungkasten und Kletterwand eine große Bärenhöhle, in die Spielmöglichkeiten eingebaut wurden:

Spiele in der Bärenhöhle

Schaukel, Reifen für den Bärentanz, ein großer Badetrog usw.

Raubkatzen

Die Raubkatzen bauten aus Weichbodenmatten und Gymnastikstäben einen Käfig, der dann mit Autoreifen, Gymnastikreifen, Bällen, kleinen Schwungtüchern zum Überspringen ausgestattet wurde.

Nicht allein das eigene Ausprobieren der Spielmöglichkeiten, auch das Vorhandensein von Zuschauern, die den Raubtieren bei ihren „Wettkämpfen" und bei der großen Raubtierfütterung zusahen, gab den Kindern dieser Gruppe Anreiz, sich mehr mit ihrem Spiel auseinanderzusetzen und es zu variieren.

Zebra und Urpferd

Diese beiden Tiere waren gewissermaßen der „Gruppenmotor": Sie beförderten mit ihrer Kutsche die Tiere.

In der Folgestunde konnten die Kinder ihre Erfahrungen nutzen, um ihren Aufbau schneller zu erstellen. So hatten sie mehr Zeit für das Spiel und dafür, Kontakte innerhalb der Großgruppen zu knüpfen. Die Erwachsenen hatten sich Strategien überlegt, wie sie die Kinder zu praktikableren Gruppengrößen, d. h. einer geringeren Anzahl unterschiedlicher Tiergruppen bringen könnten, damit der Aufbau insgesamt für alle Kinder überschaubarer würde. Für die Kinder war dieses Ansinnen unproblematisch: Die Schildkröten hatten ihr Dasein als Wassertiere genug ausgekostet, so daß sie gern zu den Bären gingen, und die Bären waren eigentlich ganz zufrieden über die „Verstärkung". Urpferd und Zebra spielten mit ihrer Kutsche Bindeglieder zwischen den Gruppen, wobei natürlich das Zebra auch mal über die Urwaldbrücke hoppeln oder mit der Bärenwaage schaukeln mußte.

Die dritte Stunde – letzte Stunde vor den Ferien – war so organisiert, daß bei gleichem Aufbau die Parallelklasse eingeladen wurde: Wie in einem Safaripark wurden die Besucher am Tor abgeholt und zu den Stationen gefahren, wo die Mitschüler „Schaulustige" spielten und zum Mittun erst geladen werden mußten. Das ganze endete mit einer großen Tierfütterung, an einer mit Plätzchentellern gedeckten Langbank.

Der Tierpark im Bild der Kinder

Anhand der Erfahrungen aus den ersten Stunden zur „Entwicklung des Spielthemas Tierpark" lassen sich Fragen ableiten, die dem/der Lehrer/in die Moderation von Spielthemen erleichtern soll. Der Fragenkatalog beschränkt sich zunächst auf die Vorbereitungsphase im Klassenunterricht.

Fragen für die Anfangsmoderation eines Spielthemas:

Zur Gruppenbildung:

- Wieviel Gruppen haben sich gebildet? Wie groß sind sie im Hinblick auf die Anforderungen des Handlungsziels (Erstellung des Aufbaus, Durchführung einer Spielhandlung) und hinsichtlich der Interaktion zwischen den Gruppen?
- Wie setzen sich die einzelnen Gruppen zusammen? Gibt es problematische Cliquen? Sondern sich Gruppen ab?
- Wie sind Außenseiter, schwache Kinder eingebunden?
  Ergeben sich daraus Konsequenzen für die Unterrichtsplanung?

Zum Material:

- Welches Material benötigen die einzelnen Gruppen, sind klare Absprachen über Verteilung, Austausch von attraktiven Materialien und deren Nutzung getroffen?
- Wo ist Unterstützung beim Aufbau durch Erwachsene notwendig, sind Gefahrenpunkte abgesichert, Kinder darauf hingewiesen?
- Welche zusätzlichen Materialien müssen besorgt werden?

Zur Entwicklung des Spieles:

- Ist allen Kindern das Spielthema in gleichem Maße bekannt, wo müssen noch Informationen erarbeitet werden? Gibt es Kinder in den einzelnen Gruppen, die Hilfe benötigen, um mit dem Spielthema umgehen zu können (Sprache, Fehlzeiten …)?
- Bleiben die Kinder mit ihrer Spielidee im Rahmen des gestellten Themas, gibt es Änderungswünsche, die in das Thema integriert werden können?
- Wie aufwendig, komplex, einfach sind Spielideen? Sind Beschränkungen notwendig, gibt es Weiterführungsmöglichkeiten?
- Wie ergänzen sich Spielideen zu einem Thema innerhalb einer Klasse (Zusammenarbeit, weiterführende Ideen, …)?
- Ergeben die einzelnen Spielideen (Aufbau) ein Gesamtbild derart, daß der Aufbau für alle Kinder überschaubar bleibt (Orientierung in der Halle, in der Spielhandlung)?

Nach diesen etwas ausführlichen Betrachtungen der Eingangsphase eines Spielthemas geben wir einen Überblick über verschiedene Spielmöglichkeiten innerhalb des Themas „Tierpark" in Form eines „Rasters". Es soll dem/der Lehrer/in zur Planung und Vorbereitung dienen und Hilfestellung für den Fall geben, daß sich keine neuen Ideen in der Klasse entwickeln. Da die Kinder ihr Spiel selber planen sollen, ist in der Regel auch keine Geschichte notwendig, die eine Spielhandlung illustriert.

Spielraum 3: Raster für einen Tierpark

Hundezwinger

- Hundefamilie
- Hundedressur (Hüpfparcour)
- lustige Hundedressur: zwei Hunde gehorchen dem Dompteur, ein Hund macht nur Unsinn.

Pinguinsiedlung

- Bänke in Sprossenwand gehängt.

– Eisschollen aus Autoreifen, Schaumstoffteilen, Teppichfliesen, Zeitungspapier.
– Robben und Tierarztstation können sich
dazugesellen.

Pferdearena
– Boden mit Matten auslegen für Pferde-
boxen.
– Kutschen.
– kleine Kästen als Hürden.
– Autoschläuche, Holzreifen als Hinder-
nisse.
– Reiterkunststückchen, Dressur.
– Pferderennen.
– Kutschfahrten durch den Tierpark.

Kamele
– Wüstenlandschaft aus Weichböden und
Bodenturnmatten, großes Schwungtuch
darüber: evtl. Reifen darunterlegen.
– Ausritt durch die Wüste.
– Kameltanz: Je zwei Kinder verkleiden
sich mit Bettüchern als Kamel und spie-
len mit Luftballons in der Wüste Fußball
oder müssen Luftballons (unter dem
Schwungtuch) zertreten.

Löwenkäfig
Der Tierparkdirektor kommt aufgeregt in
den Tierpark: Die Löwen sind ausgebro-
chen und haben sich im Tierpark versteckt.

Es bilden sich Suchtrupps, die die Spuren
der Löwen verfolgen. Die wilden Löwen
können erst gebändigt und in den Käfig
zurückgeführt werden, wenn man sich her-
anschleicht und ihnen den Schwanz aus
Hanfseil oder Stoffstreifen abzieht.

Umzug der Tiere
– Verschiedene Fahrzeuge aus Mattenwagen und Kastendeckeln, Kinder bauen
und schmücken die Wagen aus,
– machen Musik mit selbsthergestellten
Musikinstrumenten.

Störrischer Esel
Der Eselsführer hat den Auftrag, mit dem
Eselskarren neue Stangen für einen Käfig
zu holen, doch der Esel macht, was er will:
Er geht rückwärts, bleibt stehen, tritt aus,
wirft den Wagen um ...

Raubtierfütterung

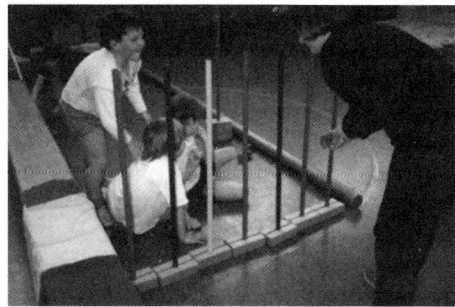

Nicht die Finger zu weit reinhalten

– Zirkuszelt aus Schwungtuch,
– große Arena aus kleinen Kästen und Kastendeckeln.

Bärenschlucht
– Große Weichbodenmatte auf Kasten, rundherum mit Bodenturnmatten abgesichert,
– Bärentanz: Kinder tanzen in Autoreifen
nach Trommelmusik.

Affenhaus
In der Ecke der Turnhalle, wo sich das Klettergerüst befindet, bauen sich die Kinder einen Käfig aus kleinen bzw. großen Kästen
und Schwungtüchern. Sie erstellen Klettermöglichkeiten aus Lüneburger Stegeln und
Leitern. Ein Seil zum Entlanghangeln führt
zur Reckstange:
– Aufbau und Ausprobieren von Klettermöglichkeiten.
– Affenwerkstatt: Angeln von Gegenständen mit verschiedenen Werkzeugen.
– Vorführen von verschiedenen Kunst-
stücken.
– Affenfamilie, Wanderung durch den
Tierpark.

Als Abschluß kann ein kleines Picknick arrangiert werden: Als Eintritt führen einzelne Kinder oder kleine Gruppen ein Kunststückchen vor. In Verbindung mit dem Umzug der Tiere kann auch eine Parallelklasse eingeladen werden.

Tiere im Unterricht

Unterrichtsinhalt	Tätigkeiten der Kinder	Didakt./meth. Hinweise
Zoo oder Tiergarten, was ist das eigentlich?	Die Kinder tragen zusammen, wo Tiere in Gefangenschaft leben. Sie untersuchen nach Haltungszweck wie Zucht, Verkauf, Schaustellen, Hobby, Wissenschaft; versuchen herauszuarbeiten, ob eine artgerechte Haltung der Tiere vorliegt, wie man diese vorsichtig beurteilen kann. Sie erarbeiten zusammen mit dem/der Lehrer/in den Sinn und Zweck eines Zoologischen Gartens.	
Welche Tierart wollen wir bei unserem Zoobesuch beobachten?	Zusammen mit dem/der Lehrer/in wählen sich die Kinder aus der Gruppe der Großsäugetiere zwei oder drei Arten heraus. Sie bilden je eine Gruppe zu jeder Tierart.	Wurde schon mit dem Spiel in der Halle begonnen, kann sich die Auswahl auch an den Spielthemen orientieren, um sich zusätzliche Anregungen zu holen.
Vorinformationen sammeln.	Die Kinder berichten, was sie schon von diesen Tierarten gehört, gesehen und erfahren haben. Sie sammeln Informationen (Bilder, Geschichten) etc. und malen dazu: – zum Aussehen der Tiere (Größe, Gestalt, Tierkleid), – zu Lebensgewohnheiten der Tiere, – zu Ernährungsgewohnheiten und – zu den natürlichen Lebensräumen.	

Unterrichtsinhalt	Tätigkeiten der Kinder	Didakt./meth. Hinweise
	Sie stellen ihre Informationen zusammen mit dem/der Lehrer/in den anderen Gruppen vor und halten sie auf einer Wandzeitung fest.	
Was soll im Zoo beobachtet werden?	Zusammen mit den Begleitpersonen werden die zu beobachtenden Merkmale erarbeitet und auf einer kleinen Karte mit Symbolen festgehalten: Wie sieht das Tier aus? Was macht das Tier? Welche Nahrung nimmt es zu sich? Wo hält es sich auf? – Lebt es alleine? Warum verhält sich das Tier in einer bestimmten Art und Weise?	Zu den Fragen gibt es noch eine Stichwortliste für die Begleiter, damit sie die Kinder während des Zoobesuches anleiten, auf bestimmtes Verhalten hinweisen können.
Verhalten im Zoo: Regeln schützen Mensch und Tier.	Ausgehend von den Vorinformationen über eine Tiergruppe und eigenen Erfahrungen von Tierparkbesuchen formulieren die Kinder Regeln für den Zoobesuch: – in der Gruppe bleiben, den Weg nicht verlassen, – nicht über Zäune klettern, durch Gitter greifen, – nicht füttern oder etwas hinüberwerfen, – Abfall nur in die Boxen oder Eimer werfen.	
Der Zoobesuch: – Tierbeobachtung – Spielplatzbesuch – Gespräch mit Wärter/Pfleger	Die Kinder beobachten die Tiere in ihrem Areal nach dem vorher besprochenen Fragenkatalog. Sie malen die Tiere einzeln und als Gruppe in ihrem Lebensraum im Zoo. Sie spielen Situationen, Bewegungen nach, evtl. auf dem Spielplatz.	Lehrerdiktat: Je nach Schreibvermögen notiert die Begleitperson wichtige Feststellungen der Kinder. Die Kinder zu wichtigen Beobachtungen anleiten, wenn die Kinder nicht selbständig dazukommen. Je nach Zeitplan – der von den Fütterungszeiten im Zoo ab-

Unterrichtsinhalt	Tätigkeiten der Kinder	Didakt./meth. Hinweise
		hängig ist – kann sich auch eine andere Reihenfolge ergeben. Das Malen kann auch in der Zooschule erfolgen.
Gespräch mit dem/der Tierpfleger/in zum Füttern der Tiere.	Die Kinder beobachten die Fütterung der Tiere: – wovon ernähren sie sich, – wie nehmen sie die Nahrung auf, – gibt es eine (Rang-)Reihenfolge bei den Tieren? – wieviel fressen sie, trinken sie? Sie lassen sich vom Personal die Futtergewohnheiten und die Gestaltung des Käfigs erläutern, soweit sie es noch nicht durch Beobachtung erschlossen haben.	
Tierpfleger/in ein harter Beruf?	Sie befragen den/die Tierpfleger/in nach ihren Aufgaben und ergänzen damit ihre Beobachtungen: – körperl. und zeitl. Belastung – Was müssen sie alles tun? – Was passiert, wenn ein Tier krank wird? – Wie gefährlich ist die Arbeit? – Wird sie durch Besucher erschwert?	Die Kinder machen sich Notizen. Lehrerdiktat.
Auswerten des Zoobesuches in der Klasse.	Die Kinder tragen ihre Beobachtungen über die Tiere und deren Lebensräume zusammen. In einen Körperumriß malen sie Besonderheiten im Körperbau oder Fell ein, sie vervollständigen ihre Bilder. Ihre Bilder und Informationen sammeln sie in einer Wandzeitung und Vergleichen ihre Informationen, Beobachtungen und Erfahrungen mit denen, die sie vorher gemacht haben.	

Unterrichtsinhalt	Tätigkeiten der Kinder	Didakt./meth. Hinweise
Modellieren der Tiere.	Sie gestalten das Tier oder die Tiergruppe in Ton, versuchen die körperlichen Besonderheiten herauszuarbeiten, versuchen verschiedene Haltungen (Stehen, Liegen …) nachzumodellieren.	
Wie ist der Lebensraum der Tiere im Zoo gestaltet?	Es sollten so weit wie möglich naturidentische Materialien benutzt werden. Mit den Kindern die Farbgestaltung erarbeiten, auch vergleichen mit der Farbgebung des Felles etc. In der Klasse entsteht ein kleiner Zoo, es kann auch eine kleine Ausstellung auf dem Pausenhof werden.	
Die Tiere im Zoo.	In einem an einer Seite offenen Karton versuchen die Kinder, die Situation ihrer Tierart im Zoo nachzubauen. Sie benutzen natürliche wie auch Abfallmaterialien. Sie setzen ihre modellierten Tiere in „ihre Landschaft". Dazu malen sie ein Bild, wie die Tiergruppe in der freien Natur lebt.	Sie listen die Besonderheiten des Käfigbereiches der Tiere auf. Sie vergleichen mit ihren Vorinformationen (s. o.): – natürliche/künstliche Umwelt der Tiere – natürliches/im Zoo gezeigtes Bewegungsverhalten.

Handapparat zum Zoo im Unterricht

Baumeister, H. (1987): Peter's Zoo-Geschichten. Stuttgart: Hoch.

Cox, R. & K. (1979): Wir entdecken und bestimmen: Tiere im Zoo. Ravensburg: Maier.

Donnelly, E. (1989): Willi, Tierarzt für Kinder. Hamburg: Oetinger. (EL).

Dröscher, V. B. (1990): Tiere in ihrem Lebensraum. Ravensburg: Maier.

Ende, M. (1969): Das Schnurpsenbuch. Stuttgart: Thienemann.

Fährmann, W. (1990): Thomas und sein toller Zoo. München: dtv-TB. 2. Aufl. (EL).

Keen, M. L. (1983): Wilde Tiere. Was ist was. Bd.13. Nürnberg: Tessloff.

Kohrs, K. H. (1991): Bausteine Grundschule 1: Rund um den Zoo. Aachen: Bergmoser und Höller.

Sielmann, H. & Kluger, M. (1991): Mit Heinz Sielmann im Zoo. Berlin: Klopp.

Wehrhard, A. (1993): Im Zoo. Ravensburg: Maier. 5. Aufl.

7.3 Umzug

Das Wort „Umzug" ruft bei Kindern im Rheinland sofort eindeutige Assoziationen hervor: Rosenmontagszug, Schul- und Veedelszüge … aber auch für nicht so „jecke" Kinder dürften „Umzüge" kein fremder Begriff sein. In vielen Orten gibt es noch Schützenfeste mit Umzügen, an St. Martin findet ein großer Laternenumzug statt, manche Kinder haben auch schon an Demonstrationen zu lokalen Problemen teilgenommen. Bei dem einen oder anderen Spielthema im spiel- und handlungsorientierten Unterricht, wie z. B. Kirmes, Kleinstadt oder Verkehr, waren Umzüge bereits Bestandteil des Handelns. Ob nun die Kinder eine stolze Fahrzeug-, Schlittenparade oder Schiffsregatta veranstalteten, bislang kam den Umzügen nur eine untergeordnete Bedeutung innerhalb eines größeren Spielthemas zu. Das Thema „Umzug" wird hier noch einmal als eigenständiges Spielthema angeboten, weil es einerseits vielfältige Gestaltungsmöglichkeiten in sich birgt und sich andererseits soweit einengen läßt, daß es flexibel in den Unterricht, z. B. auch für Übergangsstunden, eingeplant werden kann. Für die Kinder ist es ein echtes Erlebnis, nach einem selbstgewählten Motto einen Umzug zu planen und zu gestalten, was im Alltag traditionell eigentlich nur den Erwachsenen zusteht. Von den Erwachsenen veranstaltete Umzüge haben sicherlich Vorbildfunktion für die Kinder, aber was sich aus der kindlichen Spontaneität und Kreativität entwickelt und in geplante Handlung umgesetzt wird, hat eine Lebendigkeit zur Folge, die dem erwachsenen „Spiel" abhanden gekommen ist.

Nachdem der Begriff „Umzug" für alle noch einmal veranschaulicht und durch Erlebniserzählungen der Kinder ausgemalt worden ist, überlegen die Kinder, zu welchem Anlaß sie einen „Umzug" gestalten wollen. Beispielsweise feiern viele Schulen mit den Jahrgangsstufen Weiberfastnacht mit Spielen in der Turnhalle oder die Kinder gestalten ein Märchenthema, z. B. die Bremer Stadtmusikanten, oder sie ziehen als Märchenfiguren durch einen in der Turnhalle aufgebauten Märchenwald.

Haben sich die Kinder für ein Thema entschieden, entwickeln sie Pläne, wie der Zug aussehen, welche Aufbauten in der Turnhalle (z. B. beim Märchenwald Bäume, kleines Schloß etc.) errichtet werden und wo der Zug entlangfahren soll. Sie entwickeln hierzu auch eine kleine Planskizze, damit sie später in der Turnhalle eine bessere Orientierung haben, wo was aufgebaut werden soll. Von ihren Umzugswagen/Verkleidungen malen sie kleine Bildchen, überlegen dabei, welche Utensilien sie dazu mitbringen oder herstellen müssen. So verläuft die Planungsphase für die Kinder ganz konkret an der Pinnwand, an der alle Ideen und Materialien gesammelt und aufgehängt werden.

Spielraum 1: Karnevalsumzug

Der spiel- und handlungsorientierte Unterricht fiel in einer Klasse genau auf Weiberfastnacht. Was konnte da von den Kindern anderes als ein Karnevalsumzug geplant werden. Die Vorarbeiten für die allgemeinen Karnevalsvorbereitungen liefen bereits seit einiger Zeit auf Hochtouren, so daß für die Planung des Umzuges an sich nur noch ein geringer Aufwand betrieben werden mußte. Die Kinder hatten beschlossen, ihre Eltern und für die zweite Hälfte der Spielstunde ihre Partnerschaftsklasse einzuladen, denn: Ein Umzug ohne Publikum, das durfte nicht sein!

Die Vorplanung konzentrierte sich auf die Konstruktion und Ausgestaltung des Zuges. Für andere Karnevalsfeiern hatten die meisten Kinder schon Kostüme und Verkleidungen vorbereitet, über die sie ausgiebig berichten konnten. Hier ergab sich schon die erste Möglichkeit zur Bildung von Themengruppen wie Cowboys/-girls, Bärengruppe, Clowntruppe usf. Von den begeisterten Erzählungen der Kinder – manche hatten auch direkt schon am nächsten Tag ihre Kostüme mit in die Klasse gebracht – ließen sich auch die Kinder anstecken, die noch keine Verkleidung hatten oder bis dahin noch keine Lust auf Karneval verspürten. Sie schlossen sich entweder schon bestehenden Gruppen an oder überlegten sich schnell noch etwas Attraktives, was sich leicht organisieren ließ (Kleiderkiste, Mitbringsel).

Die Ideensammlung zum Umzug selber war so fruchtbar, daß die Klasse gut und gerne wochenlang damit beschäftigt gewesen wäre, entsprechende Aufbauten für Wagen, Pappmaschee-Puppen u. v. a m. herzustellen. Daher gestaltete es sich etwas schwierig, den Bezug zu den realen Gegebenheiten herzustellen und auf viele schöne Ideen zu verzichten, die aber dann vielleicht in den nächsten Schuljahren wieder aufgegriffen werden können. So einigten sich die Kinder auf nachstehende Grundelemente, zu deren Attraktivität und Buntheit sie selber erst beitragen sollten:

Zugwagen

- bis auf eine Matte abgeräumter Mattenwagen
- Leiter, umgedrehte kleine Kästen
- Kastendeckel, Bodenturnmatten auf Rollbrettern

Die Kinder gestalten sich ihre Zugwagen nach ihren Vorstellungen und Wünschen mit Girlanden, Tüchern, Masten etc. Bevor die Wagen jedoch in Betrieb genommen werden, müssen sie sich einer Sicherheitsüberprüfung durch die „Zugleitung" wie bei einem wirklichen Karnevalszug unterziehen und ggf. umbauen, damit im allgemeinen Trubel kein Unfall passieren kann.

Fußtruppen

Sie verkleiden sich nach ihren Vorstellungen passend zur Themengruppe, der sie angehören. Als Fundus stehen ihnen die Materialien aus dem Spielunterricht oder mitgebrachte Sachen wie Kostüme, Kartons, Schirme usf. und/oder vielleicht auch aus der Schulsammlung zur Verfügung. Selbst gestaltete und gebastelte Utensilien sind natürlich auch willkommen. Über die leider schon selbstverständlich gewordenen „Waffenarsenale" sollte diskutiert werden, oder?

Tribüne

- Langbänke, verschieden hohe Kästen
- Langbank auf zwei Sprungkästen als Brücke zum Durchfahren

Karnevalszelt

- Schwungtuch in einer Ecke der Halle als Zelt möglichst hoch aufgehängt
- Langbänke als Tische
- ein höherer Kasten als Bar
- Tanzfläche
- Musik.

Ausnahmsweise wurde die große Pause mit zum Spielunterricht hinzugenommen, um mit allen Vorbereitungen rechtzeitig fertig werden zu können, ehe die Gäste eintrafen. Beim Schmücken der Halle hatte unfreiwillig ein Sportverein mitgeholfen, der schon Girlanden für eine private Feier aufgehängt hatte. Auch die Eltern mußten mithelfen. Sie waren auch willkommene Hilfe als Zugpferde bei den Karnevalswagen und als Verstärkung bei den Fußtruppen.

Bevor die Partnerklasse kam, probierten die Kinder ihren Umzug erst einmal für sich selber aus: Es sollte natürlich in erster Linie ihre Veranstaltung sein und der Vorführeffekt sollte im Hintergrund bleiben. Mit Musik aus dem Rekorder, heftigst unterstützt durch selbstgebaute Trommeln, Rasseln und Alltagsmaterialien wie dem guten alten Kochtopf mit Kochlöffeln setzte sich der Zug in Bewegung: Nach kurzer Strecke löste sich die Spannung der Kinder, als sie merkten, daß alles klappte. Der Zug hielt öfter an, sie tanzten mit dem Publikum, führten kleine Kunststückchen wie Balancieren mit dem Luftballon vor.

Die Partnerklasse kam gerade zum richtigen Zeitpunkt, um sich in den Zug einzureihen. Sie hatten sich als Überraschung ausgedacht, „Kamelle", und Knüddel aus Zeitungspapier in das feiernde Publikum zu werfen, so daß ein ständiger Wechsel zwischen Publikum und „Aktiven" stattfand, weil jeder in den Genuß der „Gaben" kommen wollte. Nach einigen Runden traf man sich im Karnevalszelt, wo es Kinderbowle und Bonner (früher: Berliner) gab und wo nach zünftiger Musik weitergetanzt und geschunkelt wurde.

Kleine Witze wurden erzählt. Ein Kind hatte Textstücke des „Colonia-Duetts" einstudiert und trug es nun unter der Begeisterung aller vor. Zum Ausklang formierte sich noch einmal der Karnevalszug und zog unter Beteiligung aller mit großem Getöse durch die Turnhalle. ... und aus dem gespielten Umzug wurde fast noch ein richtiger Umzug: Auf dem Rückweg von der Turnhalle in die Klasse ging es ein Stück über öffentliche Straßen. Da die Kinder ihre Verkleidung anbehalten und die Instrumente mit in die Klasse nehmen durften, nutzten sie die Gelegenheit und machten mit einem ohrenbetäubenden Konzert auf sich aufmerksam.

Spielraum 2: „Äkschen"

„Umzüge" der Kinder müssen nicht auf die Klasse oder die Turnhalle beschränkt bleiben. Ein Thema für einen Umzug kann sich z. B. auch aus dem Unterrichtsstoff Umwelt/Müll entwickeln und kann auch die ganze Schule miteinbeziehen: Der Müllmann geht/zieht um …

In einer vorausgegangenen Projektwoche hatten sich die Kinder intensiv mit der Frage auseinandergesetzt, wieviel Müll in ihrer Schule/Klasse anfällt und daß dieser unsortiert zusammen mit anderem Schmutz einfach weggeworfen wird. Über das Basteln mit Abfallmaterialien hatten sie erfahren, daß z. B. Wegwerfverpackungen nicht nutzlose Stoffe sind, sondern daß selbst sie als Kinder daraus noch Musikinstrumente, Automodelle, Phantasiefiguren oder Collagen/Materialbilder anfertigen konnten.

Da nicht alle gesammelten Materialien Verwertung fanden, entstand daraus die Idee, z. B. Yoghurt-/Getränkebecher zu sammeln und sie der öffentlichen Sammlung zuzuführen. Um dem ganzen Unternehmen einen attraktiven Rahmen und angemessene Aufmerksamkeit zu verleihen, projektierten Lehrer/in und Kinder einen Umzug der „Müllmänner" durch die Schule, einen Umzug, den sie vorher für das Spiel in der Turnhalle geplant und durchgeführt hatten:

Häuser
Die Kinder bauen sich Häuser aus Tüchern, Pappkartons, Packpapier …

Müllis
Die „Müllis" fahren auf Rollbrettern oder in umgedrehten kleinen Kästen auf Rollbrettern.

Müllverbrennung
Zwei Sprungkästen mit Matten darübergelegt: Einen Schornstein bauen die Kinder aus Pappe oder Packpapier.

Sortierhof
- Rampe aus niedrigem Sprungkasten und Sprungbrett der Lüneburger Stegel.
- Die Kinder fahren ihre Fahrzeuge auf die Rampe und gestalten sie.
- Verkaufsstelle.

Müllwerkstatt
- mit Langbänken abgegrenzter Raum.
- Bananenkartons zum Sortieren.
- Die benötigten Materialien holen sich die Kinder aus dem Sortierhof.

Umkleide der Müllis
- Kleider aus Papiertüten, Kartons, Waschmitteltrommeln, Bett- oder Kopfkissenbezügen.
- Gestaltung mit angeheftetem Material, Farben.

Für die Kinder hatte sich folgende Spielhandlung entwickelt: Häuser sind Müllproduzenten, von denen die „Müllis" den Müll abholen. Dieser wird sauber und sortiert bereitgestellt: Abfallmaterialien wie Papier, Becher, Dosen, aber auch ungefährliche Einwegprodukte und Alltagsmaterialien wie Knöpfe, Kronkorken, Bierdeckel etc. Die Müllis fahren nun durch die Stadt, um ihren Müll zu suchen. Sie müssen sich aber vorsehen, denn es gibt auch einige wenige „Brennis", die versuchen, ihnen den

Müll für ihre Verbrennung abzuluchsen. Im Spiel einigten sich die Kinder darauf, daß den „Brennis" nur falsch sortiertes Material zustand. Aber Vorsicht, die Brennis können sich auch durch die Häuser schleichen und falschen Abfall in die Kistchen fallen lassen! Mit dem eingesammelten Müll fahren die Müllis zu den „Sorties" im Sortierhof, wo alles noch einmal kontrolliert wird. Im Sortierhof können sich die Kinder aus der Müllwerkstatt Material einkaufen, aus dem sie Gegenstände fertigen oder ihre Rollbretter als „Bechermüllis" oder „Papiermüllis" dekorieren und ein großes Abfalldenkmal (z. B. einen Müllbaum) herstellen. Es sollte so viel Material vorhanden sein, daß alle Müllis sich dekorieren können. Ist alles Material aus den Häusern abtransportiert und verwertet worden, formieren sich die „Müllis" zu einem Siegeszug, dessen Ziel der große Müllbaum ist. Das Schlußlicht des Umzuges bilden die wenigen übriggebliebenen „Brennis", die am großen Müllbaum auch zu Müllis verwandelt werden. Rasseln, Trommeln und Fiepen mit verwertetem Material begleiten den Umzug der Müllis.

Dieser kleine Umzug bereitete den Kindern viel Spaß, doch konnte dies für die Kinder nicht das Ende der ganzen Aktion bedeuten. Zusammen mit dem/der Lehrer/in überlegten sie, wie sie ihre frisch erworbenen/erspielten Erfahrungen in eine Aktion in der Schule ummünzen konnten. Sie beschlossen, zunächst auf Schulebene wöchentlich einen bestimmten Wertstoff (Altpapier, Becher, Batterien) einzusammeln und unter lautem Gejohle – natürlich als „Müllis" verkleidet – in einen Sammelbehälter auf dem Schulhof zu geben. Also formierten sich die Müllis wieder, kündigten den Sammeltermin – der zuvor mit den anderen Klassen abgestimmt war – auf einem Plakat an und tauchten dann kurz vor Beginn der großen Pause als „Müllitrupps" in den Klassen auf, um ihren Obulus einzusammeln und ihn dann anschließend am Anfang der großen Pause in einem großen Umzug zum Sammelbehälter zu bringen. Je nach Gestaltung des Wohnumfeldes der Schule wäre eine solche Aktion auch außerhalb der Schule durchaus durchzuführen.

In einer anderen Klasse entwickelte sich die Idee zu einem Umzug während des Spieles „Märchenwald" ganz spontan aus einer Lehrerinitiative: „Nun wollen wir uns alle einmal anschauen, was bei den einzelnen Gruppen Schönes entstanden ist …" Die Kinder machten daraus einen kleinen „Märchenumzug" durch den Märchenwald, in dem sich die unterschiedlichsten Figuren versammelten und friedlich nebeneinander durch den Wald zogen.

Das Märchen der Bremer Stadtmusikanten diente einer anderen Klasse als Ausgangsidee für einen Umzug. Sie spielten zunächst das Märchen als szenisches Spiel in der Turnhalle, wo sie versucht hatten, die einzelnen Lokalitäten des Märchens mit den vorhandenen Materialien nachzugestalten. Stand zunächst der Zug der „geplagten" Tiere im Vordergrund, so kamen nach und nach eigene Ideen der Kinder hinzu, bis schließlich die ursprüngliche Handlung zu einem Umzug der Tiere durch den Wald abgewandelt wurde. Die Räuber – zwar immer noch „böse" – wurden zu friedlichen Zuschauern; sie durften beim anschließenden Fest der Tiere als Gäste auch kräftig mitfeiern.

Die Gestaltungsmöglichkeiten eines Spieles mit dem Spielthema Umzug sind vielfältig. Die Kinder müssen sich in der Planung ihres Spieles nicht nur auf einen Raum beschränken: Sie können nach „draußen" in die Schule oder in die nähere Wohnumgebung gehen, können während des Karnevals ihren selbstgestalteten Zug in den offiziellen Karnevalszug des Stadtteils oder Dorfes einreihen. Für die „Müllis" eröffnen sich ganz andere Möglichkeiten: Die hinter der „Zugidee" versteckte Sammeltätigkeit können die Kinder in Form eines Demonstrationszuges in das Wohnumfeld tragen und z. B. für das Sammeln von Alt-Batterien werben. Damit kann über das Müllspiel der Kontakt Schule/Umwelt intensiviert werden und ein Austausch mit den Mitbürgern (Sachunterricht, Geschichten aus dem Viertel, Berufsfelder wie Müllmänner …) entstehen. Natürlich bedarf es bei diesen Aktionen einer gründlichen Organisation, bei der die Mithilfe der Erwachsenen stärker gefragt ist.

Kleidung / Verkleiden im Unterricht

Unterrichtsinhalt	Tätigkeiten der Kinder	Didakt./meth. Hinweise
Welche Kleidung tragen wir heute?	Die Kinder beobachten vor der Schule, wie die vorbeigehenden Menschen gekleidet sind. Sie untersuchen ihre eigene Kleidung, die sie tragen. Sie arbeiten Kategorien heraus: – Jungen-/Mädchenoberbekleidung – Oberbekleidung, Unterwäsche, Kopfbedeckungen, Schuhe, Handbekleidung etc. Collage von Bildern aus Katalogen/Prospekten.	Arbeitsblatt mit den Kategorien.
Kleidung und Wetter.	Die Kinder untersuchen das Wetter (Beobachtungen, Messen der Temperatur), notieren die Beobachtungen. Sie sammeln Bilder von unterschiedlichen Wettersituationen und adäquat gekleideten Personen und ordnen die Bekleidung den verschiedenen Jahreszeiten/Wetterarten zu. Sie malen Hilfsmittel, die zusätzlich vor dem Wetter schützen (Sonnen-/Regenschirm, Sonnen-/Motorradbrille, Ohrenschützer etc.).	Die Untersuchungen sollten nicht nur auf diese Unterrichtseinheit beschränkt sein, sondern werden zu anderen Jahreszeiten wiederholt.
Aus welchem Material sind die Kleidungsstücke geschaffen?	Die Kinder untersuchen ihre Kleidungsstücke und machen Versuche mit Materialproben: – wasserfest, – windundurchlässig, – wärmend, – leicht/luftig, – fest/nachgebend-dehnbar, – Tastqualität.	Die Vielfalt der Stoffarten ist nicht maßgeblich: Die wichtigsten Stoffarten genügen an dieser Stelle. Bei den Untersuchungen sollte Tasten, Beträufeln mit Wasser, Durchblasen mit einem Föhn (Aufsicht!), Zugfestigkeit … im Vordergrund ste-

Unterrichtsinhalt	Tätigkeiten der Kinder	Didakt./meth. Hinweise
	Sie kleben die Materialproben auf ein Poster, notieren dazu die Qualität und typische Kleidungsstücke.	hen: Mit den Kindern überlegen, wie eine bestimmte Materialqualität festgestellt werden kann.
Was ist in unserer Kleiderkiste zu finden?	Die Kinder sortieren die Kleidungsstücke nach Bekleidungsart. Sie machen ein Verkleidungsspiel: – Anziehen für eine Wetterart – Anziehen für einen bestimmten Zweck (Sport) – Ein oder zwei Kinder verkleiden sich, ein falsches Kleidungsstück wird dazwischengemogelt, die anderen müssen raten. – Anziehen von Puppen oder auf Papier gemalten Kindern/Erwachsenen.	
Kleidung gibt es in unterschiedlichen Größen.	Die Kinder probieren unterschiedlich große Kleidungsstücke an und stellen Größenvergleiche untereinander an. Sie stellen ihre Schuhgröße fest, messen ihre Füße und erstellen Tabellen. Sie machen einen Versuch: – Ertasten, ob ihre Schläppchen ausreichend groß genug für ihren Fuß sind. – Was passiert, wenn Schuhe zu klein/zu groß sind?	Fußabdrücke anfertigen oder Fuß ummalen und dann messen.
Welches ist meine Lieblingsbekleidung, wann trage ich sie? Kleidung gibt es für jeden Anlaß.	Die Kinder bringen ihre Lieblingsbekleidung mit, erzählen, wann sie diese tragen. Sie machen zu Hause Interviews, was die Eltern wann tragen: Sie stellen Kategorien (Festtags-, Alltags-, Arbeits-, Sport- und Nachtbekleidung) zusammen, malen und sammeln Bilder.	s. a. Schornsteinfeger oder Feuerwehrmann. Puzzlebilder Ausschneidepuppe mit unterschiedlichen Papierkleidern.

Unterrichtsinhalt	Tätigkeiten der Kinder	Didakt./meth. Hinweise
	Warum gibt es Berufskleidung? – Was trägt der Polizist, Bauarbeiter, Bäcker, Pastor, die Krankenschwester, der Feuerwehrmann?	
Kleidung ist eine zweite Haut … sie schützt.	Die Kinder vergleichen ihre Beobachtungsergebnisse von Wetter- und Arbeitsbekleidung. Sie stellen fest, wovor Kleidung schützt. Sie berichten aus ihrem Alltagserleben, was passiert, wenn man falsch gekleidet ist.	Arbeitsblatt vorbereiten.
Kleidung muß gepflegt werden.	Die Kinder berichten, was zu Hause mit ihrer Wäsche passiert (Sortieren, Waschen, Trocknen, Flicken, Bügeln, Aufbewahren) und notieren die einzelnen Arbeitsschritte. Sie machen eigene Waschversuche mit kleinen, leicht verschmutzten Stoffproben (Platzdeckchen o. ä.), auch mit Tintenflecken, trocknen, bügeln sie. Sie überlegen, wie man Kleidung pflegt, mit ihr umgeht, entwickeln Verhaltensregeln.	
Besuch einer Schneiderei.	Beobachten des Schneiders bei seinen verschiedenen Tätigkeiten, z. B. dem Anfertigen einer Puppenjacke (anreißen, zuschneiden, zusammennähen, anpassen, Knöpfe etc. annähen, bügeln. Welche Werkzeuge benutzt er? Sammeln der Ergebnisse und Dokumentation im Klassenunterricht.	Verabredung mit Schneiderei treffen. Klasse evtl. in Gruppen aufteilen, da Schneidereien meist sehr klein sind.
Umgehen mit Schneiderwerkzeugen.	Die Kinder probieren Nadel, Faden, Sticknadel und Garn, Schere und Stoff, schneiden Reste:	Arbeitsblatt mit Werkzeugen.

Unterrichtsinhalt	Tätigkeiten der Kinder	Didakt./meth. Hinweise
	Wie geht man mit diesen Werkzeugen um? Sie sticken ein kleines Bild auf Pappe.	
Wir bearbeiten unseren Stoff selber: Sie versuchen, ein Kleidungsstück herzustellen.	Die Kinder untersuchen Stoffproben mit der Lupe und versuchen eine Reißprobe ... der Stoff besteht aus einzelnen Fäden: Sie weben aus dicker Wolle/Stoffstreifen ein kleines Käppi (Rundweben) oder einen kleinen Schal (vielleicht für das Kuscheltier). Sie stellen den Produktionsprozeß mit Papier, z. B. einer Zwergenmütze, dar. Sie bemalen Stoffe: Zwergenmütze oder Fahne für das Spiel in der Turnhalle.	Bilder aus der Stoffabrikation, von Webern etc.
Gestaltung mit Stoffresten/Fäden.	Rupfenbilder auf Photokarton bzw. Bilder oder Masken aus Stoffresten auf Karton kleben.	
Wo bekommen wir unsere Kleidung her?	Die Kinder stellen Kauforte zusammen: Kaufhaus, Kleiderladen, Kinderbekleidungsgeschäft, Markt, Second-Hand-Laden, Boutique, Schneiderei usf.). Sie bauen mit der Kleiderkiste einen Laden auf und imitieren im Rollenspiel den Kauf eines Kleidungsstückes (Verkäufer/Käufer). Sie bereiten eine Modenschau vor, laden dazu Eltern oder die Partnerklasse ein.	
Ein Besuch im Schul- oder Theaterfundus.	Die Kinder beobachten, wie sich Mitschüler/Schauspieler für ihre Rolle herrichten. Sie erzählen/malen Erlebnisse, wie sie sich schon einmal	

Unterrichtsinhalt	Tätigkeiten der Kinder	Didakt./meth. Hinweise
	auf dem Kindergeburtstag/zu Karneval verkleidet haben: – Sie sammeln Bilder von kostümierten Personen. – Sie putzen eine Vogelscheuche heraus. – Sie verkleiden eine Luftballonpuppe.	
Haben sich Frau Izmir oder Herr Paganini verkleidet? Völker bekleiden sich unterschiedlich.	Die Kinder schauen in ihre Bildersammlungen, ob dort Trachten vertreten sind (Eskimos, Indianer, Südländer, Afrikaner …). Sie laden Eltern ausländischer Mitschüler/innen ein, die ihre Kleidung vorstellen und beschreiben.	
Planung eines Umzugs für den Spielunterricht.	Sie sammeln Ideen und setzen eine davon praktisch um.	

Handapparat zu Kleidung im Unterricht

Boge-Erli, N. (1992): Löwen brauchen keine Kleider. Düsseldorf: Patmos. (EL).

Glasauer, W. & Hatry, M. (1992): Des Kaiser's neue Kleider. Weinheim: Beltz & Gelberg.

Schüren, H. J. (1992): Pickobello & Co. Geschichten aus dem Schrank. Düsseldorf: Patmos. (EL).

Dietl, E. (1992): In meiner Straße ist was los. Hamburg: Oetinger.

Garbe, B. & Rettich, R. (1992): Im Kaufhaus Kaufrausch. München: Schneider.

Wiebel, K. H. (1992). Natur Begreifen. Experimentierkartei. 05. Wetter. 10. Wärme. Lichtenau: Freiarbeit-Verlag, 2. Aufl.

Eigene Ideen:

7.4 Luxushotel

Unter dem Spielthema „Luxushotel" sind mehrere kleinere Spielthemen wie Hotelbetrieb, Disco, Kino etc. zusammengefaßt, die gemeinsam eine komplexe Handlungsstruktur ergeben, die aber auch einzeln als eigenständige Spiele durchgeführt werden können. Die Themen beinhalten Spielhandlungen, die nicht allzuviel Vorbereitung erfordern oder über einen längeren Zeitraum entwickelt werden müssen, so daß sie leicht in „Überbrückungsstunden", z. B. zwischen Feiertagen oder vor den Ferien angeboten werden können. Sie können aber auch als Spielelemente in anderen Spielen wie z. B. Kleinstadt von den Kindern eingeplant werden.

Die Kinder haben sicherlich schon in irgendeiner Form Erfahrungen mit Hotels, Gaststätten, bewirtschafteten Ferienbungalows etc. machen können, so daß sie hierüber berichten und für den ersten Spielraum Vorschläge machen können. Damit eine Grundstruktur entstehen kann, auf der das weitere Spiel aufbaut, kann die Klasse auch gemeinsam folgende Geschichte lesen:

Nachts im Grand Hotel…

Lutz und Lilly fuhren mit den Eltern in die große Stadt, nach Frankfurt sollte es gehen. Der Vater hatte dort eine Tagung, und da ihre Schulferien gerade begonnen hatten, nahm er die ganze Familie mit.

Während der langen Autofahrt konnten es Lutz und Lilly vor Spannung gar nicht mehr aushalten: Sie waren bisher nur in kleinen Pensionen gewesen. Grand Hotel Las Vegas, das klang so toll, was mochte sich dahinter wohl verbergen? In Frankfurt angekommen, ging es erst noch einmal ganz hektisch zu. Natürlich war wieder kein ordentlicher Stadtplan zur Hand, hier eine Baustelle, da eine Umleitung, bis sich plötzlich vor ihnen ein großer Park auftat: „Grand Hotel", buchstabierte Lutz, der gerade erst angefangen hatte zu lesen und das Schild zuerst entdeckt hatte. Mit einem kräftigen Schlenker, der im Auto alles durcheinanderwarf, bog der Vater auch schon in eine Straße mit hohen Bäumen – Allee nennt man das wohl – ein und hielt unter einem riesigen Baldachin aus kostbarem weinroten Stoff vor einem riesigen Tor an.

„Das wäre geschafft", seufzte er. Schon kamen zwei Männer in teuren Uniformen herangeglitten und öffneten die Wagentüren. Sie stiegen aus und gingen auf eine riesige Drehtür zu, durch die der Riese Quadratlatsch dreimal gepaßt hätte. Im Umschauen sah Lutz noch gerade, wie die Uniformierten in ihren Wagen stiegen … er wollte es gerade noch seinem Vater zurufen, aber da wurde er von der riesigen Drehtür erfaßt und in die Hotelhalle geschoben. Lutz und Lilly wußten gar nicht, wo sie zuerst hinschauen sollten, die vielen verkleideten Menschen: in Uniformen, mit Schürzen, mit Käppis …

Lilly lief plötzlich los. Hui, war das komisch hier. Der Boden glitzerte und blinkte, als wären überall kleine Lichter aufgestellt. Plötzlich erschrak sie fürchterlich: Sie war gerade um eine große Säule herumgelaufen, da standen plötzlich in einer Ecke fünf Hunde vor ihr. Das konnte nicht gut sein. Vor Schreck öffnete sie ihr Maul, denn ihr müßt wissen, daß Lilly ein kleiner Spitz ist, aber ein ganz schlauer. Im selben Moment öffneten die anderen Hunde auch ihr Maul. Sie drehten wie Lilly auch den Kopf, wedelten mit der Rute.

Lilly kam das etwas unheimlich vor und sie drehte sich weg. Hinter sich hörte sie Lutz zwar noch rufen, doch als sich plötzlich neben ihr die Wand öffnete und ein kleines „Zimmer" freigab, konnte sie nicht widerstehen und sprang hinein.

Das hätte sie wohl besser nicht gemacht. Die Wand schloß sich wieder wie von Geisterhand, das ganze Zimmer schien sich in Bewegung zu setzen, und seltsame Lämpchen gingen an und aus. Lilly schniefte. In dem ganzen „Zimmer" roch es wie auf Meiers Nachtschränkchen.

Plötzlich war das leise Surren im „Zimmer" wieder verschwunden, das „Zimmer" hielt an, und die Wand öffnete sich wieder. Nichts wie raus, dachte sich Lilly und machte einen großen Satz auf einen langen Gang. Dieser war wie ein langer Tunnel, der nie enden mochte. Links und rechts eine Tür neben der anderen. Lilly trottete langsam los. Der Entdeckermut hatte sie schon etwas verlassen.

Die Leute hier schienen sehr unordentlich zu sein. Überall standen die Türen mehr oder weniger weit auf, Wäsche lag auf dem Boden. Das gab es bei Meiers nicht. Aber Lilly sollte es egal sein: Sie konnte so durch die Zimmer stöbern, ohne mühselig auf die Klinke springen zu müssen. Was heißt hier eigentlich Zimmer: Es waren schon fast Säle, so daß Lilly einige Hüpfer brauchte, um von einer Wand zur anderen zu kommen. Auch die Möbel waren riesig. Das Bett war wie ein kleiner Fußballplatz. Lilly nutzte schnell die günstige Gelegenheit, um darauf herumzutollen. Bei Meiers durfte sie das nämlich nicht.

Sie hockte sich nach einigem Toben wie eine kleine Königin mitten auf das Bett und schaute sich um: Wie in einem Museum sah es hier aus: schwere alte Möbel, dunkle goldbestickte Vorhänge, riesige Sessel. Eine kleine Tür lockte zum Nachschauen: Kaum war Lilly über die Schwelle gesprungen, ging eine Festbeleuchtung an, und leise Musik fing an zu spielen: Ein Badezimmer, das so groß war wie Meiers Küche. Die Wasserhähne blinkten golden, riesige Handtücher hingen wie Vorhänge von den Wänden, in der Mitte stand eine Badewanne, in die Lutz' Planschbecken bestimmt dreimal gepaßt hätte. Da aber keiner da war, der Lillys weißes Fell hätte einshamponieren können, taumelte sie kopfwackelnd wieder hinaus auf den Flur.

Nur um ja nichts zu verpassen, stob Lilly los: Sie raste von einem Zimmer zum anderen, aber alles schien gleich. Sie machte sich einen Sport daraus, mit wieviel Sätzen sie über die riesigen Betten hüpfen konnte. In Zimmer 513 war sie gerade in drei Sätzen – das war fast schon ein persönlicher Rekord – über das Bett gehüpft, als sie auf einem riesigen Wäscheberg landete. Au, fein, jemand Nettes hatte wohl eine kleine Sprunggrube für Lillis weiche Landung gebaut? Sollte dieses Haus vielleicht doch nicht nur für „große Tiere" eingerichtet sein?

Lilly rümpfte ihre Nase und ging skeptisch um den Haufen herum. Es roch so komisch nach Coco Karamel wie Frau Meier vor einem Theaterbesuch, daß Lilly schon ganz betäubt war. Plötzlich stolperte sie. Eine Hand! Da lag jemand in den Tüchern. Das konnte nicht gut sein. Lilly düste los. Wo war Lutz? Hoffentlich fand sie wieder zurück durch die vielen Gänge. Wie ein weißer Wirbelwind flog sie über den riesigen Flur. Halt stop, da war wieder das komische bewegliche Zimmer. Lilly sprang hinein, ganz außer Atem.

Als sich die Wand wieder öffnete, standen Lutz und die Meier-Eltern schon davor. Die merkten sofort, daß etwas nicht stimmte, als Lilly versuchte, sie an den Hosenbeinen in das Zimmer zu ziehen. Auch das noch, jetzt holten sie noch einen so komisch angezogenen Mann – uniformiert nennt man das wohl – und dann ging es wieder hoch. Im Zimmer wurde telefoniert, eine Frau im weißen Kittel kam dazu mit allerlei Gerätschaft ... und nach kurzer Zeit stand eine Frau, über deren Hand Lilly gestolpert war, wieder auf. Freudiges Gemurmel unter den Erwachsenen. Die Frau war glücklicherweise nur ohnmächtig geworden, und alles war wieder o.k., natürlich durch Lillys vorwitzige Erkundungstour. Für Lilly war auch alles wieder in Ordnung, denn kurze Zeit später sahen die Hotelgäste den Chef des Hotels, der den Meiers stolz sein Hotel zeigte und Lilly trottete glücklich nebenher, eine dicke Fleischwurst quer im Maul vor sich hertragend.

Die Kinder können diese Geschichte aufgreifen und gemeinsam überlegen, welche Zimmer und Einrichtungen so ein Grand Hotel wohl enthält: z. B. Küche, Spielsalon, Buffet, Gesellschaftsraum, Tanz- oder Musiksaal, Bowlingbahn, Abenteuerbad usf. Auf diese Weise entsteht für alle Kinder ein umfassendes Bild von einem möglichen Grand Hotel, aus dem sie sich Einrichtungen heraussuchen, die sie als Planungsgrundlage für ihr eigenes Hotel nutzen. Für den Anfang des Spieles richtete eine Klasse folgenden Aufbau her und entwickelte darin ihr Spiel:

Spielraum 1: Hotel garni

Reisebüro

Hier können Reisen gebucht, Plätze im Hotel bestellt werden. Je nachdem, was sich im Hotel entwickelt, können sich die Kinder hier ein Ferienprogramm zusammenstellen und Eintrittskarten aushändigen lassen.

Rezeption

Die Gäste werden empfangen und den Zimmern zugeteilt. Sonderwünsche können entgegengenommen werden.

Saloon

Tische und Sitze aus Langbänken, Kastendeckeln etc.: Dieser Raum kann zunächst als Aufenthaltsraum, später auch als Restaurant genutzt werden.

Hotel

Zwei Weichbodenmatten auf den Boden gelegt; darüber wird ein Schwungtuch gehängt. Betten können aus Bodenturnmatten oder mit Tüchern dargestellt werden.

Hotel auf Pfählen: Das große Podest aus Stufenbarren, Reck, Langbänken und Weichböden wird aufgebaut und ein Schwungtuch darübergehängt: Durch den Raum, der unter dem Zelt entsteht, wird das Hotel für die Kinder vielfältiger nutzbar. Zwei Sprungkästen mit 1 m Abstand parallel zueinandergestellt, mit einem kleinen Schwungtuch darüber, bilden den Eingang. Über den „Fahrstuhl" (Leiter) gelangen die Kinder ins eigentliche Hotel.

Mehrere kleine Bungalows oder Zelte aus Pappe bauen die Kinder um den Hotelbau mit seinen „zentralen" Einrichtungen herum.

Taxi oder Reisebus

Man kann nicht einfach das Hotel stürmen, sondern muß sich dorthin fahren lassen. Hierzu gibt es den altbekannten Taxistand, von dem die Kinder ein Taxi rufen können.

Modesalon

Die Reisenden machen sich hier frisch, kaufen sich neue Mode, lassen sich schminken, frisieren, massieren. Es gibt einen kleinen Verkaufsstand für die Kleider, Liegen (Bodenturnmatten) und Sitze (kleine Kästen) für den kosmetischen Service.

Um diesen Spielraum mit Leben zu erfüllen, sprachen die Kinder, entsprechend den unterschiedlichen Tätigkeitsfeldern, ihre Rollenverteilung untereinander ab: Hotel- und Reisebürobesitzer, Empfangschef, Zimmerservice, Modisten, Taxifahrer, Gäste, Restaurantbesitzer. Reiseausweise, Taxifahrscheine, Anwesenheits- und Reservierungsbücher, Schilder etc. mußten gebastelt werden. Zur Ausstattung gehörten auch andere Utensilien wie Girlanden, Tücher etc., mit denen die Aufbauten geschmückt wurden. Im Reisebüro hängten die Kinder ein Werbeplakat auf, das sie für das Hotel gemalt hatten.

Nach kurzer Spielzeit setzte ein reger Rollentausch ein, da die Rollenerwartungen nicht immer mit den Vorstellungen einzelner Kinder in Übereinstimmung zu bringen waren.

Das Grand Hotel hat eröffnet

Das Tauschen führte diesmal aber nicht zu einem heillosen Chaos, sondern die Kinder schafften es, untereinander die Rollen zu tauschen, ohne daß geplante Arbeiten liegenblieben. In stiller Übereinkunft griffen die Kinder alte Spielelemente, wie zum Beispiel eine Sanitätsstation, wieder auf und integrierten sie in ihr Hotel.

Um die Spannung zu erhöhen, kann der normale Ablauf des Hotelbetriebes dadurch ergänzt werden, daß ein Gast gesucht wird, ein Hund entlaufen oder etwas verschwunden ist … die fieberhafte Suche beginnt.

Spielraum 2: Restaurant

Speisesaal

wie oben der Saloon

Küche

abgetrennter Bereich im Geräteraum, entweder zur Speisenausgabe oder – je nach Planung – zum Waffelbacken etc.

Die Reservierung wird vorgenommen

Modesalon

s. o.

Kasse

Eintrittskarten, Reservierungen oder Gutscheine werden hier angeboten. Man kann sich auch beraten lassen.

Hektische Betriebsamkeit entwickelte sich im Restaurant: Die Küche hatte ihre liebe Not, die Speisen (Waffeln) fertigzustellen, die Tische zu decken, die Gäste einzuweisen, Bestellungen aufzunehmen und zu kassieren. Speisekarten und Rechnungen mußten hergestellt werden.

So ganz schmucklos blieb das Restaurant nicht: Die Kinder malten Bilder von Speisen, z. B. von den Nationalgerichten der unter-

schiedlichen Länder, aus denen sie stammten oder die sie besucht hatten.

Schließlich mußten die Kinder ihre neuen Rollen ausprobieren und die jeweils gewählte Rolle durchhalten. Dazu gehörte, daß ein Kind auch einmal Verzicht üben mußte, z. B. wenn es lieber selber von der Waffel oder dem Getränk genascht hätte, das es nun aber einem Gast servieren mußte.

Spielraum 3: Kinovorstellung im Grand Hotel

Eine andere Idee zur Ausstattung des Grand Hotels bestand darin, ein Kino einzurichten. Grundausstattung für das Kino waren die Fotos und Dias, die zur Dokumentation des Spielunterrichts von allen Spielthemen gemacht worden waren. Auch wenn das Thema „Kino" innerhalb anderer Spielthemen eingesetzt wird, sollte das Material für die Kinovorführung von den Kindern selbst hergestellt sein.

Bilderkino

Die Dias aus dem Spielunterricht der vergangenen Monate boten den Kindern eine gute Gelegenheit, ihr Spiel noch einmal über das Medium Dia aus einem anderen Blickwinkel zu erleben und sich noch einmal auf kognitiver Ebene mit ihrem Spiel auseinanderzusetzen. Rückblickend können sie nun auch ihre Mitschüler noch einmal erleben, die sie wegen der Konzentration auf ihr eigenes Tun und Handeln nicht immer beobachtet hatten. Ebenso wie mit den Fotos kann mit den von den Kindern gemalten Bildern verfahren werden, indem man sie mittels Epidiaskop auf die Leinwand projiziert.

Eine andere Möglichkeit ist es, von gut wiedererkennbaren Spielräumen wie dem Schwimmbad, einfachen Gegenständen oder Rollbrettpositionen Rate-Dias oder auch Rate-Folien für die Overhead-Projektion anzufertigen. Man verfährt dann nach dem Prinzip, daß zunächst der größte Teil des Bildes verdeckt wird und die Kinder anhand des offengelassenen Segmentes den Bildgegenstand erraten sollen. Gelingt dies nicht, wird ein weiteres

Segment aufgedeckt … usf. Dazu ist in der Regel eine Serie von 4–5 Dias oder Folien von einem Gegenstand erforderlich.

Schattentheater

Sehr ansprechend auf Kinder wirken Schattenspiele: Der/die Lehrer/in muß einschätzen, inwieweit die Kinder in der Lage sind, mit Gegenständen hinter der Projektionswand umzugehen, Figuren mit den Händen zu formen oder zu mehreren Situationen darzustellen. Auf den Arbeitsblättern im Anhang sind einige Varianten angedeutet, die sehr leicht und ohne großes Einüben von den Kindern übernommen, also auch ohne großen Betreuungsaufwand im Spiel verwendet werden können.

Flimmerkiste

Im Salon kann auch ein Fernsehgehäuse seinen Platz auf einem niedrigen Sprungkasten finden. Lustige Geschichten, kleine Witze, Fingerpuppen o. ä. können hier spannende Unterhaltung hervorzaubern.

Kasse

Diese kann entweder separat oder in Verbindung mit der Rezeption eingerichtet werden. Die Kinder fertigen kleine Bildchen – vielleicht auch passend zum „Film"/Spiel – für die Kinovorstellung an.

Projektionsraum

Ein weißes Schwungtuch hängt man an Hochsprungständern auf. Ein starker Diaprojektor wird entweder als solcher oder als Punktleuchte für das Schattenspiel genutzt.

Zuschauerraum

Mit Langbänken Sitzreihen aufbauen.

Es wird alles wie im professionellen Kino mit Kartenverkäufern, Platzanweisern und Ansagern hergerichtet. Die Vorstellung dauert nicht so lange, denn es warten noch andere Programmpunkte auf die erholungsbedürftigen Gäste.

Auf perfekte Vorstellungen kommt es in diesem Spielthema nicht an. Das Ausprobieren

neuer Medien kann aber Anstoß genug sein, dies im Klassenunterricht wieder aufzugreifen und fortzuführen.

Spielraum 4:
Ein Fest im Grand Hotel

Anlässe, um in einem Grand Hotel ein Fest zu feiern gibt es zur Genüge: Tanzfest, Spielfest, Karnevalsball, Hochzeitsfeier, Klassenfest usf. In unserer Klasse hatten sich die Kinder dafür entschieden, eine Kinderdisco einzurichten. Zum Mitfeiern hatten sie in der zweiten Hälfte der Stunde ihre Partnerklasse ins Grand Hotel eingeladen.

Disco

Tanzfläche herrichten, schmücken, evtl. Dach mit Schwungtuch bauen.

Kleider/Schminkstand

s. o.

Bar

Vor einem großen Sprungkasten steht ein kleinerer Kasten als Barhocker. Dahinter befindet sich die „Kühltheke" mit Getränken.

Kaltes Buffet

Je nach Planung der Kinder kann es hier Obstsalat, Waffeln, Kekse oder Kuchen geben. Tische (Langbänke) zum gemütlichen Sitzen werden aufgebaut.

Für die Disco hatten sich die Kinder ihre Lieblingsmusik auf Kassette mitgebracht, nach der sie nun tanzten. Eine Gruppe von türkischen Mädchen führte nach Originalmusik einen Bauchtanz auf. Je nach Wunsch der Kinder konnten auch Lieder, die zuletzt in der Klasse gespielt und gesungen wurden, eingebracht werden. – Auch andere Bewegungsspiele wie z. B. der Tanz mit der Streichholzschachtel oder dem Luftballon mögen in das bunte Treiben in der Disco Eingang finden.

Dies ist nur ein kleiner Ausschnitt dessen, was sich unter dem Spielthema „Grand Hotel" entwickeln kann. Im Vordergrund stehen die

Ideen und Wünsche der Kinder, deren Phantasie eher zu dämpfen ist. So gab es an Ideen: Swimmingpool und Sauna, Kegelbahn, Spielzimmer, Spielplatz, Bazar, Kartenspielraum, Erzählzimmer, Ausstellungsraum für Bilder, Streichelzoo, kleine Geschäfte, usf.

Luxushotel im Unterricht:

Spiegel, Licht und Schatten

Unterrichtsinhalt	Tätigkeiten der Kinder	Didakt./meth. Hinweise
Kurzer Unterrichtsgang in der Umgebung der Schule: Wo spiegelt sich etwas?	Die Kinder beobachten, notieren und malen, sammeln Nomen aus dem Wortfeld Spiegel: Sie trennen nach natürlichen und künstlichen Spiegeln (Oberflächen von Wasser, Pfützen, Lacken, Metall, Glas, Luftspiegelungen, nasse Straßen, Spiegel, Glasscheiben, Lampenspiegeln etc.). Sie sammeln Gegenstände, in denen man sich spiegeln kann.	
Was für Spiegel gibt es, wo werden sie benutzt?	Die Kinder beschreiben Situationen, wo ein Spiegel benutzt wird und machen eine Zusammenstellung von Spiegelarten.	
Der Spiegel – ein Zerrbild?	Die Kinder untersuchen die mitgebrachten Objekte, wie sich das Spiegelbild je nach Form der Spiegelfläche verändern kann. Sie machen Versuche: – Zeigen von Körperteilen, real und im Spiegelbild. – Malen von Gegenständen, wobei die Malfläche verdeckt ist: Der Spiegel vertauscht die Seiten. – Späße mit einer flexiblen Spiegelfläche. Sie spielen die Situation nach im abgewandelten Roboterspiel: Ein Kind macht Bewegungen vor, sein Gegenüber soll sie seitenrichtig/-vertauscht nachmachen.	Kirmes: Spiegelkabinett

Unterrichtsinhalt	Tätigkeiten der Kinder	Didakt./meth. Hinweise
Schrift im Spiegel	Die Kinder nutzen die Erfahrungen aus den vorangegangenen Experimenten: – Lesen von Worten im Spiegelbild. – Spiegelbildlich schreiben, einmal mit Spiegel, dann ohne Spiegel. – Eine „Geheimschrift" tut sich auf: Mit umgedrehtem Kohlepapier und leerem Filzstift oder Kugelschreiber lassen sich „Nachrichten" verschlüsseln. – Ein Rechenspaß: Geheimnisvolle Vermehrung von kleinen Gegenständen mit zwei Spiegeln.	
Wann spiegelt sich etwas?	Die Kinder machen Versuche: – Auffangen des Sonnenlichtes mit einem Spiegel und Umleiten mit weiteren Spiegeln. – Spiegelungsversuche im dunklen Raum: a) total dunkel, b) kleiner Lichtpunkt. – Spiegelung mit unbeleuchtetem Objekt, wobei der Spiegel im Hellen steht.	
Unterrichtsgang in ein Hotel, Verwaltungsgebäude etc. mit „pompöser" Lichtgestaltung	Die Kinder beobachten die Spiegeleffekte: Sie probieren aus, wie verändert sich ein Spiegelbild, wenn man sich Schritt für Schritt vom Spiegel entfernt? Sie vervollständigen ihre Liste von spiegelnden Flächen.	
Spiegel: Licht und Schatten	Hypothese: Spiegel reflektieren Lichtstrahlen. Experiment: Verändert sich die Helligkeit eines Spiegelbildes, wenn das Objekt gleichsam dunkler wird? – Sind auch Schatten im Spiegelbild zu sehen?	

Unterrichtsinhalt	Tätigkeiten der Kinder	Didakt./meth. Hinweise
Was ist Licht?	Die Kinder sammeln Licht-quellen und ordnen sie nach Energiequelle in einem Ar-beitsblatt/Tabelle. Sie überlegen, wie sieht es aus, wenn man die Augen schließt oder sich in einem stockdunklen Raum befindet, probieren es aus.	
Können wir Licht sehen?	Versuch: Im dunklen Raum mit gebündelter Taschenlam-pe: Kann man das Licht se-hen? Kreidestaub hilft weiter: Das Licht wird in flimmern-den Fünkchen reflektiert. Wie sieht es hinter einem Spiegel aus?	Das ganze kann als kleines Ratespiel durchgeführt wer-den: Ein Stoff wird benannt, die Kinder legen die Licht-durchlässigkeit fest und über-prüfen diese im Experiment.
Durchsichtig, durchscheinend, undurchsichtig.	Die Kinder probieren in glei-cher Versuchsanordnung ver-schiedene Stoffe (Klarglas, gefärbtes Glas, Schwarzglas, Papiersorten, Folien, Stoffe), ob sie Licht durchlassen oder das Licht „schlucken", absor-bieren. Die Ergebnisse halten sie in einem Arbeitsblatt fest.	
Wann können wir Gegenstän-de sehen?	Die Kinder nehmen sich noch einmal die Liste der spiegeln-den Materialien vor: Hypothese: Auch nichtspie-gelnde Materialien, die keine Lichtquelle sind, reflektieren Licht. Sie führen dazu ein kleines Experiment durch: spiegelnde und nichtspiegelnde Gegen-stände angestrahlt und unbe-leuchtet im dunklen Raum.	
Zum Licht gehört ein anderes Phänomen:	Während der Experimente ha-ben die Kinder ein anderes Phänomen entdeckt: Den Schatten.	

Unterrichtsinhalt	Tätigkeiten der Kinder	Didakt./meth. Hinweise
Der Schatten	Sie probieren vor einer Licht-quelle aus, – wann entsteht Schatten, – kann sich die Größe des Schattens verändern, ist die Farbe des Schattens immer gleich? – Sie vergleichen mit dem dunklen Raum.	
Erzeugt jeder Stoff einen Schatten?	Die Kinder überprüfen noch einmal ihre Materialsamm-lung von durchsichtigen bis undurchsichtigen Stoffen und vervollständigen ihre Tabelle. Sie vergleichen ihre Beobach-tungen noch einmal mit Ver-suchen am Overheadprojek-tor.	
Schattenspiele	Die Kinder versuchen drau-ßen gegenseitig ihre Schatten (bei niedrigem Sonnenstand) zu fangen: Durch Verändern der Körperhaltung können sie dem Fänger entwischen. Das Schwungtuch wird in der Turnhalle vor einer starken Lichtquelle aufgehängt: Mit Requisiten und Verkleidung versuchen sie, charakteristi-sche Personen und Tätigkei-ten darzustellen, die die ande-ren erraten müssen. Sie probieren Schattenfiguren mit den Händen aus und entwickeln kleine Stegreif-spiele.	
Entwerfen einer kleinen Ge-schichte.	Die Kinder erfinden eine klei-ne Geschichte. Entwickeln dazu einfache Fi-guren und Requisiten. Spielen und Erweitern der Ge-schichte.	Scherenschnittähnliche, klein-formatige Figuren aus Tonpa-pier für den Overheadprojek-tor können auch auf Folie geklebt werden. Größere Figuren an Stäben befestigt erlauben an einer

Unterrichtsinhalt	Tätigkeiten der Kinder	Didakt./meth. Hinweise
	Vorführung im „Kino" des Luxushotels.	kleinen Schattenbühne ein lebendigeres Spiel. Kleine Rollenspiele aus dem Bereich des Hotellebens z. B. an der Rezeption, „ein Anruf aus dem Urlaub" können entweder als gespielte Szenen oder als Standbilder zum Raten angeboten werden.

Handapparat zum Luxushotel im Unterricht

Aust, S. & Nynke, H. (1985): Uns geht ein Licht auf. Von Lampen, Leuchten und Laternen. Wien: Ueberreuter.

Bennet, J. & Smith, R. (Hg). (1991): Sachkunde. Tolle Ideen. Mülheim: Verlag an der Ruhr.

Bursill, H. (1986): Schattenspiele. Remscheid: Robin-Hood.

Canacakis, J. u. a. (1986): Wir spielen mit unseren Schatten. Vorschläge für Familie, Freizeit, Schule und Therapie. Reinbek: RoRoRo-TB.

Claussen, C. (1983): Schatten und bewegte Bilder. Praxis Grundschule. Sonderheft 2. Braunschweig: Westermann.

Jennings, T. (1992): Licht + Energie. Versuchen und Verstehen. Mülheim: Verlag an der Ruhr.

Lustig, P. & Mönter, B. (1985): Peter Lustigs Bastelbuch. Köln: vgs.

Rubin, E. J. & Jooß, E. (1992): Der Himmelsbaum. Freiburg: Herder.

Taylor, B. (1990): Licht und Schatten. München: Südwest.

Tomlinson, J. (1992): Die kleine Eule. Ravensburg: Maier. 7. Aufl.

7.5 Schiffe

Zur Auseinandersetzung des Kindes mit seiner Umwelt gehört auch die „Welt der Schiffe". Wenn diese Welt auch mittlerweile geschrumpft, technisiert und „freizeitorientiert" ist, vermittelt sich dem Kind über Film/Funk/Fernsehen und Geschichten/Bücher immer noch eine faszinierende Erlebniswelt, die nicht zuletzt im Berufswunsch Kapitän/Stewardeß mündet. Das wollen wir natürlich mit dem Spielthema nicht bezwecken, wir halten es aber für eine erfreuliche Begleiterscheinung, wenn sich aus dem Spiel ein Interessensgebiet entwickelt, mit dem sich die Kinder auch noch nach Abschluß des Spiels weiterbeschäftigen.

Ist in der Klasse das Thema „Schiffe" aufgetaucht und wird von den Kindern mit Interesse aufgegriffen, kann je nach Klasse eine unterschiedliche Auseinandersetzung mit diesem breitgefächerten Thema beginnen. Steht bei der einen Klasse der Wunsch nach großen Spielthemen wie „Luxusdampfer" oder „Piraten" ganz oben auf der Liste, wollen andere Klassen sich von „unten" an das Thema heranarbeiten, mit den Materialien aus der Halle ausprobieren, wie sich Schiffe konstruieren lassen, wie sie das „Meer" in der Halle mit ihren Schiffen „erobern" können. Bleibt die eine Klasse bei noch mehr stationären Objekten, entstehen in der anderen Klasse bewegliche Fahrgeräte: Es ist schon erstaunlich, wenn ohne Hilfe der Erwachsenen die Idee eines Tretbootes mit Rollbrettern und Kastendeckeln realisiert wird.

Die Entwicklung des Themas ist nicht mehr vorhersehbar. Es werden Pläne entwickelt, ausprobiert, verändert, verworfen. Letzteres heißt nicht, daß damit das Thema „abgehakt" ist, sondern daß die selbst zusammengefundene Gruppe sich an etwas Neuem versucht. Sicherlich fixiert sich die kindliche Planung mehr auf die Spielidee, das große Ziel, und erst durch den kreativen Umgang mit den Materialien in der Halle entsteht der Handlungsplan, wie und welche Schiffe gebaut werden können. In anderen Klassen können durchaus umrissene Vorstellungen über den Bau von Schiffen und den dazu benötigten Materialien „theoretisch" im Klassenzimmer entstehen.

Neben den großen Projekten sollte nicht vergessen werden, daß für einzelne Kinder und kleine Gruppen ein Freiraum im spiel- und handlungsorientierten Unterricht bestehen bleiben muß, d. h., daß sie sich zuerst mit einfachen Ideen auseinandersetzen und diese realisieren und möglicherweise erst später zu anspruchsvollerem Tun finden. Ein Junge begnügte sich beispielsweise über zwei Stunden mit einem großen Autoschlauch und einem darum gewickelten Schwungtuch und rutschte damit durch die Halle. Daß dies nicht nur Selbstzweck oder purer Betätigungsdrang war, zeigte sich in der dritten Stunde: Er hatte neben kleinen Kontakten mit anderen Spielgruppen am Geschehen in der Halle Anteil genommen und Anregungen für sich gewonnen. Dies dokumentierte er damit, daß er sich ein kleines offenes Bootshaus baute und von dort aus Touren zu den anderen Spielgruppen unternahm: in den Hafen oder auf die neu entstandene Insel.

Auch in der Entwicklung des Spieles verdeutlichte sich, wie sich Unterricht und Spiel in der Halle gegenseitig beeinflussen und dem Vorgehen der Kinder einen Rahmen geben. In einer Klasse war vor dem Spiel in der Halle der Themenschwerpunkt analog zu den später aufgeführten Unterrichtsvorschlägen begonnen worden. Ausgehend vom experimentellen Vorgehen im Unterricht: „Was schwimmt – was schwimmt nicht – wie können aus den Materialien Schiffe gebaut werden?" übertrug sich diese Vorgehensweise auf das Tun in der Halle: „Wie können fahrbare Schiffe entstehen"? Parallel dazu konzentrierte sich eine andere Klasse, bei der Schiffe zuvor nicht im Unterricht behandelt werden konnten, auf mehr statische Objekte, die ihren Ursprung in anderen, zuvor gespielten Themen erkennen ließen. Erst nachdem diese Objekte genügend erprobt waren, gingen die Kinder zu neuen Plänen von Schiffen über, die ihnen auch mehr Bewegungsraum auf dem „Weltmeer Turnhalle" eröffneten. Die Rückkoppelung zum Klassenunterricht entwickelte sich in dieser Klasse dadurch, daß die Kinder anfingen, aus Papier Schiffe zu basteln, die dann im Klassenzimmer auf einem großen Stück Teppichboden „zu Wasser gelassen" wurden. Mit der Zeit wurden es immer mehr Schiffe, es kamen auch noch andere Materialien hinzu. Ein Vater hatte mit seinem Sohn das Wochenende über ein Schiff aus Holz gebaut. Aus Legosteinen bauten die Kinder einen Leuchtturm.

Am Modell wurde weitergeplant und konstruiert: es kamen Inseln, Docks, eine Wasserpolizei hinzu, Papierhäuser und ein Kai rundeten das Hafenmodell in der Klasse ab. Die im Klassenzimmer gebaute Hafenlandschaft wurde dann auch in der Turnhalle verwirklicht. Aus diesen unterschiedlichen Vorgehensweisen entstanden in beiden Klassen komplexe Spielideen: „Piratenspiel" und „Hafenlandschaft", die ein engeres Zusammenspiel der Gruppen unter einer selbst entwickelten Spielhandlung initiierten.

Spielraum 1: Piratenspiel

Die Kinder hatten sich für ein „Piratenspiel" entschieden. Sie brauchten lange Zeit, sich über die Rollenverteilung zu einigen, denn es konnte ja nicht jeder Pirat sein.

Ein oder zwei Passagierdampfer mit einer angemessenen Anzahl Passagiere mußten auch da sein, die nach fest abgesprochenen Regeln gekapert werden konnten.

Nach und nach entstanden die unterschiedlichsten Schiffstypen, auf denen sich das bunte See- bzw. Piratenleben abspielte:

Tanker

- In einen umgedrehten Kastendeckel legen die Kinder eine Tonne oder zwei Hüpfbälle.
- In den Kasten wird eine Bodenturnmatte geklemmt, so daß die Wölbung nach oben zeigt (längs oder auch quer). Heulrohre oder Springseilchen sind die Schläuche.

Motorboot

Der Mattenwagen wird bis auf eine Matte leergeräumt.

Dieses Schiff kann mit den unterschiedlichsten Aufbauten eine Menge Funktionen erhalten: Containerschiff, Löschboot, Kranschiff ... Die Aufbauten gut befestigen!

Luxusdampfer

Unter eine Weichbodenmatte Rollbretter legen: die Rollbretter mit braunem Klebeband gegen Herausrutschen sichern.

Die Kinder können dieses Schiff mit Mast und Segel (Schwungtuch und Sprungständer) ausgestalten, können Sitz- und Liege-

plätze einrichten. Der Dampfer kann offen oder geschlossen gebaut werden. Ein Kastensegment mit Kastenoberteil darauf ist die Schiffsbrücke.

Ozeandampfer

Der Dampfer wird geentert ...

- Über drei parallel zueinander stehende Sprungkästen wird ein großer Weichboden gelegt, die Seiten mit Tüchern verkleidet.
- Zwei Langbänke in Kastenhöhe in die Sprossenwand eingehängt, die Enden der Bänke auf Sprungkästen aufgestützt und ein Weichboden darübergelegt (Verkleidung s. o.).
- Zwei Langbänke auf Rollbrettern und darauf Matten gelegt ...
- „Podest" aus Kästen und Lüneburger Stegeln mit Weichbodenmatte ...
- Zwei Langbänke an den Holmen des Stufenbarrens (Tuch zum Abpolstern dazwischen und festbinden!) eingehängt und wiederum Kästen oder Reck oder ein zweiter Stufenbarren auf der anderen Seite ...

„Raupendschunke"

Der Rolltunnel aus in Ringe gelegten Bodenturnmatten kann einerseits als stationäres Schiff genutzt werden oder auf ein kleines Boot aus umgedrehtem Kastenoberteil – mit Rollbrettern darunter – gelegt und so fahrbar gemacht werden.

Men Lung, der Gemüsehändler kommt…

Zum Schaukeln auf den Wellen, Zurückziehen, Entspannen, Phantasieren bietet es ausreichend Möglichkeiten.

Die Passagiere bedienten sich reichlich in der Kleiderkiste. Die Piraten hatten sich aus Pappe kleine Schwerter gebastelt. Aus Bettuch wurden schmale Lappen gerissen und als Augenbinde verwendet. Mit Schminke gaben sie sich ein fürchterliches Aussehen. Als Enterhaken mußte das Ziehtau herhalten, an das ein Gymnastikball geklebt wurde. Das Sprungbrett der Lüneburger Stegel nutzten die Kinder, um ohne Mühe auf den Dampfer umsteigen zu können. Waren alle Passagiere gefangen, die Schatzkiste – eine mitgebrachte Zigarrenkiste mit „Kleinodien" – geraubt, wurden die Passagiere wieder auf ihr Boot geschickt.

Aus der Schatzkiste entwickelte sich bei den Kindern eine große Schatzinsel, auf der Gold und Edelsteine versteckt waren. Der Schatz war aber so gut versteckt, daß man ihn nur mit einer Karte finden konnte. Diese Karte hatten

die Kinder nach ihrer Phantasie in der Klasse gemalt. Spielten sie zunächst, als würden sie sich nach der Karte richten, wurden nach und nach die Eintragungen der Realität angepaßt. War die Kiste gefunden, mußte natürlich noch der Schlüssel gesucht werden, damit die Schatzkiste geöffnet werden konnte.

Am Ende forderten aber auch die „Passagiere" ihr Recht: Sie wollten nicht immer nur als Opfer für den Überfall herhalten. So griffen die Kinder die Idee gerne auf, zum Abschluß des Spielthemas eine Reise nach „Hawaii" mit Fest zu veranstalten. In einer Ecke der Halle bauten sie eine Insel auf, die bunt geschmückt wurde. Mehrere Luxusdampfer legten, nach Überquerung des Äquators mit Äquatortaufe, an und wurden feierlich empfangen. Es gab exotische Cocktails (Multi-Frucht) und hawaiische Fladen (Waffeln gebacken). Musik und Tänze rundeten das Spiel ab.

Spielraum 2: Hafenlandschaft I

Eine ganz andere Spielhandlung mit einem vollkommen anderen Aufbau entwickelten Kinder, die nach und nach einen großen „Hafen" entstehen ließen: Zunächst stand natürlich der Bau von unterschiedlichen Wasserfahrzeugen – statische und mobile – im Vordergrund, die dann im Laufe des Spieles verändert und ihrer entgültigen Bestimmung zugeführt wurden:

Schiffstypen

Boote
– Bodenturnmatte mit 5 Rollbrettern darunter,
– umgedrehter Sprungkastendeckel mit 2–3 Rollbrettern darunter, geschoben oder mit Springseilchen gezogen,
– Gymnastikstäbe, Autoschläuche als Rettungsringe, Reifen usf.,
– Kleine Kästen umgedreht und Rollbretter daruntergelegt,
– Sprungbrett und zwei Rollbretter mit braunem Klebeband befestigt,

– umgedrehtes Trampolin, mit einer Bodenturnmatte ausgepolstert, auf 4–6 Rollbretter gebunden,

– aufgepumpter Autoschlauch auf 1–2 Rollbrettern befestigt,

Die Wellen schlagen hoch …

– als Ruderboot ein Rollbrett solo mit zwei Gymnastikstäben: Damit die Kinder sich vom Hallenboden abstoßen können, werden Gummipfropfen oder Saftflaschenverschlüsse aus Gummi auf die Stäbe gesteckt.

Diese Boote gestalteten die Kinder mit den unterschiedlichsten Materialien wie Pappe, Tücher; sie kombinierten sie dann in verschiedener Art und Weise zu Schleppkähnen oder hängten sie als Rettungsboote an große Schiffe. Aus anfänglich einfachen Konstruktionsplänen entwickelten die Kinder kompliziertere Strukturen und versuchten diese mit den vorhandenen Mitteln umzusetzen. Eine Mädchengruppe begann mit einem einfachen Boot und baute daraus ein Tretboot, mit dem sie vom Strand zum Dampfer fahren konnten:

Dschunke 2

Zwei Bodenturnmatten legen die Kinder übereinander auf 4 Rollbretter. An den Ecken stellen sie je einen Gymnastikstab mit Fuß auf und befestigen diese mit Springseilchen: So erhalten die Stäbe festen Halt. Dann legen sie ein kleines Schwungtuch darüber.

Tretboot

Ein Kastensegment wird so auf zwei Rollbretter gebunden, daß innerhalb des Segmentes zwei Sitzflächen entstehen, auf denen die Kinder Platz nehmen und sich dann „trampelnd" fortbewegen.

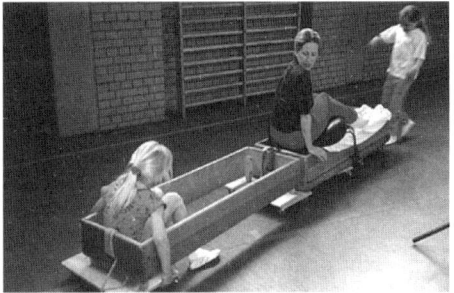

Wir trampeln nach …

Fähre

Ein Seil wird zwischen Reckstange und Sprossenwand in der Höhe gespannt, so daß die Kinder es, auf dem Rollbrett sitzend, noch gut erreichen können.

Die Fähre kann über einen Fluß/Kanal oder über den Hafen hinweggehen. Sie transportiert Besucher, Werftarbeiter …

Dazu kommt ein einfaches Rollbrett oder eines von den kleinen Booten.

Nostalgischer Lastkahn

Umgedrehte Langbank auf Gynmastikstäben oder eines von den kleinen Booten und langes Seil zum Ziehen.

Ein Kanal wird mit Langbänken abgetrennt. Der Lastkahn hat keinen eigenen Antrieb, sondern wird von einem Pferd, Esel oder ähnlichem den Kanal entlanggezogen, wobei die Gymnastikstäbe immer wieder nachgelegt werden müssen.

Ein „Zwanziger"

Auf 5 Rollbretter wird eine umgedrehte Langbank oder die Leiter von den Lüneburger Stegeln gelegt und mit Springseilchen festgebunden: Natürlich darf das Ausschmücken nicht fehlen: z. B. vorn und hinten je einen Gymnastikstab befestigen, daran kann eine Girlande aufgehängt, Positionsleuchten angebracht werden.

„Ruderregatta der Giganten"

Die Kinder stoßen sich mit Gymnastikstäben mit Gummipfropfen ab, wenn es zu schwer geht, helfen sie mit den Füßen nach.

Hausboot

Die Weichbodenmatte legen die Kinder in eine Ecke der Halle: mit dem großen Schwungtuch darüber entsteht – je nach Spielthema – ein Schlafboot, ein Versorgungsschiff, ein Krämerboot (Butterfahrt), ein Restaurantschiff oder eben ein großes Hausboot!

Die Kinder grenzten eine größere Eckfläche in der Turnhalle mit Kästen und Bänken als „Hafengebiet" ab. Die Zufahrt zu diesem Hafen war nur unter einer Hängebrücke gestattet, die aus einer einfachen blauen Bodenturnmatte bestand und an einer Seite mit Springseilchen hochgezogen werden konnte. Zwei Brückenwärter hatten sich einen Turm aus kleinen Kästen gebaut, von dem aus sie die Brücke stolz bedienten. Trotz aller Kontrolle kam es schon mal vor, daß zwei Räuber sich auf einem kleinen Boot Zugang zum Hafen verschafften, aber da Wasserpolizei und Feuerlöschboot ihren festen Platz im Hafen hatten, bedeuteten die Eindringlinge keine Gefahr.

Zunächst hatten die Kinder auch eine kleine Werft im Hafen eingerichtet, doch im Verlauf des Spiels zeigte sich, daß der abgegrenzte Platz dann nicht ausreichte. So schufen sie ein neues Hafenbecken, wo die Werft ihren Platz fand. Hier konnten diejenigen Kinder auch weiterbauen, die mit ihren Schiffen nicht zufrieden waren oder neue Schiffstypen wie einen kleinen Dampfer für die Hafenrundfahrt konstruieren wollten.

Eine andere Gruppe Kinder baute aus den Böcken der Lüneburger Stegel und einem kleinen Schwungtuch Lagerhäuser, wo Materialien gekauft und mit Lastkähnen abtransportiert werden konnten. Eine Tankstelle kam hinzu. Ein Trockendeck wurde aufgebaut, kam aber leider nicht in Betrieb, da es mit den „Schiffskonstruktionen" in der Halle nicht befahrbar war.

Spielraum 3: Hafenlandschaft II

Ladekräne

Die Ringe können für kleinere Lasten benutzt werden.

Das Hochreck wird aufgebaut, ein Ziehtau oder längeres Seil – über die Reckstange gelegt – ermöglicht, kleinere Lasten hochzuheben und auf die Schiffe zu laden.

Hilfreich ist hier ein Netz oder größerer Stoffbeutel, worin die Lasten hochgezogen werden. Der Lastkran hat feste Beladungszeiten, während derer immer ein Erwachsener anwesend ist:

Die Kinder sollten an dieser Station immer wieder auf die Gefahren hingewiesen werden. Größere Lasten aus hartem Material müssen von Hand beladen werden.

Stapellauf

Das Sprungbrett der Lüneburger Stegel wird relativ niedrig in die Sprossenwand eingehängt. Dieser Aufbau sollte sich in der Nähe der Werft befinden.

Ist ein Boot fertiggestellt, wird es auf die schiefe Ebene geschoben.

Es bekommt feierlich einen Namen: Die für die Taufe notwendige Sektflasche wird mit einem Wurfring an einem Springseilchen symbolisiert. Erst danach darf das Boot zu Wasser gelassen und seinem neuen Besitzer übergeben werden.

Den Kindern machte dies so großen Spaß, daß ein Boot gleich mehrere Taufen über sich ergehen lassen mußte.

Tankanlage

Am Kai steht ein Hochbehälter (Faß, Kasten): Hier können die Schiffe, Motorboote betankt werden.

Hängebrücke

Die Lüneburger Stegel werden mit 1–2 Balken aufgebaut, eventuell ein Schwungtuch so darübergehängt, daß die Schiffe noch gut durchfahren können. Hier richten die Kinder eine Zollstation ein; wenn es Passagierschiffe gibt, kontrollieren sie hier die Fahrkarten.

Haben Sie etwas anzumelden ...?

Zwischen Reckpfosten oder Barren und Sprossenwand wird ein Ziehtau doppelt gespannt, so hoch, daß die Schiffe noch gut darunter herfahren können.

Über diese Hängebrücke gelangen die Kinder hangelnd zur Haltestelle der Gondeln oder des Wassertaxis oder zur Werft.

Zugbrücke

Zwei Sprungkästen werden im Abstand einer Länge der Bodenturnmatte parallel zueinander aufgestellt und eine Bodenturnmatte locker dazwischengelegt. In die Schlaufen werden auf einer Schmalseite Springseilchen gebunden und zum gegenüberliegenden Kasten geführt.

Die Brücke ist hoch ...

Liegt die Bodenturnmatte auf dem Boden, ist der Kanal versperrt. Durch Zug an den Seilchen öffnen zwei Kinder die Zugbrücke. Natürlich ist die Durchfahrt nicht immer kostenlos. Die Brückenwärter brauchen auch mal Ablösung von ihrer schweren Arbeit.

Die Hafenkneipe durfte natürlich auch nicht fehlen. Hier wurde die Schiffstaufe des großen Ozeandampfers gefeiert, mit dem die Kinder zum Ende des Spieles zu einer gemeinsamen Runde in See stachen.

Spielraum 4: Erweiterungen

Schaukelboote mit Wellengang

Leiter oder Langbank in Ringe oder Klettertaue gebunden.

Zwei Langbänke in Klettertaue gebunden, Abstandhalter aus Reckstangen und Weichbodenmatte darüber... (s. S. 46)

Leuchtturm

Aus Hochsprungständer mit Verkehrshütchen, bunten Tüchern etc.: Der Leuchtturmwärter kann mit vorher genau abgesprochenen Signalzeichen bestimmte Tätigkeiten einleiten: Segel einholen, ankern.

Wildwasserfahrt

Zwischen zwei Sprungkästen liegt das Sprungbrett der Lüneburger Stegel schräg auf einem kleinen Kasten.

Die seitliche Begrenzung ist durch die Kästen gegeben. Die andere Seite des Sprungbrettes liegt auf einem normalen Sprungbrett. Dahinter schließt sich ein kleiner Tunnel aus Böcken und blauem Schwungtuch an.

Mit einem kleinen Kanu (Rollbrett) fahren die Kinder die Wildwasserbahn herunter. Währenddessen wird das Schwungtuch bewegt, so daß der Eindruck entsteht, sie fahren in beweglichem Wasser. Im Tunnel kann es auch blaue Luftballons geben.

Stationäre Boote

Mit einem einfachen Schlauch kann man viel anfangen ...

Der Hafen in der Klasse

Um Autoreifen oder Schläuche werden Tücher oder ein Schwungtuch gewickelt: Mit Stöcken imitieren die Kinder ein Ruder- oder Paddelboot oder lassen sich auf dem Wasser einfach „treiben" und beobachten das Geschehen um sich herum.

Bojen

Verkehrshütchen, angemalte Papprollen auf Gymnastikstäben.

Schaukelbötchen

Je zwei Klettertaue zu Schlaufen zusammenbinden und umgedrehten Kastendeckel hineinlegen. Gegen Verrutschen werden die Taue mit Springseilchen am Kastendeckel befestigt. Als Aufstieg dient beispielsweise eine Strickleiter aus Gymnastikstäben und Springseilchen. Zwei Kinder haben darin gut Platz.

Schiffe im Unterricht

Unterrichtsinhalt	Tätigkeiten der Kinder	Didakt./meth. Hinweise
Lesen einer Geschichte aus: Boy Cornsen „Williwitt und der große Sturm".	Lesen der Geschichte, erzählen und ergänzen durch eigene Erlebnisse. Begriffe erläutern.	Das Lesen der Geschichte und das Klären der Begriffe schafft für alle den gleichen Informationsstand, um in das Thema einsteigen zu können.
Bildhafte Darstellung von Schiffen und Meereslandschaft.	Die Kinder malen Szene aus „Williwitt". Aus Papierschnipseln und Transparentpapier kleben sie eine Collage oder Schiffssilhouette für das Klassenfenster oder fertigen Reißbilder an.	Es kann der Aufforderung aus dem Buch nachgekommen werden, die „Dicke Lisbeth" zu malen. Die Kinder können aber auch einen eigenen Malgegenstand wählen.
Die Kinder probieren Materialien aus, ob sie auf Wasser schwimmen oder untergehen. *(Holz, Papier, Steine, Federn, Styropor, Filz, Kronkorken, Muschelschalen, Stoff, kleine Dosen, kleine Schachteln, Eisen, Nägel, Kunststoffe, Korken).*	Experimentierphase in Kleingruppen: Dokumentation der „Schwimmversuche": Aufkleben der Materialproben auf Plakat und daneben in einer Tabelle ankreuzen, ob sie schwimmen oder nicht.	Die Kinder sollten ausreichend Zeit zur Verfügung haben, unterschiedliche Materialien testen zu können: z. B. auch, daß Papierschiffe aufweichen und untergehen, daß Dosen oder Kronkorken zwar schwimmen, aber nach dem Untergehen nicht wieder auftauchen können wie z. B. Kork.
Konstruktion von Schiffen aus unterschiedlichen Materialien.	Auswerten der Ergebnisse des Schwimmversuches. Versuch, aus Abfallmaterialien kleine Schiffe zu bauen. Protokollnotizen. Sammeln der Modelle in einem „provisorischen Hafen" in der Klasse.	Aus Milchtüten, Kronkorken, Ästen, Holzstückchen etc. können kleine Modelle entwickelt werden.
Sammeln von Bildern, Zeichnungen von Wasserfahrzeugen *(Lastkahn, Ruderboot, Luftmatratze, Paddelboot, Einer, Kajak, Kanu, Kanadier, Einbaum, Kogge, Segelboot-/schiff, Fähre, Tanker, Floß, Galeere, Gondel, Luftkissen-/Tragflächenboot, Dschunke, Passagierdampfer, Raddampfer, Hausboot, schwimmender Laden, Tretboot).*	Die Kinder sammeln Bilder, Zeichnungen, Spielzeugschiffe. Sie vergleichen, suchen nach Gemeinsamkeiten und Unterschieden bei den einzelnen Schiffstypen. Collage nach Schiffstypen.	Es sollte hier erst einmal eine Sammlung entstehen, die die Grundlage für die weitere Arbeit bildet.

Unterrichtsinhalt	Tätigkeiten der Kinder	Didakt./meth. Hinweise
Die „Dicke Lisbeth" war ein Motorschiff – wie kann ein Schiff angetrieben werden? Menschenkraft: Rudern, Paddeln, Staken. *Tierkraft: Tiere ziehen Lastkahn* *Wind: Kogge, Segler, Großsegler.* *Motor: Dampfschiff, Motorschiff, Raddampfer.* *Strömung: Floß, Fähre, Wildwasserboot.*	Die Kinder versuchen sich noch einmal an ihren Modellen: Sie ordnen die Begriffe und Bilder nach Antriebsarten: Schriftliche Tabelle. Sie bauen Modelle mit unterschiedlichen Antriebsarten (s. Bauvorschläge), probieren unter Aufsicht aus.	Die Kinder sollen auf ihre eigenen Erfahrungen zurückgreifen. Ein Besuch im Hafen, wenn erreichbar.
Kinder probieren ihre Schiffe aus: Wie lassen sie sich steuern? Was passiert, wenn Schiffe nicht gesteuert werden?	Bilder sammeln. Einfache Steuer an Modelle anbringen.	Der/die Lehrer/in sollte die Kinder experimentieren lassen.
Wo gibt es Schiffe?	Kartenraster ausmalen und Schiffstypen einkleben.	Gemeinsames Ausfüllen der Karte.
Zu welchem Zweck werden Schiffe benötigt?	Die Kinder können wieder auf ihre Dokumentation zurückgreifen: – Ordnen der Begriffe nach Nutzung. – Sortieren der Schiffsmodelle in ihrem Hafen.	
Bauen einer Hafenanlage mit Landungsbrücken, Kai- und Speicheranlagen, Schiffswerft.	Die Kinder malen und sammeln Bilder. Hafenbesuch oder Ausschnitt aus Schulfernsehen.	Die verschiedenen Nutzungsmöglichkeiten der Schiffe erfordern spezielle Anlagen im Hafen; daraus ergibt sich auch die Ausgliederung des Freizeitbereiches aus dem Hafen.
Könnte die „Dicke Lisbeth" eine „Arche Noah" sein?	Lesen der Geschichte von Noah: Kinder malen Bilder dazu.	
„Dicke Lisbeth" hat einen großen Fang gemacht: Die Netze sind voll.	Geschichte über eine Angelfahrt lesen. Die Kinder sammeln Bilder von eßbaren Fischen und Weichtieren.	Die Nutzung von Schiffen zum Fischen und Angeln ist den Kindern bekannt. Auch der Beruf des Fischers kann ein Thema sein: „Käpt'n Iglu" als Symbol für die moderne fertigproduktorientierte Welt.

Unterrichtsinhalt	Tätigkeiten der Kinder	Didakt./meth. Hinweise
„Dicke Lisbeth" erlebt neue Abenteuer.	Die Kinder spinnen die Geschichte von der „Dicken Lisbeth" weiter: – auf großer Angelfahrt – Seeräuber tauchen auf – Begegnung mit einem Luxusdampfer.	Dokumentation über Wort/Bild. Bildergeschichte auf Overheadfolien und dazu erzählter oder vorgelesener Text. Handlung für Spielunterricht!

Handapparat zu Schiffen im Unterricht

Bartl, A. (1991): Das Wahnsinns-Spielebuch. Für Träumer, Abenteurer und Piraten. Nürnberg: Tessloff.

Bernard, J. (1993): Piro auf Schatzsuche. Gossau: Nord-Süd. (EL).

Bürger, G. A. (1974): Wunderbare Reisen zu Wasser und zu Lande. Hamburg: Carlsen.

Claussen, C. (1984): Boote und Schiffe. Praxis Grundschule. Sonderheft 2. Braunschweig: Westermann. Gestaltungsstunde. 5 Faltschiffe, 105 Schiffe I, 110 Schiffe II. Frankfurt: ALS-Verlag.

Flooks, R. (1993): Schiffe und Schiffahrt. Ravensburger Visuelles Wissen. Ravensburg: Maier.

Foreman, M. (1992): Mit Großvater auf Traumfahrt. München: Lentz.

Gürtler, C. & Obrist, J. (1992): Ein Seeräuber wie Balduin. Zürich: Atlantis bei pro juventute.

Köthe, R. (1991): Brücken. Was ist Was. Bd. 91. Nürnberg: Tessloff.

Kludas, A. (1984): Vom Einbaum zum Atomschiff. Was ist was. Bd. 25. Nürnberg: Tessloff.

Lassahn, B. (1993): Käpt'n Blaubärs Geschichtenbuch. Käpt'n Blaubärs Seemannsgarn. Bd. 5. Ravensburg: Maier. 4. Aufl.

Lear, E. (1991): Die Geschichte von vier Kindern, die um die Welt segelten. Weinheim: Beltz & Gelberg.

Lornsen, B. (1987): Williwitt und der große Sturm. Würzburg: Arena. 3. Aufl. (EL).

Lornsen, B. (1989): Williwitt und Fischermann. Würzburg: Arena. (EL).

Pidd, G. (1989): Schiffe früher und heute. Praxis Schulfernsehen 157/158.9-17.

Rettich, M. & R. (1983): Von ruppigen, struppigen Seeräubern. Hamburg: Oetinger. (EL).

Tamowski, W. (1982): Seeräuber. Was ist was. Bd. 71. Nürnberg: Tessloff.

Kohrs, K. W. (1989): Wasser ist mehr als naß. Bausteine Grundschule 1. Aachen: Bergmoser und Höller.

Wiebel, K. H. (1992): Natur Begreifen. Experimentierkartei. 01. Wasser. 05. Wetter. 06. Schwimmen – Sinken – Schiffe. 18. Brücken und Fähren. Lichtenau: Freiarbeit-Verlag. 2. Aufl.

7.6 Urwald

Mit einem der letzten Spielthemen dieses Arbeitsbuches mag der Eindruck aufkommen (besonders da gerade hieran sehr hohe Anforderungen an Kreativität, Planungsfähigkeit und sozialem Miteinander gestellt sind), daß die Kinder noch einmal beweisen sollen, wie gut es ihnen gelungen ist, den „Dschungel" der ersten beiden Schuljahre hinter sich zu bringen. Wäre der spiel- und handlungsorientierte Unterricht ein nach 2 Jahren abgeschlossenes Projekt, wäre eine solche Sichtweise auch logische Konsequenz. Doch halten es die Autoren für wünschenswert, daß mit dem Abschluß des zweiten Schuljahres oder mit dem Spiel „Urwald" der spiel- und handlungsorientierte Unterricht nicht beendet ist, sondern mit eigenen Spielideen und unter anderen Organisationsformen in den nächsten Schuljahren fortgeführt wird.

Aufgrund unterschiedlicher Ausgangsvoraussetzungen werden nicht alle Klassen in beiden Schuljahren ein so hohes Planungsniveau erreichen, daß sie der diesem Spiel zugrunde gelegten Spielstruktur ohne weiteres entsprechen können. Daher sind die Spielvorschläge so gestaltet, daß einzelne Teile für ein Spiel auch in der II. Phase aufbereitet werden können und sich so für alle Klassen eine adäquate Umsetzungsmöglichkeit finden läßt.

Die Grundidee des Spieles „Urwald" ist folgende: Die Kinder geraten in den unbekannten Urwald und müssen sich dort zurechtfinden. Das bedeutet, in einer intensiven Planungs- und Vorbereitungsphase müssen sie sich Informationen über den Urwald beschaffen, an denen sich die Planung der Spielhandlung und der Ausgestaltung der Halle orientiert. Das vorherrschende Bild vom Urwald wird sicherlich zunächst durch Spielfilme, wie z. B. Tarzan, oder Dokumentarfilme, z. B. über das Leben von Affen im Urwald bestimmt. Es ist daher naheliegend, daß zunächst Spielraumgestaltungen bevorzugt werden, die eine Vielzahl von Bewegungsangeboten enthalten: Unwegsames Gelände erkunden, gefährliche Schluchten überwinden, auf hohe Bäume klettern – dies sind Abenteuer und Erlebnisse, die man im Urwald bestehen muß.

Diese Vorerkundung und Erprobung des Aufbaues dient natürlich auch dem Kennenlernen und Bewältigen von schwierig begehbaren Aufbauten, um im fortlaufenden Spiel diese Erfahrungen nutzen und gefährliche Situationen im Spieleifer vermeiden zu können. Wenn die Kinder ihren Aufbau ausreichend ausprobiert haben, werden sie Spielideen entwickeln, die sie dann in ihrem „Urwald" umsetzen können. Was also zunächst nicht anders aussah wie ein „beweglicher Spielraum" aus der ersten Phase, ist wichtiger Bestandteil der Spielplanung der Kinder. Eine Fortführung der Spielidee kann darin bestehen, nach dem Aufenthalt im Urwald die Heimreise zu planen und durchzuführen.

Die Spielhandlung wird sich in den einzelnen Klassen unterschiedlich entwickeln: Es mag eine Anlehnung an die Erlebnisse in Defoes „Robinson Crusoe" oder Golding's „Lord of the Flies" geben, die die Kinder über eine Geschichte oder Bilder kennengelernt haben; es kann aber auch eine Affenhorde entstehen, die sich über den Urwald ausbreitet. Deshalb kann die Darstellung hier nur eine Variante dessen sein, was an Spielhandlungen in der Turnhalle entstehen kann. Es ist zugleich ein Ideenraster für den/die Lehrer/in, das eine Vorstellung über Entwicklungsmöglichkeiten aufzeigt und Eingriffsmöglichkeiten bietet, wenn die Planung einmal ins Stocken gerät. Für Kinder, die in ihrer Planungsfähigkeit noch nicht soweit fortgeschritten sind, daß sie ein eigenständiges Spiel auf diesem hohen Niveau entwickeln können, ergibt sich der Handlungsrahmen aus der nachfolgenden kleinen Geschichte. Für die anderen Kinder kann diese als Einstimmung in das Spielthema genommen werden.

Pillies Traum vom Affentheater im Urwald

Es war doch jedesmal derselbe Ärger: Dann, wenn es besonders spannend wurde, mußte Pillie ins Bett. Und gerade heute war es gar nicht mehr auszuhalten. Onkel Ed war zum Abendessen gekommen. Er war gerade von einer langen Dienstreise zurückgekehrt und hatte viel zu erzählen. Sonst war ja Onkel Ed für Pillie nicht so interesssant. Dieser trug immer so mausgraue Anzüge, eine Krawatte und was der aus diesem Bonn erzählte ... das war für Pillie so interessant wie eine Gebrauchsanweisung für einen Staubsauger! Aber stellt euch vor, diesmal war Onkel Ed in den Tropen! Was das eigentlich genau war, wußte Pillie zwar nicht, aber das klang schon so ungemein spannend. Bäume, fünfmal so hoch wie ihr Häuschen und das hatte auch schon drei Stockwerke. 10 Männer waren nötig um den Stamm zu umfassen ... unvorstellbar. Ein Baum riesiger als der andere, undurchdringbares Gestrüpp dazwischen, daß man ein riesiges Messer – Machete hieß das wohl – brauchte, um sich einen Weg zu bahnen. Und Äffchen liefen da herum ... wie hier die Hunde. Die flitzten über den Boden, versuchten etwas zu ergattern und waren blitzschnell in schwindelerregende Höhen geklommen. Sie kamen eigentlich nur zur Nahrungssuche herunter und verschwanden dann wieder in Windeseile, wenn sie etwas ergattert hatten. Dabei herrschte ein munteres Gekreische, das nur ab und zu von warnenden Vögeln übertönt wurde. Das alles hatte Pillie schon auf einem kleinen Videofilm sehen können.

Dann kam das Abendessen. Ihr könnt euch gar nicht vorstellen, wie Pillie an den Lippen von Onkel Ed hing, von dem Paps eigentlich immer als grauer Maus sprach! Zum Nachtisch gab es „Maus oh Schokolad", war ganz lecker, aber was das mit Mäusen zu tun hatte, wußte Pillie nicht. Sie wartete gespannt auf neue Bilder und Geschichten von Onkel Ed. Dieser hatte sich in seinem Stuhl zurückgelehnt und nach seiner Aktentasche gegriffen – die er immer bei sich hatte. Er machte sie auf und wühlte darin herum. Pillie wollte sich schon enttäuscht abwenden und noch einmal vom Nachtisch nehmen, als ihre Augen ganz groß wurden.

Was zog da Onkel Ed aus seiner abgewetzten Aktentasche, aus der sonst nur irgendwelche blöden Briefe kamen, die Pillie eh nicht verstand? Eine Flasche ... und während Onkel Ed die Gläser von Paps und Mams nahm und Anstalten machte, die Flasche zu öffnen und einzuschenken, war Pillie wie elektrisiert. Da war doch etwas in der Flasche drin ... der letzte Löffel vom Nachtisch blieb ihr fast im Halse stecken: Eine dicke fette Eidechse im Likör! Brrrrh. Pillie schüttelte sich. In diesem Moment kam aus der Küche ein langgezogenes „Pillie, zum letzten Mal, ins Bett!".

Auweiah, das war gemein! Jetzt konnte Pillie gar nicht sehen, ob die von dieser eingelegten Eidechse tranken oder nicht!?! Notgedrungen schleppte sich Pillie in ihr Bett. Aber ruhig schlafen konnte sie nicht. Immer wieder tanzten ihr abwechselnd diese Eidechse, die hüpfenden, springenden Äffchen und die riesigen, riesigen Bäume vor ihren Augen herum, und sie hatte einen Traum, der sie immer wieder im Bett hin- und herwälzen ließ.

Eigentlich fing der Traum nicht so schön an: Sie saß mit ihren Mitschülern in der Klasse und schwitzte vor einem Diktat: Ihr wollten und wollten die Worte nicht einfallen ... als es an die Klassentür der Klasse 2a der Hertha-Bummlaude-Schule bollerte und mitten in das Diktat ein Mann im grauen Anzug, einer abgewetzten Aktentasche und einem riesigen flachen Paket unter dem Arm hereinplatzte: Frau Heckeler, eine hagere, aber sonst eigentlich unheimlich nette Lehrerin, wollte schon kurz auffahren: „Könnt ihr denn nicht ruhig zu ..." weiter kam sie nicht. „Einen herzlichen Glückwunsch", sagte dieser graue Mann und verzog sein sonst wohl ernstes Gesicht zu einem einigermaßen freundlichen Grinsen. „Herzlichen Glückwunsch! Ihre Klasse hat im Malwettbewerb der Kasse „Sparstrumpf & Söckchen" den ersten Preis gewonnen. Und da die Kasse in diesem Jahr ihr hundertjähriges Bestehen feiert, soll es etwas ganz Besonderes sein", sprach er und drückte Frau Heckeler das Paket in die Hand, wohinter sie fast verschwand. „Pillie und Pongo helft mir mal auspacken!" Sie stürzten nach vorne, um das braune Papier zu entfernen. „Johejuhu" schallte es plötzlich durch die Klasse und wurde von lautem Getrampel – was sonst eigentlich verboten war – begleitet. Pillie und Pongo – immer noch mit dem riesigen braunen Papier beschäftigt – traten vor die große Platte, die sie ausgepackt und jetzt vor die Tafel gestellt hatten: Scheck für die Klasse 2a der Hertha-Bummlaude-Schule für eine Klassenfahrt nach Tschinscherilla ... "

Und von da an ging alles fürchterlich schnell. Das Diktat war vergessen, die Fahrt mußte vorbereitet werden ... und ehe sich Pillie und ihre Mitschüler versahen, saßen sie auch schon in einem riesigen Flieger. Toll war das! Sie hatten zwar die Reise unheimlich gut vorbereitet, aber daß es da auch ein Kino und Musik über Kopfhörer gab und man Saft bestellen konnte so viel wie man nur wollte ... super, nein megasuper war das! Vor den Fenstern drückten sie sich die Nase platt: Was man nicht alles beobachten konnte ... die kleinen Häuser, die Hügel und Berge waren so winzig wie im Sandkasten, die Flüsse so schmal wie ein Rinnsal aus der Gießkanne.

Sie waren schon lange mit dem Flugzeug unterwegs und sie fingen leicht an zu dösen, als plötzlich ein heftiges Ruckeln durch das Flugzeug ging ... es schwankte von einer Seite auf die andere, es ging rauf und runter, als wollte der Pilot wie mit einer Sportmaschine einen Looping drehen. Uuh, Pillie wurde es schon ganz mulmig und sie klammerte sich an Lisa, ihre Freundin. Das Getrudel wollte gar nicht aufhören ... der Pilot spinnt wohl, dachten Pillie und ihre Mitschüler/innen.

Ein ohrenbetäubender Knall riß sie aus ihren Gedanken: Sie wurden so in die Sitze gedrückt, daß sie aussahen wie Zwerge. – Viel größer waren sie eigentlich sonst auch nicht. – Noch ein heftiger Ruck und es war mucksmäuschenstill. Das leise Summen der Maschine hatte aufgehört. Nur ein Zwitschern und Tirilieren konnten sie hören, als sie es wagten, ihre Köpfe wieder zu heben und nach oben zu schauen: „Potztausend", wie Onkel Ed immer zu sagen pflegte, sah Lilly riesengroße Blätter, die an noch viel viel größeren Bäumen hingen. Wo war der Himmel geblieben ... wo waren sie gelandet?

Als sie sich vom ersten Schrecken erholt hatten, kletterten sie aus dem Flugzeug, oder was jedenfalls noch davon übriggeblieben war. Nach und nach kamen alle aus dem Wrack herausgekrochen, selbst Till, der sonst bei allen mulmigen Situationen in der Versenkung verschwand. Keines der Kinder schien zu fehlen! Doch kein Pilot, keine Stewardeß war zu sehen, und wo war Frau Heckeler? Die fehlte doch sonst nie! Die Kinder hockten sich erst einmal zusammen und schauten sich vorsichtig um. Ihnen war ganz schön mulmig zumute. Schlangen, riesige Spinnen und sonst alles mögliche Getier ... Da schrie plötzlich Marlon auf. Alle zuckten zusammen. „Da iß, da iß ...'nen Kaßten Fepßi", rief er in seiner unverkennbaren Sprache. Pillie und die anderen atmeten erleichtert auf. Langsam fand einer nach dem anderen die Sprache wieder. Wenn schon die Erwachsenen nicht kämen, dann müßten sie diese suchen. Allein mochte keiner losziehen, also wollten alle mit auf die Suche gehen. Fips meinte, sie sollten Papierschnipsel ausstreuen, damit sie den Weg wieder zurückfanden. Ja, das wollten sie tun. Aber das sagten sie nur so, um sich Mut zu machen. Denn wer sollte in diesem Urwald, in diesem Pflanzenwirrwarr ausgerechnet ihre Schnipsel wiederfinden?!

Vorsichtig wanden sie sich durch das Gestrüpp, es knackte und raschelte. Sie blieben öfter stehen, um zu lauschen. Sie riefen öfter mal nach Frau Heckeler. Aber es war nichts zu hören als das ewige Gekreische, Gepiepe und Gefiepe in den unterschiedlichsten Tönen. Sie wollten gerade weiterkriechen, als es plötzlich überall anfing zu rascheln und zu knacken, als huschten Hunderte von irgendwelchen Viechern durch die riesigen Blätter. Sie blieben wie versteinert stehen, doch sehen, konnten sie nichts. Da knackte es über Pillie und ein großer, großer schwarzer Affe stand in zwei Meter Entfernung vor ihr. Ihr stockte der Atem. Die Knie wurden weich. Sie wollte sich gerade umdrehen, als sie eine schwere Hand auf ihrer Schulter spürte ...

„Aufstehen Pillie, es ist Zeit zur Schule!" rief eine Männerstimme. So schnell war Pillie noch nie aus dem Bett gesprungen.

Spielraum 1: Landung im Urwald

Bäume bis in die Wolken

Hochsprungständer und nicht benötigte Reckständer werden mit Baumsilhouetten oder Zweigen aus Pappe geschmückt. Ebenso können Kletterseile oder Kletterstangen mit grünen Tüchern oder Papier umwickelt werden. Vielleicht gibt es auch aus alten Beständen ein Tarnnetz, mit dem es sich, wenn man vom ursprünglichen Nutzen absieht, auch adäquat dekorieren läßt.

Unüberwindbarer Felsen

Am Stufenbarren wird in den unteren Holm das Brett der Lüneburger Stegel eingehängt, darüber legt man eine Weichbodenmatte, so daß sie bis über den zweiten Holm 10 cm herüberreicht. Der Weichboden wird mit Springseilchen am oberen Holm festgebunden. Eine Plastikfolie auf dem Weichboden macht die Hilfe der anderen nötig, um auf den Felsen zu kommen. Ein mutiger Sprung auf die Matten, auf die man grüne Luftballons legen kann, bringt die Kinder wieder auf sicheren Boden.

Aussichtsplateau

Direkt an den „unüberwindbaren Felsen" kann sich auch ein Aussichtsplateau aus Barren, zwei in die Kletterwand eingehängten Langbänken und einer darübergelegten Weichbodenmatte anschließen. Der Barren ist hochgestellt, damit ein „tiefer Abgrund" entsteht, der mit einem Weichboden ausgepolstert wird. In manchen Turnhallen hängen die Klettertaue gerade so, daß die Kinder auch einen Tarzansprung an der Liane wagen können.

Sumpf

– Bälle, Medizinbälle unter einem großen Schwungtuch

– ein mit Kästen abgegrenzter Bereich voll mit Luftballons

– kleine Kästen als Inseln zum Darübergehen

– ein mit Matten ausgelegter Bereich, der mit der Stangen-/Trapezschaukel an den Ringen schwingend überwunden wird.

Baumhaus

Die Kletterseile werden durch die Schlaufen des Weichbodens gezogen und paarweise unter dem Weichboden zusammengebunden. Mit Springseilchen stellt man Verstrebungen unter der Matte her, so daß mehr Stabilität erreicht und ein zu starkes Einknicken des Weichbodens verhindert wird. In das Baumhaus – nur zwei Kinder auf einmal – gelangen sie mit einer Strickleiter oder einem dicken Tau mit Knoten im Abstand von 30–40 cm. Der Boden darunter wird mit Bodenturnmatten abgesichert.

Im Wipfel des Baumriesen schwebend ...

Dickicht

Zwischen zwei parallel nebeneinander stehende Barren werden zwei Böcke der Lüneburger Stegel gestellt. Dann wird ein dreidimensionales Spinnennetz aus Seilchen so aufgespannt, daß die Kinder gerade noch hindurchkriechen können.

In dieses Geflecht werden Glöckchen, raschelndes Papier, Streifen aus grünem Kreppapier etc. gehängt: Wird das Netz berührt, entstehen Geräusche. Über diesen Aufbau werden Bahnen aus Packpapier oder Folie gelegt, auf die riesige Blätter aufgemalt sind.

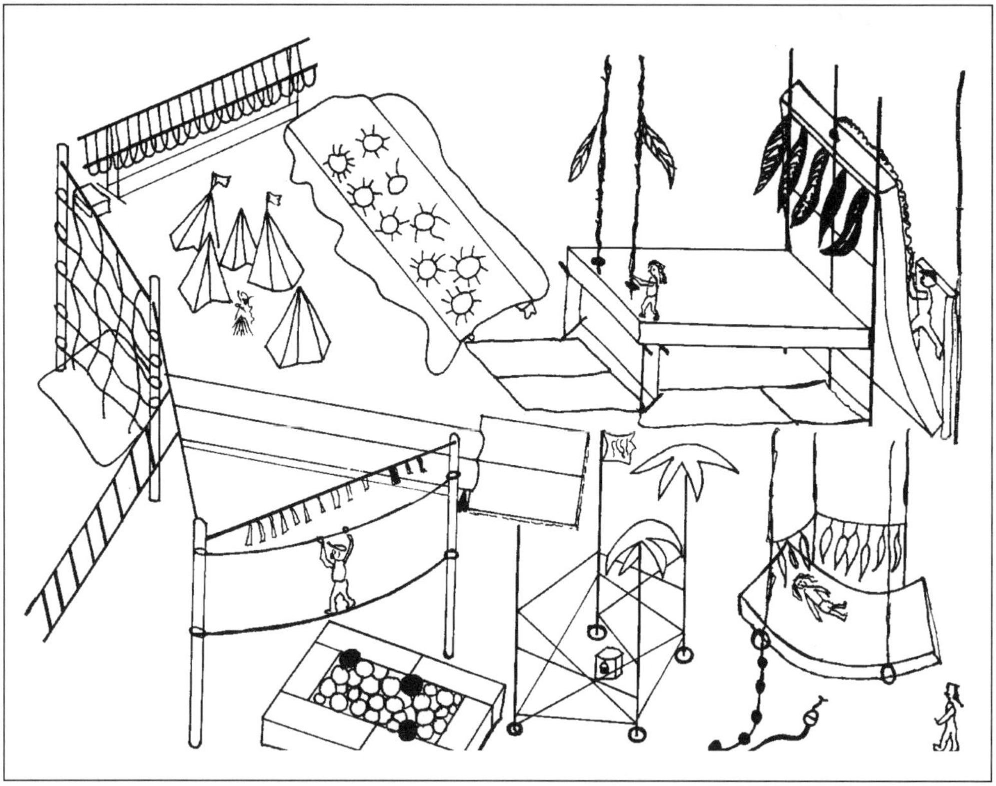

Urwaldbrücke

Wenn in der Turnhalle genügend Turnmatten vorhanden sind, kann auch folgende Variante einer Dschungelbrücke gebaut werden:

Zwei Polyethylenseile werden parallel zueinander im Abstand von 80 bis 100 cm zwischen Reckstange (80 cm hoch) und Stufenbarren gespannt, so daß man 4–5 Bodenturnmatten quer daraufliegen kann. Darunter legt man Bodenturnmatten, falls ein Kind in den Abgrund rutschen sollte.

Wer sich mit Seilknoten auskennt, kann auch Gymnastikstäbe in die Seile knoten. So sieht dann die Urwaldbrücke noch viel echter aus.

Springseilchen in den Barren einbinden (s. S. 57).

Leiter der Lüneburger Stegel auf zwei Sprungkästen legen: Die Kinder hangeln sich oder krabbeln über den Abgrund, wie sie es gerne möchten.

248

Umgestürzte Baumriesen

Der Lüneburger Stegel mit zwei oder drei Balken wird von den Kindern zum Balancieren oder Entlanghangeln benutzt.

Felsenschlucht

Hinter der großen Kletterwand ist eine große Weichbodenmatte mit der langen Seite nach unten so aufgestellt, daß der Weichboden bis an die andere Hallenwand reicht. Die gegenüberliegende Hallenwand ist mit Bodenturnmatten abgepolstert, falls kein Prallschutz in der Halle vorhanden ist. Vor der Kletterwand liegt wiederum ein Weichboden oder mehrere übereinandergeschichtete Bodenturnmatten.

Aus dieser Schlucht kommt man nur heraus, wenn man sich mit gegenseitiger Unterstützung über den hochgestellten Weichboden auf das Klettergerüst hangelt.

Die Kinder hatten sich im Unterricht mit Sach- und Bilderbüchern über den Urwald informiert und die Geschichte gelesen. Neben vielen anderen Vorschlägen – die natürlich auf einem Poster notiert wurden – beschloß die Mehrheit der Klasse ihr Spiel erst einmal nach der Geschichte von Pillie auszurichten. Die Gestaltung des Spielraumes wurde besprochen. Einige Kinder konnten sich noch sehr gut an die „beweglichen Spielräume" (s. S. 27 ff) erinnern. Die Lehrerin half bei der Aufteilung der Geräte. Sie machte auch einige Vorschläge zu Aufbauten, die die Spannung im Urwaldspiel noch etwas erhöhen und den Kindern den Erlebniseindruck näherbringen sollten.

Nachdem die Kinder ihren Urwald in der Turnhalle aufgebaut hatten – die Erwachsenen hatten schon vorher nach Absprache schwierige Konstruktionen erstellt – trafen sie sich in einer Ecke der Turnhalle und besprachen noch einmal kurz die Ausgangssituation: Sie waren mit dem Flugzeug über dem Urwald abgestürzt, der nun erkundet werden mußte.

Dieser Handlungsteil kam dem Bedürfnis der Kinder sehr entgegen, endlich den aufgebauten Spielraum erkunden und ausprobieren zu kön-

nen, ja auch in die Rolle von Tarzan oder anderen Traumfiguren schlüpfen zu können. Die Anstrengung bei der Überwindung schwieriger Aufbauten – dies ist natürlich individuell sehr unterschiedlich –, förderten die Vorstellung, den Urwald als „Schein-Realität" zu erleben. Wie auch schon zuvor bei anderen Spielräumen, galt als Regel, daß jedes Kind selbst entscheiden sollte, was es sich zutrauen mochte und welchen Teil des Aufbaus es lieber erst später in Angriff nehmen wollte. Als „hilfreiche" Rolle gab es in diesem Spiel die Helfer in der Gruppe, die anderen bei der Überwindung des Abgrundes o. ä. zur Seite stehen sollten:

Mit dem Flugzeug – der Leiter auf Rollbrettern und zwei Pappflügeln – ging es nun endlich los. Sie fuhren ein Stück am Rande der Turnhalle entlang, dann – ein kräftiger Schlag auf den Gong – die unfreiwillige Landung im Urwald war vollzogen: Die Kinder lagen auf dem Hallenboden. Ungewohnte Geräusche waren plötzlich zu hören.

Das war das Zeichen für die „Forschertrupps", die sich vorher in der Klasse gebildet hatten, ihre Erkundung zu beginnen. Die Kinder hatten Ausrüstungsgegenstände mitgebracht, von denen sie dachten, sie könnten ihnen bei ihrem Abenteuer nützen: Papprohre als Fernrohr, kleine „day packs", Plastikkompass, „007-Uhr", eine Reiterkappe als Tropenhelm usf. Ein Messer wurde ohne Murren gegen ein solches aus Pappe eingetauscht. Es ist empfehlenswert, mit den Kindern über den Gebrauch von zusätzlichen Materialien zu sprechen, um von vornherein Verletzungsmöglichkeiten ausschließen zu können. Natürlich gab es auch noch die Kleiderkiste, aus der sie sich passend ausstaffieren konnten. Das restliche Kleinmaterial wie Seilchen, Stabhalter, Plastikfüße der Gymnastikstäbe etc. wurde aus den Schränken geholt und war von nun an Proviant, Werkzeug o. ä.

In der ersten Stunde waren die Kinder fast nur mit der Erkundung des Urwaldes beschäftigt. Einige Teile des Spielraumes wurde immer wieder ausprobiert. Einzelne, nicht so bewegungsorientierte Kinder wagten sich dann auch einmal an einen schwierigeren Aufbau. Die Erwachsenen unterstützten die Kinder in dem Bestreben, eine „gefährliche" Situation zu bestehen.

Spiele der Kinder I

Für die nächste Woche wurden Spielideen der Kinder heftigst diskutiert. Sie wollten nun nicht mehr ihren Urwald nur erkunden, sondern ihren Expeditionen ein Ziel geben. Sie einigten sich darauf, daß als erstes, wie in der Geschichte, ihre Lehrerin in Gestalt einer Puppe versteckt und dann aufgespürt werden mußte.

Als zweites sollten von einer Gruppe Spuren oder Schnipsel ausgelegt werden, die zu einem versteckten Gegenstand hinführten. Die anderen Gruppen sollten Spuren verfolgen.

Mit viel Spaß und Eifer erprobten die Kinder diese Spiele, die sie im Spielraum der ersten Stunde durchführten. Es kamen noch weitere kleine Spiele hinzu, die in den Gruppen entstanden und von den anderen ausprobiert und übernommen wurden:

Überwinden des Sumpfes

Die Kinder legten Riesenblätter in Form von Teppichfliesen, Zeitungen oder aus Pappe ausgeschnittene Blattformen auf Bodenturnmatten. Von Blatt zu Blatt hüpfend erreichten sie festen Boden.

Sie konnten das Spiel auch so variieren, daß ein Kind zwei Blätter besaß. Auf einem Blatt stehend, legten sie das andere vor sich, traten hinüber, nahmen das andere Blatt … usf., bis der Sumpf überwunden war.

Es kann aber auch eine „lebendige Brücke" gebaut werden, indem fünf oder sechs kräftigere Kinder sich im Vierfüßlerstand aufstellen und die anderen versuchen, über diese Brücke zu krabbeln. Damit die Belastung der „Brückenkinder" nicht zu groß wurde, wechselten sie sich öfter ab.

Riesenvieh

Zwei Kinder waren unter ein kleines Schwungtuch gekrochen und tauchten plötzlich hinter dem Plateauberg auf. Unter dem Berg war ihre Höhle.

Kriechen wie die Schlangen

Einige Kinder bedeckten sich mit Tüchern und legten sich in einem bestimmten Areal auf die Lauer: Sie sonnten sich in den wenigen Lichtstrahlen, die auf den Boden gelangten und machten „Eindringlingen" das Durchkommen schwer.

Spinnennetz

Das Dickicht war zunächst so gebaut worden, daß kleine Gruppen es gut überwinden konnten. Nun wuchs es mehr und mehr zusammen. Es hatten sich große Spinnen eingefunden, die mit Hilfe von Springseilchen ein Durchkommen immer schwieriger gestalteten.

Inmitten dieses Dickichts hatten sie einen Köder ausgelegt und harrten nun der fetten Beute, die natürlich verspielt hatte, sobald sie das Netz berührte.

Dies sind nur einige wenige Spielmöglichkeiten, die sich in diesem Spielraum entwickeln können. Sie können aber von den Kindern genutzt werden – wie auch andere Geschicklichkeits- oder Bewegungsspiele –, um den Rest einer Stunde zu füllen, wenn der Beginn einer weiteren Planungseinheit nicht mehr lohnt.

In anderen Klassen bestand der Wunsch, noch einmal wie beim Spiel „Tierpark" in Tierrollen schlüpfen zu können. Sie nutzten den Aufbau, um allerlei Behausungen für wilde Tiere zu schaffen, die dort leben wollten. Es gab dort Tigerhöhlen, den Affenbaum, ein Schlangennest, Nistplätze für Vögel usw. Daraus entwickelte sich noch einmal ein Tierspiel im Urwald.

Im folgenden wird nun ein anderer Spielraum vorgestellt, der eine von den Kindern und der Lehrerin geplante Fortsetzung der Geschichte beinhaltet:

Spielraum 2: Das Überleben im Dschungel

Die Kinder berieten sich, wo sie im Urwald übernachten könnten. Das Baumhaus war einer der ersten Vorschläge. Mit Tüchern wollten einige Kinder Zelte bauen. Die Höhle unter dem Plateauberg mußte erobert und eingerichtet werden. Sie machten einen zentralen Treffpunkt aus, wo sie sich versammeln und ein Lagerfeuer errichten wollten.

Nach einer Bauphase trafen sie sich am Lagerfeuer: Sie hatten Hunger bekommen. Wo sollte es etwas Eßbares geben? Auf ihren Erkundungen hatten sie keinen McFritten entdeckt. Glücklicherweise hatten sie schon in der Klasse überlegt, was sie tun wollten. So kamen einige neue Elemente in den Spielraum:

Bananenbaum

Die Urwaldbrücke steht mit einem Kasten direkt an den Kletterstangen. Der Hallenboden ist mit Bodenturnmatten abgepolstert. Die Erwachsenen haben Bananen mit Tesakrepp an den Kletterstangen befestigt. Die Kinder klettern hinauf, pflücken die Bananen und bringen sie zum Lagerfeuer.

Einbaum

In den „Trümmern" des Flugzeuges haben die Kinder noch Rollbretter gefunden, aus denen sie nun einen Einbaum bauen: Ein umgedrehter Kastendeckel wird auf Rollbretter gelegt und mit großen Medizinbällen angefüllt, so daß es wie ein riesiger Baumstamm aussieht.

Reißender Fluß

Ein langes Seil wird gespannt, an dem sich die Fahrer entlangziehen und vor dem Abtreiben sichern können.

Im Fluß haben die Kinder Fische entdeckt, die sie mit selbstgebastelten Angeln (lange Zweige, Magnet und Band) fangen können. Die Fische tauschen sie dann gegen „Engerlinge" (Erdnußflips), einer besonderen Spezialität aus dem Amazonasgebiet, ein.

Eine Variante des Einbaums wird mit Seilen gezogen: Dazu befestigen die Kinder am Kastendeckel zwei längere Seile. Der Einbaum wird nun von Kindern am Ufer über den Fluß gezogen. Die Kinder müssen sich absprechen und Zeichen geben, damit noch genügend Zeit zum Angeln bleibt.

Apfelsinenbaum

Vor den Kletterseilen, der Tarzanschaukel, ist ein Seil gespannt, an dem Apfelsinen in

Cellophantüten an einem dünnen Faden hängen. Die Kinder schwingen nun mit dem Seil hinüber, greifen eine Tüte, reißen sie ab und schwingen zurück.

Die schwächeren Kinder setzen sich auf den Seilknoten und lassen sich anschieben.

Kokospalme

Ein Schwungtuch wird waagerecht in einer Höhe aufgehängt, so daß die Kinder nur noch mit Gymnastikstäben an das Tuch herankommen. Palmwedel aus Transparentpapier auf dem hellen Tuch erwecken den Eindruck einer richtigen Palme. Die Kokosnüsse sind Luftballons o. ä., die die Kinder nun durch Herausstoßen ernten.

Kiwi-Baum

An der Sprossenwand „wachsen" Kiwis. Sie sind mit Tesakrepp nur lose an den Sprossen befestigt, so daß die Kinder sie mit einem in der Turnhalle selbst hergestellten Pflückgerät (Drahtschlaufe an einer längeren Stange, Stoff- oder Papiersäckchen angetackert) ernten können.

Urwald-Kirschen

Als lustige Spieleinlage kann es auch Kirschen geben: Wenn das Spiel in die richtige Jahreszeit fällt, werden Kirschen mit Stielen an einem Seil aufgehängt. Die Kinder versuchen die Kirschen mit dem Mund zu ernten. Wenn zwei Erwachsene das Seil halten, kann es leicht auf die Größe der Kinder eingerichtet werden.

Die Ernte brachten sie ans Lagerfeuer, wo sie zu einer Mahlzeit verarbeitet und auf einem Salatblatt verspeist wurde.

Dann gab es noch die Kokosnüsse, die zur ersten kleinen Enttäuschung aller gar keine Kokosnüsse waren. Zur großen Überraschung tauchten dann doch noch richtige Kokosnüsse auf, die sich von ihnen auch knacken ließen. Die Erwachsenen hatten sie vorher präpariert: Sie wurden in der Mitte durchgesägt, das Fruchtfleisch herausgelöst, in kleine Happen zerteilt und wieder in die Schale gegeben. Diese wurde dann wieder mit Tesaband verschlossen. Nach leichtem Aufstoßen sprang die Nuß wieder entzwei.

Damit für die Kinder kein falscher Eindruck über Früchte aus dem Urwald entstand, war „Obst" noch einmal zum Thema des Unterrichts geworden. Es wäre sicherlich schöner gewesen, mit den Kindern eine Mahlzeit aus Süßkartoffeln und Maniok in einer Erdkuhle zuzubereiten, aber dazu waren die Bedingungen nicht vorhanden.

Die Kinder hatten wieder ein Abenteuer im Urwald überstanden. Doch wie sollte es weitergehen? Vorbereiten der Heimfahrt? Sie hatten in Sach- und Bilderbüchern Bilder und kleine Berichte über Affen gesehen. So durfte für sie das Spiel Urwald nicht enden, bevor sie nicht eine Affenhorde aufgespürt hatten.

Also überlegten sie, wie das Spiel strukturiert sein sollte. Die zündende Idee kam von einem Kind: Wir fangen die Affen und nehmen sie mit nach Hause. Natürlich wollte jeder gleich die Rolle seiner Ur-Urahnen übernehmen …

Spiele der Kinder II

Für das Affenspiel wurden nach Absprache mit den Kindern die Aufbauten kleiner und nicht so aufwendig gehalten. Die Aufbauten werden noch sorgfältiger als sonst abgepolstert, damit sich kein Kind in der Hektik wehtun kann. Dieser Aufbau sollte später dann auch Ausgangspunkt für die Rückreise sein.

Affenbaum

Der Plateauberg aus zwei Barren, Langbänken und Turnmatten wurde an den Kletterseilen aufgebaut. Davor legten die Kinder wieder eine Weichbodenmatte (s. S. 120).

Zelte der Menschen

Aus Tüchern, Schwungtüchern etc. gebaut

Dekorationen

Die Urwalddekorationen wurden natürlich wie bisher aufgehängt.

Wasserfallrutsche

Zwei Langbänke werden ins Hochreck gehängt und mit einem blauen Tuch unten herum verkleidet.

Riesenfluß

Ein Seil ist gespannt und es gibt zwei Einbäume.

Urwaldbrücke

Zwischen zwei Sprungkästen werden zwei Langbänke mit den Sitzflächen nebeneinander eingehängt, so daß eine breite Gehfläche entsteht. Es wird wieder mit Bodenturnmatten abgepolstert.

Die Affen tummeln sich auf ihrem Baum. Sie tragen lange Schwänze aus Kreppapier. Wenn sie diese verlieren, machen sie einen Evolutionsschub und werden auch zu Menschen.

Die Menschen trauen sich nicht so recht an den Baum heran, denn die Affen werfen mit Früchten (gelbe Schaumstoffbälle). Sind sie getroffen, so fallen sie für kurze Zeit in Ohnmacht und müssen ins Zelt gebracht werden. Es gibt einen großen Vogel, den die Affen sehr fürchten. Wenn sein Schrei ertönt, stieben die Affen von ihrem Baum herunter. Das ist die Chance der Menschenkinder.

Mehrere Durchgänge mußten gespielt werden und dann tauchten zum Schluß noch riesige Orang-Utans (die Erwachsenen) auf, die gar nicht so leicht zu fangen waren … In einer anspruchsvolleren Spielvariante wurden die Affen vom Baum gelockt und mit einem Netz (Bettuch) gefangen.

Spielraum 3:
Heimkehr der Urwaldkinder

Nach dem Affenspiel hieß es nun an die Heimkehr denken. Da beim Affenspiel der Aufbau reduziert worden war, gab es genügend Material in der Turnhalle, mit dem die Kinder planen und arbeiten konnten.

Wie sollten sie die Heimkehr schaffen? Laufen? Das schien zu beschwerlich im Urwald und weckte bei manchen böse Erinnerungen an den letzten Klassenausflug. Ein Blick auf eine Kartenskizze vom Amazonasgebiet und die Weltkugel brachte dann die Lösung: Die Kinder hatten doch auch einen großen Fluß in ihrem Urwald. Sie wollten Boote bauen …

Einbaum

Umgedrehter Kastendeckel auf Rollbrettern.

Für einen „**Riesen-Einbaum**" werden drei Balken der Lüneburger Stegel auf vier Rollbretter gebunden und mit braunem PVC-Klebeband gesichert. Fortbewegen läßt sich dieser Einbaum mit den Füßen … oder es wird vorn ein Seil zum Ziehen befestigt.

Dschunke

Der Mattenwagen wird bis auf zwei Matten abgeräumt. Mit Gymnastikstäben und kleinem Schwungtuch bauen die Kinder ein Dach darüber und schmücken dieses Boot mit großen Blättern etc.

Stromschnelle

Es wird noch einmal die Rollbrettrutsche (s. S. 49) oder die Wildwasserbahn aufgebaut.

Die Kinder halten mit ihren Booten vor der Stromschnelle an: Sie genießen dieses „Naturereignis" mit Minibooten (Rollbretter).

Das Material holen sie vom abgestürzten Flugzeug. Als die Boote fertig waren, turnten sie noch einmal über den Affenbaum und hißten dort die Flagge der Hertha-Bummlaude-Schule – denn sie wollten ganz gewiß wieder hierhin zurückkommen. Dann stiegen sie in die Boote und ab ging es, den Fluß hinunter.

Dieses ist nur ein kleiner Ausschnitt aus dem Urwald in der Turnhalle. Es gab eine Menge Spielvarianten, so traf z. B. eine Klasse auf Amazonas-Indianer, mit denen sie dann zusammen lebten. Aus dem Unterricht ergeben sich auch eine Menge Anregungen, die in der Turnhalle ausprobiert und in ein Spiel umgesetzt werden können. Urwald kann auch Thema auf einer Klassenfahrt sein, wo Spielsituationen draußen im Wald geschaffen werden. Zum Schluß sei noch auf eine sehr schöne kooperative Spielekette von A. Breucker-Rubin (1990) verwiesen, die die Attraktion auf einem Klassenfest werden könnte.

Urwald im Unterricht

Unterrichtsinhalt	Tätigkeiten der Kinder	Didakt./meth. Hinweise
Holz, ein alltäglicher Werkstoff.	Die Kinder suchen Verwendungsmöglichkeiten von Holz: – sie sammeln Bilder, – sie notieren die Nomen dazu, – sie ordnen nach Kategorien wie Bauholz, Möbelholz oder Holzgerät.	Poster sind vorzubereiten.
Holz-/Baumarten.	Sie sammeln Bilder von verschiedenen Baumarten und kleben sie in ein Arbeitsblatt bzw. ein Poster. Zusammen mit dem/der Lehrer/in schauen sie sich verschiedene Holzsorten mit Rinde an und beschriften die	Die Kinder lernen verschiedene Holzsorten kennen. Auf einem Tisch liegt ein großes Blatt mit Umrissen der Holzstücke; eine gehobelte Probe ist schon aufgeklebt.

Unterrichtsinhalt	Tätigkeiten der Kinder	Didakt./meth. Hinweise
Wie haltbar ist unser Holz?	Sie machen Ritzproben mit dem Fingernagel und stellen fest ob hart oder weich. Sie machen Bruchproben an kleinen Ästen: Es geht schwer oder leicht; Holz ist biegsam oder schnell brechend. Sie notieren ihre Feststellungen auf dem Poster. Sie überlegen, wie man feststellen kann, wie lange Holz hält: Ein alter Stuhl, ein sehr altes Fachwerkhaus.	Die Feststellung, es gibt hartes und weiches Holz genügt.
Planung eines Unterrichtsganges.	Die Kinder formulieren Fragen, zu welchen Bereichen sie Beweise suchen wollen: altes Holzhaus, alte Bäume, Wald früher und heute …	
Unterrichtsgang in den Wald.	Auf dem Weg zum Wald suchen sie nach alten Häusern: An einem alten Fachwerkhaus sind die Balken ganz gebogen … es ist fast 200 Jahre alt.	
Der Förster berichtet über die Geschichte des Waldes.	Die Kinder schauen sich verschiedene Jagen an: – reine Holzwirtschaft, – naturbelassener Laubwald/ Nadelwald.	
Funktion des Waldes.	Die Kinder schauen sich verschiedene Plätze an: – Grillplatz/Wanderwege für die Freizeit, – Holzhaufen für Holzwirtschaft, – Futterstellen/Tiere für Lebensraum Wald.	

Unterrichtsinhalt	Tätigkeiten der Kinder	Didakt./meth. Hinweise
Besuch bei den Holzfällern.	Die Kinder beobachten die Arbeiter bei der Arbeit: – Arbeitsschritte, – Werkzeuge, – Fahrzeuge. Sie befragen einen Holzfäller nach seiner Arbeit (Schwere, Wetterabhängigkeit, Lust zur Arbeit …). Sie halten Stichworte fest.	Die Feststellung, es gibt hartes und weiches Holz genügt.
Besuch eines Baumdenkmals.	Sie schauen sich den Baumriesen an (s. S. 98 ff.), sammeln Blätter, Früchte, kleine Äste. Sie malen den Baum.	
Geschichte zum Baumdenkmal.	Sie hören sich die Geschichte vom Förster an.	
Kinder sammeln Holzäste.	Sie suchen gerade Äste, biegsames Holz, kleine Astgabeln, Blätter.	
Wie können sie das Holz verwenden?	Sie bauen ein Modell von ihrem Urwald in der Turnhalle. Ein Baumhaus entsteht.	
Spielzeug aus Holz.	Sie suchen sich gleichlange Aststücke heraus und stellen ein Mikadospiel her (Abrunden der Enden, markieren der Hölzchen). Wettspiel mit unterschiedlich langen Hölzchen. Schlaghölzer aus getrocknetem Holz. Aus Astgabeln, Schaschlikstäbchen entstehen Rasseln.	
Verwendung der Kokosschale.	Sie stellen aus den Kokosschalen und festen Hölzchen einen Futterplatz für Meisen her.	

Handapparat zum Urwald im Unterricht

Appleby, P. (o. J.): Leben in den Regenwäldern. Hamburg: Carlsen.

Bernard, J. & Baumann, K. (1993): Piro auf Schatzsuche. Zürich: Nord-Süd. 2. Aufl. (EL).

Brot für die Welt (Hg.). (o. J.): Amazonas-Indianer. Hamburg: Eigenverlag.

Koehler, S. & Ruprecht, F. (1987): Der Schlangengarten. Wuppertal: Jugenddienst.

Mertiny, A. (1991): Der Regenwald. Was ist was. Bd. 90. Nürnberg: Tessloff.

Petersen, H. (1990): Malin im Dschungel. Hamburg: Oetinger. (EL).

Roysten, A. (1991): Schau mal hier. Tiere im Dschungel. Dorling Kindersley Buch. Nürnberg: Tessloff.

Zahn, B. (1980): Liklik Asumo und die Kokosnuß. Einstieg in das Thema „Produkte aus fernen Ländern." In: Schmitt, R. (Hg.). Dritte Welt in der Grundschule, 214–219.

7.7 Eskimos

Das Thema Eskimos ist eines der ersten komplexeren Themen innerhalb der III. Phase, bei dem die Informationsbeschaffung, Vorbereitung, Planung, spielerische Durchführung und Auswertung mehr und mehr den Kindern übertragen wird.

Bei der Auswahl des Themas stand der Gesichtspunkt im Vordergrund, daß die Kinder noch auf möglichst viele bekannte Elemente zurückgreifen können sollen, damit ihnen Freiraum dafür bleibt, sich mit dem neuen Thema auseinanderzusetzen. Es ergeben sich eine ganze Reihe von Parallelen zu dem in der II. Phase gespielten Thema „Indianer", ohne daß dadurch jedoch die Planung der Kinder auf einen bestimmten Spiel- oder Handlungsrahmen eingeengt wurde.

Die Idee zu diesem Spielthema entstand aus den Erfahrungen der Kinder mit dem Spiel in der Turnhalle, z. B. beim Kletterberg (Rutsch- oder Eisberg). Insofern entwickelte sich die Spielidee aus der unmittelbaren kindlichen Erlebniswelt. Wie aus dem im Anschluß an das Eskimo-Spiel vorgestellten Unterrichtsvorschlag zu ersehen ist, wird durch die Auseinandersetzung mit den Eskimos auch ein Stück Öffnung, ein vorsichtiger Schritt aus der Lebensumwelt des Kindes heraus in eine fremde Umwelt vollzogen.

Zur Verdeutlichung, wie Spielideen entstehen und zunehmend die Planung und Ausgestaltung von den Kindern selbst übernommen wird, werden zu Beginn der III. Phase die Spiele „Eskimos" und „Tierpark" in ihren möglichen Planungs- und Verlaufsformen etwas ausführlicher dargestellt. Als Vorbereitung für den/die Lehrer/in steht zunächst zur Orientierung nachfolgendes Ideen- oder Planungsraster zur Verfügung, das dann eingesetzt werden kann, wenn die Kinder in der Entwicklung ihrer Planung nicht mehr weiterkommen oder keine neuen Ideen mehr produzieren.

Zugang zu diesem Thema finden Kinder und Lehrer/in über unterschiedliche Wege. In einer Klasse stand der große Kletterberg als Schnee- oder Eisberg auf der Wunschliste, für den die Kinder neue Nutzungsmöglichkeiten suchten: Alle nur erdenklichen Hilfsmittel wurden auf ihre Fahr- und Rutschtauglichkeit überprüft. Die Eisfläche dehnte sich mehr und mehr auf die ganze Turnhalle aus, es wurden Pappskier gebastelt, Sommerski kamen aus dem Hallenfundus hinzu. Der Mattenwagen mit nur einer Bodenturnmatte wurde zum Motorschlitten. Nach Beginn des Spiels in der Halle wurde das Thema „Eskimo" im Unterricht behandelt und die Kinder erfuhren mehr über die Lebensbedingungen der Eskimos. Im Anschluß an diese Unterrichtseinheit spannten die Kinder im Spiel „Huskies" oder „Rentiere" vor den Schlitten und mit einer großen Eisbärjagd verwandelte sich die einfache Schneelandschaft in eine „wirkliche" Polarwelt. In einem Eisloch tummelten sich Seehunde, sie fingen Fische aus Papier, Eskimos als Angler kamen hinzu. Mit Hilfe von Tüchern und Laken wurden Iglus gebaut.

In der Parallelklasse waren die Kinder schon tiefer in das Spielthema eingearbeitet. Sie hatten vor Beginn des Spiels in mehreren Unterrichtsstunden viel über die geographischen und allgemeinen Lebensbedingungen der Eskimos gelernt und kamen zum Spiel bereits vollbepackt mit Material in die Turnhalle: Alle möglichen Arten von Zelten, darunter auch ein kleines weißes Igluzelt, wurden in die Halle geschleppt und in einer Ecke zu einem kleinen Eskimodorf aufgebaut. Kuscheltiere, natürlich alle in Kaltgebieten beheimatet, packten sie aus Beuteln aus und eröffneten eine Pelztierfarm. Wie es denn so ist, wurden die Tiere auch einmal krank, eine Tierarztstation mußte eingerichtet werden, wo die Tiere untersucht, behandelt und geheilt entlassen wurden. Erst später wanderten die kleinen Eskimos zum großen Eisberg und nutzten die herrlichen Rutschgelegenheiten mit Pappen, Tüchern und Tüten. Der Schneesturm mit dem zweiten Schwungtuch ließ das Eskimodorf für lange Zeit verwaisen. Unter dem Eisberg fand sich eine Eisbärfamilie ein, die so manches Mal die herumtollenden Eskimos ganz gehörig in Schrecken versetzte,

Eskimos fahren Schlitten

bis dann die Idee zur Bärenjagd aufkam und der Spieß umgedreht wurde. Die Lehrerin mußte den Eisbären spielen. Da störte es auch gar nicht, daß sie in ihrem blauen Jogginganzug eher ein „Blaubär" sein mußte, die Bärin wurde erlegt und durch die ganze Halle ins Eskimodorf geschleppt.

In jeder Klasse wird sich das Spiel anders entwickeln. Bei Spielthemen, die den Kindern zunächst nicht sehr nahestehen, hat sich folgende Vorgehensweise in bezug auf die Vorbereitung des Spielthemas bewährt:

Kinder und Lehrer/in tragen ihnen schon bekannte Fakten über Eskimos zusammen. Am besten werden alle Informationen in einer Projektmappe oder besser in Mappen von Tischgruppen gesammelt. Der/die Lehrer/in kann als Vorinformation an der Wandkarte zeigen, wo Eskimos leben und anhand von Bildern, Dias oder thematischen Wandkarten Basisinformationen über das Leben von Eskimos geben.

Für die Vervollständigung der Materialsammlung forschen die Kinder in der Schülerbibliothek, in der Stadtbücherei oder auch zu Hause nach und tragen Material – auch über Fauna, Flora und Landschaft – zusammen, das dann im Klassenunterricht gesichtet und besprochen wird. Das Leben einer Eskimofamilie kann anhand eines Tagesablaufes oder Jahresablaufes (umherziehende Nomaden) beschrieben und verdeutlicht werden. Zum Beispiel kann als Tagesablauf die Jagd des Eisbären genommen werden: Diese Informationen nutzen die Kinder, um sie für ein Spiel in der Turnhalle umzuarbeiten.

Nach einem Film oder dem Lesen einer Geschichte können die Kinder Bilder malen über ihre Vorstellungen, die sie im Verlauf der bisherigen Vorbereitungen gewonnen haben.

Nach der Informationsphase, die nicht nur im Vorfeld der Spielvorbereitung abläuft, sondern die ganze Spielphase begleiten soll, überlegen die Kinder, was sie von den bisher erarbeiteten Informationen so attraktiv finden, daß sie es in ihr Spiel in der Turnhalle einarbeiten wollen.

Es setzt die konkrete Planung ein, die schrittweise das Spiel in der Turnhalle festlegt. Die praktische Vorbereitung und Besorgung von benötigten Materialien, die nicht in der Halle vorhanden sind, die Aufteilung von Raum, Personen, Material und Aktionen schließen sich an.

Im Unterricht in der Halle werden im Kreisgespräch die Absprachen noch einmal kurz in Erinnerung gerufen und dann geht es „ans Werk".

Für die folgenden Stunden sollte die Auswertung und weitergehende Planung im Klassenunterricht erfolgen. Die Kinder überprüfen ihre Erstplanung, verändern oder erweitern sie, wenn sich herausstellen sollte, daß sie in der beabsichtigten Form in der Halle nicht umsetzbar ist oder zu keinem zufriedenstellenden Ergebnis (Spiel) führt. Während des Spiels kann eine unmittelbare Auswertung durch die Kinder in der Turnhalle erfolgen, indem sie Bilder oder Ansichtskarten malen.

Nachdem zwei mögliche Einstiege in das Spielthema „Eskimos" geschildert wurden, soll nun verfolgt werden, wie die Kinder der zweiten Klasse ihr Spiel weiterentwickelt haben.

Die Kinder mußten feststellen, daß sie zwar ihre Tiere gut versorgen konnten, für sich als Eskimos aber keine Vorräte hatten. Ihnen fehlten Lebensmittel und andere Güter. Es wurden darum Schlitten gebaut, die von Huskies gezogen oder auch von Motoren angetrieben wurden. Mit den Schlitten fuhr man zu einem kleinen Camp, wo Sachen erstanden oder eingetauscht werden konnten. Eine andere Kindergruppe baute aus Autoreifen Eislöcher, aus denen Fische geangelt wurden.

Im Eskimodorf errichteten sie kleine Werkstätten, in denen notwendiges Gerät, z. B. Skier aus Pappe, für den Gebrauch in der Halle hergestellt wurde.

Spielraum 1: Eskimodorf

Eisberg

Zwei Langbänke werden in die große Sprossenwand eingehängt, zwei Weichbodenmatten daraufgelegt und festgebunden. Ein großes weißes Schwungtuch stellt Eis und Schnee dar.

An Spielmöglichkeiten ergeben sich Kletter- und Rutschpartien mit den unterschiedlichsten Hilfsmitteln. Mit einem zweiten weißen Schwungtuch können Schneestürme erzeugt werden. Unter dem Eisberg ist eine Eishöhle als Zuflucht für die Eskimos oder Behausung für die Eisbären.

Eskimofamilie / -zelte

– Zelte aus Tüchern und Kästen, mitgebrachte kleine Zelte, dazu Lagerfeuer, und Picknick,

– Eskimolied, -tanz.

Fischfang

– Magnetangeln und selbstgebastelte Papierfische, Eislöcher aus Autoschläuchen,

– Walfang: Einzelne Kinder spielen unter einem großen Schwungtuch einen Wal und werden mit einem Netz gefangen und ins Eskimodorf gebracht.

Pelztierstation

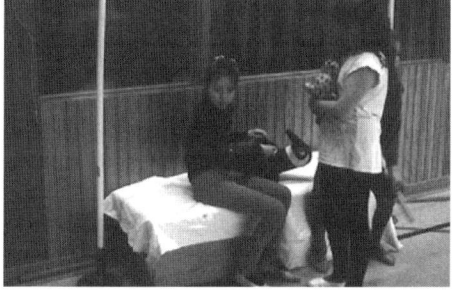

Die Kinder bauten kleine Ställe für ihre Kuscheltiere, die dann größer wurden, als sie selber Tierrollen übernahmen. Dazu kam auch ein Tierarzt, bei dem die Tiere untersucht und behandelt wurden.

Werkstätten

Werkzeuge wie Harpune mit Schaumstoff- oder Pappspitze, Angeln, Ski, Schneebälle Fische oder auch Schmuck und andere benötigte Utensilien entstehen hier.

Schneeballschlacht

Die Skier waren für eine kleine Expedition gedacht, um neue Eislöcher für Fisch- und Robbenfang zu erschließen. Dazu überqueren sie ein großes Schneefeld (weißes Schwungtuch); sie wurden dabei vom Schneesturm überrascht.

Als sie diesen gut überstanden und eine tiefe Eisschlucht überwunden hatten, standen sie vor einem riesigen Feld von Eisschollen (blauen Turnmatten, Zeitungspapier etc.), wo sie mit Hilfe von ausgelegten Ködern reichlich Nahrung ergattern konnten.

Die Entdeckung der Eisschollen brachte neue Entwicklungsmöglichkeiten ins Spiel: Im Eskimodorf bauten sie Kajaks mit Rollbrettern, die sie mit Motorschlitten zum Wasser brachten.

Die Eskimos wurden beweglicher, aber es gab auch neue Gefahren: Boote kippten um, die Eskimos mußten schnell gerettet und mit Schnee (Papierknüddel) abgerieben und ins Dorf gebracht werden. Die Fahrzeuge verhalfen den Eskimos zu erstaunlicher Mobilität, so daß sie jetzt größere Unternehmungen planen und im Spiel durchführen konnten:

Spielraum 2: Ausflüge ins Eis

Eisbärjagd

Ein Schleichpfad kann entwickelt werden: Die Kinder gestalten unterschiedliche

Wegstrecken aus Matten auf Bällen oder Rollbrettern; Matten, niedrig über dem Boden aufgehängt, sind Eisschollen (Zeitungspapier kann hier auch aushelfen). Eine Eisschlucht muß überwunden werden, um den Bärenspuren (ausgelegte Bärentatzen) zu folgen. Der erlegte Bär wird auf dem Schlitten abtransportiert.

Die Bärin ist erlegt und wird abtransportiert

Expedition

Die Eskimos planen und führen einen Treck zum Nordpol durch und denken sich dazu verschiedene Abenteuerstationen aus.

Skiwanderung

Aus Pappe können kleine Skier gebastelt werden, die Gymnastikstäbe sind die Skistöcke (Sommerski, wenn vorhanden).

Ein Schneesturm kann mit dem auf dem Hallenboden ausgebreiteten Schwungtuch erzeugt werden. Ein Hindernisweg entsteht …

Schlittentreck

– Rollbretter mit Kartons und anderen Aufbauten als Hundeschlitten;
– der Mattenwagen als großer Motor- oder Rentierschlitten.

Vielleicht gibt es auch in der Nähe einen Hundefreund mit einem echten Huskie und einem Schlitten, den die Kinder anschauen dürfen.

Schlittenrennen oder Geschicklichkeitsfahren machen den Kindern großen Spaß.

Diese Klasse kannte das Spiel „Tierpark" noch nicht. Es lag daher nahe, nicht nur mit den Kuscheltieren zu spielen, sondern selber Tierrollen zu übernehmen: z. B. als Huskie oder Rentier vor den Schlitten.

Eine kleine Gruppe von „Eisbärkindern" suchte sich eine Bleibe an Eislöchern aus Autoreifen, besorgte sich Gymnastikstäbe und -reifen und andere Utensilien und entwickelte dort das muntere Getummel von verspielten Eisbärkindern.

Spielraum 3: Eskimospiele

Spiele der Eskimokinder

Draußen im Schnee können Iglus gebaut, es kann Ski gelaufen werden. Eislöcher lassen sich nachstellen. Ein Schlittentreck wird von den Kindern zusammengestellt. Spuren werden gelegt und von einer anderen Gruppe verfolgt.

Rentierrodeo

Rentiere müssen eingefangen und zugeritten werden.

Schneeball

Zeitungs- und Illustriertenpapier wird für eine Schneeballschlacht als Abschlußspiel in der Turnhalle zusammengeknüllt.

Den Abschluß des Spielthemas bildete eine riesige Schnellballschlacht in der Turnhalle, zu der die Kinder Berge von „Schneebällen" aus Zeitungspapier geformt hatten und jetzt unter lautem Gejohle durch die Halle warfen.

Wichtig ist, daß die Planungs-, Diskussions- und Auswertungsphasen das Spiel über seinen gesamten Verlauf begleiten, um so gewährleisten zu können, daß Kontinuität, gleicher Informationsstand und Spannung erhalten bleiben.

Parallel dazu oder im Anschluß an das Spiel kann das Thema fächerübergreifend im Klassenunterricht aufgenommen werden. D. h. anküpfend an den konkreten Erfahrungsschatz können Elemente oder Themenbereiche aus dem Spiel herausgenommen und unter anderem Blickwinkel vertieft werden.

Im nachfolgenden Unterrichtsvorschlag sind Ansatzpunkte vorgegeben, wie aus dem konkreten Erfahrungsbereich der Kinder langsam herausgeführt werden und eine „fremde Welt" erschlossen werden kann.

Spielvorbereitung und Unterricht mit ihren unterschiedlichen Zielsetzungen, Inhalten und Arbeitsformen führen die Kinder zu einer Unterrichts-Einheit, an der alle teilhaben und sich ein Stück Realität spielend und handelnd erarbeiten können.

Das Eskimodorf im Bild der Kinder

Eskimos im Unterricht

Wie wir wohnen – wie andere Völker wohnen

Unterrichtsinhalt	Tätigkeiten der Kinder	Didakt./meth. Hinweise
Wie soll das Zimmer/Haus aussehen, von dem ich träume?	Kinder und Lehrer/in erzählen, wie sie wohnen, bringen Bilder mit. Sie tauschen sich aus, was ihnen gefällt, was sie ändern möchten. Sie richten ihr Haus/Zimmer in einem Schuhkarton ein. Alternativ: Wir ziehen alle in ein Hochhaus.	Gegenseitiges Kennenlernen. Arbeitsblatt: Funktionsräume in einem Haus. Jeder baut sein Zimmer in einen Schuhkarton (entweder plastisch oder Zeichnungen, die an die Wände geklebt werden). Die Kartons werden dann zu einem Hochhaus zusammenmontiert.

Unterrichtsinhalt	Tätigkeiten der Kinder	Didakt./meth. Hinweise
Geschichte von Astrid Lindgren: Kinder bauen sich eine Wohnung.	Die Kinder lesen Teile aus der Geschichte vor. Sie vergleichen ihre Vorstellungen vom Wohnen mit denen der Kinder aus der Geschichte. Sie malen ein Bild dazu. Sie versuchen die Wohnung nachzubauen oder in einer Materialcollage nachzustellen.	
Wie wohnen wir in unserem Viertel?	Die Klasse macht einen Rundgang durch das Schulviertel und schaut sich markante Haustypen an (Hochhaus, Bungalow, Mehrfamilienhaus … je nach Gegebenheit). Die Kinder schauen sich einen Haustyp von innen an – so weit es geht.	Kann vielleicht über Schülereltern arrangiert werden: In einem Hochhaus ist es vielleicht leichter, man hat zudem noch einen Blick von oben auf das Viertel.
Es gibt verschiedene Haustypen.	In der Klasse tragen die Kinder ihre Beobachtungen zusammen. Sie schauen Kataloge und Zeitschriften nach Haustypen durch und sammeln sie in Tischgruppen. Sie vergleichen die Häuser, streichen die Unterschiede heraus, versuchen sich an einer ersten Typisierung. Sie entwickeln ein Spiel: Was paßt zu welchem Haus? oder: Kuriose Hütten.	Arbeitsblatt: Haustypen, Hausteile. Festhalten der Funktionseinheiten „Haus". Verschiedene Hausteile (Dach, Stockwerke) werden in gleicher Größe vorgegeben, angemalt und ausgeschnitten: Sie können nun beliebig miteinander kombiniert und aufgeklebt werden.
Eine Baustelle in unserem Viertel.	Die Kinder schauen sich an, wie das Haus langsam wächst, wer an dem Haus arbeitet, welche Maschinen benutzt werden. Sie notieren sich Stichworte. Sie probieren verschiedene Bautechniken aus:	Langzeitbeobachtung

Unterrichtsinhalt	Tätigkeiten der Kinder	Didakt./meth. Hinweise
	– Mauern mit Lego-, Styroporsteinen, Bauklötzen. Wann hält eine Mauer am besten? – Wände gießen aus Gips. – Steine aus Ton formen, brennen, mit Fliesenkleber richtig vermauern. – Häuser kneten, aus Ton formen, aus Lebkuchenteig im Advent. Die Kinder stellen Hypothesen auf in bezug auf Haltbarkeit ihrer Konstruktionen, überprüfen, vergleichen, verändern, verbessern ihre Konstruktionen.	Ausprobieren verschiedener Techniken und Sammeln von Beispielen.
Bauen von kleinen Modellhäusern.	Sie konstruieren die Modelle als vereinfachte Prototypen für die Bauweise in ihrem Viertel. Sie versuchen die ausprobierten Techniken und Materialien zu verwenden. Die Modelle können sie bemalen. Sie entwerfen ein Phantasiehaus entweder als Bild oder auch als Modell.	Auf einfache Konstruktionen achten, evtl. Skizzen vorgeben. Auch als Materialcollage in Gruppenarbeit praktizierbar.
Leben wir nur in Häusern? Was ist z. B. im Urlaub?	Die Kinder berichten von ihrem Erleben. Gesammelte Bilder, Zeichnungen und Prospekte ergänzen ihre Berichte: Wohnwagen, Zelte (Zirkus-/Fest-/Hauszelte) Hausboot, Campingbus, -wagen, Wohnzug usf.	Wandzeitung
Wo können diese Wohnformen praktiziert werden?	Die Kinder machen ein Experiment mit einem kleinen Modellzelt: – Was passiert, wenn es im Dauerregen (Dusche, Waschbecken) steht?	Evtl. Thermometer mit vereinfachter Skala. Malen der Versuchsergebnisse

Unterrichtsinhalt	Tätigkeiten der Kinder	Didakt./meth. Hinweise
	– Der Winter kommt (Kühlschrank und Thermometer). – Die Sonne scheint unerbittlich auf unser Modellzelt (Rotlicht und Thermometer).	
Wie leben andere Völker? *(Zelte, Baumhütten, Höhlen, Pfahlbauten, Hausboote, Jap. Haus, Lehmhütten, Holzhütten etc.)*	Die Kinder erinnern sich an die Indianer. Sie sammeln Informationen aus Büchern, Schriften, Reiseprospekten, Sachbüchern, z. B. wie Japaner, Nomaden, Höhlenbewohner, Holzfäller und die Eskimos wohnen.	Der/die Lehrer/in läßt zunächst eine offene Sammlung zu und erarbeitet mit den Kindern eine Kategorisierung. Beschränken auf eine überschaubare Anzahl von Beispielen.
Warum haben diese Völker andere Behausungen als wir?	Die Kinder klären mit dem/der Lehrer/in ab, in welchem Klima (warm, feucht, kalt, trocken) diese Völker leben, welche Baumaterialien sie zur Verfügung haben. Sie ergründen, wie diese Völker leben, welche Gewohnheiten sie haben. Kann ein Nomade ein festes Haus gebrauchen? Kann ein Eskimo ein Haus aus Stein oder Holz bauen?	Materialien aus Kindersachbüchern bereitstellen.
Wir bauen ein Modell von anderen Haustypen.	In Kleingruppen bauen die Kinder kleine Indianerzelte, ein Urwaldhaus, eine Lehmhütte aus Knete, ein Pfahlhaus, Zirkuswagen o. ä. Sie malen dazu ein Bild als „Diarama".	
Ein Iglu entsteht …	Aus vorgeschnittenen „Schneeblöcken" aus Styropor bauen die Kinder in Gruppen Iglus. Sie kleben den Iglu auf Pappe und gestalten dazu eine Eislandschaft mit aufgeklebten Papierfiguren.	Im Winter bei genügend Schneefall wird natürlich ein echter Iglu draußen gebaut und erprobt!

Unterrichtsinhalt	Tätigkeiten der Kinder	Didakt./meth. Hinweise
	Ein kleines Experiment: Zusammen mit Erwachsenen bauen sie aus Eiswürfeln einen Iglu, messen die Temperatur darin. Ein kleines Teelicht wird in den Iglu gestellt: Wird es warm im Iglu?	In kalter Umgebung evtl. Unterrichtsgang in ein Kühlhaus.
Wovon leben Eskimos? Wie ziehen sie sich an?	Die Kinder informieren sich mit bereitgestelltem Material, z. B. Sachbuch, Bildband: Sie lesen eine Geschichte über Eskimos (Jagd o. ä.): Sie verarbeiten die Informationen in Bildern, Tischmappen etc.	
Besuch im Zoo.	Sie suchen die Tiere, die in Kaltgebieten leben. Sie beobachten die Tiere, achten besonders darauf, welche „Kleidung" sie tragen, wovon sie sich ernähren. Sie machen sich Notizen, Skizzen, nehmen Geräusche auf Tonband auf.	Hier können auch Dias oder ein kleiner Film gezeigt werden.
Besuch im Hundeverein.	Die Kinder schauen sich die Hunde an, die etwas für Menschen leisten: *Blindenhund, Spürhund, Bernhardiner, Husky als Schlittenhund.* Im Winter einen Hundeschlitten mit Huskies in Aktion beobachten, vielleicht auch einmal selber mitfahren.	
Das Tierkleid „Fell" vom Eisbären oder von der Robbe ist vielfältig zu nutzen.	Die Kinder probieren aus, was man aus Fellresten (u. U. Kunstfelle oder Stoffreste) alles herstellen kann. Sie informieren sich über die Pelztierwirtschaft.	Mit einfachsten Techniken wie Kleben und Heften, evtl. auch Nähen, einfache Produkte wie Fell-/Lederbeutel etc. herstellen.

Unterrichtsinhalt	Tätigkeiten der Kinder	Didakt./meth. Hinweise
Welche Werkzeuge benutzen die Eskimos, wie und womit bewegen sie sich fort?	Die Kinder stellen Material zusammen. Sie überlegen, wie sie diese Informationen für das Spiel in der Turnhalle nutzen und ein Eskimodorf aufbauen und darin spielen können.	Ausprobieren der Werkzeuge

Handapparat zu Eskimos im Unterricht

Aust, S., Collin, C. & Theil, A. (1992): Hallo Baumeister! Menschen auf der Baustelle. Wien: Ueberreuter.

Axt, R. (1986): Florian, du träumst zuviel. Würzburg: Arena.

Carwardine, M. (1987): Tiere in der Kälte. Wie Tiere leben. Nürnberg: Tessloff.

Beer, H. de (1992): Der kleine Eisbär und der Angsthase. Gossau: Nord-Süd. (EL).

Damjan, M & Wilkon, J. (1990): Artuk der Eskimojunge. Gossau: Nord-Süd. (EL).

Hughes, J. (1978): Wissenswertes über die Eskimos. München: Moewig.

Irving, R. (1982): Von der Höhle bis zum Wolkenkratzer. Was ist was. Bd. 23. Nürnberg: Tessloff.

Irving, R. (1982): Polargebiete. Was ist was. Bd. 36. Nürnberg: Tessloff.

Janosch. (1991): Schnuddelbuddel baut ein Haus. München: dtv-TB. (EL).

Kernke, G. (1992): Boris und die Bauklotzenburg. Zürich: Diogenes.

Klindworth, U. (1992): Viele Hände bauen ein Haus. Ravensburg: Maier. (EL).

Müller, D. & Könner, A. (o. J.): Der Riese im Schnee. Oberursel: Neuer Finken-Verlag.

Planche, B. (1992): Eskimos – Leben im ewigen Eis. Ravensburg: Maier. 6. Aufl. (EL).

Wiebel, K. H. (1992): Natur Begreifen. Experimentierkartei. 17. Bauwerke und Statik. Lichtenau: Freiarbeit-Verlag. 2. Aufl.

Wilkon, J. (1990): Artuk, der Eskimojunge. Gossau: Nord-Süd.

7.8 Flugzeuge / Raumfahrt

Die Beschäftigung mit dem Fliegen und dem Weltall ist von jeher ein faszinierendes Thema gewesen, das zu phantasievollem Tun in allen Altersgruppen anregt. Ob es nun „Peterchens Mondfahrt" ist oder die Geschichte vom „Kleinen Prinzen", im Zeitalter der Raumfahrt ist das Weltall auch in die Kinderzimmer eingezogen.

Einige Kinder bringen vielleicht schon eigene Flugerfahrungen von der letzten Urlaubsreise mit, andere waren schon einmal auf der Aussichtsplattform eines Flughafens. Eigene Anschauungen aus der Beobachtung z. B. eines vorbeifahrenden Heißluftballons oder der Blick zum Sternenhimmel auf vorbeiziehende Satelliten ist Anregung genug, selber einmal eine Expedition ins Weltall, einen Flug zum Mond zu planen und dann zu spielen. Sind es in der Spielecke Flugzeug und Raketenmodelle, mit denen Kinder solche Unternehmungen arrangieren, so eröffnet ihnen das Spiel in der Turnhalle die Möglichkeit, mittels Konstruktionen aus Großgeräten und Verkleidungsmaterial selber in die aktive Rolle eines Flugzeugführers oder Raumfahrers zu schlüpfen.

In der ersten Spielphase steht die Konstruktion von Flugobjekten im Vordergrund: das Planen, Bauen und Ausprobieren, mit welchen Materialien Flugzeuge, Raketen oder Raumstationen gebaut werden können. Sobald die Aufbauten den Vorstellungen der Kinder entsprechen, erweitern die Kinder ihren Handlungsraum und greifen das vorher geplante thematische Spiel auf.

1. Spiel auf dem Flugplatz

In einer Klasse begann das Spiel der Kinder auf dem Flugplatz. In der Planungsphase hatten sich die Kinder eine Vorstellung erarbeitet, wie es auf einem Flugplatz aussieht und sich darüber verständigt, welche Luftfahrzeuge sie bauen wollten. In der ersten Stunde entstand folgender Spielraum:

Spielraum 1: Flughafen

Propellerflugzeug

Auf Sprungkästen oder Lüneburger Stegel wird eine Weichbodenmatte gelegt und festgebunden.

Propeller aus Pappe montieren die Kinder an eine Schmalseite. Das Cockpit besteht aus umgedrehten Kastendeckeln oder kleinen Kästen, je nach dem, wie viele Piloten es geben soll.

Cockpit und Fahrgastzelle finden entweder auf dem Weichboden oder aber auch in dem Raum darunter ihren Platz. Eine Langbank stellt die Flügel dar.

Sportflugzeug

Ein umgedrehter Kastendeckel wird auf zwei Rollbretter gelegt. Flügel können wiederum aus einem Kastensegment, aus Pappe oder Gymnastikstäben erstellt werden.

Servicewagen

Hiervon kann es ein oder zwei geben: Ein Kastendeckel auf zwei Rollbrettern oder ein abgeräumter Mattenwagen.

Je nach Funktion, ob Feuerwehr, Tankwagen oder anderes, gestalten die Kinder diese Wagen.

Motorflieger

Eine Leiter wird auf Rollbretter gelegt, von denen das erste und letzte festgebunden wird. Als Flügel binden die Kinder ein Kastensegment quer auf die Leiter.

Mit „vereinten Kräften" wird es schon fliegen

Terminal

Zwischen Sprungkästen werden mit Hilfe der Erwachsenen zwei oder drei Langbänke eingehängt und Bodenturn- oder Judomatten daraufgelegt. Es entsteht einmal ein Raum, in dem sich das Flugpersonal aufhalten kann, Flugscheine zu verkaufen sind, Material und Vorräte gelagert werden. Auf dem Terminal hat die Flugüberwachung ihren Platz.

Nach diesen Vorstellungen bauten die Kinder nun ihren Flughafen auf. Eine größere Gruppe hatte sich für das Propellerflugzeug entschieden, das zu einem großen Passagierflugzeug erweitert werden sollte. Der große Aufbau ging relativ schnell vonstatten. Dann suchten sich die Kinder Utensilien aus der Halle zusammen, um das Flugzeug weiter auszugestalten: Zwei Piloten sollten in zwei Kastendeckeln ihren Platz finden. Als Steuerknüppel nahmen sie zwei Füße von den Gymnastikstäben, Staffelstäbe waren mal Ferngläser, mal Funkgeräte, oben auf dem Flugzeug wurde eine Fahne montiert. Den Innenraum des Flugzeuges unter dem Weichboden legten sie mit Bodenturnmatten aus. Tücher waren die Sitze für die Fluggäste. Vorn an das Flugzeug kamen links und rechts Propeller aus gekreuzt zusammengebundenen Gymnastikstäben. Im Schulfundus fanden sich noch richtige Propeller aus Pappe, die dann zum Einsatz kamen.

Um die Fluggäste kümmerten sich eine Stewardeß und ein Steward: Sie wiesen den Fluggästen die Plätze zu, kontrollierten die Flugkarten, teilten Sauerstoffmasken in Form von bunten Tüchern zu, boten symbolisch Getränke und Mahlzeiten an. Mit Springseilchen mußten sich die Fluggäste bei Start und Landung anschnallen. Das Startsignal kam vom Tower. Obwohl es eigentlich ein fester Aufbau war, spielten die Kinder den Flug, indem die Steuerknüppel entsprechend bewegt wurden, bei Start und Landung lehnten sie sich zurück, in den Kurven legten sie sich zur Seite.

Sportflugzeug und Motorflieger unternahmen Rundflüge über das Flughafengelände, nahmen Fluggäste aus dem großen Passagierflugzeug

auf und brachten sie zu ihrem gewählten Reiseziel. Es gab zwei Servicewagen: Einer war ein kombiniertes Tank- und Feuerwehrauto. In einem blauen Hüpfball war das Flugzeugbenzin und in einem roten Hüpfball war Löschpulver enthalten. Während das Passagierflugzeug oder die kleinen Flugzeuge betankt wurden, hielt die Feuerwehr Wache. Die Feuerwehr kümmerte sich auch um technische Probleme nach Anweisung des Flugkapitäns: Sie machte Funktionsprüfungen von Steuerung und Propellern.

Im vollbesetzten Passagierflugzeug brach dann tatsächlich einmal Feuer aus! Die Kinder hatten in der Klasse ein Photo von einer Notlandung gesehen und wollten diese auch in der Halle simulieren. Die Feuerwehr kam in Windeseile, um zu löschen und Rettungseinrichtungen anzubringen. Nach Anweisung des Flugpersonals mußten die Fluggäste vorsichtig aus dem Flugzeug heraus und auf den Weichboden klettern. Von da aus ging es über eine Rutsche (Langbank, Sprungbrett der Lüneburger Stegel mit kleinem Schwungtuch) in die Sicherheit, wo sie von einem Servicewagen, der sonst für den Transport der Fluggäste und des Gepäcks zuständig war, abgeholt und zum Terminal gebracht wurden. Im Terminal richteten sie ganz schnell eine Sanitätsstation ein, wo die Fluggäste untersucht und behandelt wurden.

Im Terminal herrschte auch sonst reges Treiben. Hier holte sich das Flugpersonal seine Ausrüstung. Für die Touristen hatten die Kinder in der Klasse Flugkarten in Form von kleinen Ansichtskarten mit aufgedrucktem Reiseziel gemalt, die hier ausgestellt und verkauft wurden. Hier nahm das Bodenpersonal auch das Gepäck (Ständer von den Gymnastikstäben) an und gab es an die Servicewagen weiter. Auch gab es in einem kleinen Modeladen (Kleiderkiste, Schminkstand) die Möglichkeit, sich für den Flug hübsch zu machen.

In der weiteren Planung des Spiels auf dem Flughafen differenzierten die Kinder das Spiel im großen Passagierflugzeug weiter aus. Speisen und Getränke sollten nun nicht mehr symbolisch angeboten werden, sondern ganz real mit Saft und Keksen. Das statische Flugzeug reichte ihnen dann nicht mehr aus: Sie bauten es folgendermaßen um, so daß ein Flug realistischer und interessanter durchgeführt werden konnte:

Spielraum 2: Flugschule

Düsenflugzeug

Mit zwei Langbänken und zwei Reckstangen wird ein Weichboden in zwei Paar Ringe eingehängt. Die überstehenden Langbänke an einer Seite werden mit Tüchern zu Düsen umgestaltet.

Mit Pappe kann ein Bug gebastelt werden, der zwischen die Enden der Langbänke eingebunden wird.

Die Abdeckung der Fahrgastzelle und des Cockpits ist ein in die Seile gebundenes Schwungtuch.

Der Einstieg ist eine selbstgebaute Strickleiter oder ein Sprungkasten, der an das still hängende Flugzeug herangefahren wird.

Pilotenschule

Hierfür haben sich die Kinder kleine Aufgaben ausgedacht, die Flugpersonal und Fahrgäste vor dem Flug ausführen:

– Die Flugtauglichkeit an Tarzan-, Reifen- oder Trapezschaukel beweisen: Von einem Kasten zum anderen schwingen.

– Die Höhentauglichkeit ausprobieren: Mit Hilfestellung vom Trimpolin auf das große Passagierflugzeug springen,

– den Umgang mit dem Sauerstoffgerät üben: einen Luftballon aufblasen und ihn an das Flugzeug hängen.

Flugparade

Pappkartons als Körperverkleidung mit Löchern für Kopf und Arme, bemalt und beklebt. Dazu gab es „Sphärenklänge".

Für das Passagierflugzeug entfiel jetzt natürlich das realistisch durchgeführte Servieren von Speisen und Getränken. Dafür wurden die ganzen Flugvorbereitungen in Verbindung mit der „Pilotenschule" viel spannender. Mit der Schaukel entstand der Eindruck des Fliegens,

was durch das eingebundene Schwungtuch noch verstärkt wurde. Zwischendurch geriet das Flugzeug in Unwetter oder Luftlöcher, kam ins Schlingern.

Der Betrieb am Tower ging allmählich zurück, dafür bauten die Kinder eine kleine Flugzeughalle, in der sie kleine Privatflugzeuge bastelten.

Es war nämlich zwischenzeitlich der Wunsch aufgekommen, für kleine Entfernungen selbst einen eigenen kleinen Flieger zu benutzen. Für den Abschluß dieses Spiels wurde eine Flugparade verabredet: Die selbstgefertigten Flieger wurden vor dem Tower bestaunt und begutachtet. Dann bestiegen die Kinder sie und flogen langsam, getragen von Sphärenklängen, Runden über den Flugplatz.

2. Expedition ins Weltall

Zu einem kleinen Abenteuer entwickelte sich die Expedition ins Weltall, die die Kinder einer 2. Grundschulklasse geplant, aufgebaut und gespielt hatten.

Die Entscheidung für diese Spielvariante hatte sich dadurch ergeben, daß im Fernsehen über den Flug eines Space-Shuttles berichtet worden war. Dies hatten einige Kinder verfolgt und hierdurch einen Eindruck vom Fliegen im Weltall gewonnen, den sie nun in eine Spielhandlung umsetzen wollten. Für die Planung dieser Spielvariante war etwas mehr thematische Vorbereitung notwendig als beim Spiel „Flughafen", um alle Kinder auf einen, zur Entwicklung des Spieles notwendigen Informationsstand zu bringen. In der Klasse wurden zum Thema Geschichten gelesen, Sachbücher gewälzt, Bilder betrachtet.

Nach der Informationsphase überlegten sich die Kinder ein Ziel für ihre Weltraumexpedition: Es sollte der Mars sein. Für alle Beteiligten war klar, daß es sich um eine gespielte Phantasiereise handelte, in die zwar reale Elemente der Raumfahrt einflossen, aber nicht ein Flug zum Mars den Tatsachen entsprechend nachgespielt werden sollte. Für die erste Stunde in der Halle planten die Kinder folgende Spielmöglichkeiten:

Spielraum 1: Raumfahrt

Raketen

2 Kastendeckel auf Rollbrettern: Dazu legten die Kinder eine Röhre aus 2 Bodenturnmatten und Gymnastikreifen in einen Kastendeckel und in den anderen klemmten sie eine Bodenturnmatte U-förmig (umgedrehtes U). Die Raketenspitze und die Stabilisierungsflügel bastelten sie aus Pappe.

Erdstation

Ein Zelt aus einem großen Schwungtuch stellte für die Kinder die Erdstation dar, die Ausgangspunkt der Expedition war und wo Materialien (Kleiderkiste etc.) gelagert wurden.

Raumstation

– zwei oder drei Langbänke zwischen Kästen eingehängt und einen Weichboden darübergelegt und mit Matten abgesichert.

oder:

– die Lüneburger Stegel mit einem Weichboden darauf.

oder:

– drei Langbänke mit einem Ende in die Kletterwand und dem anderen Ende in einen kleinen Stufenbarren eingehängt und mit einem Weichboden bedeckt sowie mit Matten abgesichert.

Freiflug im All

Für den Freiflug im All wurde die Raumstation in greifbarer Nähe der heruntergelassenen Ringe aufgebaut.

Mars

Für den Anfang des Spieles stellten die Kinder den Mars mit einem kleinen Zelt aus einem roten Schwungtuch in einer entfernten Ecke der Halle dar.

Da die Kinder für den ersten Teil des Spieles eine Zwischenstation in Form einer Raumsta-

tion geplant hatten, hatte der Mars zunächst nur Symbolfunktion und diente nur zu einem Erkundungsflug, von dem die Raumfahrer eine vorher in der Klasse gemalte Zeichnung mitbrachten (s. u.). Das zentrale Spielgeschehen fand zunächst in den Raketen statt, die geplant, gebaut und ausprobiert werden mußten. Parallel dazu entstand neben der Erdstation eine Raketenabschußbasis aus Gymnastikstäben für die größere Rakete. Für die kleineren gab es Sprungbetter, von denen heruntergefahren wurde.

Die Erdstation entwickelte sich zu einer reinen Werkstatt und Lagerhalle, wo benötigte Utensilien gebastelt und gelagert wurden. Die Zeit in der Turnhalle reichte nicht aus, um alle Ausrüstungsgegenstände herzustellen. Diese bastelten die Kinder entweder im Unterricht oder zu Hause, wo das eine oder andere Elternteil vom „Raumfieber" angesteckt und manches gemeinsam hergestellt wurde: Raumfahrerhelme aus Kartons, Anzüge aus Müllsäcken, Fernrohre aus ineinander steckbaren Pappröhren zum Auseinanderziehen, Kameras aus kleinen Kartons, Säckchen für Bodenproben, Fahnen, Funkgeräte aus Kartons und alten Kopfhörern, Sauerstoffmasken aus Karton usw. Diese Spielgeräte wurden nach und nach für das Spiel gebaut und weiterentwickelt. Die Werkstatt war gleichzeitig Kontaktstelle zur Raumstation.

Endlich konnten die Startvorbereitungen beginnen und der erste Flug zur Raumstation erfolgen. In der Halle hatten die Kinder auf Gymnastikstäbe Sterne, Planeten, Sonne und Mond aus farbigem Karton aufgesteckt. Es gab sogar eine kleine „Milchstraße". Gespannt warteten die Kinder auf das Startzeichen. Der Countdown lief … Unter heftigen Erschütterungen erhoben sich die Raketen in die Luft und nahmen Kurs auf den Mond. Mit abermaligen Erschütterungen traten sie aus der Erdatmosphäre aus, so heftig, daß die Kinder glaubten, die Raketen würden das nicht überstehen. Dann nahm der Flug einen ruhigen Verlauf zwischen den Planeten hindurch über die „Milchstraße" zur Raumstation, deren Aufstieg eine Strickleiter war.

Auf der Raumstation wurde erst einmal die Flagge gehißt und Funkkontakt zur Erde aufgenommen. Die Höhe der Raumstation vermittelte den Kindern den Eindruck, den „sicheren" Boden verlassen zu haben. Die Illusion, über den anderen zu schweben, gab ihnen Anregung genug, das Spiel weiterzuentwickeln und auszubauen. Zur Erdstation wurde ein regelrechter Pendelverkehr eingerichtet und Materialien beschafft, um die Raumstation einzurichten. Ein großes weißes Schwungtuch gab der Station ein futuristisches Aussehen. Unter der Raumstation hatten die Raketen einen Platz gefunden und konnten dort repariert und für den Weiterflug ausgerüstet werden. Oben auf dem Weichboden gab es Wohnmöglichkeiten aus Tüchern. Mit den Ringen oder Klettertauen konnten die Kinder die Schwerelosigkeit oder den Freiflug im All erproben. Sie sicherten sich dabei mit einer „Zauberschnur" ab, um nicht in den Weltraum abzudriften und den Funkkontakt zur Raumstation zu verlieren.

Soweit hatten die Kinder die erste Phase des Spieles geplant. Die Expedition erfuhr eine Unterbrechung durch den Vorschlag eines Kindes, doch eine richtige Prüfung für Raumfahrer durchzuführen. Diese Anregung hatte wohl ihren Ursprung in Fernsehbildern, wo Astronauten über ihre Ausbildung und ihre Versuche im Weltall berichteten.

Es entstanden eine Menge Spiele, die von Kindern und Erwachsenen gemeinsam entwickelt wurden. Um das Bestehen der Raumfahrerprüfung zu belegen, fertigten sie kleine Ausweise, die jeder stolz mit sich herumtrug und die ihnen Einlaß in die Raumstation verschaffte. Für die Praxis empfiehlt es sich, nur eine kleine Auswahl an Prüfungsspielen von den Kindern treffen zu lassen, damit keine zu große Unterbrechung des Hauptspiels entsteht. Natürlich können die Kinder die Raumfahrerprüfung auch an den Anfang des Spieles setzen.

Spielraum 2: Ausbildung zum Testpiloten

Schwerelosigkeit
Kleines Trimpolin vor großem Weichboden auf Podest: Mit Hilfestellung übten sich

---

die Kinder im Flug auf die Matte oder nahmen diese Kombination vorübergehend als Aufstieg in die Raumstation.

oder:

Kinder hüpften mit Hüpfbällen über den Mond/die Milchstraße.

oder:

Ein Viereck aus Langbänken wird mit Autoschläuchen ausgelegt und mit Bodenturnmatten überdeckt: Die Kinder überwanden eine kurze Wegstrecke hüpfend auf dieser federnden Unterlage.

oder:

Große Schaukel aus Weichbodenmatte und Ringen vermittelt einen schwebenden Eindruck: Der Aufstieg ist eine geknüpfte Seilleiter oder Strickleiter aus Gymnastikstäben: Rundherum war alles mit Matten abgesichert und die Kinder versuchten in der Mitte der schwebenden Matte zu stehen (s. a. Bewegliche Matte!).

Simulator für Raumfahrer
Ein abgegrenzter Raum ist mit aufgeblasenen Luftballons gefüllt: Die Kinder versuchten, durch den Raum zu schweben, ohne die herumfliegenden Planeten zu zerstören.

oder:

Ein Schwungtuch wird ausgelegt und damit kleine Wellen gemacht: Die Kinder sammelten kleine herumfliegende Schaumstoffbälle, Luftballons ein.

oder:

Zwischen zwei Langbänke werden unterschiedlich große Bälle und Medizinbälle und darüber ein Tuch gelegt: Kriechend versuchten die Kinder in der Schwerelosigkeit einen Mondkrater zu überwinden.

oder:

Ein Pkw-Schlauch wird in die Ringe gebunden: Schwebend versuchten die Kinder an einem gespannten Seil aufgehängte Gegenstände als verlorenes Werkzeug aus dem All zu fischen.

Freiflug im All

– Eine Langbank wird relativ hoch über einem Weichboden schräg in die Ringe gebunden: Über diese „schwebende Bank" kletterten die Kinder hoch und „flogen" auf den blauen Planeten.

oder:

– Mit der Longe, die von einem Erwachsenen zu bedienen ist, schwebten die Kinder zur Raumstation.

oder:

– Mit der Schaukelreckstange oder dem Trapez schwangen sich die Kinder von einer Kraterwand zur anderen (Kästen, dazwischen Matten).

Aus dieser Sammlung von kleinen Spielen suchten sich die Kinder drei oder vier für den Astronautentest heraus und gingen begeistert in die Testphase. Jede Station hatte ein von den Kindern entwickeltes Symbol, das sich im Astronautenausweis wiederfand und dort abgestempelt wurde. Die Kinder hatten großen Spaß an diesem Raumfahrertest, so daß einige Kinder am liebsten gleich eine ganze Testserie durchgeführt hätten. Im späteren Spiel tauchte die eine oder andere Station in Verbindung mit anderen Aufbauten wieder auf.

Nachdem nun alle Kinder einen Astronautenausweis besaßen, konnte die Planung der Expedition vorangetrieben werden. Es wurde beratschlagt, wie es auf dem Mars aussehen sollte. Die Kinder malten Bilder, aus denen eine kleine Karte entwickelt wurde. Diese wurde auf dem Mars versteckt: Eine Vorhut wagte den Vorstoß auf den Mars. Sie war mit Kameras ausgerüstet und kam mit guten Bildern wieder heil zur Raumstation zurück.

Mit den Kindern wurde abgesprochen, daß diese Zwischenphase wiederholt werden sollte, damit alle Kinder die Chance hatten, diese Ersterkundung durchzuführen.

Die Skizze vom Mars war zugleich Planungs- und Baugrundlage für das Spiel in der nächsten Stunde.

Die Vorbereitungen für den Flug zum Mars waren getroffen: Die Kinder setzten sich in die Raketen und die letzte Etappe der Expedition konnte beginnen. Je näher sie an den Mars herankamen, desto mehr konnten sie erkennen, was sie schon auf der kleinen Karte entdeckt hatten, die die Vorhut mitgebracht hatte (Die Kinder fahren mit den Raketen eine Runde durch die Halle):

Spielraum 3: Landung auf dem Mars

Kleiner Berg

Langbänke hängen die Kinder mit Hilfe der Erwachsenen in die Kletterwand und legen sie auf der anderen Seite mit dem Sitzbrett auf Sprungkästen. Die Bänke werden mit Bodenturnmatten abgedeckt, evtl. ein Schwungtuch darübergelegt. Zum Hochklettern dienen kleine Kästen, eine Strickleiter o. ä. Mit Bodenturnmatten wird rundherum abgesichert.

Geröllfeld

Zwischen Langbänken breiten die Kinder ein Schwungtuch aus und legen Bälle, Medizinbälle oder auch Luftballons darunter. Zum Geröllfeld führt die Wackelbank.

Um Laufen und Rennen auf dem Schwungtuch auszuschließen (gesondert darauf hinweisen: auf dem Tuch nicht Rennen, Laufen, Schubsen!), wird vereinbart, daß das Geröllfeld nur über die Wackelbank erreicht werden kann, darunter liegt eine tiefe Felsspalte.

Tiefe Ebene

Platz in der Halle, wo das Schwungtuch aufgehängt werden kann (unter Basketballkorb, Seilen o. ä.). Je nachdem wie die Kinder geplant haben, bauen sie hier ein großes Zelt oder mehrere kleine Zelte aus Tüchern oder Pappe auf und richten ein kleines Biwak ein. Hier landen auch die Raketen.

Niemandsland

Eine Gruppe von Kindern baut einen kleinen Irrgarten aus Gymnastikstäben und Tüchern auf, den sie durchkriechen oder mit kleinen „Amphibienfahrzeugen" durchfahren können.

Die Kinder können hier Sachen verstecken oder ein Astronaut hat die Orientierung verloren, die große Suchaktion beginnt.

Raumstation

Die Raumstation wird in der Nähe des Geräteraumes aus zwei Kästen, mit Bodenturnmatten darüber, aufgebaut.

Großer Marskrater

Mit Hilfe der Erwachsenen stellen die Kinder Sprungkästen an den Ringen so auf, daß sie mit den Ringen alleine oder mit der Schaukelreckstange von einer Seite zur anderen schwingen können (Bodenturnmatten zwischen die Kästen). Die beiden offenen Seiten verhängen sie mit Tüchern (Seilchen spannen). Mit einem blauen Tuch stellen die Kinder Wasser dar.

Für diesen Spielraum rückten die Erdstation ganz und die Raumstation teilweise in den Hintergrund. Die Kinder hielten noch ständige Verbindung zur Raumstation, um sich mit Materialien zu versorgen, die sie auf dem Mars benötigten.

Der Mars war so aufgebaut, wie die Kinder ihn sich vorgestellt und auf einer Karte bereits aufgemalt hatten. Mit den Raketen landeten sie in der „Tiefen Ebene" und richteten sich im Zelt ein kleines Biwak ein. Von diesem Stützpunkt aus wollten sie Eroberungsfahrten über den unbekannten Planeten unternehmen. Sie konnten ihre Unternehmungen aber auch planen und anhand der Karte einen Weg aussuchen, wo sie entlangfahren und was sie untersuchen wollten. (Wie es sich auf Expeditionen so zuträgt, tauchen natürlich auch Überraschungen auf).

Aus Rollbrettern und Kartons bastelten sie Amphibienfahrzeuge. Mit einem Brett und Balancierrollen oder Papprollen konstruierten sie

ein Spezialfahrzeug, das im tiefen Staub des Mars nicht einsinken konnte.

Die erste Fahrt ging natürlich zum Berg. Dort mußte die Fahne gehißt werden, um zu dokumentieren, daß sie die ersten Menschen auf diesem Planeten waren. Vom Berg aus hatten sie den besten Überblick über den Planeten. Sie konnten beobachten, was ihre Mitspieler machten, sich neue Ziele aussuchen, die sie als nächstes ansteuern wollten.

Verlockend war natürlich auch eine Expedition zum Geröllfeld, dort nachzuforschen, ob sich in diesem unwegsamen Gelände etwas verbarg. Die Kinder hatten kleine Steine bunt angemalt und von den Erwachsenen dort verstecken lassen. Ein Kind hatte zu Hause den Begriff „Meer der Stürme" aufgeschnappt, der sofort auf das Geröllfeld übertragen wurde. Tatsächlich gab es dann auch Stürme mit dem Schwungtuch: Staub wurde so aufgewirbelt, daß man nichts mehr sehen konnte (verbundene Augen). An einer Rettungsleine gesichert, versuchten die Kinder „Marsgestein" zu bergen, was sich unter diesen erschwerten Bedingungen als sehr schwierig herausstellte. Aber die Kinder wollten unbedingt Marsgestein mit zur Erde bringen, um beweisen zu können, wie es auf dem Mars aussieht und daß sie tatsächlich dort gewesen waren. Im großen Zelt begannen einige Kinder aus den Steinen Phantasiefiguren zusammenzukleben. Dieses Spiel wurde dann in der Klasse fortgesetzt: Die Marslandschaft wurde auf ein Stück Graupappe übertragen und mit Abfallmaterialien die Oberfläche gestaltet. Zuletzt stellten sie die Phantasiefiguren hinein (Gruppenarbeit).

Einige Kinder eroberten den Mars mit ihren Amphibienfahrzeugen und trafen dabei auf den großen Krater, dessen Wände nur mühselig erklommen werden konnten. Aber mit gegenseitiger Unterstützung und Anseilen schafften sie auch das. Wie mochte es auf der anderen Seite aussehen? Mit den Ringen – die Schwerelosigkeit war über dem Krater wegen der aufsteigenden Dämpfe (Sauerstoffmasken!) besonders ausgeprägt – überwanden sie das tiefe Loch, das mit Wasser gefüllt zu sein schien. Einige Kinder waren so mutig, sich in den Krater herabzulassen und dieses zu überprüfen.

Auf der anderen Seite des Kraters war die Landschaft nicht anders, konnten sie nach kurzen Untersuchungen feststellen. Und doch fanden sie etwas Ungewöhnliches: Einen Fußabdruck (aus silbrigem Karton). Was hatte das zu bedeuten? Gab es Leben auf dem Mars? War es ein Mensch, der womöglich den Kindern gefährlich werden konnte?

Mit dieser Frage gingen die Kinder in die Klasse. Es wurde beratschlagt und gerätselt … Es mußte ein Marsmensch sein. Ein kleines Zwischenspiel wurde geplant und verabredet. Die Lehrer/in sollte den Marsmenschen als Roboter oder ähnliches spielen, sich im Krater verstecken. Fußspuren sollten auf dem gesamten Mars verteilt werden. Dies erledigte eine kleine Gruppe von Kindern mit der Lehrer/in, während die anderen im Biwak die Bewältigung des bevorstehenden Abenteuers planten. Zuerst sollten alle Fußspuren aufgesammelt werden, dann konnten die kleinen Astronauten die Kraterwand erklimmen und den Kampf mit dem Marsmenschen aufnehmen. Zur Sicherheit hatten sie ein Netz mitgebracht, mit dem sie ihn bändigen wollten, falls es nötig wurde. Aus der Tiefe des Kraters kam ein gefährliches Grummeln. Endlich faßten sie Mut, stürmten den Kraterboden, nahmen den Marsmenschen gefangen und brachten ihn ins Biwak.

Die Gesteinsproben und den ungewöhnlichen Fund wollten die Kinder nun so schnell wie möglich zur Erde bringen, ehe er womöglich verlorenging. Stolz berichteten sie der Erdstation, die ein Kind in einer Ecke der Halle schnell provisorisch aufgebaut hatte, von ihrer unerwarteten Entdeckung. Die Erdstation gab einen vorher verabredeten Funkspruch durch, nach dem die sofortige Rückkehr zur Erde angeordnet wurde.

Flugs lösten die Kinder ihre Amphibienfahrzeuge auf und richteten die Raketen wieder her: Der Start klappte, aber beinahe wäre die Besatzung der Raumstation vergessen worden! Die Kinder waren froh, als das Schütteln und Schlagen beim Eintritt in die Erdatmosphäre aufhörte und die Raketen sicher landeten. Nachdem alles aufgeräumt war, brachten die Kinder stolz ihre Trophäen, den noch verkleideten Marsmenschen und die Phantasiefiguren aus Marsgestein in ihre Klasse. Sie schrieben die kleine Geschichte auf und malten Bilder dazu. Wer Lust hatte, konnte die Geschichte auch weiterspinnen, z. B. wie der Marsmensch in einem kleinen Rollenspiel einem staunenden Publikum vorgeführt wird.

Dies ist nur ein kleiner Ausschnitt dessen, was sich an Spiel – durch die Kinder geplant und durchgeführt – auf dem Mars entwickeln kann: Je nach Vorlieben und Ideen der Kinder kommt es z. B. über mehr hängende Aufbauten zu anderen Spielräumen. Die Kinder planen Flüge zu anderen Planeten, zu denen sie hinfliegen, die sie erforschen, in Besitz nehmen und gestalten. Sie richten sich dort ein, besuchen sich gegenseitig. Auf dem Mars gibt es ein Reisebüro, wo „planetarische Reisen" geplant und gebucht werden können.

Flugobjekte im Unterricht

Der ewige Traum vom Fliegen …

Unterrichtsinhalt	Tätigkeiten der Kinder	Didakt./meth. Hinweise
Lesen einer Geschichte: Daedalus und Ikarus (modern). Der kleine Prinz (Saint-Exupery).	Kinder lesen die Geschichte und malen ein Bild dazu. Sie sammeln Bilder von „Fliegenden Menschen", *(Hans-Guck-in-die-Luft, Daedalus, Batman, Dracula, Peter Pan, Fallschirmspringer …)*	Die Kinder sollten auf die Gefahren hingewiesen werden, damit sie zu Hause nicht eigenständig herumexperimentieren und z. B. aus dem Fenster springen!

Unterrichtsinhalt	Tätigkeiten der Kinder	Didakt./meth. Hinweise
Spielen der Geschichte auf dem Schulhof.	Sie probieren dabei allerlei Materialien aus: *Tücher, Umhänge, Schirme, Flügel aus Pappe, Segel, Drachen, Handpropeller etc.*	Nicht das perfekte Theaterspiel, sondern die Geschichte als Impuls zum Ausprobieren steht im Vordergrund.
Wind und Luft befördern Flugobjekte.	Sie sammeln Bilder, bringen Spielmodelle mit: *Fallschirm, Drachen, Zeppelin, Heißluftballon, Propellermaschine, Segelflieger, Hubschrauber, Rakete, Raumstation, Gasluftballon, Vögel, Flugsamen, Insekten.* Sie versuchen, die Flugobjekte zu ordnen: schwebt – wird angetrieben.	Die unterschiedlichen Begriffe sollten verdeutlicht werden. Bilder von Flugtieren.
Experimentell in Erfahrung bringen, welche Objekte von Luft getragen werden. *(dünnes Papier, kleine Federn, Flugsamen von Distel, Pusteblume, Ahorn; Luftballon, Holzstückchen, Metallplättchen ...)*	Die Kinder überprüfen diese Materialien auf ihre Flugeigenschaften und dokumentieren sie in einer Plakatliste.	Jedes Kind sollte die einzelnen Materialien ausprobieren können.
Luft ist unsichtbar: Sie bietet aber Widerstand, übt Kraft aus.	Experiment: Luft kann tragen, bietet Widerstand: – im Luftreifen, Ball, Ballon, Luftmatratze, – Luftströmung – Wind hat Kraft (Pusten, Föhn, Gebläse, Luftpumpe, Wind/ Sturm). Die Kinder berichten von eigenen Erfahrungen und probieren aus: Spiel mit Wattebausch oder Feder.	Wetterphänomene sind anschauliche Beispiele: Sturm trägt Blätter, herumliegendes Papier; der Orkan sogar Autos etc. (Bildmaterial).
Wann ist Luft doch zu sehen: Wenn sie mit sichtbaren Stoffen vermischt wurde.	Kinder überlegen, ob sie schon einmal „Luft" gesehen haben: wenn Staub aufgewirbelt wurde, Qualm aus dem Schornstein stieg, Nebel aufkam usf.	

Unterrichtsinhalt	Tätigkeiten der Kinder	Didakt./meth. Hinweise
	Lehrer/in zeigt ein kleines Experiment: Große Seifenblase wird hergestellt und mit dem Pustefix wieder aufgefangen. Dann bläst der Erwachsene mit einem Strohhalm Rauch (ausnahmsweise von der Zigarette) hinein. Es entsteht eine kleinere grau gefärbte Seifenblase in der großen.	
Erstellen eigener kleiner Flugobjekte.	Die Kinder basteln – kleinen Fallschirm, an den eine kleine Spielzeugfigur gehängt werden kann. Mit einem Stück geradem Schlauch wird der Schirm auf die Reise gepustet, – einen einfachen Drachen, – Windrad/Propeller, – Papierflieger oder Heißluftballon.	Die Modelle sollten sich nicht zu sehr an der Realität orientieren: Anhand der gebastelten Modelle können die Kinder noch einmal ihre Erfahrungen und Beobachtungen überprüfen.
Aus welchem Material sind die oben aufgeführten Flugobjekte gebaut?	Die Kinder vervollständigen die Plakatliste. Sie überprüfen die Materialien noch einmal auf ihre Flugeigenschaften.	Evtl. Arbeitsblatt mit Beispielen.
Schwere Materialien (Metall, Holz) fallen zu Boden: Warum fliegen die Flugobjekte aus diesen Materialien trotzdem?	Die Kinder schauen sich Bilder (Film) und Modelle an. Sie ordnen die Flugobjekte nach ihren Antriebsarten. Sie probieren aus: – Juniorflieger mit Gummimotor, – aufgeblasenen Luftballon sausen lassen, – Abschußrampe für Fallschirm, – Gasballon, – Windrad als Modell für Propeller.	

Unterrichtsinhalt	Tätigkeiten der Kinder	Didakt./meth. Hinweise
Wo werden Flugobjekte gebraucht? Welchem Zweck dienen sie? *(Personen-, Lastentransport, Freizeitvergnügen, Erkundung)*	Kinder sammeln Bilder, bauen aus Spielzeugmodellen und gebastelten „Prototypen" einen kleinen Flughafen.	
Wie erreichen Flugobjekte genau ihr Ziel, das sie erreichen wollen, ohne abgetrieben zu werden?	Die Kinder machen eigene Versuche: – Von Windströmung getragen/getrieben. – Versuch mit Gasballons mit Antwortkarte: Fundorte mit Stecknadel auf Karte markieren. Sie messen grob die Entfernung in cm. – Papierflieger in eine bestimmte Richtung schießen. – An Papierflieger und Juniorflieger einfache Steuerklappen anbringen.	Lehrer/in rechnet Entfernung aus. Die einfache Feststellung, daß es Flugklappen zum Steuern gibt, reicht aus.
Besuch auf einem Flughafen: *Segelflugplatz, Drachenflieger, Motorflughafen etc.*	Die Kinder beobachten an ausgesuchten Stationen Start und Landung. Sie schauen sich die Tätigkeiten des Personals an und protokollieren, malen Bilder. Die Kinder spielen die Tätigkeiten mit ihrem „Flughafen" in der Klasse oder in der Turnhalle nach.	Als Ausweg: Filmausschnitt über die Tätigkeiten auf einem Flughafen oder in einem Jumbo-Jet zeigen.
Entwickeln einer Phantasiegeschichte.	Die Kinder beginnen mit einer Geschichte. Sie überlegen, ob und wie sie die Geschichte im Spielunterricht in der Turnhalle spielen können.	Die Kinder dokumentieren die Geschichte mit Stichworten und Bildern zusammen mit dem/der Lehrer/in.

Handapparat zu Flugobjekten im Unterricht

Aust, S. & Jassmann, V. (1992): Hallo Flieger! Menschen bei der Luftfahrt. Wien: Ueberreuter.

Bernard, J. (1981): Piro, der Pilot. Gossau: Nord-Süd. (EL).

Bhend, K. & Hasler, E. (1991): Im Traum kann ich fliegen. Ravensburg: Maier. 4. Aufl.

Butschkov, R. (1993): Ich habe einen Freund, der ist Pilot. Hamburg: Carlsen.

Kerrod, R. (1992): Flugmaschinen. Hildesheim: Gerstenberg.

Krüss, J. (1981): Florian auf der Wolke. Hamburg: Oetinger.

Kruse, M. & Hölle, E. (1989): Urmel auf dem Mond. München: Schneider. (EL).

Lornsen, B. (1985): Tim Träumer. Hamburg: Oetinger. (EL).

Maar, P. (1990): Das kleine Känguruh lernt fliegen. Sonne, Mond & Sterne. Hamburg: Oetinger. (EL).

Metzger, W. & Metzger-Mauch, U. (1993): Auf dem Flughafen. Ravensburg: Maier. 3. Aufl.

Pestum, J. (1989): Nachts bin ich ein Astronaut, aber das weiß keiner. München: Schneider. (EL).

Polacco, M. & Michel, G. (1992): An Bord moderner Flugzeuge. Nürnberg: Tessloff.

Prunier, J. (1989): Die Welt der Ballons und ersten Flugzeuge. Ravensburg: Maier.

Taylor, B. (1992): Einfache Experimente: Luft und Flug. München: Südwest.

Übelacker, W. (1993): Planeten und Raumfahrt. Was ist was. Bd.16. Nürnberg: Tessloff.

Wiebel, K.H. (1992): Natur Begreifen. Experimentierkartei. 03. Flug. 05. Wetter. 07. Luft. 16. Im Weltraum. Lichtenau: Freiarbeit-Verlag. 2. Aufl.

8. Literaturauswahl zum Spielen

1. Allgemeine Spielesammlungen und Spielkarteien

Baer, U. u. A. (1993): Remscheider Spielkartei. Remscheid: Robin Hood.

Beermann, M. & Bort, W. (1992): Minispielkartei. Spiele für Kinder von 2–6 Jahren. Münster: Ökotopia. 4. Aufl.

Boese, G. (1984): Spielaktionen für große Gruppen. Köln: Kalker Spiele.

Boese, G. (1990): Lustige Spiele im Freien. Köln: Kalker Spiele. 5. Aufl.

Boese, G. (1991): Lustige Spiele im Raum. Köln: Kalker Spiele. 6. Aufl.

Boese, G. & Mölter, U. (1985): Erlebnis Spiele. Spiele für große Gruppen. Ettlingen: Ettl.Verlag.

Bort, W. (1984): Miteinander spielen. Ab 8. Ettlingen: Ettl.Verlag.

Bort, W. & Beermann, M. (1984): Mini-Spielkartei. Essen: Bort.

Breucker-Rubin, A., Gerwin, U. & Schüßler, P. (1992): Kinder-Spielkartei. Münster: Ökotopia. 4. Aufl.

Bücken, H. (1989): Das große Spielebuch. Die besten Spiele und Spielideen für alle Gelegenheiten. Freiburg: Herder.

Bundesjugendwerk der Arbeiterwohlfahrt. (1982): Die Praxismappe. Spiele für Kinder, Jugendliche und Erwachsene. Bonn: Eigenverlag.

Erzbischöfliches Jugendamt und BDKJ. (o. J.): Spielesammlung. Köln: Eigenverlag.

Fluri, H. (1991): 1012 Spiele und Übungsformen in der Freizeit. Schorndorf: Hofmann. 5. unv. Aufl.

Fritz, J. (1991): Mainzer Spielkartei. Mainz: Grünewald. 4. erw. Aufl.

Geißler, U. (1991): Jetzt geht's rund. Spielaktionen für alle Gelegenheiten. Münster: Ökotopia.

Gellert, M. & Herzig, W. (1984): Wie das Wildschwein fliegen lernte. Spiel(e) mit Kindern und anderen Spielverderbern. Offenbach: Burghardthaus-Laetare.

Jokisch, W. (1992): Steiner Spielkartei. Münster: Ökotopia.

Jost, E. (Hg.): (1985): Spielanregungen – Bewegungsspiele. Reinbek: RoRoRo-TB.

Kelber, M. (Hg.) (1990): Schwalbacher Spielekartei. Mainz: Grünewald. 16. Aufl.

Künne, W. (1969): Spielkartei. Wehrheim: Gruppenpädagogische Literatur.

Mitterbauer, G. & Schmidt, G. (1985): 300 Bewegungs-Spiele für Schule, Verein, Freizeit und Familie. Innsbruck: Steiger.

Oesterreichische Kinderfreunde. (o. J.): Spielkartei der Oesterr. Kinderfreunde. Wien: Eigenverlag.

2. Bewegungsspiele

Barlin, A. L. (1982): Fliegen möcht ich. Kreative Bewegungserziehung mit Kindern. Ravensburg: Maier.

Baumann, N. (1991): Neue Klassen in Bewegung. Sportpraxis 32 (3), 3–4.

Bischops, K. & Gerards, W. (1990): Tips für neue Wettkampfspiele. Aachen: Meyer & Meyer.

Blaha, F. (1986): Freizeit- und Bewegungsspiele. Sportpraxis 27 (5), 13–15.

Brinckmann, A. & Treeß, U. (1989): Bewegungsspiele. Sozialarbeit – Freizeitgestaltung – Sportunterricht. Reinbek: RoRoRo-TB.

Broich, J. (1993): Körper- und Bewegungsspiele. Über Einhundert neue Gruppenspiele. Köln: Maternus. 2. Aufl.

Brüggebors, G. (1989): Körperspiele für die Seele. 312mal Bewegung, Entspannung, Energie. Anregungen zur Psychomotorik. Reinbek: RoRoRo-TB.

Bücken, H. (1990): Mit Hand und Fuß: Bewegte Spiele für jung und alt. Freiburg: Herder.

Carr, R. (1982): Bewegungsspiele und Yoga mit Kindern. München: Kösel.

Ehni, H., Kretschmer, J. & Scherler, K. (1985): Spiel und Sport mit Kindern. Reinbek: RoRoRo-TB.

Ehrlich, P. & Heimann, K. (1982): Bewegungsspiele für Kinder. Wie ein Kind in seiner Entwicklung gefördert werden kann. Dortmund: modernes lernen.

Ehrlich, P. & Heimann, K. (1986): Bewegungsspiele mit dem Pedalo. Dortmund: modernes lernen.

Grabbet, R. (1987): Laufen, Toben, Springen ... Loben. Bewegungsspiele in Kindergruppen. Offenburg: Burckhardthaus-Laetare.

Gräsel, E.-M. (1988): Richtig bewegen – kinderleicht. Bewegungsspiele. Wien: Oesterreich. Bundesverl.

Günzel, W. (1974): Turnen, Sport und Spiel in der Wohnung. Baltmannsweiler: Burgbücherei.

Hardey, E.B. (1991): Kinder turnen mit Vergnügen. Übungen und Spiele zur Körperschulung. Weinheim: Beltz. 4. Aufl.

Harrison, K. & Layton, J. & Morris, M. (1991): Tanz und Bewegung. Mülheim: Verlag an der Ruhr.

Homburger Sportjugend im HSB. (1984): Spielekarren ... und dann machen wir mal anders Sport. Bad Homburg: Eigenverlag. 3. neubearb. Aufl.

Jost, E. (Hg.): (1985): Spielanregungen – Bewegungsspiele. Reinbek: RoRoRo-TB.

Ketelhut, R. & Brunner, K. (1983): Spiele für Sport und Freizeit. Berlin: Weinmann.

Konietzko, C. (1985): Sing-, Kreis-, Finger- und Bewegungsspiele. Heidelberg: Schindele.

Kunz, T., Pochanke, S., Prinz, G. & Seidl-Jerschabek, G. (1993): Spiele zur Bewegungsförderung im Grundschulalter. Wehrheim: Gruppenpädagogische Literatur.

Löscher, W. (1979): Bewegungsbeispiele. Frankfurt: Diesterweg.

Mertens, K. & Wasmud-Bodenstedt, U. (1987): 10 Minuten Bewegung. Dortmund: modernes lernen.

Metzenthin, R. (1983): Schöpferisch Spielen und Bewegen. Zürich: Orell-Füssli.

Miedzinski, K. (1983): Die „Bewegungsbaustelle" – ein Weg zur Spiel- und Bewegungsförderung im Vorschulalter. Praxis der Psychomotorik 8 (1), 20–21.

Mühlenberg, G. (1992): Budenzauber: Spiellieder und Bewegungsspiele für kleine und große Leute. Münster: Ökotopia.

Patz, A. & Patz, D. (1989): Neue Bewegungs-Spiele. Kindgemäße Bewegungserziehung im Kindergarten, in der Kindergruppe und im Verein. Ettlingen: Ettl. Verlag.

Pils, I. & Schuller, A. (1991): Ballspiele. Regeln und Varianten. München: Hugendubel.

Rathmann, I. (1989): Bewegungsspiele für Kinder. Wiesbaden: Englisch.

Wetton, P. (1992): Sportspiele. Mülheim: Verlag an der Ruhr.

3. Kooperative Spiele

Abresch, J. (1980): Konkurrenz im Spiel – Spiele ohne Konkurrenz. Pohlheim: Mondstein.

Blumenthal, E. (1988): Kooperative Bewegungsspiele. Eine Spielesammlung unter dem besonderen Aspekt der Integration leistungsschwächerer Schüler. Schriftenreihe zur Praxis der Leibeserziehung und des Sports. Bd.191. Schorndorf: Hofmann.

Blumenthal, E. (1990): In Spielen kooperieren lernen. Grundschule 22 (1), 28–30.

Bort, W. (1984): Kooperative Spiele in der Gruppe. Ettlingen: Ettl. Verlag.

Bort, W. (1984): Spiele ohne Tränen. Bd. 3. Kooperative Kinderspiele. Ettlingen: Ettl. Verlag.

Bort, W. (1990): Kooperative Spiele im Freien. Ab 6 Jahre. Ettlingen: Ettl. Verlag. 2. Aufl.

Bort, W. (1991): Kooperative Spiele in der Gruppe. Ab 8 Jahre. 2. Aufl. Ettlingen: Ettl. Verlag.

Breucker-Rubin, A. (1992): Da ist der Bär los ... Kooperative Mit-Spiel-Aktionen für kleine und große Leute. Münster: Ökotopia.

Bücken, H. & Grabbert, R. (1984): Spiele ohne Tränen. Bd. 4. Kooperative Kinderspiele. Ettlingen: Ettl. Verlag.

Büttner, C. (1982): Spiele gegen Streit, Angst und Not. Waldkirch: Waldkircher Verl.-Gesellsch.

Deacove, J. (1981): Spiele ohne Tränen. Bd.1. Kooperative Kinderspiele. Ettlingen: Ettl. Verlag.

Dirx, R. (1984): Kind ärgere dich nicht. 280 Spiele ohne Verlierer. Frankfurt: Fischer-TB.

Fluegelman, A. & Tembeck, S. (1979): New Games. Die neuen Spiele Bd. 1. Oberbrunn: Ahorn.

Kath. Jungschar d. Diözese Linz. (1985): Spiel und Spaß. 200 Spiele ohne Verlierer. Gallneukirchen: Evang. Diakonie.

Klippstein, E. & Klippstein, H. (1978): Soziale Erziehung mit kooperativen Spielen. Regelspiele für Vorschule und Schule. Bad Heilbrunn: Klinkhardt.

LeFevre, D. (1985): Das kleine Buch der neuen Spiele. Oberbrunn: Ahorn.

Orlick, T. (1990): Neue kooperative Spiele. Mehr als 200 konkurrenzfreie Spiele für Kinder und Erwachsene. Weinheim: Beltz. 2. Aufl.

Orlick, T. (1991): Kooperative Spiele. Herausforderung ohne Konkurrenz. Weinheim: Beltz. 4. Aufl.

Reichel, G. & Rabenstein, R. (1982): Bewegung für die Gruppe. Lockerungen – Kreativer Tanz – Kooperativer Sport – Kontakt-Spiele – Fest-Animation. Linz: AG f. Gruppenberatung.

Riemer, Ch. (1986): Spiele ohne Sieger. Ravensburg: Maier.

Sibler, H.P. u. a. (1986): Spiele ohne Sieger. Ravensburg: Maier.

4. Spiele zur Wahrnehmung

Beck, J. & Wellershoff, H. (1989): SinnesWandel. Die Sinne und die Dinge im Unterricht. Königsstein/Ts.: Scriptor.

Bücken, H. & Schimmelpfeng, R. (1984): Nachtspiele. Spiele im Dunkeln, drinnen + draußen. Ettlingen: Ettl. Verlag.

Bücken, H. u. A. (1988): Sinn(en)voll spielen. Bremen: Arbeitsstelle f. Neues Spiel.

Bücken, H. (1993): Kimspiele. Spiele zum Sehen, Schmecken, Riechen, Tasten, Hören und Denken. München: Hugendubel. 4. Aufl.

Falkenberg, G. (1990): Gefühl bis in die Fingerspitzen. Offenbach: Burckhardthaus-Laetare.

Guder, R. (1985): Spiele mit verbundenen Augen. Weinheim: Dt.Theaterverlag.

Hasenbeck, M. (1991): In die Augen, in den Sinn. Wahrnehmung in Kindergruppen. Offenbach: Burckhardthaus-Laetare.

Kopietz, G. (1993): Fixe Ideen. Sinnige Spiele für Zwischendurch. Münster: Ökotopia.

Löscher, W. (1992): Hör-Spiele. Sinn-volle Frühpädagogik. München: Don Bosco. 4. Aufl.

Löscher, W. (1992): Riech- und Schmeckspiele. Sinn-volle Frühpädagogik. München: Don Bosco. 4. Aufl.

Mala, M. (1988): Schnelle Spiele. München: Hugendubel.

Marzollo, J. & Lloyd, J. (1974): Jeder Tag Kolumbuszeit: Entdecken, Spielen, Turnen, Schmecken mit Kindern von 3 – 8 Jahren. Ravensburg: Maier.

Seitz, R. (Hg.): (1992): Seh-Spiele. Sinn-volle Frühpädagogik. München: Don Bosco. 4. Aufl.

Seitz, R. (Hg.): (1993): Tast-Spiele. Sinn-volle Frühpädagogik. München: Don Bosco. 6. Aufl.

o. A. (1993): Sinn-Salabim. Lernkartei zum Thema Wahrnehmung. Mülheim: Verlag an der Ruhr.

Vopel, K.W. (1990): Interaktionsspiele für Kinder. Teil 1–4. Affektives Lernen für 8–12jährige. Salzhausen: Isko Press.

5. Spielen in der Grundschule

Arbeitsgruppe Oberkircher Lehrmittel. (Hg.) (1983): Schulspaß und Schulspiele. Handbuch zum Schulalltag. Reinbek: RoRoRo-Tb.

Beermann, M., Breucker, A. & Gsella, M. (1992): Musik & Tanz. Spielekartei für Klingelgespenster und Hüpfflöhe in Kindergarten und Grundschule. Münster: Ökotopia. 3. Aufl.

Bort, W. (1989): Schul-Spiel-Buch. Basel: Z-Verlag.

Böschemeyer, H.-D. & Vopel, K. (1977): Kommunikation im ersten Schuljahr. Affektives Lernen im Alter von 5–7. Interaktionsspiele und ein Unterrichtsversuch im 1. Schuljahr. Salzhausen: Isko Press.

Brunner, R. & Kropf, W. (1990): In der Schule spielen: Spielideen für die Grundschule. München: Ehrenwirth.

Burk, K. & Haarmann, D. (Hg.) (1979): Wieviel Ecken hat unsere Schule? I. Schulraumgestaltung: Das Klassenzimmer als Lernort und Erfahrungsraum. Beiträge zu Reform der Grundschule Bd. 40/41. Frankfurt: AK Grundschule.

Burk, K. & Haarmann, D. (Hg.) (1980): Wieviel Ecken hat unsere Schule? II. Schulraumgestaltung: Schulhaus – Schulhof – Schulanlage. Beiträge zur Reform der Grundschule Bd. 42. Frankfurt: AK Grundschule.

Craemer, K.-P. (Hg.) (1982): Lebendiger Schulalltag. 20 Beispiele für einen Unterricht, der Schülern Spaß macht. Weinheim: Beltz.

Daublebsky, B. (1973): Spielen in der Schule. Vorschläge und Begründungen für ein Spielcurriculum. Stuttgart: Klett.

Döbler, E. & Döbler, H. (1990): Kleine Spiele. Ein Handbuch für Kindergarten, Schule und Sportgemeinschaft. Berlin: Volk & Wissen. 18. Aufl.

Dolle, A. (1983): Spiele im Unterricht. Kasseler Materialien zur Ausländerpädagogik 1. Kassel: Gesamthochschule.

Faßbender, K. (1987): Spiele erfinden. Unterrichtshilfen und Planungsvorgaben zum kreativen Gestalten in der Primarstufe. Frankfurt: ALS.

Funke, A., Gummert, K., Kooy, W. & Rachnow, A. (1991): Geisterparty auf Burg Schreckenstein und elf weitere Spieleketten für Kinder, Jugendliche und Erwachsene. Köln: Kalker Spiele.

Gelfan, E. & Schmakow, S. (1990): Spielen und Lernen: Eine Spielesammlung für Freizeit und Unterricht. Berlin: Volk und Wissen. 7. Aufl.

Germann, W. (1992): Spielgeschichten. Mit Kindern phantasieren, gestalten, musizieren. Zürich: pro juventute.

Guder, R. (1986): Rasen- und Schulhofspiele. Spielen in der Grundschule. Weinheim: Dt.Theaterverlag.

Günzel, W. (Hg.) (1990): Spiele vermitteln und erleben, verändern und erfinden. Baltmannsweiler: Päd. Verl. Burgbücherei.

Heimlich, R. (1988): Soziales und emotionales Lernen in der Schule. Ein Beitrag zum Arbeiten mit Interaktion. Weinheim: Beltz.

Hellmann, M. & Muhr I. G. (1992): Spielketten für Kinder und Jugendliche. Wehrheim: Gruppenpädagogische Literatur.

Hengartner, E. & Weinrebe, H. M. A. (1991): Spiele für die Primarstufe. Anleitungen und Kopiervorlagen. Zürich: Sabe. 5. Aufl.

Homburger Sportjugend im HSB. (1984): Spielekarren... und dann machen wir mal anders Sport. Bad Homburg: Eigenverlag. 3. neubearb. Aufl.

Hoyer, K. (1979): 55 Pausenhofspiele: innen & außen. Lichtenau: AOL-Verlag.

Kerkmann, K. (1990): Wir spielen in der Grundschule. Eine Spielsammlung mit Lehrwinken zur Spielschulung in den Klassen 1 – 4. Schorndorf: Hofmann. 7. Aufl.

Klippstein, E. & Klippstein, H. (1978): Soziale Erziehung mit kooperativen Spielen. Regelspiele für Vorschule und Schule. Bad Heilbrunn: Klinkhardt.

Kunz, T., Pochanke, S., Prinz, G. & Seidl-Jerschabek, G. (1993): Spiele zur Bewegungsförderung im Grundschulalter. Wehrheim: Gruppenpädagogische Literatur.

Meis, R. & Sennlaub, G. (Hg.) (1985): Doch es geht auch ohne Sonne. Wanderung und Fahrten in der Grundschule. Heinsberg: Agentur Dieck.

Regelein, S. (1987): Spielen in Unterricht und Freizeit. Fröhliches und Besinnliches für alle Tage in der Grundschule. Prögel Praxis 121. München: Oldenbourg.

Rosar, R. J. (1990): Spielen in der Grundschule. Spielketten – Spielaktionen – Spieltheorie – Spielpraxis. Saarbrücken: Kreisel.

Rosar, R. J. (1990): Spieleketten im Kindergarten. Spieleketten und Spielaktionen für die Arbeit in Kindergärten und Schulen. Saarbrücken: Kreisel.

Seibold, W. (Hg.) (1987): Spaß beim Spiel – Glück in der Schule. Eine Anstiftung zum Spielen in der Grundschule. Heinsberg: Agentur Dieck.

Stieren, B. (Hg.) (1990. Pausenspiele. Hundertsiebzig Spiele für drinnen und draußen. Prögel Praxis 156. München: Oldenbourg.

Warns, E. (1976): Die spielende Klasse. Ideen, Vorschläge und Texte für Schule und Gruppe. Offenbach: Burckhardthaus-Laetare.

6. Spiel- und fächerübergreifender Unterricht

Bannmüller, E. (1989): Geschichten aus dem Traumland. Ästhetische Erziehung in der Grundschule durch fächerübergreifendes Unterrichten. Sportpädagogik 13 (5), 37–38.

Finkel, I., Kreher, H. & Schopf C. (1987): Hat der Specht recht? Wehrheim: Gruppenpädagogische Literatur.

Kreher, H. & Schopf, C. (1991): Nachtgespenster. Wehrheim: Gruppenpädagogische Literatur.

Kreher, H. & Schopf, C. (1987): Hexenfest. Wehrheim: Gruppenpädagogische Literatur.

Kreher, H. & Schopf, C. (1987): Hokuspokus. Wehrheim: Gruppenpädagogische Literatur.

Polzin, M. (Hg.) (1992): Bewegung, Spiel und Sport in der Grundschule. Fachliche und fächerübergreifende Orientierung. Frankfurt/M: AK Grundschule.

7. Spielen und Lernen

Bartl, A. (o. J.): Fröhliche Lernspiele. Spaß mit Konzentrationsspielen. Nürnberg: Tessloff

Bischofberger-Voss, C. (1990): Spielwerkstatt. Lernspiele zum Selbermachen. Zürich: pro juventute.

Bönninghausen, I. von (1973): Spiel mit mir, Lern mit mir. Ein Ratgeber für alle, die mit Kindern zu tun haben. Nach der ZDF-Elternschule. München: Goldmann-TB.

Bosch, E. (1983): Lernspiele für den Grundschulunterricht und Beschreibungen und Beurteilungen ausgewählter Lese-, Rechen-, Sachunterrichts- und Wahrnehmungsspiele. Nürnberg: Eigenverlag.

Callies, E. (1975): Spielendes Lernen. Stuttgart: Klett.

Callies, E. & Döpp, W. (1977): Spiel- und Lernladen für Vorschulkinder. 50 Vorschläge zum Selbermachen. Stuttgart: Klett.

Hanneforth, D. (1987): A B C, die Katze lief im ... Spiele mit dem Alphabet. Reinbek: RoRoRo-TB.

Hannemann, B. v., Kagel, I., Launer, I. & Zimmer, I. (1992): Didaktische Spiele. Über 100 Spiele für Drei- bis Achtjährige. Neuwied: Luchterhand. 16. Aufl.

Harlacher, R. (1971): Lernen im Spiel. Stuttgart: Katzmann. 2. Aufl.

Hermann, M. (1986): Spiele zur Sprachförderung. Wehrheim: Gruppenpädagogische Literatur.

Pausewang, E. (1991): 130 didaktische Gruppenspiele für Kinder von 3 – 8. München: Don Bosco. 15. Aufl.

Portmann, S. & Schneider, E. (1988): Spielen mit Buchstaben, Wörtern, Texten. München: Don Bosco. 2. Aufl.

Regelein, S. (1990): Lernspiele für die Grundschule. Prögel Praxis 74. München: Oldenbourg. 2. Aufl.

Regelein, S. (1988): Lernspiele im Deutschunterricht der Grundschule. Neue Lernspiele für die Grundschule. Prögel Praxis 129. München: Oldenbourg.

Regelein, S. (1989): Lernspiele im Mathematikunterricht. Neue Lernspiele für die Grundschule. Prögel Praxis 130. München: Oldenbourg. 2. Aufl.

8. Umwelt-, Erkundungsspiele, Rallyes, Experimentieren

Adam, H., Hoffmann, W. & Salehian, F. (1988): Umwelt im Spiel. Brett-, Rollen-, Naturerfahrungsspiele, Spiel- und Mitmachaktionen. Münster: Ökotopia.

Arn, W. (1990): Phänomene zwischen Natur und Technik. Erleben, Werken, Experimentieren, Forschen. Zürich: pro juventute.

Bartl, A. & Bartl, M. (1992): Umweltspiele noch und noch: Die tollsten Spiele für drinnen und draußen. Freiburg: Herder. 3. Aufl.

Beckstein, C. & Schäfer, M. (1990): Feuer, Wasser, Erde, Luft – Spiele und Spielideen zu den vier Elementen. München: Spiellandschaft Stadt e.V.

Boo, M. de. (1993): Forschen und Entdecken. Mülheim: Verlag an der Ruhr.

Brandt, P. & Thiesen, P. (1992): Umwelt spielend entdecken. Ein Arbeitsbuch für Kindergarten, Hort und Grundschule. Weinheim: Beltz. 2. Aufl.

Breucker-Rubin, A., Rubin, D. & Bort, W. (1988): Umwelt-Spielekartei. Münster: Ökotopia.

Breucker-Rubin, A. (1992): Da ist der Bär los… Kooperative Mit-Spiel-Aktionen für kleine und große Leute. Münster: Ökotopia.

Bücken, H. (1984): Stationsspiele Rallyes. Ettlingen: Ettl. Verlag.

Bücken, H. (Hg.) (1983): Die Stadt erleben. Mit Kindern im Spiel die Umwelt erleben. Offenbach: Burckhardthaus-Laetare.

Bücken, H. (Hg.) (1983): In und mit der Natur. Mit Kindern im Spiel die Natur erkunden. Offenbach: Burckhardthaus-Laetare.

Boo, M. de (1993): Forschen und Entdecken. Erste tolle Ideen. Mülheim: Verlag an der Ruhr.

Cornell, J. (1991): Mit Kindern die Natur erleben. Mülheim: Verlag an der Ruhr.

Cornell, J. (1991): Mit Freude die Natur erleben. Naturerfahrungsspiele für alle. Mülheim: Verlag an der Ruhr.

Diem, W. (1988): Spielausflüge. Rallyes und Spiele im Grünen. Reinbek: RoRoRo-TB.

Fechner, H. (1993): Umweltspiele. Spielen – Lernen – Verstehen – Handeln. Reutlingen: Ensslin.

Frey, J. (Hg.): (1989): Lebendige Umwelt gleich nebenan. Offenburg: Burckhardthaus-Laetare.

Hettich, M., Kaegeler, J. & Trampe, B. (1992): Kartoffeln in der Tonne. 160 Aktivitäten „um Welt" zu erleben. Münster: Ökotopia.

Hoffmann, W. & Lohmann, M. (1984): Das Umweltspielebuch. Brett-, Rollen-, Plan- und Naturerkundungsspiele. Göttingen: Gegenwind.

Hoffrage, H. (1991): Spielend lernen mit Knud. Unterrichtseinheit: Müllanfall, Müllbeseitigung und Müllvermeidung. Münster: Ökotopia.

Hoffrage, H., Sander, U. & Salehian, F. (1991): Stutzen, Staunen, Stöbern. Spiele mit Knud, dem Umweltfreund. Münster: Ökotopia. 2. Aufl.

Klünder, R. (1991): Jana im sprechenden Wald. Staunen und Fühlen und Lachen und Spielen mit Waldbewohnern. Münster: Ökotopia.

Knirsch, R. R. (1991): Kommt mit, wir machen was! Das Umweltbuch für alle, die mit Kindern leben. Münster: Ökotopia. 2. Aufl.

Knirsch, R. R. (1991): Unsere Umwelt entdecken. Spiele und Experimente für Eltern und Kinder. Münster: Ökotopia. 2. Aufl.

Löscher, W. (1985): Der Wind, das himmlische Kind. Spiele und Materialien zum Thema Naturerscheinungen. München: Don Bosco.

Naturschutzzentren NRW (Hg.) (1993): Natur-Spiel-Räume für Kinder. Recklinghausen: Naturschutzzentren NRW.

Schmidbauer, H. & Hederer, J. (1991): Erlebnisraum Wald. Praktische Umwelterziehung in Kindergarten und Grundschule. München: Don Bosco.

Stascheit, W. (1991): Wasserklänge. Der Natur zuhören lernen. Musikkassette. Mülheim: Verlag an der Ruhr.

Stöckle, F. (1989): Spielen in der Natur. Stuttgart: Union.

Vohland, U. (1993): Entdeckungsspiele für die ganze Familie. Rallyes zu Fuß und mit dem Fahrrad. Niedernhausen: Falken.

9. Spiele zum Kennenlernen

Baer, U. & Kirchgäßner, H. (1986): Kennenlernspiele – Einstiegsmethoden. Remscheid: Robin-Hood.

Boese, G. (1990): Kennenlernspiele. Köln: Kalker Spiele. 5. Aufl.

Broich, J. (1993): Anwärmspiele. Über Einhundert neue Gruppenspiele. Köln: Maternus. 2. Aufl.

Griesbeck, J. (1993): Jeder Anfang ist ein Spiel. 66 Spiele zum Kennenlernen. München: Don Bosco. 2. Aufl.

10. Materialspiele, Spielmittel

Arbeitsstelle für Neues Spiel (Hg.) (1984): Mit Zollstock, Lappen, Besenstiel. Bremen: Arbeitsstelle f. Neues Spiel.

Austermann, M. & Wohlleben, G. (1993): Die pfiffige Murmelbahn. Fröhliche Spiele mit kleinen Kindern. München: Kösel. 2. Aufl.

Balster, K. (1987): Verpackungsmaterialien sollten häufiger für Bewegungsanlässe genutzt werden. Möglichkeiten im Klassenraum. sportunterricht 36 (9), 351–354.

Botermans, J. (1987): Flieger aus Papier. München: Hugendubel. 3. Aufl.

Botermans, J. & Weve, A. (1985): Drachenmodelle zum Selberbauen. München: Hugendubel.

Botermans, J. u. A. (1989): Musikinstrumente selberbauen. München: Hugendubel.

Breucker, A. (1993): Schmusekissen Kissenschlacht. Spiele zum Toben und Entspannen. Münster: Ökotopia.

Bruns, H. & Krüger, D. (1987): Wind und Wetter Spielbuch. München: Kösel.

Bruns, S. & H. (1986): Spielen & Basteln Freizeitbuch. Spiele und Spielgeräte für den Garten. München: Kösel.

Bücken, H. (1988): Knopfspiele. Geschick, Taktik, Kreativität, Kommunikation. München: Hugendubel. 2. Aufl.

Christlieb, E. (1992): Kinder erleben und gestalten Material. Mainz: Grünewald.

Constantin, R. (1988): Knopf-Loch. Spiele mit Knöpfen. Münster: Coppenrath.

Cuno, S., Kirsch, D. & Kirsch-Korn, J. (1988): Spiele für die Spielekiste. Lustige Kinderspiele selbst gebastelt. Ravensburger Bastelbär. Ravensburg: Maier. 5. Aufl.

Diem, W. (1991): Hüte aus Papier. München: Hugendubel.

Diem, W. (1993): Flugobjekte zum Selberbauen. Heißluftballons, Helikopter, Wurf- und Katapultflieger, Papierflieger, Drachen, Bumerangs. München: Hugendubel. 4. Aufl.

Geißler, U. (1992): Tausendfüßlers Taschentuch. Spiele mit Seilen und Tüchern. Münster: Ökotopia. 4. Aufl.

Hartmann, T. (1991): Bumerangs bauen, werfen, fangen. 2. Aufl. Englisch

Holler, R. (1990): Murmeln, Schusser, Klicker. München: Hugendubel.

Holler, R. (1989): Kreisel. München: Hugendubel.

Hoyer, K. & Köpge, W. (1992): Achtundachtzig Erdball- und Fallschirmspiele. Lichtenau: AOL. 2. Aufl.

Kahl, R. (1992): Märchenhafte Stoffmarionetten. Anleitungen und Vorlagen. Wiesbaden: Englisch

Kretschmer, J. (1980): Schüler erproben Bewegungsspielgeräte. sportunterricht 29 (10), 389–395.

Mander, J., Dipple, G. & Gossage, G. (1992): Papierflieger. Modelle zum Selberfalten. München: Hugendubel. 13. Aufl.

Miedzinski, K. (1991): Die Bewegungsbaustelle. Kinder bauen ihre Bewegungsanlässe selbst. Dortmund: modernes lernen. 4. Aufl.

Miedzinski, K. (1989): Einfache Gegenstände als Spielobjekte. Motorik 12 (3), 113–119.

Pils, I. & Schuller, A. (1991): Ballspiele. Regeln und Varianten. München: Hugendubel.

Pils, I. & Schuller, A. (1992): Steinspiele. München: Hugendubel. 3. Aufl.

Polman, T. & Glathe, B. (1988): Spiel mit Musik und Material. Seelze-Velber: Kallmeyer.

Schlender, B. (1991): Krims-Krams-Spiele: Mit Münzen, Knöpfen, Bindfaden, Streichhölzern. Bergisch Gladbach: Lübbe.

Schmid, R. (1988): Entdecken und Werken. Anregungen zum Gestalten mit Materialien aus Natur und Umwelt. Zürich: pro juventute.

11. Schminken, Masken

Alegre, J.-P. (1978): Schminken für Feste. Laupheim: Fischbach & Miller.

Becker, I. (1987): Verzauberte Gesichter: Schminken für Kinderfeste und Spiele. Freiburg: Christopherus. 2. Aufl.

Rothman, N. (1992): Masken. Mülheim: Verlag an der Ruhr.

Seitz, R. (1991): Masken. Bau und Spiel. München: Don Bosco. 4. veränd. Aufl.

12. Theater, Pantomime, Puppenspiel

Bachmann, H. & Vortisch, S. (1991): Saure Zeiten. Viel Theater mit der Umwelt. Münster: Ökotopia. 2. Aufl.

Batz, M. & Schroth, H. (1983): Theater zwischen Tür und Angel. Handbuch für freies Theater. Reinbek: RoRoRo-TB.

Batz, M. & Schroth, H. (1985): Theater grenzenlos. Handbuch für Spiele und Programme. Reinbek: RoRoRo-TB.

Diem, W. (1991): Hüte aus Papier. München: Hugendubel.

Fulford, J. u. A. (1993): Spielen und Darstellen. Mülheim: Verlag an der Ruhr.

Kahl, R. (1992): Märchenhafte Stoffmarionetten. Anleitungen und Vorlagen. Wiesbaden: Englisch

Reinhardt, F. (1989): Schattenspiele für Kinder. Modelle mit Musik. München: Don Bosco. 2. Aufl.

Reinhardt, F. & Reinhardt, U. (1991): Schwarzes Theater. Anleitung und Spielideen. München: Don Bosco.

Seitz, R. (Hg.) (1984): Spiele mit Licht und Schatten. München: Don Bosco.

Thurn, B. (1992): Mit Kindern szenisch spielen. Lehrerbücherei: Grundschule. Bartnitzki, H. & Christiani, R. (Hg.): Königsstein/Ts.: Scriptor.

13. Zirkusspiel

Ballreich, R. & Grabowicki, U. (Hg.) (1992): Zirkus spielen. Stuttgart: Hirzel.

Borkens, K., Gödde, R. & Renneberg, T. (1992): Kleines Gaukler Handbuch. Spielkiste 3. Münster: Ökotopia. 3. Aufl.

Borkens, K. & Renneberg, T. (1993): Gaukelcircus. Ein Handbuch fürs Gaukeln mit Kindern. Münster: Ökotopia.

Constantin, R. (1986): Hokus Pokus. Die kleine Zauberschule. Münster: Coppenrath.

Dachale, H. (1986): Zauberhaftes für kleine Leute. Offenbach: Burckhardthaus-Laetare.

Dachale, H. & Bleckmann, D. (1988): Manege frei – wir sind dabei. Zirkusspiele in Kindergruppen. Offenbach: Burckhardthaus-Laetare.

Draeger, H. J. (1992): Affencircus kunterbunt. Zürich: pro juventute.

Eschert, A., Klinke, M. & Küpper, D. (1988): Zirkus selber machen. Köln: Kalker Spiele.

Hasenbeck, M. (1988): Wir sind die Clowns. Mit Kindern die Welt des Narren erleben. Offenbach: Burckhardthaus-Laetare.

Hofmann, P., Baier, R., Erath, Th. & Pöllmann, S. (1989): Jonglieren. Vom Werfen, Fangen und Drehen. München: Hugendubel.

Hoyer, K. (Hg.) (1984): AOL Zirkus. Lichtenau: AOL-Verlag.

Müller, E. (1992): Manegenzauber. Kinder spielen Zirkus. München: Don Bosco. 2. Aufl.

Polman, T. & Glathe, B. (1988): Spiel mit Musik und Material. Seelze-Velber: Kallmeyer.

Schröder, C. J. (1992): AOL-Zauberei. Lichtenau: AOL. 6. Aufl.

Stracke, P. (1992): Die Zauberkartei. Basteln und Zaubern in der Grundschule. Mülheim: Verlag an der Ruhr.

14. Rollenspiel

Frei, H. (1990): Jeux Dramatiques mit Kindern. Ausdruckspiel aus dem Erleben. Bd. 2. Gemlingen: Zytglogge.

Freudenreich, D. (1983): Ich bin Du – und Du spielst mich. 7 Spieltexte für Kinder von 7–12 Jahren. Mit Anleitungen für den Spielleiter. Ravensburg: Maier.

Freudenreich, D., Grässer, H. & Köberling, J. (o. J.): Rollenspiel. Rollenspiellernen für Kinder und Erzieher. Mit vielen Spielvorlagen. Für Kindergärten, Vorklassen und erste Schuljahre. Hannover: Schroedel.

Gsella, M. & Bort-Gsella, W. (1992): Wir fallen aus der Rolle. Rollenspiele für Kinder ab 3 Jahren. Spielewerkstatt Rhinozeros. (Hg.): Münster: Ökotopia.

Kramer, M. (1986): Das praktische Rollenspielbuch. Offenbach: Burckhardthaus-Laetare.

Krantz, M. & Gellert, M. (1980): Kinder spielen Geschichten. Vorschläge zum Spielen von Geschichten und Bearbeiten von Erfahrungen. Offenbach: Burckhardthaus-Laetare.

Metzenthin, R. & Markus, U. (1983): Schöpferisch Spielen und Bewegen. Mit Kindern darstellen, Geschichten erfinden, verwandeln, Märchen spielen und gestalten, Zirkus mimen, Theater erleben. Zürich: pro juventute.

Stuckenhoff, W. (1978): Rollenspiel in Kindergarten und Schule. Eine Rollenspiel-Didaktik. Paderborn: Schöningh.

15. Musik und Rhythmik im Spiel

Abel-Struth, S. (1974): Musik und Bewegung im Elementarbereich. Kassel: Bärenreiter.

Berzheim, N. (1978): Kinder gestalten mit Sprache, Gestik, Musik und Tanz. Donauwörth: Auer.

Botermans, J. u. A. (1989): Musikinstrumente selberbauen. München: Hugendubel.

Decker-Voigt, H.-H. (1987): Komm, spiel mit mir! Spiele mit Tönen. Göttingen: Fischer.

Fink-Klein, W. (1991): Spiel-Rhythmik im Kindergarten. Pumpernickels Hänschen und andere rhythmisch-musikalische Spielentwicklungen für Kinder von 4 bis 7. Freiburg: Herder.

Fink-Klein, W., Peter-Führe, S. & Reichmann, I. (1992): Rhythmik im Kindergarten. Erlebnisreiche Spielformen mit Musik – Bewegung – Sprache. Freiburg: Herder. 5. Aufl.

Gauster, C. (1973): Rhythmisch-musikalische Erziehung im Kindergarten. Wien: Jugend & Volk.

Germann, W. (1992): Spielgeschichten. Mit Kindern phantasieren, gestalten, musizieren. Zürich: pro juventute.

Glathe, B. (1974): Stundenbilder zur rhythmischen Erziehung. Wolfenbüttel: Kallmeyer.

Glathe, B. (1985): Rhythmik-Lernspiele. Übungsfolgen mit Textilien, Steinen, Papier, Worten, Bildern und Marionetten. Wolfenbüttel: Kallmeyer.

Glathe, B. & Krause-Wichert, H. (Hg.): (1981): Rhythmik – Grundlagen und Praxis. Wolfenbüttel: Kallmeyer.

Haselbach, B. (1984): Improvisation, Tanz, Bewegung. Stuttgart: Klett.

Holzapfel, B. (1978): Rhythmische Bewegungsspiele entwickelt aus Kinderreimen. Wolfenbüttel: Kallmeyer.

Maruhn, H. (1988): Freude und Spaß mit musikalischen Spielen. Grundschule 20 (3), 50–52.

Mühlenberg, G. (1992): Budenzauber: Spiellieder und Bewegungsspiele für kleine und große Leute. Münster: Ökotopia.

Reinhardt, F. (1983): Spiele mit Klängen. Anleitungen für Kindergarten und Grundschule. München: Don Bosco.

Schuhmacher, E. (1979): Singspiele und Kindertänze für die Grundschule. Schriftenreihe zur Leibeserziehung und des Sports. Bd. 68. Schorndorf: Hofmann. 3. Aufl.

Schumacher, E. (1979): Singspiele und Kindertänze für Kindergarten, Vor- und Grundschule. Hofmann: Schorndorf. 3. Aufl.

Steiner, L. & Engel, I. (1982): Musikalische Kurzspiele für Kindergarten, Schule, Musikschule und Familie. Regensburg: Bosse.

Wagner, H. (1987): Spielen mit Musik. Musikalische Spielideen und Spielaktionen für Kinder. Köln: Kohlhammer.

Zuckowski, R. (1988): Vogelhochzeit. Ravensburg: Maier.

15. Interkulturelles Spiel

Deutsches Komitee für UNICEF (Hg.):(1990): Spiele rund um die Welt. Und einige Geschichten und Lieder. Köln: Stattwerk. 12. Aufl.

Grunfeld, F.V. (1976): Spiele der Welt. Geschichte – Spielen – Selbermachen. Frankfurt: Krüger.

Nijhuis, T. (1981): Afrikanische Kinderspiele. Wuppertal: Hammer.

Sayler, M. (Hg.) (1987): Bausteine zur interkulturellen Erziehung: Spiele und Übungen für bi- und multikulturelle Kindergruppen. Studien zur interkulturellen Kommunikation. Bd. 4. Saarbrücken: Breitenbach.

Schott, C. (1984): Eskimospiele. Alltags- und Bewegungsspiele der Inuit. Budo und transkulturelle Bewegungsforschung. Bd. 6. Ahrensburg: Czwalina.

16. Jahreszeiten im Spiel – Spielfesten

Allkemper, G. & Naul, R. (1987): Spiele in Eis und Schnee: Von Iglus, Schneemännern und Rodelschlitten. Münster: Coppenrath.

Bücken, H. & Schimmelpfeng, R. (1984): Nachtspiele. Spiele im Dunkeln, drinnen und draußen. Ettlingen: Ettl. Verlag.

Ehrismann, A. (1989): Die zwölf Kinder des Jahres und zwei weitere Spiele für die Unterstufe der Primarschule. Sauerl. Jugendtheaterhefte Bd. 19. Aarau: Sauerländer. 2. Aufl.

Eyre, J. (1992): Aktiv durch die Jahreszeiten. Tolle Ideen. Mülheim: Verlag an der Ruhr.

Flemming, I. (1988): Gesellige Spiele für die Weihnachtszeit. Wehrheim: Gruppenpädagogische Literatur.

Geißler, U. (1990): Winterspiel. Spiele für die kalte Jahreszeit. Offenbach: Burckhardthaus-Laetare.

Loveridge, S. (1993): Weihnachten kreativ. Tolle Ideen. Mülheim: Verlag an der Ruhr.

Reichle, K. (1983): Der Bischof schnarcht im Wasser. Ein Spielbuch für die freien Stunden und Tage des Jahres. Eschbach: Verlag am Eschbach.

Schenk, A. (Hg.) (1992): Sommerspiel. Heiße Ideen für Kindergruppen. Offenbach: Burckhardthaus-Laetare.

Schulte, A. (1993): Kinderfeste für das ganze Jahr. Wiesbaden: Englisch.

Thiesen, P. (1986): Schönwetterspiele. Praxis des Spiels im Freien mit 3- bis 7jährigen. Freiburg: Lambertus.

17. Spiel und Entspannung

Brüggebors, G. (1989): Körperspiele für die Seele. 312mal Bewegung, Entspannung, Energie. Anregungen zur Psychomotorik. Reinbek: RoRoRo-TB.

Eberlein, G. (1986): Autogenes Training mit Kindern. Düsseldorf: ECON-TB. 2. Aufl.

Friedrich, S. & Fiebel, V. (1989): Entspannung für Kinder. Übungen zur Konzentration und gegen Ängste. Reinbek: RoRoRo-TB.

Haxthausen, M. & Leman, R. (1988): Body Sense. Neue Bewegungsübungen zur täglichen Entspannung. Paderborn: Jungfermann.

Müller, E. (1985): Auf der Silberlichtstraße des Mondes. Autogenes Training mit Märchen zum Entspannen und Träumen. Frankfurt: Fischer-TB.

Portmann, R. & Schneider, E. (1993): Spiele zur Entspannung und Konzentration. München: Don Bosco. 6. Aufl.

Vopel, K. (1991): Bewegung im Schneckentempo. Kinder ohne Streß. Teil 1. Salzhausen: Isko Press. 2. Aufl.

Vopel, K.W. (1992): Im Wunderland der Phantasie. Kinder ohne Streß. Teil 2. Salzhausen: Isko Press. 3. Aufl.